譯註

思政殿訓義
資治通鑑綱目 2

秦 　　　　　　　漢王 4년

編著 朱熹
책임번역 辛承云
공동번역 徐廷文

전통문화연구회

思政殿訓義 資治通鑑綱目을 발간하며

본회가 東洋古典의 飜譯과 教育, 情報化 등 古典現代化 사업을 시작한 지 어느덧 25년이 지났다. 그간 많은 어려움이 있었으나 1988년 본회가 발족한 뒤 동양고전 번역사업에 착수하여 四書三經을 註까지 懸吐完譯함으로써 東洋學과 韓國學 전공자들의 필독서가 되어 教育界와 文化界까지 많은 영향을 주었다.

본회에서는 四書三經, 十三經 등 儒家의 핵심 경전을 번역하는 동시에 동양고전의 한 축인 歷史 고전에도 눈을 돌려 ≪通鑑節要≫, ≪國語≫, ≪戰國策≫뿐만 아니라, 동양 역사 철학의 진수가 담긴 ≪春秋左氏傳≫을 완역함으로써 東洋學과 韓國學 연구에 礎石과 架橋를 마련하였다. 이러한 성과를 바탕으로 經史一體의 모범인 ≪資治通鑑綱目≫ 완역을 기획하여 번역에 착수하였다.

'經史一體'란 經典과 歷史가 하나라는 동양의 독특한 관념인데, 이는 기록을 통해 인물과 사건을 도덕적으로 평가하는 풍토를 낳았다. 이러한 기록문화의 중시는 다른 문화권에서는 엄두도 못 낼 막대한 역사 기록을 남기게 하는 배경이 되었다. 굳이 중국 역사서를 언급할 것 없이 ≪朝鮮王朝實錄≫, ≪承政院日記≫, ≪日省錄≫ 같은 방대한 우리의 역사문헌은 이를 잘 보여준다. 이러한 우리 선조들의 역사 서술에 큰 영향을 미친 책이 바로 朱熹의 ≪資治通鑑綱目≫이다.

≪資治通鑑綱目≫은 조선시대 經筵에서 가장 많이 읽은 역사서이자 우리나라 역사 서술에 가장 큰 영향을 미쳤다는 점에서 현재 韓國學 研究에 필수적인 동양 역사 고전이라 할 수 있다. 비록 중국의 역사서이지만, 우리 先學들이 중국의 性理學을 독자적으로 계승 발전시킨 것처럼 ≪資治通鑑綱目≫ 역시 우리의 입장에서 보다 정밀하고 종합적으로 읽고자 하였다. 그 결실이 바로 世宗朝 때 간행된 思政殿訓義本 ≪資治通鑑綱目≫이다.

동양의 대표적 역사서는 紀傳體의 ≪史記≫, 編年體의 ≪資治通鑑≫, 綱目體의 ≪資治通鑑綱目≫으로 대변된다. 北宋 때의 司馬光은 帝王이 여가에 친람하여 정치에 도움이 되게 할 목적으로 ≪資治通鑑≫을 편찬하였고, 朱熹는 ≪資治通鑑≫을 바탕으로 이를 압축적으로 정리하여 보다 읽기 쉽게 하면서 유교적 褒貶을 엄정히 내렸다는 점에서, 이 책들은 제왕의 정치교과서 역할을 하였다. 이런 ≪資治通鑑≫과 ≪資治通鑑綱目≫에 대해 조선조 문화군주였던 세종의 주도하에 연구가 진행되었으며, 그 결과물이 바로 思政殿訓義本 ≪資治通鑑≫과 ≪資治通鑑綱目≫이다.

思政殿은 景福宮의 便殿으로, 세종이 이곳에서 당대 뛰어난 문신들을 참여시켜 ≪資治通鑑≫과 ≪資治通鑑綱目≫에 대한 訓義의 편찬을 주도하였다. 訓義는 의미를 해석한다는 뜻으로, 思政殿訓義는 기존 중국에서 이루어진 ≪資治通鑑≫과 ≪資治通鑑綱目≫의 주석을 集大成하고 군주와 신하들이 읽기 쉽도록 우리만의 주석서를 만든 것이다. 중국 이외 나라에서 ≪資治通鑑≫과 ≪資治通鑑綱目≫ 전체에 주석을 단 것은 조선이 처음일 것이다.

현재까지도 ≪資治通鑑≫과 ≪資治通鑑綱目≫을 원전으로 읽기 위해서는 중국의 연구 성과에 의지하여야 했다. 비록 ≪資治通鑑≫은 중국, 일본, 한국에서 번역되었으나 주석까지 완역되지 못하였고, ≪資治通鑑綱目≫은 번역도 되지 못한 상황이다. 이번 우리나라의 독자적인 주석서인 思政殿訓義本 ≪資治通鑑綱目≫의 완역을 통해 기존에 잊혔던 세종 시기의 ≪資治通鑑綱目≫에 대한 연구 성과를 알리는 동시에, 이를 동양학과 한국학 연구에 활용할 수 있는 기반을 마련하고자 한다. 아울러 이를 통해 古典現代化의 水準을 높이고 融合的이고 自生的인 학문연구가 이루어질 수 있기를 바라는 바이다.

끝으로 이번 思政殿訓義本 ≪資治通鑑綱目≫의 번역에 참여하여 헌신하시는 모든 분들께 무한한 감사를 드린다. 또한 고전현대화에 대한 政府의 지대한 關心과 支援에 감사를 드리며, 그간 직간접으로 지도편달하여 주신 학계와 교육계 및 문화계 인사 여러분께 심심한 謝意를 표하며, 앞으로도 따뜻한 관심과 엄정한 叱正을 부탁드리며 내내 평강과 행복을 기원한다.

社團法人 傳統文化硏究會 會長 李啓晃

凡 例

1. 본서는 南宋 때 朱熹가 編著하고, 朝鮮 世宗 때 思政殿에서 訓義한 ≪資治通鑑綱目≫을 번역한 것으로 ≪譯註 思政殿訓義 資治通鑑綱目≫ 제2책이다.

2. 본서의 底本은 서울대학교 규장각 소장본(奎7500, 藍書 口訣)이며, 규장각(奎7512, 朱書 口訣)과 국립중앙도서관(한古朝50-5, 墨書 口訣) 소장본을 참조하였다. 이들은 모두 木版本으로, 大字(綱)는 晉陽大君(훗날 世祖)이 써서 鑄造한 丙辰字로, 中小字(目, 序文, 凡例, 訓義 등)는 再造甲寅字로 되어 있다.

   이 밖에도 嚴文儒와 顧宏義가 校點한 ≪資治通鑑綱目≫(≪朱子全書≫ 8-11, 上海古籍出版社·安徽教育出版社, 2002), 文淵閣四庫全書 ≪御批資治通鑑綱目≫, 朝鮮 世宗 때 간행된 思政殿訓義 ≪資治通鑑≫(국립중앙도서관 일산古221-43, 규장각 奎7526), 標點資治通鑑小組에서 標點한 ≪資治通鑑≫(中華書局, 1992(제5판)) 등을 참고하였다.

3. 序와 綱·目의 원문에는 규장각(奎7500, 奎7512)과 국립중앙도서관(한古朝50-5)의 口訣本을 참조하여 懸吐하였고, 朱熹의 凡例와 訓義는 한국에서 재래로 사용해오던 표점 방식을 보완하여 文理의 이해를 돕는 수준에서 간략히 標點하였다.

4. '綱'과 '目'을 구분하기 위해 각각 번역문 앞에 【綱】과 【目】을 표기하였다. 目은 단락이 길 경우 의미 단락별로 分節하였다. 訓義는 저본의 해당 위치에 ①, ②, ③ 등으로 표기하고 綱이나 目 아래에 번역문과 원문을 배치하였다.

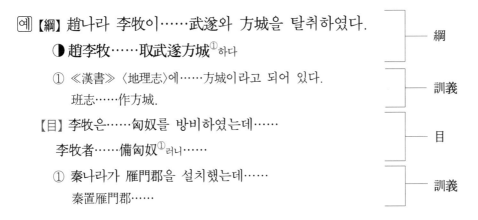

5. 번역문은 한글과 한자를 혼용하였으며, 맞춤법과 띄어쓰기는 한글 맞춤법과 표준어 규정을 따랐다.

6. 원문이나 번역문의 한자 중에 僻字나 讀音이 특수한 글자는 한글로 音을 달아주었다.

7. 圖版은 地圖, 人物, 故事, 器物 등을 수록하였으며, ≪增像全圖西漢演義≫, ≪帝鑑圖說≫, ≪元曲選≫, ≪馬駘畫寶≫, ≪三才圖會≫, ≪五經圖彙≫ 등을 참고하였다.

8. 譯註는 校勘, 人物, 制度, 官職, 역사적 사건, 인용문의 出典, 異說, 故事, 전문용어, 難解語 등에 관한 사항을 밝혔다.

9. 校勘은 원문의 誤字, 脫字, 衍文, 倒文 등을 대상으로 하였다.

10. 附錄에 실린 年表는 綱을 중심으로 ① 君王의 즉위와 사망, 年號, 改年 ② 정치, 경제, 사회, 문화의 주요 사건 ③ 주요 인물의 행적과 사망 등을 서술하되, 東洋史 학술 연표들을 참고하였다(參考書目 年表 관련 자료 참조).

11. 본서의 校勘에 사용된 符號는 다음과 같다.
   ( )〔 〕 : (저본의 誤字)〔교감한 正字〕
   〔　〕 : 저본의 脫字 보충
   (　) : 저본의 衍字 표시

12. 본서에 사용한 주요 부호는 다음과 같다.
   “　” : 1차 인용
   ‘　’ : 2차 인용
   「　」 : 3차 인용
   (　) : 원문의 讀音 및 번역문의 間註
   〔　〕 : 번역문과 뜻은 같으나 音이 다른 경우
   ≪ ≫ : 書名, 典據
   〈 〉 : 篇章名, 作品名 표기
   【 】 : 綱과 目의 표시
   ❶, ○ : 저본에 사용된 부호 遵用

13. 본서 朱熹의 凡例와 訓義에 사용한 標點은 다음과 같다.
   . : 문장의 종결
   , : 한 문장 안에서 句나 節의 구분이 필요한 곳
   ・ : 대등한 명사나 구절의 병렬
   “　” : 1차 인용
   ‘　’ : 2차 인용
   「　」 : 3차 인용

參考書目

◇ 底本

- 《資治通鑑綱目》, 朱熹(宋) 撰, 思政殿 訓義, 규장각 소장본.(奎7500)

◇ 底本 관련자료

- 《資治通鑑綱目》, 朱熹(宋) 撰, 思政殿 訓義, 규장각 소장본.(奎7512)
- 《資治通鑑綱目》, 朱熹(宋) 撰, 思政殿 訓義, 국립중앙도서관 소장본.(한고朝50-5)
- 《資治通鑑綱目》(《朱子全書》 8-11), 朱熹(宋) 撰, 嚴文儒·顧宏義 校點, 上海古籍出版社·安徽教育出版社, 2002.
- 《御批資治通鑑綱目》, 朱熹(宋) 撰, 聖祖(淸) 批 文淵閣四庫全書, 제689-692책 史部447-450, 臺灣商務印書館, 1983~1986.
- 《資治通鑑》, 司馬光(北宋) 撰, 思政殿 訓義, 규장각 소장본.(奎7526)
- 《資治通鑑》, 司馬光(北宋) 撰, 思政殿 訓義, 국립중앙도서관 소장본.(일산고221-43)
- 《資治通鑑》, 司馬光(北宋) 撰, 胡三省(元) 音註, 中華書局, 1992.(제5판)
- 《少微家塾點校附音通鑑節要》, 江贄(宋) 編, 고려대도서관 소장본.
- 《少微家塾點校附音通鑑節要》, 江贄(宋) 編, 규장각 소장본.

◇ 經 部

- 《孟子集註大全》, 朱熹(宋) 集註, 胡廣(明) 等 編, 朝鮮 內閣本, 影印本, 學民文化社.
- 《尙書大傳》, 伏勝(漢) 撰, 文淵閣四庫全書, 제68책 經部62, 臺灣商務印書館, 1983~1986.
- 《書傳大全》, 蔡沈(宋) 集傳, 胡廣(明) 等 編, 朝鮮 內閣本, 影印本, 學民文化社.
- 《詩傳大全》, 朱熹(宋) 集傳, 胡廣(明) 等 編, 朝鮮 內閣本, 影印本, 學民文化社.
- 《禮記集說大全》, 陳澔(元) 集說, 胡廣(明) 等 編, 朝鮮 內閣本, 影印本, 學民文化社.
- 《周禮注疏》, 十三經注疏整理委員會 整理, 北京大學出版社, 2000.
- 《周易傳義大全》, 程頤(宋) 傳, 朱熹(宋) 本義, 胡廣(明) 等 編, 朝鮮 內閣本, 影印本,

　　　學民文化社.
- 《春秋經傳集解》, 左丘明(周) 傳, 杜預(晉) 註, 林堯叟(宋)・朱申(宋・元) 附註, 朝鮮 金屬活字本(戊申字), 影印本, 保景文化社.
- 《春秋公羊傳》, 十三經注疏整理委員會 整理, 北京大學出版社, 2000.

◇ 史 部
- 《綱目續麟》, 文淵閣四庫全書 제323책 史部81, 臺灣商務印書館, 1983~1986.
- 《綱目訂誤》, 文淵閣四庫全書, 제323책 史部81, 臺灣商務印書館, 1983~1986.
- 《國語》, 左丘明(周) 撰, 文淵閣四庫全書 제406책 史部64, 臺灣商務印書館, 1983 ~1986.
- 《大事記》, 呂祖謙(宋) 撰, 文淵閣四庫全書 제324책 史部82, 臺灣商務印書館, 1983 ~1986.
- 《文白對照 資治通鑑輯覽》 1-36책, 文白對照御批歷代通鑑輯覽編委會 編, 馬建石 主編, 國際文化出版公司, 2002.
- 《文白對照全譯 資治通鑑》 전3책, 張宏儒・沈志華 主編, 改革出版社, 1991.
- 《柏楊白話版 資治通鑑》 1집, 柏楊 編譯, 北岳文藝出版社, 2006.
- 《史記》, 司馬遷(漢) 撰, 中華書局, 1999.
- 《史記索隱》, 司馬貞(唐) 編, 文淵閣四庫全書 제246책 史部4, 臺灣商務印書館, 1983 ~1986.
- 《史記正義》, 張守節(唐) 編, 文淵閣四庫全書 제247-248책 史部5-6, 臺灣商務印書館, 1983~1986.
- 《史記集解》, 裴駰(南朝 宋) 編, 文淵閣四庫全書 제245-246책 史部3-4, 臺灣商務印書館, 1983~1986.
- 《二十史略》, 民昌文化社, 1990.
- 《戰國策》, 劉向(漢) 編, 文淵閣四庫全書 제406책 史部64, 臺灣商務印書館, 1983 ~1986.
- 《資治通鑑綱目集覽鐫誤》, 瞿佑(明) 撰, 韓國學中央研究院, 1980.
- 《資治通鑑釋文》, 史炤(宋) 撰, 臺灣商務印書館, 1980.
- 《資治通鑑地理今釋》, 吳熙載(清) 撰, 江蘇書局, 1882.
- 《集註 通鑑節要》 1-2, 金都鍊 編註, 亞細亞文化史, 1982, 1986.
- 《通鑑釋文辯誤》, 胡三省(元) 撰, 文淵閣四庫全書 제312책 史部70, 臺灣商務印書館, 1983~1986.

- ≪通鑑五十卷詳節要解≫, 九淵禪師(朝鮮) 著, 國立中央圖書館 所藏本
- ≪通鑑地理通釋≫, 王應麟(宋) 撰, 文淵閣四庫全書 제312책 史部70, 臺灣商務印書館, 1983
  ～1986.
- ≪標點索引 少微通鑑節要≫, 뿌리문화사, 1999.
- ≪漢書≫, 班固(後漢) 撰, 中華書局, 2002.
- ≪漢書補註≫, 王先謙(淸) 補注, 王雲五 主編, 臺灣商務印書館, 1968.
- ≪後漢書≫, 范曄(南朝 宋) 撰, 中華書局, 1996.
- ≪後漢書集解≫, 王先謙(淸) 集解, 臺灣商務印書館, 1968.

◇ 子 部
- ≪司馬法直解≫, 司馬穰苴(周) 著, 劉寅(明) 直解, 국립중앙도서관 소장본.
- ≪孫武子直解≫, 孫武(周) 著, 劉寅(明) 直解, 국립중앙도서관 소장본.
- ≪荀子集解≫, 荀況(周) 撰, 王先謙(淸) 集解, 中華書局, 1988.
- ≪揚子法言≫, 揚雄(漢) 撰, 文淵閣四庫全書 제696책 子部2, 臺灣商務印書館, 1983
  ～1986.
- ≪六韜直解≫, 呂尙(周) 著, 劉寅(明) 直解, 국립중앙도서관 소장본.

◇ 사전 및 공구서
- 施丁・沈志華 共譯, ≪資治通鑑大辭典≫ 上・下, 吉林人民出版社, 1994.
- 梁玉繩 撰, ≪漢書人表考≫, 臺灣商務印書館, 1968.
- 呂宗力 主編, ≪中國歷代官制大辭典≫, 北京出版社, 1994.
- 魏連科 編, ≪漢書人名索引≫, 中華書局, 1979.
- 李曉光・李波 主編, ≪史記索引≫, 中國廣播電視出版社, 1989.
- 鍾華 編, ≪史記人名索引≫, 中華書局, 1977.
- 陳厚耀(淸) 撰, ≪春秋戰國異辭≫, 文淵閣四庫全書 제403책 史部161, 臺灣商務印書館, 1984.
- 倉修良 主編, ≪史記辭典≫, 山東教育出版社, 1991.
- ─────, ≪漢書辭典≫, 山東教育出版社, 1996.
- 洪業 等 編纂, ≪漢書及補注綜合引得≫, 上海古籍出版社, 1988.

◇ 研究論著 및 飜譯書
- 加藤繁・公田連太, ≪國譯 資治通鑑≫, 景仁文化社, 1996.
- 權重達, ≪資治通鑑≫ 전1-32책, 도서출판 삼화, 2007～2010.

- 金都鍊・鄭珉, 《懸吐註解 通鑑節要》 1・2, 傳統文化硏究會, 1995.
- 김유철・하원수, 《史記 外國傳 譯註》, 동북아역사재단, 2009.
- 金忠烈, 《通鑑節要》 天・地・人, 三省出版社, 1987.
- 辛承云, 《譯註 禮記集說大全1》, 傳統文化硏究會, 2004.
- 王利器, 《史記註譯》, 三秦, 1997.
- 劉華淸, 《漢書全譯》, 貴州人民出版社, 1994.
- 李國祥 等, 《資治通鑑全譯》, 貴州人民出版社, 1994.
- 池松旭, 《詳密註釋 通鑑諺解》, 學民文化社, 1992.

◇ 데이터베이스(DB) 자료
- 한국고전종합DB(http://db.itkc.or.kr)
- 동양고전종합DB(http://db.cyberseodang.or.kr)
- 電子版 文淵閣四庫全書, 上海古籍出版社.
- 상우천고(http://www.s-sangwoo.kr)

◇ 年表 관련 자료
- 徐州師範學院歷史系, 《中國歷史大事紀年》, 爾雅社, 1977.
- 松丸道雄 等 編, 《中國史 1》, 山川出版社, 2003.
- 沈起煒, 《中國歷史大事年表》, 上海辭書出版社, 2001.
- 鶴間和幸, 《中國の歷史 3 - ファーストインペラーの遺産》, 講談社, 2005.

◇ 사진 자료
- 본서 131쪽 秦나라 때 구리 수레 사진
  저작자 : by Dennis Jarvis(CC BY)
  출처 : https://www.flickr.com/photos/archer10/2212763935/
- 본서 134쪽 兵馬俑 사진
  저작자 : by Harvey Barrison(CC BY)
  출처 : https://www.flickr.com/photos/hbarrison/5837504043/

目 次

思政殿訓義 資治通鑑綱目 제2권 상

秦 昭襄王 52년~秦 始皇帝 26년

≪資治通鑑綱目≫ 제2권은 丙午年(B.C. 255)에서 시작하여 戊戌年(B.C. 203) 西楚霸王 4년, 漢王 4년까지이니, 모두 53년이다.

起丙午하야 盡戊戌西楚霸王四年 漢王四年이니 凡五十三年이라

丙午年(B.C. 255)

秦나라 昭襄王 52년, 楚나라 考烈王 8년, 燕나라 孝王 3년, 魏나라 安釐王 22년, 趙나라 孝成王 11년, 韓나라 桓惠王 18년, 齊나라 王 建 10년이다. 모두 일곱 나라이다[1]

秦昭襄王五十二와 楚考烈王八과 燕孝王三과 魏安釐(희)王二十二와 趙孝成王十一과 韓桓惠王十八과 齊王建十年이라 ○ 凡七國이라

【綱】秦나라 승상 范雎가 사직하였다.

秦丞相范雎免하다

【目】秦나라 河東郡守 王稽가 제후와 내통한 죄를 범하여 시장에서 처형되었다. 왕이 조회를 하면서 탄식하자 應侯(范雎)가 그 까닭을 물었다. 왕이 말하기를 "武安君(白起)이 죽고 鄭安平과 王稽 등이 모두 배반하니[2], 안으로는 좋은 장수가 없고 밖으로는 적국

---

1) 秦나라……나라이다 : B.C. 255년에서 B.C. 222년까지는 無統이다. 朱熹의 凡例를 보면 正統일 경우 歲年(干支) 다음에 國號, 諡號, 姓名, 年號, 年度 등을 大字로 쓰는 데 반해, 무통일 경우 위처럼 小字로 쓴다. 秦나라가 천하를 통일한 뒤에는 秦나라를 정통으로 삼아서 始皇帝 26년조처럼 大字로 표시하였다. 秦나라가 망한 B.C. 206년부터 다시 무통으로 처리하였다.

2) 武安君(白起)이……배반하니 : 武安君 白起가 죽은 일은 ≪資治通鑑綱目≫ 제1권 하 周 赧王 58년 조에 보인다. 鄭安平은 魏나라에서 죽을 처지에 놓였던 范雎를 구해준 인물이며, 王稽는 秦나라의 謁者로 범수를 魏나라에서 秦나라로 데리고 온 인물이다. 범수가 秦나라에서 승상이 되고 나서

이 많다. 내가 이런 까닭으로 걱정을 한다." 하니, 응후는 두려워하며 어떤 계책을 내야 할지 몰랐다.

燕나라 출신 빈객인 蔡澤[3]이 그 일을 듣고는 서쪽으로 秦나라에 들어가 먼저 사람을 보내 응후에게 알리기를 "채택이 왕을 만나보면 반드시 그대의 자리를 뺏게 될 것입니다." 하였다.

응후가 채택을 불러 꾸짖자 채택이 말하기를 "아이고! 그대를 만난 것이 어찌 이리도 늦었단 말입니까. 사계절이 차례로 바뀜에 공을 이룬 것은 떠나가는 법이니, 商君[4]과 吳起[5]와 大夫 種[6]이 어찌 부러워할 만한 사람들이겠습니까." 하였다.

응후가 짐짓 말하기를 "어찌 불가하겠는가. 군자는 자신의 몸을 희생하여 이름을 이루니 죽더라도 여한이 없다." 하였다.

채택이 말하기를 "몸과 이름을 모두 온전히 하는 것이 상책이고, 이름은 본받을 만하나 몸이 죽는 것은 차선책입니다. 세 사람의 부러워할 만한 점을 閎夭[7], 周公과 비교하면 어느 쪽이 낫겠습니까? 속담에 '해가 중천에 이르면 지기 시작하고, 달이 꽉 차면 기울기 시작한다.'라고 하였습니다. 나아가고 물러가고 차고 기우는 것은 시간에 따라 변화합니다. 지금 그대는 원한을 이미 갚았고 은혜도 이미 보답하여 원하는 목적에 도달했는데도 변화하는 계책이 없으니, 저는 그대를 위해 위태롭게 생각합니

은혜를 갚고자 이 두 사람을 천거하였는데, 정안평은 장군이 되고 왕계는 河東太守가 되었다. 정안평은 趙나라를 공격하였으나 趙나라 군대에 포위되어 항복하였는데, 다시 범수가 추천한 왕계마저 배반한 것이다. ≪資治通鑑綱目 제1권 하 周 赧王 45년·56년조≫·≪史記 范睢蔡澤列傳≫

3) 蔡澤 : 燕나라 사람으로 당시 趙나라, 韓나라, 魏나라로 옮겨가면서 유세하였지만 등용되지 못하다가 범수의 사정을 듣고 秦나라로 갔다. 범수의 추천으로 客卿이 되었다가 재상이 되었다. 재상으로 있은 지 몇 달 뒤에 물러났지만 계속 머물며 秦나라를 섬겼다. ≪史記 范睢蔡澤列傳≫

4) 商君 : 전국시대 衛나라의 公子였던 公孫鞅이다. 秦나라 孝公을 도와 개혁정치를 단행하여, 그 공로로 商에 봉해졌으므로 商君 또는 商鞅이라 불렸다. 엄격한 法治를 시행하여 秦나라를 부강하게 만들었으나, 효공이 죽고 난 뒤에 公子 虔 등의 무고를 받아 사형되었다. ≪資治通鑑綱目 제1권 상 周 顯王 31년조≫

5) 吳起 : 전국시대 兵法家로 魏나라 사람이다. 魏나라 文侯에게 발탁되어 장군이 되었다가 문후가 죽은 뒤에 모함을 받자 楚나라로 달아났다. 楚나라 悼王이 그를 재상으로 삼고 개혁 정치를 시행하여 楚나라를 부강하게 만들었으나, 도왕이 죽은 뒤에 宗室 大臣들에 의해 살해되었다. ≪資治通鑑綱目 제1권 상 周 安王 21년조≫

6) 大夫 種 : 춘추시대 楚나라 사람이다. 越나라 왕 勾踐을 섬겨 大夫가 되었다. 越나라가 吳나라에 패하여 會稽에서 곤란을 겪을 때에 계략을 써서 越나라를 멸망에서 구하였다. 이후에 國政을 담당하여 越나라를 부강하게 하고 吳나라를 멸망시켰으나, 讒言을 믿은 구천이 칼을 내리자 자살하였다.

7) 閎夭 : 周나라 사람으로 文王을 섬겼다. 紂王이 문왕을 羑里에 가두자 미녀와 말 등 진귀한 물건을 구해다 바치고 문왕을 구해냈다. 나중에 武王을 도와 주왕을 정벌하였다.

다." 하였다.

응후가 좋다고 하고, 마침내 채택을 왕에게 추천하고 인하여 병을 칭탁하고 사직하였다. 왕이 채택의 계책을 좋아하여 재상으로 삼았는데, 몇 개월 만에 사직하였다.

秦河東守王稽坐與諸侯通하야 棄市^①하다 王이 臨朝而歎이어늘 應侯請其故한대 王曰 武安君이 死而鄭安平王稽等이 皆畔하니 內無良將하고 外多敵國하니 吾是以憂라한대 應侯懼不知所出^②이러니 燕客蔡澤이 聞之하고 西入秦하야 先使人宣言於應侯曰 蔡澤이 見王하면 必奪君位하리라 應侯召澤讓之한대 澤曰 吁라 君何見之晚也^③오 夫四時之序에 成功者去^④하나니 商君吳起大夫種을 何足願與^⑤리오 應侯謬曰 何爲不可리오 君子有殺身以成名하니 死無所恨이니라 澤曰 身名俱全者는 上也요 名可法而身死者는 次也니 三子之可願이 孰與閎夭周公哉오 語에 曰 日中則移하고 月滿則虧라하고 進退嬴縮이 與時變化^⑥하나니 今君이 怨已讐而德已報하야 意欲至矣로대 而無變計하니 竊爲君危之^⑦하노라 應侯曰 善타 遂薦澤於王하고 因謝病免이어늘 王이 悅澤計하야 以爲相이러니 數月에 免하다

① 시장에서 죄인을 처형하여, 대중들과 함께 죽이는 것이다. 秦나라의 법에 의하면 시장에서 사형에 처하는 것을 棄市라고 한다.
  刑人於市, 與衆棄之. 秦法論死於市, 謂之棄市.
② 계책이 나올 곳이 없음을 말한다.
  言計無所出.
③ 吁는 의심하고 괴이쩍어하는 말이니, 마음에 꺼리는 점이 있으면 이러한 탄성을 낸다.
  吁, 疑怪之辭, 心有所嫌而爲此聲.
④ 봄에는 낳고, 여름에는 키우고, 가을에는 결실을 맺고, 겨울에는 닫고 감추어 각각 공을 이루고는 서로 교체하는 것을 말한다.
  謂春生, 夏長, 秋就實, 冬閉藏, 各成其功而相代謝也.
⑤ 種은 上聲이니, 이름이다. 성은 文이고, 楚나라 사람이다. 越나라 왕 勾踐을 도와 會稽의 치욕[8]을 씻었으나, 공을 이루고도 물러나지 않다가 구천에게 살해되었다. 與(그럴까)는 平聲이다.
  種, 上聲, 名也. 姓, 文, 楚人. 相越王勾踐, 以雪會稽之恥, 功成不退, 爲勾踐所殺. 與, 平聲.
⑥ 五星이 일찍 나오는 것을 嬴이라 하고, 늦게 나오는 것을 縮이라 한다. 또한 歲星이 별자리를 넘어 앞으로 가는 것을 嬴이라 하고, 별자리에서 물러나는 것을 縮이라 한다.
  五星早出者爲嬴, 晚出者爲縮. 又歲星超舍而前爲嬴, 退舍爲縮.
⑦ 讐는 답한다는 뜻이다. "怨已讐(원한을 이미 갚았다.)"는 것은 魏齊를 죽인 것을 말하고[9],

---

8) 會稽의 치욕 : 勾踐이 吳나라 왕 夫差에게 패하여 會稽山에 숨었다가 항복하여 부차의 신하가 된 것을 가리킨다.
9) 魏齊를……말하고 : 魏齊는 魏나라의 재상으로 범수를 죽이고자 했던 장본인이다. 범수가 秦나라의 재상이 된 뒤에 趙나라로 도망갔다. 이후 秦나라가 平原君을 납치하여 趙나라에 위제의 머리

"德已報(은혜도 이미 보답했다.)"는 왕계, 정안평 등을 추천하여 쓰이게 한 것을 말한다.

讐, 答也. 怨已讐, 謂殺魏齊. 德已報, 謂進用王稽鄭安平等.

【綱】 楚나라가 荀況을 蘭陵令으로 삼았다.

楚以荀況으로 爲蘭陵令하다

【目】 荀卿은 趙나라 사람인데, 春申君이 난릉현령으로 삼았다. 순경이 일찍이 臨武君과 함께 趙나라 孝成王 앞에서 병법을 논한 적이 있었다. 왕이 말하기를 "병법의 요체를 묻겠다." 하니, 순경이 대답하기를 "요체는 백성이 따르도록 하는 데 있습니다. 어진 사람의 군대는 상하가 한마음이 되고 三軍[10]이 함께 힘을 합하여, 신하가 임금에게 대하고 아랫사람이 윗사람에게 대하기를, 마치 자제가 부형을 섬기듯이 하고 손과 팔이 머리와 눈을 막고 가슴과 배를 보호하듯이 합니다. 그러므로 병법의 요체는 백성이 따르도록 하는 데 있을 뿐입니다.

齊나라 사람들은 전투의 기술을 중요시하여 적의 首級 하나를 벤 자에게는 8냥의 金을 내려 보상해주고 本賞[11]은 없습니다. 전투가 작고 적이 나약하면 구차하나마 이 방법을 쓸 수 있지만, 전투가 크고 적이 견고하면 군대가 뿔뿔이 흩어질 것입니다. 이것은 나라를 망하게 하는 군대이니, 시장의 날품팔이를 고용하여 싸우게 하는 것과 별 차이가 없습니다.

魏나라의 병졸은 기준에 따라 선발합니다. 3벌이 연결된 갑옷을 입게 하고, 무게가 12석인 쇠뇌를 들게 하고, 50개의 화살을 등에 매게 하고, 창을 몸에 지니게 하고, 투구를 쓰고 칼을 차게 한 뒤에 3일 치 식량을 가지고 하루에 백 리를 달려가게 하여 시험에 합격하면 그 집의 세금을 면제하고 편리한 곳에 농토와 택지를 지급합니다. 몇 년 뒤에 기력이 쇠하더라도 세금 면제 및 농토와 택지의 혜택을 빼앗을 수 없으며, 다시 선발하는 경우에는 이렇게 완비하기가 쉽지 않습니다. 그러므로 영토가 비록 넓더라도 세금이 반드시 적게 되니, 이것은 나라를 위태롭게 하는 군대입니다.

를 요구하자 趙나라가 위제의 목을 가져다 바친 것을 가리킨다. ≪資治通鑑綱目 제1권 하 周 赧王 56년조≫

10) 三軍 : 周나라 제도에 의하면, 제후의 나라에 中軍, 上軍, 下軍이 있다. 여기서는 일반적인 군대를 총칭한 것이다.

11) 本賞 : 공을 세운 사람들이 함께 받는 상이다.

秦나라 사람들은 백성을 기르는 곳이 험고한 지역이고 백성을 부리는 것이 혹독하여 보상에 익숙하게 하고 형벌로써 압제하여 백성들로 하여금 윗사람에게 이익을 바랄 수 있는 방법이 전쟁이 아니면 도리가 없게 만듭니다. 戰功에 대한 보상을 가지고 서로를 분발하게 하여 다섯 甲士의 首級을 베면 다섯 집을 부릴 수 있게 하니, 이것이 군대를 강하게 하고 오래도록 유지시키는 방도입니다. 그러나 이 모두가 보상을 바라고 이익을 추구하는 군대이니, 제도를 편안히 여기고 절의를 다하려는 마음은 없습니다.

그러므로 齊나라의 전투 기술로는 魏나라의 병졸을 대적할 수 없으며, 魏나라의 병졸로는 秦나라의 정예병을 대적할 수 없으며, 秦나라의 정예병으로는 桓公과 文公[12]의 절제된 군대를 대적할 수 없으며, 환공과 문공의 절제된 군대로는 湯王과 武王의 仁義를 바탕으로 한 군대를 이길 수 없습니다. 그러므로 초치하고 모집하여 선발하며 위세와 속임수를 중요시하며 공적과 이익을 숭상하는 것은 군대가 점차 법으로 다스려지지 않게 만들고, 禮義와 敎化는 군대가 정제되도록 만듭니다. 그러므로 군대가 크게 정제되면 천하를 제어하고 작게 정제되면 이웃의 적을 제어합니다. 저 초치하고 모집하여 선발하며 위세와 속임수를 중요시하며 공적과 이익을 숭상하는 군대는 勝敗가 일정하지 않아 서로 雌雄을 겨룰 뿐입니다. 이것을 일컬어 도적의 군대라 하니, 군자는 이러한 군대를 쓰지 않습니다." 하였다.[13]

荀卿은 趙人이니 春申君이 以爲蘭陵令①하다 荀卿이 嘗與臨武君으로 論兵於趙孝成王前②이러니 王曰 請問兵要하노라 卿對曰 要在附民하니 夫仁人之兵은 上下一心하며 三軍同力하야 臣之於君也와 下之於上也에 若子弟之事父兄하며 若手臂之扞頭目而覆胸腹也③니 故兵要는 在於附民而已니라 齊人은 隆技擊하야 得一首者를 賜贖錙金이요 無本賞矣④라 事小敵毳면 則偸可用也⑤어니와 事大敵堅이면 則渙然離耳⑥라 是는 亡國之兵也니 其去賃市傭而戰之幾矣⑦니라 魏氏之武卒은 以度取之⑧하야 衣三屬(촉)之甲⑨하고 操十二石之弩⑩하며 負矢五十하고 置戈其上⑪하며 冠胄帶劍하야 贏三日糧⑫하고 日中而趨百里⑬하야 中試則復(복)其戶하며 利其田宅하니 氣力이 數年而衰라도 而復(복)利를 未可奪也요 改造則不易周也⑭라 故地雖大나 其稅必寡니 是는 危國之兵也⑮니라 秦人은 其生民也陜隘하고 其使民也酷烈⑯하야 怯之以慶賞⑰하며 鰌之以刑罰⑱하야 使民所以要利於上者 非鬪無由也라 使以功賞相長하야 五甲首而隷五家⑲하니 是最爲衆彊長久之道나 然皆干賞蹈利之兵이요 未有安制綦節之理也⑳라 故齊之技擊이 不可以遇魏之武卒이며 魏之武卒이 不可以遇秦之銳士며 秦之銳士 不可以當桓文之節制하며 桓(友)〔文〕[14]之節制 不可以敵湯武之仁義니

故招延募選하며 隆勢詐하며 尙功利는 是漸之也^㉑요 禮義教化는 是齊之也^㉒라 故兵이 大齊則制天下하고 小齊則制隣敵이니 若夫招延選募 隆勢詐 尙功利之兵은 則勝不勝이 無常하야 相爲雌雄耳니 夫是之謂盜兵이라 君子가 不由也^㉒니라

① ≪漢書≫〈地理志〉에 "蘭陵縣은 東海郡에 속한다."고 하였다.
　　班志 "蘭陵縣屬東海郡."
② 臨武君은 楚나라 장수이다. 성명은 모른다.
　　臨武君, 楚將也. 未知姓名.
③ 扞은 음이 汗이니, 막는다는 뜻이다. 覆는 敷救의 切¹⁵⁾이니, 덮는다는 뜻이다.
　　扞, 音汗, 衛也. 覆, 敷救切, 蓋也.
④ 隆은 높인다는 뜻이다. 技는 재능이다. 齊나라 사람들은 勇力으로 적을 쳐서 首級을 베는 자를 技擊이라고 불렀다. 8냥이 錙(치)이다. 수급 하나를 베면 官府에서 8냥의 금을 내려 보상해주었다. 本賞은 공을 세워 함께 상을 받는 것을 말한다. 수급을 베면 비록 전투에서 패하더라도 상을 주지만, 수급을 베지 못하면 비록 전투에서 이기더라도 상을 주지 않는다. 이것이 本賞이 없다는 것이다.
　　隆, 尙也. 技, 材力也. 齊人以勇力擊斬敵者, 號爲技擊. 八兩曰錙. 斬得一首, 則官賜以錙金贖之. 本賞, 謂有功同受賞也. 斬首, 雖戰敗亦賞, 不斬首, 雖勝亦不賞, 是無本賞矣.
⑤ 毳(나약하다)는 脆(취)로 읽는다. "偸可用"은 구차하게 이 기술을 쓸 수 있음을 말한다.
　　毳, 讀爲脆. 偸可用, 謂可偸竊而用此技.
⑥ 渙은 흩어진다는 뜻이다.
　　渙, 離也.
⑦ 賃은 빌린다는 뜻이고, 고용한다는 뜻이다. 이는 시장 안에서 날품팔이하는 사람을 고용하여 그로 하여금 싸우도록 하는 것과 차이가 거의 없다는 것이다.
　　賃, 借也, 傭也. 此與賃市中傭作之人而使之戰, 相去幾何也.
⑧ 무예가 있고 용감한 병사를 선발하여 武卒이라 불렀다. "度取之"는 장단점과 능력이 기준에 맞는 자를 취함을 말한다.
　　選擇武勇之士, 號爲武卒. 度取之, 謂取其長短材力中度也.
⑨ 衣(입히다)는 去聲이다. 屬은 음이 燭이니, 연결된다는 뜻이다. "三屬"은 상의〔上身〕가 1벌, 넓적다리 가리개〔髀褌〕가 1벌, 각반〔脛繳〕이 1벌이니, 모두 서로 연결되어 갑옷이 된다. 上身이라는 것은 상체의 갑옷이다. 髀(폐)는 음이 陛이니, 넓적다리이다. 褌은 음이 昆이니, 평상복에서는 넓적다리 가리개를 髀褌(폐곤)이라 한다. 繳(교)는 각반이니, 정강이 끝을 감는 것을 脛繳라 한다.

---

14) (友)〔文〕: 저본에는 '友'로 되어 있으나, 思政殿訓義 ≪資治通鑑≫에 근거하여 '文'으로 바로잡았다.
15) 切: 反切音을 표시한 것이다. '反'은 뒤집는다는 뜻으로 번역을 의미하고, '切'은 자른다는 의미이다. 앞 글자의 初聲을 따고 뒷글자의 中聲과 終聲을 따서 읽는 것이다.

衣, 去聲. 屬, 音燭, 聯也. 三屬, 上身一, 髀褌一, 脛繳一, 皆相聯屬爲甲也. 上身者, 上體之
甲也. 髀, 音陛, 股也. 褌, 音昆, 褻衣以蔽股名髀褌也. 繳, 行縢也, 以繳脛耑名脛繳也.

⑩ 石은 鈞石의 石이니, 무게가 120근이다. 강한 활이나 쇠뇌를 당기는 힘을 옛 사람은 鈞과
石으로 계산하였다.

石, 鈞石之石, 重百二十斤. 挽彊弓弩, 古人以鈞石率之.

⑪ 〈"置戈其上"은〉 창을 몸 위에 두는 것을 말하니, 곧 창을 메는 것이다.

謂置戈於身之上, 卽荷戈也.

⑫ 冠(쓰다)은 古玩의 切이다. 贏은 짊어진다는 뜻이다.

冠, 古玩切. 贏, 負擔也.

⑬ 하루 안에 100리를 갈 수 있음을 말한다.

謂一日之中可行百里.

⑭ 中(맞다)은 去聲이다. "利其田宅"은 편리한 곳에 농토와 택지를 지급함을 말한다. "改造"는
다시 선발한다는 것이다. 易(쉽다)는 弋豉의 切이다.

中, 去聲. 利其田宅, 謂給以田宅便利之處. 改造, 更選擇也. 易, 弋豉切.

⑮ 재정이 궁핍하게 되므로 나라가 위태롭다.

資用貧乏, 故國危.

⑯ "陿隘"는 秦나라 땅이 험하고 견고함을 말한 것이다. "酷烈"은 형벌을 엄하게 하는 것이다.
땅이 험하고 견고하면 도적이 해를 입힐 수 없고, 형벌을 엄하게 하면 사람들이 모두 목숨
을 바친다.

陿隘, 謂秦(也)〔地〕[16]險固也. 酷烈, 嚴刑罰也. 險固則寇不能害, 嚴刑罰則人皆致死也.

⑰ 忸는 狃와 같으니, 익숙하다는 뜻이다. 전쟁에서 승리하면 보상을 줌으로써 익숙해져서 일
상이 되게 하였다.

忸, 與狃同. 串習也. 戰勝則與之賞慶, 使習以爲常.

⑱ 鰍는 음이 秋이니, 밟는다는 뜻이다. 이기지 못하면 형벌로 깔아뭉갠다.

鰍, 音秋, 籍也. 不勝則以刑罰陵籍之.

⑲ 長(나아가다)은 上聲이다. 공이 있으면 상을 주어 서로 분발하게 하게 한다. 무릇 다섯 甲士
의 수급을 베면 鄕里의 다섯 집을 부린다.

長, 上聲. 有功則賞之, 使相長. 凡獲得五甲首, 則役隷鄕里之五家也.

⑳ "安制"는 제도를 편안히 여겨 스스로 넘지 않음을 말한다. 綦는 음이 其이니, 다한다는 뜻
이다. "綦節"은 절의를 다하여 마음에 그르다고 여기지 않음을 말한다.

安制, 謂安於制度, 自不踰越. 綦, 音其, 極也. 綦節, 謂極於節義, 心不爲非.

㉑ "招延"은 초치함을 말한다. "募選"은 재물로 불러서 적임자를 뽑는 것을 말하니, 이것은 齊
나라의 방법을 논한 것이다. "隆勢詐"는 위세와 속임수를 숭상하는 것을 말하니, 이것은 秦

---

16) (也)〔地〕: 저본에는 '也'로 되어 있으나, 思政殿訓義 ≪資治通鑑≫과 ≪荀子集解≫에 근거하여 '地'
로 바로잡았다.

나라의 방법을 논한 것이다. "尙功利"는 공이 있으면 편리한 곳에 농토와 택지를 지급하는 것을 말하니, 魏나라의 방법을 논한 것이다. "漸之"는 점차 법으로 다스려지지 않게 됨을 말한다.

招延, 謂引致之也. 募選, 謂以財召之而選擇可者. 此論齊也. 隆勢詐, 謂以威勢變詐爲尙. 此論秦也. 尙功利, 謂有功則利其田宅. 此論魏也. 漸之, 謂漸進而近於法未爲理也.

㉒ 마음을 감복시키는 것이 사람을 가지런하게 만드는 기술이다.

服其心, 是齊人之術也.

㉓ "選募"는 ≪資治通鑑≫에 "募選"이라고 되어 있다. 속임수와 무력으로 서로 겨루는 것은 도적의 군대이다. 由는 사용한다는 뜻이다.

選募, 通鑑作募選. 以詐力相勝, 是盜賊之兵. 由, 用也.

【目】 왕이 말하기를 "좋은 말이다. 장수는 어떠해야 하는지 묻겠다." 하니, 荀卿이 아뢰기를 "호령은 엄하게 내려 위엄을 보여야 하고, 상벌은 반드시 시행하여 믿게 해야 하고, 주둔하는 보루는 치밀하게 방어하여 굳게 지켜야 하고, 군대의 이동과 진퇴는 조용하고 신중해야 하고 민첩하고 신속해야 하며, 적의 변화를 살피는 일은 은밀하고 깊게 해야 하고 이리저리 다방면으로 해야 하며, 적을 만나 결전을 벌일 때는 반드시 내가 잘 아는 바를 행하고 내가 의심하는 바를 행하지 말아야 합니다. 이것을 일컬어 六術이라고 합니다.

장수가 되고자 하면서 훗날 버려질 것을 싫어하지 말아야 하며, 이겼다고 나태해져서 패전의 교훈을 잊지 말아야 하며, 안으로 위엄을 부리면서 밖을 경시하지 말아야 하며, 이익을 보고 그 폐해를 돌아보지 않음이 없어야 하며, 일을 고려할 때는 심사숙고해야 하고 재화를 쓸 때에는 넉넉히 써야 합니다. 이것을 일컬어 五權이라고 합니다.

죽일 수는 있어도 안전하지 않은 곳에 있게 해서는 안 되며, 죽일 수는 있어도 이길 수 없는 적을 공격하게 해서는 안 되며, 죽일 수는 있어도 백성을 속이게 해서는 안 됩니다. 이것을 일컬어 三至라고 합니다.

무릇 모든 일이 성공하는 것은 반드시 공경함에 있고 실패하는 것은 나태함에 있습니다. 그러므로 공경함이 나태함을 이기면 길하고 나태함이 공경함을 이기면 멸망하며, 계책이 욕심을 이기면 순조롭고 욕심이 계책을 이기면 흉합니다. 전투는 지키는 것처럼 하고 행군은 싸우는 것처럼 하며, 공을 세운 것은 요행처럼 여겨서 이 六術, 五權, 三至를 신중하게 실천하면서 늘 공경함으로 대처하면 이러한 사람을 일컬어 천하의 장수라고 합니다." 하였다.

王曰 善타 請問爲將하노라 卿曰 號令은 欲嚴以威요 賞罰은 欲必以信이요 處舍는 欲周以固[①]요

徙擧進退는 欲安以重하며 欲疾以速②이요 窺敵觀變은 欲潛以深하며 欲伍以參③이요 遇敵決戰은 必行吾所明이요 無行吾所疑니 夫是之謂六術④이라 無欲將而惡廢⑤하며 無怠勝而忘敗⑥하며 無威內而輕外하며 無見利而不顧其害하며 凡慮事가 欲熟이요 而用財가 欲泰⑦니 夫是之謂五權⑧이라 可殺而不可使處不完⑨하며 可殺而不可使擊不勝하며 可殺而不可使欺百姓이니 夫是之謂三至⑩라 凡百事之成也는 必在敬之요 其敗也는 必在慢之니 故敬勝怠則吉하고 怠勝敬則滅하고 計勝欲則從하고 欲勝計則凶이니 戰如守하며 行如戰하며 有功如幸⑪하야 愼行此六術五權三至而處之以恭敬無曠⑫이면 夫是之謂天下之將⑬이니라

① "處舍"는 보루이다. 치밀하고 굳게 지키면 적이 침입하여 빼앗을 수 없다.

處舍, 營壘也. 周密牢固, 則敵不能陵奪也.

② 이동하고 진퇴하는 방법은 조용할 때에는 신중히 행동하여 경거망동하지 않고, 움직일 때에는 신속히 행동하여 기회를 놓치지 않는 것이다.

擧動進退之法, 靜則安重而不爲輕擧, 動則疾速而不失機權.

③ 간첩으로 하여금 적을 정탐하게 하여 은밀하고 깊이 들어가게 하고자 해야 함을 이른다. "伍參"은 뒤섞는다는 뜻과 같다. 간첩으로 하여금 적의 사이에서 혹 여기서 정탐하게 하고 혹 저기서 정탐하게 하여 적의 사정을 다 알아내도록 한다. 일설에는 "바야흐로 장수 노릇하는 방법을 말하고 있으므로 간첩을 운용하는 것을 말하는 데서 그쳐서는 안 되니, 이것은 바로 적을 헤아리는 것을 말한 것이다."라고 하였다. 적군의 형편을 엿보고 형세의 변화를 관찰함에 정밀하고 밝지 못하면서 능히 적을 제압하여 승리하는 자는 드물다. 은밀하고 깊게 하는 것은 사정을 숨기는 것이고, 이리저리 살피는 것은 실체를 살피는 것이다.

謂使間諜觀敵, 欲潛隱深入之也. 伍參, 猶錯雜也. 使間諜, 或參之, 或伍之於敵之間, 而盡知其事. 一說 "方論爲將之道, 不應止說用間諜, 此乃說料敵也." 夫窺敵軍之勢, 觀事幾之變, 不密不審而能制勝者鮮矣. 欲潛以深, 匿其情也. 欲伍以參, 察其實也.

④ "所明"은 아는 것을 말하고, "所疑"는 의심스러운 것을 말한다.

所明, 謂所知處. 所疑, 謂疑危處.

⑤ 〈"無欲將而惡廢"는〉 나아가기를 구하지 말고 물러나기를 싫어하지 말아야 함을 말한 것이다. 일설에 "將(장수)은 去聲이니, 장수가 되고자 하면서 권세를 잃게 되는 것을 싫어한다면 이길 수 있는 자신의 계책을 버리고 변통하여 임금의 바람에 영합할 것임을 말한 것이다."라고 하였다.

謂無求進而惡退. 一說 "將, 去聲, 言欲爲將而惡失權, 則舍己之勝算, 遷就以逢君之欲矣."

⑥ 〈"無怠勝而忘敗"는〉 이미 이겼다면 혹시라도 나태해져서 패망에 이르지 말아야 함을 말한다.

無旣勝則或怠而至於敗亡.

⑦ 〈"用財欲泰"는〉 보상에 인색하지 말아야 함을 말한다.

謂不吝賞也.

⑧ 이 다섯 가지가 바로 장수 노릇하는 핵심이다.

此五者, 乃爲將之機權.

⑨ 장군에게 죄가 있다면 차라리 죽일 수는 있어도, 안전하지 않은 곳에 있게 하여 군대가 패하고 많은 사람이 다치게 해서는 안 됨을 말한다.

謂將若有罪, 寧可殺之, 不可使處不完之地, 而致兵敗傷衆也.

⑩ 이 세 가지를 至라고 하였으니, 지켜서 변하지 말아야 함을 말한다.

此三者, 謂之至, 言其守而不變也.

⑪ "戰如守(전투를 지키는 것처럼 한다.)"는 국경을 넘어가서 추격하기를 힘쓰지 않음을 말한다. ≪書經≫〈周書 牧誓〉에 "6보와 7보를 넘지 말고 멈춰서 대오를 정돈하라." 하였다. "如幸(요행처럼 여긴다.)"은 교만하게 자랑하기를 힘쓰지 않음을 말한다.

戰如守, 言不務越逐也. 書曰 "不愆于六步七步, 乃止齊焉." 如幸, 言不務驕矜.

⑫ 曠은 폐한다는 뜻이니, "無曠"은 감히 잠시라도 불경하지 않음을 말한다.

曠, 廢也. 無曠, 言不敢須臾不敬也.

⑬ 〈천하의 장수〔天下之將〕는〉 천하에 누구도 따라잡을 수 없는 장수를 말한다.

言天下莫及之將.

【目】臨武君이 말하기를 "좋은 말입니다. 帝王의 군사 제도에 대해 묻겠습니다." 하니, 荀卿이 말하기를 "장수는 북을 치며 호령하다 죽고, 마부는 전차의 고삐를 잡고 죽고, 관리는 직분을 수행하다 죽고, 사대부는 행렬 속에서 죽습니다. 북소리를 듣고 진군하고 징소리를 듣고 후퇴하니, 명령에 순응하는 것이 상등이 되고, 공을 세우는 것이 그 다음입니다. 노약자를 죽이지 아니하고 농작물을 밟지 아니하며, 굴복한 자를 사로잡지 아니하고 저항한 자를 용서하지 아니하고 귀순하여 온 자를 포로로 삼지 아니합니다. 모든 주벌은 백성을 주벌하는 것이 아니라, 백성을 혼란시킨 자들을 주벌하는 것입니다. 백성 가운데 적을 감싸는 자가 있다면 이 또한 적입니다. 그러므로 싸우지 않고 달아난 백성은 살려주고, 대항하여 싸운 백성은 죽이며, 귀순하여 온 백성은 임금께 바칩니다. 주벌은 있어도 전쟁은 없으며, 적의 성을 도륙하지 않으며, 적군을 몰래 공격하지 않으며, 적국에 군대를 오래 주둔시키지 않으며, 군대의 출동은 일정한 기간을 넘기지 않으니, 혼란한 나라의 백성들이 우리의 다스림을 기뻐하고 자신들의 임금을 불안하게 여기는 것은 우리가 오기를 기다리기 때문입니다." 하였다. 임무군이 좋은 말이라고 하였다.

陳囂(진효)가 묻기를 "선생이 군사를 논할 때에 항상 仁義를 근본으로 삼습니다. 그렇다면 또한 어째서 군대를 쓰는 것입니까?" 하니, 순경이 말하기를 "仁이라는 것은 사람을 사랑하는 것이므로 사람이 사람을 해치는 것을 미워하고, 義라는 것은 이치를 따르는 것이므로 사람이 이치를 어지럽히는 것을 미워한다. 그렇다면 군대라는 것은 난폭함을 금지하고 해로움을 제거하기 위한 것이지, 쟁탈을 위한 것이 아니다." 하였다.

臨武君曰 善타 請問王者之軍制하노라 卿曰 將은 死鼓하고 御는 死轡하고 百吏는 死職하고 士大夫는 死行列[①]하야 聞鼓聲而進하며 金聲而退하니 順命이 爲上이요 有功이 次之니 不殺老弱하며 不獵田稼[②]하고 服者를 不禽하며 格者를 不赦하며 犇命者를 不獲[③]이니 凡誅는 非誅百姓也라 誅其亂百姓者也니 百姓이 有捍其賊者면 是亦賊也[④]니라 故順刃者生이요 傃刃者死요 犇命者貢[⑤]이니 有誅而無戰하며 不屠城하며 不潛軍하며 不留衆하며 師不越時[⑥]니 故亂者는 樂其政하고 不安其上者는 欲其至也[⑦]니라 臨武君曰 善타 陳囂問曰[⑧] 先生이 議兵에 常以仁義爲本하니 然則又何以兵爲哉리오 卿曰 仁者는 愛人이라 故惡人之害之也요 義者는 循理라 故惡人之亂之也니 故兵者는 所以禁暴除害也라 非爭奪也[⑨]니라

① "將死鼓(장수는 북을 치며 호령하다 죽는다.)"는 장수는 마땅히 북 아래에서 죽어야지, 버리고 도망가서는 안 됨을 말한다. "御死轡(마부는 전차의 고삐를 잡고 죽는다.)"는 수레를 모는 자는 마땅히 고삐와 채찍을 사수해야 함을 말한다.
   將死鼓, 謂將當死於鼓之下, 不弃之而奔亡也. 御死轡, 謂御車者當死守轡策也.
② 獵은 躐과 같으니, 밟는다는 뜻이다.
   獵, 與躐同, 踐也.
③ 싸우지 않고 물러난 자는 추격하여 사로잡지 않고, 저항하여 싸우는 자는 반드시 죽여 용서하지 않고, 도망 와서 귀순하는 자는 잡아다 포로로 삼지 않음을 말한다.
   謂不戰而退者, 不追禽之, 捍拒格鬪者, 必殺無赦, 奔走來歸命者, 不獲之爲囚俘.
④ "捍其賊(적을 감싸다.)"은 적의 엄호가 됨을 말한다.
   捍其賊, 謂爲賊之捍蔽也.
⑤ "順刃"은 싸우지 않은 채 등을 돌리고 달아나는 자를 말한다. 傃는 음이 素이니, 향한다는 뜻으로, 우리를 향하여 싸우는 자를 말한다. 貢은 임금에게 바침을 말한다.
   順刃, 謂不戰背之而走者. 傃, 音素, 向也, 謂傃向格鬪者. 貢, 謂貢于國君.
⑥ "不潛軍"은 군대를 운용함에 잠복시키지 않는 것을 말한다. "不留衆"은 군대를 오래 주둔시켜 야전에 노출되게 하지 않는 것을 말한다. "師不越時"는 군대의 출동이 일정한 기간을 넘기지 않는 것을 말한다.
   不潛軍, 言用軍無所潛伏. 不留衆, 言不久留師衆, 使暴露於外. 師不越時, 言行役不踰時也.
⑦ 혼란한 나라의 백성들이 우리의 정치를 기뻐하기 때문에 자신들의 임금을 불안하게 여기고 오직 우리 군대가 오기만을 바란다. 이것은 동쪽을 정벌하면 서쪽의 오랑캐가 원망하는 것[17]과 같다.

---

17) 동쪽을……것 : 孟子가, "≪書經≫에 '湯王이 처음 정벌을 葛나라로부터 시작하시니, 천하가 탕왕을 믿어서, 동으로 향하여 정벌을 하면 서쪽 오랑캐가 원망하고, 남으로 향하여 정벌을 하면 북쪽 오랑캐가 원망하여 말하기를 「어째서 우리를 뒤로 미루는고.」 하여, 백성들이 탕왕이 정벌해주기

亂國之民, 樂吾之政, 故不安其上, 惟欲吾兵之至也. 猶東征西怨之意.

⑧ 陳囂는 荀子의 제자이다.

囂, 荀子弟子.

⑨ 暴은 생략하여 暴이라 쓴다.

暴, 省作暴.

【綱】周나라 백성들이 동쪽으로 도망하자 秦나라가 周나라의 寶器를 탈취하고 西周公을 𢢐狐聚(탄호취)로 옮겼다.

周民이 東亡이어늘 秦이 取其寶器하고 遷西周公於𢢐狐之聚①하다

① 周나라의 백성들이 동쪽으로 도망한 것은 의리상 秦나라 백성이 될 수 없어서이다. 西周公은 西周 文公이니, 武公의 아들이다. 𢢐은 음이 憚이다. ≪漢書≫ 〈地理志〉에 "河南郡 梁縣에 𢢐狐聚가 있다."고 하였다.

周民東亡, 義不爲秦民也. 西周公, 西周文公也, 武公之子也. 𢢐, 音憚. 班志 "河南郡梁縣有 𢢐狐聚."

【綱】楚나라 사람들이 魯나라 왕을 莒로 옮기고 그 땅을 빼앗았다.

◑楚人이 遷魯于莒하고 而取其地하다

丁未年(B.C. 254)

秦나라 昭襄王 53년, 楚나라 考烈王 9년, 燕나라 왕 喜 원년, 魏나라 安釐王 23년, 趙나라 孝成王 12년, 韓나라 桓惠王 19년, 齊나라 왕 建 11년이다.

秦五十三과 楚九와 燕王喜元①과 魏二十三과 趙十二와 韓十九와 齊十一年이라

① 喜는 孝王의 아들이다.

喜, 孝王子.

【綱】秦나라가 魏나라를 정벌하여 吳城을 빼앗았다.

를 기대하기를 마치 큰 가뭄에 비를 바라듯 했다.' 하였다.〔書曰 湯一征 自葛始 天下信之 東面而征 西夷怨 南面而征 北狄怨 曰奚爲後我 民望之 若大旱之望雲霓也〕"라고 한 데서 온 말이다. ≪孟子 梁惠王 下≫

秦이 **伐魏**하야 **取吳城**①하다

① ≪後漢書≫〈郡國志〉에 "河東郡 大陽縣에 吳山이 있고, 산 위에 虞城이 있다."고 하였다.
　　後漢志 "河東郡大陽縣有吳山, 山上有虞城."

【綱】 韓나라 왕이 秦나라에 들어가 조회하였다.

　◑ **韓王**이 **入朝於秦**하다

【綱】 魏나라 전체가 秦나라의 명령에 따랐다.

　◑ **魏擧國聽令於秦**하다

　　戊申年(B.C. 253)

　秦나라 昭襄王 54년, 楚나라 考烈王 10년, 燕나라 왕 喜 2년, 魏나라 安釐王 24년, 趙나라 孝成王 13년, 韓나라 桓惠王 20년, 齊나라 왕 建 12년이다.

　秦五十四와 **楚十**과 **燕二**와 **魏二十四**와 **趙十三**과 **韓二十**과 **齊十二年**이라

【綱】 秦나라 왕이 雍의 郊外에서 上帝에게 제사를 지냈다.

　秦王이 **郊見上帝於雍**①하다

① 見(보이다)은 賢遍의 切이다. 교외에서 상제에게 제사를 지낸 것은 天子의 예를 행하고자
　한 것이다. 秦나라 襄公은 스스로 서쪽에 위치하여 少昊의 신을 주관한다고 생각하여 西時
　(서치)를 만들어 白帝를 제사하였고, 宣公은 密時를 만들어 靑帝를 제사하였으며, 靈公은
　上時를 만들어 黃帝를 제사하고 下時를 만들어 炎帝를 제사하였다. ≪漢書≫〈地理志〉에
　"雍縣은 扶風에 속한다."고 하였다.
　　見, 賢遍切. 郊見上帝, 欲行天子之禮也. 秦襄公自以爲居西, 主少昊之神, 作西時, 祠白帝.
　　宣公作密時, 祭靑帝. 靈公作上時, 祭黃帝, 作下時, 祭炎帝. 班志 "雍縣屬扶風."

【綱】 楚나라가 鉅陽으로 遷都하였다.

　◑ **楚**가 **遷于鉅陽**하다

己酉年(B.C. 252)

秦나라 昭襄王 55년, 楚나라 考烈王 11년, 燕나라 왕 喜 3년, 魏나라 安釐王 25년, 趙나라 孝成王 14년, 韓나라 桓惠王 21년, 齊나라 왕 建 13년이다.

秦五十五와 楚十一과 燕三과 魏二十五와 趙十四와 韓二十一과 齊十三年이라

【綱】魏나라 사람들이 衛君(懷君)[18]을 죽이고 그 동생(元君)을 세웠다.

魏人이 殺衛君而立其弟하다

【目】동생은 魏나라의 사위이다.

弟는 魏壻也[①]라

① 壻는 사위이다. 처가 남편을 일컬어 壻라고도 한다.
　壻, 女夫也. 妻謂夫亦曰壻.

庚戌年(B.C. 251)

秦나라 昭襄王 56년, 楚나라 考烈王 12년, 燕나라 왕 喜 4년, 魏나라 安釐王 26년, 趙나라 孝成王 15년, 韓나라 桓惠王 22년, 齊나라 왕 建 14년이다.

秦五十六과 楚十二와 燕四와 魏二十六과 趙十五와 韓二十二와 齊十四年이라

【綱】가을에 秦나라 왕 稷이 薨하자 태자 柱가 즉위하였다. 韓나라 왕이 喪服을 입고 사당에 들어가 조문하였다.

秋에 秦王稷이 薨커늘 太子柱立하다 韓王이 衰(최)絰入弔祠[①]하다

① 衰는 음이 崔이니, 상복이다. 絰은 음이 迭이다. 首絰은 치포관을 본뜨고 腰絰은 큰 띠를

---

18) 衛君(懷君) : 衛나라는 점점 국역이 약해지면서 임금의 호칭을 公에서 侯, 侯에서 君으로 낮추었
다. 이는 ≪資治通鑑綱目≫ 제1권 상 周 顯王 23년조와 제1권 중 周 慎靚王 원년조에 각각 보인
다. 또한 당시 衛나라가 魏나라에 복속되어 衛 懷君이 조회하였는데 魏나라 사람들이 그를 잡아
죽인 것이다. ≪史記 衛康叔世家≫

본떴으니, 모두 삼베로 만든다. 経은 진실하다는 말이고, 衰는 꺾인다는 말이니, 마음에 진실로 꺾이는 아픔이 있음을 표현한 것이다.

衰, 音崔, 喪服也. 経, 音迭. 首経, 象緇布冠, 腰経, 象大帶, 竝以麻爲之. 経之言實, 衰之言摧, 明中實摧痛也.

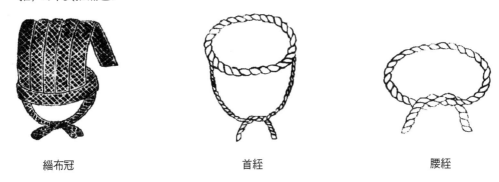

緇布冠   首経   腰経

【綱】燕나라가 趙나라를 정벌하자, 趙나라가 燕나라를 격파하고 마침내 燕나라를 포위하였다.

◑ 燕이 伐趙어늘 趙敗之하고 遂圍燕하다

【目】燕나라 왕이 栗腹을 趙나라에 보내 우호를 맺게 하였는데, 돌아와 아뢰기를 "趙나라의 장정들은 長平에서 죽었고[19], 고아들은 아직 장성하지 않았으니, 정벌할 만합니다." 하였다. 왕이 율복으로 하여금 군대를 이끌고 鄗(호)를 공격하게 하자, 將渠가 아뢰기를 "다른 사람과 우호를 맺고서 사신이 보고하자마자 공격하는 것은 상서롭지 못하니, 군대가 필시 공을 세우지 못할 것입니다." 하였다. 왕이 그 말을 듣지 않고 스스로 별동대를 이끌고 따라갔다. 장거가 왕의 인끈을 당겨 만류하자 왕이 발로 찼다. 장거가 울면서 아뢰기를 "신은 저를 위해 이러는 것이 아니라 왕을 위해 이러는 것입니다." 하였다. 왕이 말을 듣지 않고서 마침내 떠났다. 趙나라가 廉頗로 하여금 격퇴하게 하니, 두 무리의 군대를 격파하고 패잔병을 500리나 추격하여 마침내 燕나라를 포위하였다. 燕나라 사람들이 화친을 청하자 趙나라 사람들이 말하기를 "반드시 장거로 하여금 강화를 주관하게 하라." 하였다. 燕나라 왕이 장거를 재상으로 삼아 강화를 주관하게 하니, 趙나라의 군대가 비로소 포위를 풀었다.

---

19) 趙나라……죽었고 : 赧王 55년(B.C. 260)에 白起가 이끄는 秦나라 군대와 趙括이 이끄는 趙나라 군대가 長平에서 전투를 벌인 결과, 趙나라 군대가 대패하여 40만 명이 죽었다. ≪資治通鑑綱目 제1권 하 周 赧王 54년조≫

燕王이 使栗腹으로 約讙於趙[1]러니 反而言曰 趙壯者는 死長平하고 其孤未壯하니 可伐也러이다 王이 使腹으로 將而攻鄗한대 將渠曰[2] 與人通關約交하고 使者報而攻之가 不祥하니 師必無功하리다 王이 不聽하고 自將偏軍隨之어늘 將渠引王之綬한대 王이 以足蹴之[3]어늘 將渠泣曰 臣非自爲라 爲王也[4]니이다 王이 不聽하고 遂行이러니 趙使廉頗擊之하야 敗其兩軍하고 逐北五百里하야 遂圍燕한대 燕人이 請和어늘 趙人이 曰 必令將渠로 處和[5]하라 燕王이 以將渠로 爲相而處和하니 趙師乃解하다

① 栗腹은 성명이다.
　栗腹, 姓名.
② 將은 卽良의 切이니, 성이다. 渠는 그의 이름이다.
　將, 卽良切, 姓也. 渠, 其名.
③ 蹴은 子六의 切이니, 찬다는 뜻이다.
　蹴, 子六切, 蹋也.
④ 爲(위하다)는 去聲이다.
　爲, 去聲.
⑤ 處(주관하다)는 昌呂의 切이다. "處和"는 강화를 주관하는 것이다.
　處, 昌呂切. 處和者, 主和也.

【綱】趙나라 공자 勝(平原君)이 卒하였다.

　　趙公子勝이 卒하다

　　　　　辛亥年(B.C. 250)

秦나라 孝文王 柱 원년, 楚나라 考烈王 13년, 燕나라 왕 喜 5년, 魏나라 安釐王 27년, 趙나라 孝成王 16년, 韓나라 桓惠王 23년, 齊나라 왕 建 15년이다.

　　秦孝文王柱元과 楚十三과 燕五와 魏二十七과 趙十六과 韓(三)〔二〕[20]十三과 齊十五年이라

【綱】겨울 10월에 秦나라 왕이 薨하자 아들 楚가 즉위하였다.

　　冬十月에 秦王이 薨커늘 子楚立하다

---

20) (三)〔二〕: 저본에는 '三'으로 되어 있으나, 전후의 紀年을 참고하여 '二'로 바로잡았다.

【目】孝文王이 즉위한 지 3일 만에 薨하자 아들 楚가 즉위하여 華陽夫人을 높여 華陽太后로 삼고 夏姬를 夏太后로 삼았다.

　孝文王이 卽位三日而薨이어늘 子楚立하야 尊華陽夫人하야 爲華陽太后하고 夏姬로 爲夏太后하다

【綱】燕나라가 齊나라를 정벌하여 聊城을 함락시키자 齊나라가 정벌하여 빼앗았다.

　燕이 伐齊拔聊城이어늘 齊伐取之하다

【目】燕나라 장수가 齊나라 聊城을 공격하여 함락시켰는데, 어떤 자가 燕나라 왕에게 참소하자 燕나라 장수가 요성을 지킬 뿐 燕나라로 감히 돌아가지 못하였다. 齊나라 田單이 요성을 공격하였으나 1년이 넘도록 함락시키지 못하자, 魯仲連이 이에 편지를 써서 화살에 묶어 성 안으로 쏘아 燕나라 장수에게 보냈는데, 그 편지에 말하기를 "그대를 위한 계책은 燕나라로 돌아가지 않으면 齊나라로 귀순하는 것이다. 지금 홀로 고립된 성을 지키는데, 齊나라 군사는 날로 늘어나고 燕나라의 구원병은 오지 않으니 장차 어떻게 하겠는가?" 하였다. 燕나라 장수가 편지를 읽고 3일 동안 울면서 머뭇머뭇 결정을 못하다가 마침내 자살하여 요성이 혼란에 빠지자 전단이 공격하여 이겼다. 전단이 돌아와 齊나라 왕에게 노중련에 대해 아뢰어 작위를 주려고 하였다. 노중련이 바닷가로 달아나 말하기를 "내가 부귀하면서 남에게 굴욕을 당하느니, 차라리 빈천하면서 세상을 가벼이 보고 내 뜻대로 하리라." 하였다.

　魏나라 왕[21]이 천하의 고상한 선비를 子順[22]에게 묻자 자순이 대답하기를 "세상에 그러한 사람이 없습니다만, 그 다음이 될 만한 사람이라면 노중련일 것입니다." 하였다.

　燕將이 攻齊聊城하야 拔之[①]러니 或이 譖之燕王한대 燕將이 保聊城不敢歸어늘 齊田單이 攻之하야 歲餘不下러니 魯仲連이 乃爲書約之矢하야 以射城中하야 遺燕將曰[②] 爲公計者는 不歸燕則歸齊니 今獨守孤城하야 齊兵이 日益하고 而燕救不至하니 將何爲乎오 燕將이 見書泣三日하야 猶豫不能決하야 遂自殺[③]하니 聊城亂이어늘 田單이 克之하고 歸言仲連於齊王하야 欲爵之한대 仲連이 逃之海上曰 吾與富貴而詘於人으론 寧貧賤而輕世肆志焉[④]이라하더라 魏王이 問天下之高士於子順한대

子順이 曰 世無其人也어니와 抑可以爲次는 其魯仲連乎인저

① 將(장수)은 卽亮의 切이다. 聊城은 濟水의 북쪽에 있다. ≪漢書≫〈地理志〉에 "聊城縣은 東郡에 속한다."고 하였다.

將, 卽亮切. 聊城在濟水之北. 班志 "聊城縣屬東郡."

② "約之矢"는 화살 위에 편지를 묶은 것이다.

約之矢, 纏束書於矢上.

③ 猶는 夷周의 切과 余救의 切이다. 猶는 짐승의 이름이니, 원숭이 부류이다. 豫도 짐승의 이름이니, 코끼리 부류이다. 이 두 짐승은 모두 나아가고 물러날 때에 의심이 많으니, 사람이 의심이 많은 경우에 이와 비슷하므로 이러한 것을 猶豫라고 부른다. 일설에, "猶는 개이다. 사람이 개를 끌고 길을 가면 개는 미리 사람의 앞에 가서 있는 것을 좋아하는데, 사람을 기다리다가 오지 않으면 다시 돌아와서 사람을 맞이한다. 그러므로 결정을 내리지 못하는 것을 猶豫라고 한다."고 하였다. 獲(원숭이)은 厥縛의 切이다.

猶, 夷周·余救二切. 猶, 獸名, 獲屬. 豫, 亦獸名, 象屬. 此二獸, 皆進退多疑. 人多疑惑者似之, 故謂之猶豫. 一云 "猶, 犬子也. 人將犬行, 犬好豫在人前, 待人不得, 又來迎候, 故謂不決曰猶豫." 獲, 厥縛切.

④ 詘은 屈과 같으니, 세력으로 서로 밀쳐내는 것이다. "輕世"는 천하를 경시하는 것이다. "肆志"는 뜻대로 방종하게 하는 것이다.

詘, 與屈同, 勢相傾軋也. 輕世, 眇視天下也. 肆志, 放縱志意也.

壬子年(B.C. 249)

秦나라 莊襄王 楚 원년, 楚나라 考烈王 14년, 燕나라 왕 喜 6년, 魏나라 安釐王 28년, 趙나라 孝成王 17년, 韓나라 桓惠王 24년, 齊나라 왕 建 16년이다.

秦莊襄王楚元과 楚十四와 燕六과 魏二十八과 趙十七과 韓二十四와 齊十六年이라

【綱】秦나라가 呂不韋를 相國으로 삼아 文信侯에 봉하였다.

秦이 以呂不韋로 爲相國하야 封文信侯하다

【綱】秦나라가 東周國을 멸망시키고 그 임금을 陽人聚로 옮겼다.

◑秦이 滅東周하고 遷其君於陽人聚하다

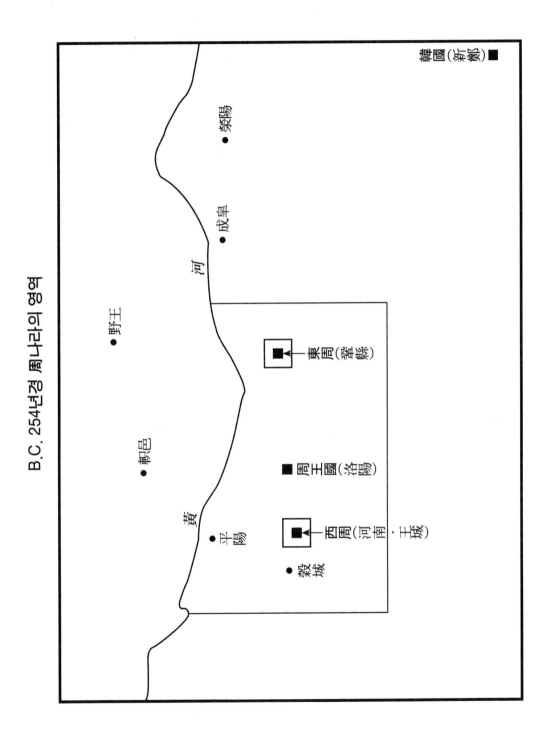

B.C. 254년경 周나라의 영역

【目】 東周君이 제후와 더불어 秦나라를 정벌하려고 모의하자 왕이 상국으로 하여금 군대를 이끌고 가서 멸망시키게 하고, 동주군을 陽人聚로 옮기니, 周나라가 마침내 종묘의 제사를 지내지 못하였다. 周나라가 망할 때에 모두 일곱 개의 읍을 가지고 있었다.

　東周君이 與諸侯謀伐秦이어늘 王이 使相國으로 帥師滅之하고 遷東周君於陽人聚[1]하니 周遂不祀하다 周比亡에 凡有七邑[2]이러라

　① ≪漢書≫ 〈地理志〉에 "河南 梁縣에 陽人聚가 있다."고 하였다.
　　地理志 "河南梁縣有陽人聚."
　② 일곱 개의 읍은 河南, 洛陽, 穀城, 平陰, 偃師, 鞏, 緱氏이다.
　　七邑, 河南·洛陽·穀城·平陰·偃師·鞏·緱氏.

【綱】 秦나라가 韓나라를 정벌하여 滎陽과 成皐를 탈취하고 三川郡을 설치하였다.

　秦이 伐韓하야 取滎陽成皐하고 置三川郡[1]하다

　① ≪漢書≫ 〈地理志〉에 "滎陽은 河南郡에 속한다."고 하였다.
　　班志 "滎陽縣屬河南郡."

【綱】 楚나라가 魯나라를 멸망시키고 그 임금을 卞으로 옮겨 家人(平民)으로 삼았다.

　◗楚滅魯하고 遷其君於卞하야 爲家人[1]하다

　① ≪漢書≫ 〈地理志〉에 "卞縣은 魯郡에 속한다."고 하였다.
　　班志 "卞縣屬魯郡."

【目】 바로 魯나라 頃公이다.

　是爲頃公[1]이라

　① 周나라 安王 25년(B.C.377)에 魯나라 穆公이 卒하자 아들 共公 奮이 즉위하였다. 顯王 14년(B.C.355)에 共公이 졸하자 아들 康公 毛가 즉위하였다. 23년(B.C.346)에 康公이 졸하자 아들 景公 偃이 즉위하였다. 愼靚王 4년(B.C.317)에 景公이 졸하자 아들 平公 旅가 즉위하였다. 赧王 18년(B.C.297)에 平公이 졸하자 아들 緡公 賈가 즉위하였다. 41년(B.C.274)에 緡公이 졸하자 아들 頃公 讎(엽)이 즉위하였다. 穆公에서 頃公까지 모두 일곱 군주이다.

魯나라 멸망 시기도

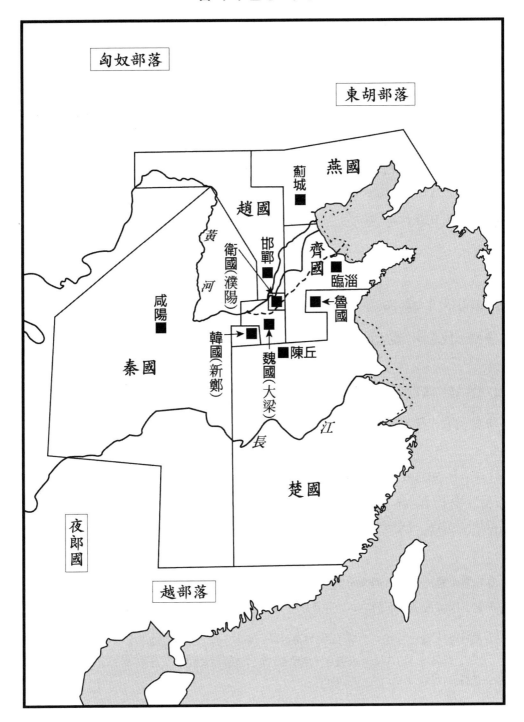

周安王二十五年, 魯穆公卒, 子共公奮立. 顯王十四年卒, 子康公毛立. 二十三年卒, 子景公偃立. 愼靚王四年卒, 子平公旅立. 赧王十八年卒, 子緡公賈立. 四十一年卒, 子頃公曅立. 自穆公至頃公凡七君.

癸丑年(B.C. 248)

秦나라 莊襄王 2년, 楚나라 考烈王 15년, 燕나라 왕 喜 7년, 魏나라 安釐王 29년, 趙나라 孝成王 18년, 韓나라 桓惠王 25년, 齊나라 왕 建 17년이다.

秦二와 楚十五와 燕七과 魏二十九와 趙十八과 韓二十五와 齊十七年이라

【綱】일식이 있었다.

日食하다

【綱】秦나라가 趙나라를 정벌하여 太原을 평정하고 37개의 성을 탈취하였다.

❶秦이 伐趙하야 定太原하고 取三十七城하다

【綱】楚나라 黃歇이 吳로 옮겨 봉해졌다.

❶楚黃歇이 徙封於吳하다

【目】春申君(黃歇)이 楚나라 왕에게 아뢰기를 "淮北이 齊나라와 변경을 접하고 있어 사정이 급박하니, 郡으로 삼고 신을 江東에 봉해주실 것을 청합니다." 하였는데, 楚나라 왕이 허락하였다. 춘신군이 이에 옛 吳나라 遺墟에 성을 쌓고 사니, 궁실이 매우 화려하였다.

春申君이 言於楚王曰 淮北이 邊於齊라 其事急하니 請以爲郡하고 而封於江東이라하야늘 許之한대 春申君이 因城故吳墟而居之하니 宮室이 極盛[1]이러라

① 吳나라의 遺墟는 吳나라의 도읍 姑蘇이다. 越나라 왕 勾踐이 吳나라 왕 夫差를 멸망시키니, 吳가 폐허가 되었다. ≪漢書≫〈地理志〉에 "吳縣은 太伯이 도읍한 곳이고, 漢나라 때 會稽郡의 治所가 되었다."고 하였다.

吳都姑蘇. 越王勾踐滅吳王夫差, 而吳爲墟. 班志 "吳縣太伯所邑, 漢爲會稽郡治所."

甲寅年(B.C. 247)

秦나라 莊襄王 3년, 楚나라 考烈王 16년, 燕나라 왕 喜 8년, 魏나라 安釐王 30년, 趙나라 孝成王 19년, 韓나라 桓惠王 26년, 齊나라 왕 建 18년이다.

秦三과 楚十六과 燕八과 魏三十과 趙十九와 韓二十六과 齊十八年이라

【綱】秦나라가 上黨의 모든 성을 함락시키고 太原郡을 설치하였다.

秦이 悉拔上黨諸城하고 置太原郡하다

【綱】秦나라가 魏나라를 정벌하자 魏나라 공자 無忌가 다섯 나라의 군대를 이끌고 가서 물리치고 函谷關까지 추격하였다가 돌아왔다.

◗ 秦이 伐魏어늘 魏公子無忌率五國之師하야 敗之하고 追至函谷而還하다

【目】蒙驁가 魏나라를 정벌하여 高都와 汲을 탈취하였다. 魏나라 왕이 근심하여 사람을 보내 信陵君(魏無忌)에게 돌아오도록 청하였는데, 신릉군이 돌아오려고 하지 않았다. 그의 문객 毛公과 薛公[23]이 신릉군을 만나 말하기를 "공자께서 제후에게 존중을 받는 것은 단지 魏나라 덕분입니다. 지금 魏나라가 위급한데 공자께서 걱정하지 않으시니, 하루아침에 秦나라가 大梁을 공격하여 선왕의 종묘를 무너뜨린다면 공자께서 무슨 면목으로 천하에 서겠습니까." 하였다. 말이 끝나기도 전에 신릉군이 안색이 바뀌며 수레를 재촉하여 魏나라로 돌아갔다. 魏나라 왕이 신릉군을 붙들고 울고서 그를 上將軍으로 삼아 제후에게 구원을 청하게 하니, 제후들이 그 소식을 듣고 모두 군대를 파견하여 魏나라를 구원하였다. 신릉군이 마침내 다섯 나라의 군대를 이끌고 몽오를 河外에서 무찌르고 함곡관까지 추격하였다가 돌아왔다.

---

23) 毛公과 薛公 : 趙나라의 隱士로 信陵君의 문객이 된 사람들이다. ≪史記≫ 〈魏公子列傳〉에 "趙나라의 處士 가운데 毛公은 도박하는 무리에 숨어 살았고, 薛公은 술을 파는 집에 숨어 살았다."라고 하였다.

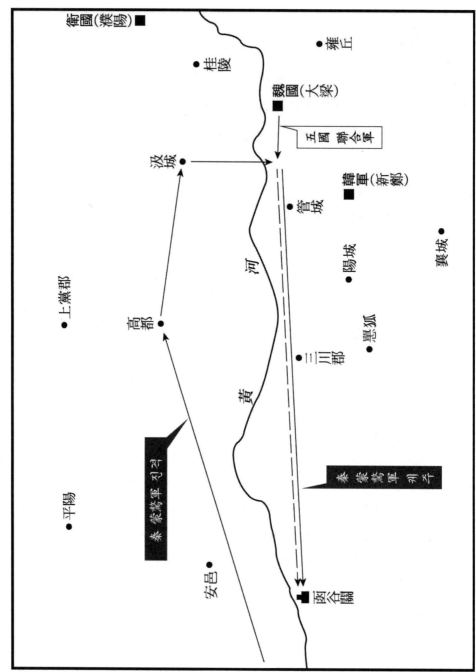

魏無忌의 5국 군대가 秦나라 군대를 격파

蒙驁伐魏하야 取高都汲^①이어늘 魏王이 患之하야 使人請信陵君한대 信陵君이 不肯還이러니 其客 毛公薛公이 見曰^② 公子所以重於諸侯者는 徒以魏也니 今에 魏急而公子不恤하니 一旦에 秦克大梁하야 夷先王之宗廟하면 公子當何面目으로 立天下乎리오 語未卒에 信陵君이 色變하야 趣(촉)駕還魏^③어늘 魏王이 持信陵君而泣하고 以爲上將軍하야 求援於諸侯한대 諸侯聞之하고 皆遣兵救魏어늘 信陵君遂率五國之師하야 敗蒙驁於河外하고 追至函谷關而還^④하다

① 驁는 牛刀의 切과 五到의 切이다. 蒙驁는 蒙武의 아버지이고, 蒙恬의 할아버지이다. ≪漢書≫ 〈地理志〉에 "高都縣은 上黨郡에 속하고, 汲縣은 河內郡에 속한다."고 하였다.
　驁, 牛刀·五到二切. 武之父, 恬之祖也. 班志 "高都縣屬上黨郡, 汲縣屬河內郡."
② 毛公과 薛公은 趙나라의 處士이다.
　毛公·薛公, 趙之處士.
③ 趣(재촉하다)은 促이라고 읽는다.
　趣, 讀曰促.
④ 춘추에서 전국 때까지 대체로 黃河의 서쪽을 河外로 삼았다.
　自春秋至戰國, 率以黃河之西爲河外.

【目】安陵 사람 縮高의 아들이 秦나라에 벼슬하여 管을 지켰다. 信陵君이 공격하여 함락시키지 못하자, 사람을 보내 축고를 불러와 五大夫 執節尉로 삼아 그로 하여금 管을 공격케 하고자 하였다. 축고가 대답하기를 "아비가 자식이 지키는 곳을 공격하면 사람들의 웃음거리가 될 것이고, 아들놈이 신을 보고 항복하면 자신의 군주를 배반하는 것입니다. 아비가 자식에게 배반하도록 가르치는 것도 군께서 좋아하는 일이 아닐 것이니, 감히 사양합니다." 하였다.

신릉군이 노하여 사람을 보내 安陵君²⁴⁾에게 이르기를 "축고를 산 채로 묶어 보내라. 그렇지 않으면 내가 장차 10만의 군사를 이끌고 성 아래로 가리라." 하니, 안릉군이 말하기를 "나의 선군 成侯께서 襄王²⁵⁾에게 詔令을 받아 이 성을 지킬 적에 손수 太府의 법령을 받았다. 그 上篇에 이르기를 '자식이 부친을 시해하고 신하가 군주를 시해하면 常法에 근거하여 용서하지 아니하고, 국가에서 비록 대사면을 내리더라도 성을 가지고 항복한 신하와 아비를 배반하고 도망한 자식은 대사면에 끼일 수 없다.' 하였다. 지금 축고가 큰 벼슬을 사양하고 父子의 의리를 온전하게 하였는데, 그대가 반드시 산 채로

---

24) 安陵君 : 安陵은 魏나라 영역 안에 있던 小國이다. 縮高는 바로 안릉군의 백성이다. ≪資治通鑑≫에 보다 자세한 내용이 보인다.
25) 襄王 : 魏나라 襄王 魏嗣를 가리킨다.

보내라고 하니, 이것은 나로 하여금 襄王의 詔令을 저버리고 太府의 法令을 폐하게 하는 것이다." 하였다.

축고가 그 말을 듣고 말하기를 "신릉군의 사람됨이 사납고 독단적이니, 이 말을 가지고 돌아가 보고하면 반드시 나라에 재앙이 되리라. 내 이미 개인의 의리를 온전히 하였으니, 신하로서의 의리를 어기지 않으리라. 어찌 나의 군주로 하여금 魏나라로 인한 근심을 갖게 할 수 있으랴." 하고는 사신이 머무는 객사로 가서 자신의 목을 찔러 죽었다. 신릉군이 소식을 듣고서 상복을 입고 관사를 떠나 거처하였으며[26], 사신을 보내 안릉군에게 사죄하였다.

○安陵人縮高之子仕於秦하야 守管①이러니 信陵君이 攻之不下어늘 使人(名)〔召〕[27]高하야 將以爲五大夫執節尉하야 而使攻管②한대 高對曰 父攻子守하면 人之笑也요 見臣而下하면 是倍主也라 父敎子倍는 亦非君之所喜니 敢辭하노라 信陵君이 怒하야 使謂安陵君호대 生束縮高而致之하라 不然이면 無忌將率十萬之師하야 以造城下호리라 安陵君이 曰 吾先君成侯受詔襄王하야 以守此城也③에 手受太府之憲④하니 其上篇에 曰 子弑父臣弑君이면 有常不赦요 國雖大赦라도 降城亡子는 不得與焉⑤이라하니 今縮高辭大位以全父子之義어늘 而君曰 必生致之라하니 是는 使我負襄王之詔而廢太府之憲也⑥로다 縮高聞之하고 曰 信陵君爲人이 悍猛而自用하니 此辭反이면 必爲國禍⑦하리니 吾已全己니 無違人臣之義矣라 豈可使吾君으로 有魏患乎리오하고 乃之使者舍하야 刎頸而死어늘 信陵君이 聞之하고 縞素辟(피)舍하고 而遣使謝安陵君⑧하다

① 《後漢書》〈郡國志〉에 "汝南郡 征羌縣에 安陵亭이 있다."라고 하였고, 그 주에 이르기를 "魏나라 安陵君이 봉해진 땅이다."라고 하였다. 縮高는 성명이다. 《후한서》〈군국지〉에 "中牟縣에 管城이 있다."고 하였다.
   後漢志 "汝南郡征羌縣有安陵亭." 註云 "卽魏安陵君所封地." 縮高, 姓名. 後漢志 "中牟縣有管城."

② 五大夫는 작위의 이름이다. 執節尉는 軍尉로서 부절을 잡은 자이다.
   五人夫, 爵名. 執節尉, 尉之持節者.

③ 安陵은 본래 魏나라 땅인데, 魏나라 襄王이 자신의 동생을 봉하였다.
   安陵, 本魏地, 魏襄王, 以封其弟.

④ 太府는 魏나라에서 도서와 전적을 보관하던 부고이다. 憲은 법이다.
   太府, 魏國藏圖籍之府. 憲, 法也.

---

26) 신릉군이……거처하였으며 : 관사를 떠나 거처함으로써 축고의 죽음을 슬퍼하여 감히 편안히 거처하지 못한다는 뜻을 표시한 것이다.

27) (名)〔召〕: 저본에는 '名'으로 되어 있으나, 《朱子全書》의 《資治通鑑綱目》과 문맥에 근거하여 '召'로 바로잡았다.

⑤ "有常"은 상법이 있음을 말한 것이다. "降城"은 신하가 성을 가지고 적에게 항복하는 것이다. "亡子"는 자식이 아비를 배반하고 도망하는 것이다. 與(참여하다)는 預로 읽는다.

有常, 謂有常法也. 降城, 臣以城降敵. 亡子, 子倍父而逃亡. 與, 讀曰預.

⑥ 負(저버리다)는 음이 佩이다[28].

負, 音佩.

⑦ "此辭反"은 사자가 이 말을 가지고 돌아가 보고함을 말한 것이다. "爲國禍"는 安陵의 재앙이 됨을 말한 것이다.

此辭反, 謂使者以辭還報也. 爲國禍, 謂爲安陵之禍也.

⑧ 縞는 古老의 切이니, 명주 가운데 순백색인 것이다. 흰옷에 흰 관은 흉복이다. 辟(피하다)는 避로 읽는다.

縞, 古老切, (繕)〔繒〕[29]之精白者. 素衣縞冠, 凶服也. 辟, 讀曰避.

【綱】5월에 秦나라 왕이 薨하자 아들 政이 즉위하였다.

五月에 秦王이 薨커늘 子政이 立하다

【目】政이 태어난 지 13년이었다. 국사를 모두 文信侯(呂不韋)에게 위임하고 仲父라고 불렀다.

政이 生十三年矣러라 國事를 皆委於文信侯하고 號仲父①라하다

① 仲은 가운데이니, 작은아버지이다. 아마도 齊나라 桓公이 管仲을 仲父로 삼았던 것을 본받은 듯하다.

仲, 中也, 次父也. 蓋效齊桓公以管仲爲仲父.

【目】胡氏(胡寅)가 다음과 같이 평하였다.

"孝文王과 莊襄王 두 왕의 죽음은 아마도 모두 呂不韋가 한 짓일 것이다."

胡氏曰 孝文莊襄二王之死는 蓋皆不韋之所爲也로다

---

28) 負는……佩이다 : ≪資治通鑑≫과 ≪史記≫의 주석에는 "負는 音이 佩이다."라고 하였으나, 현재는 '부'로 읽는다. 訓義의 音과 反切音의 경우 그 당시의 중국어 음을 표시한 것이기 때문에 현재 통용되는 한자음과 맞지 않는 경우가 있다.

29) (繕)〔繒〕 : 저본에는 '繕'으로 되어 있으나, 思政殿訓義 ≪資治通鑑≫에 '繒'으로 되어 있으며, ≪小爾雅≫에 '繒之精者曰縞'라고 한 것에 근거하여 '繒'으로 바로잡았다.

乙卯年(B.C. 246)

秦나라 왕 政 원년, 楚나라 考烈王 17년, 燕나라 왕 喜 9년, 魏나라 安釐王 31년, 趙나라 孝成王 20년, 韓나라 桓惠王 27년, 齊나라 왕 建 19년이다.

秦王政元과 楚十七과 燕九와 魏三十一과 趙二十과 韓二十七과 齊十九年이라

【綱】秦나라가 涇水를 파서 水路를 만들었다.

秦이 鑿涇水爲渠하다

【目】韓나라가 秦나라를 지치게 만들어 동쪽으로 정벌을 못하게 하려고 하였다. 이에 水工 鄭國을 秦나라에 간첩으로 보내어 涇水를 파게 하되 仲山에서부터 수로를 만들어 北山을 따라 동쪽으로 洛水에 흘러들어 가게 하였다. 공사하는 중간에 발각되어 鄭國을 죽이고자 하였는데, 정국이 말하기를 "신이 韓나라를 위해 몇 년의 운명을 연장해주었지만, 수로가 완성되면 또한 秦나라의 영구한 이익이 될 것입니다." 하였다. 이에 그로 하여금 마침내 수로를 완성토록 하여 막혔던 물길을 끌어다 개펄에 물을 대니, 4만여 頃[30]이었다. 수확이 매 畝[31]마다 1鍾[32]이나 되었는데, 이로 인해 秦나라가 더욱 부유해졌다.

韓이 欲疲秦하야 使無東伐하야 乃使水工鄭國으로 爲間於秦[①]하야 鑿涇水호대 自仲山爲渠하야 竝北山하야 東注洛이러니 中作而覺하야 欲殺之[②]어늘 國이 曰臣이 爲韓延數年之命이어니와 然渠成이면 亦秦萬世之利也라한대 乃使卒爲之하야 注塡閼(전어)之水하야 漑舄鹵之地하니 四萬餘頃이라 收皆畝一鍾하니 由是로 秦이 益富饒[③]하다

① 鄭國이 治水에 능하였으므로 水工이라고 하였다.
鄭國能治水, 故曰水工.
② ≪漢書≫〈地理志〉에 "涇水는 安定郡 涇陽縣의 서쪽 开頭山(견두산)에서 발원하여 동쪽으로 馮翊 陽陵縣에 이르러 渭水로 흘러든다."고 하였다. 顔師古가 말하기를 "仲山은 곧 지금 九嵕(구종)의 東仲山이다." 하였다. 竝은 傍과 통하니, 가깝다는 뜻이고, 기댄다는 뜻이다.

---

30) 頃 : 토지 면적의 단위이다. 100畝를 1경이라고도 하고, 12묘 반을 1경이라고도 한다.
31) 畝 : 토지 면적의 단위이다. 秦나라 때에는 5尺을 1步라 하고, 240보를 1묘라고 하였다.
32) 鍾 : 용량의 단위이다. 杜預의 설에 의하면, 6斛 4斗가 1鍾이라고 한다.

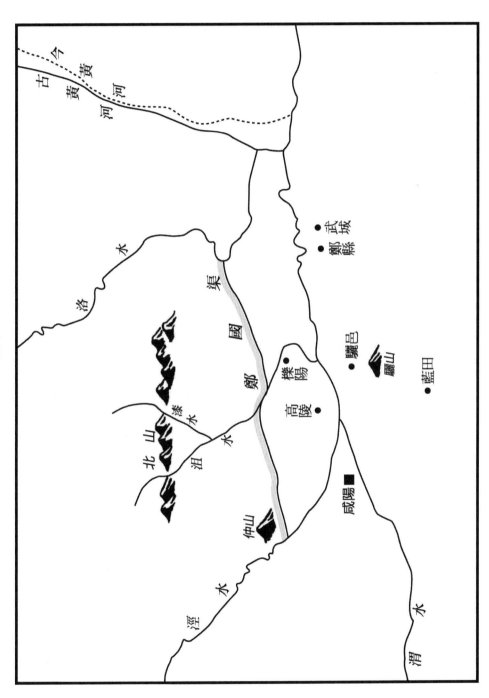

鄭國渠

안사고가 말하기를 "洛水는 곧 馮翊의 漆沮水이다." 하였다. "中作"은 공사의 중간, 일이 완성되기 전을 말한다. 覺은 드러난다는 뜻이니, 韓나라의 계책이 탄로난 것이다.

班志 "涇水出安定郡涇陽縣西笄頭山, 東至馮翊陽陵縣入渭." 師古曰 "仲山, 卽今九嵕之東仲山也." 竝, 與傍通, 近也, 倚也. 師古曰 "洛水, 卽馮翊漆沮水." 中作, 謂用功中道, 事未竟也. 覺, 露也, 韓之謀露也.

③ 注는 끌어다 댄다는 뜻이다. 閼(진흙)는 淤로 읽으니, 於據의 切이다. "塡閼"는 막혔다는 뜻이다. 漑는 물을 댄다는 뜻이다. 舃(석)은 潟과 같으니, 개펄이다. 鹵도 滷라고 쓰니, 짠물이 밴 개펄이다. 흙탕물을 끌어다 개펄의 밭에 물을 대어 다시 비옥해지도록 했음을 말한다. 頃은 밭 100묘이다. 옛날에 100보를 1묘라고 하였는데, 秦漢 이후로는 240보를 1묘라고 하였다. 饒는 여유가 있는 것이다.

注, 引也. 閼(어), 讀曰淤, 於據切. 塡閼, 謂壅泥也. 漑, 灌也. 舃, 與潟同, 鹵也. 鹵, 亦作滷, 醎滷也. 言引淤濁之水, 灌醎鹵之田, 更令肥美也. 頃, 田百畝也. 古者, 百步爲畝. 秦漢以降, 二百四十步爲畝. 饒, 有餘裕也.

丙辰年(B.C. 245)

秦나라 왕 政 2년, 楚나라 考烈王 18년, 燕나라 왕 喜 10년, 魏나라 安釐王 32년, 趙나라 孝成王 21년, 韓나라 桓惠王 28년, 齊나라 왕 建 20년이다.

秦(一)〔二〕[33]와 楚十八과 燕十과 魏三十二와 趙二十一과 韓二十八과 齊二十年이라

【綱】 趙나라 왕이 薨하니, 廉頗가 魏나라로 달아났다.

趙王이 薨하니 廉頗犇魏하다

【目】 趙나라가 廉頗로 하여금 魏나라를 정벌하여 繁陽을 탈취하게 하였다. 孝成王이 薨하자 悼襄王이 즉위하여 樂乘으로 하여금 염파를 대신하게 하였다. 염파가 노하여 악승을 공격하고 마침내 魏나라로 달아났는데, 魏나라는 염파를 쓸 수 없었다. 趙나라 군대가 자주 곤경에 처하자 왕이 다시 염파가 생각나서 사자를 보내 염파가 아직도 기용할 만한지를 살피게 하였다. 염파의 원수인 郭開가 사자에게 많은 금을 주어 염파를 훼방하게 하였다.

---

33) (一)〔二〕: 저본에는 '一'로 되어 있으나, ≪朱子全書≫의 ≪資治通鑑綱目≫에 근거하여 '二'로 바로잡았다.

염파가 사자를 만나 한 끼의 식사에 쌀 한 말과 고기 10근을 먹고 갑옷을 입고 말에 올라타 쓸 만하다는 것을 보여주었다. 사자가 돌아와 보고하기를 "염 장군이 늙었어도 아직 밥을 잘 먹습니다. 하지만 신과 함께 앉아 있으면서 얼마 되지 않는 시간 동안 세 번이나 변소에 갔습니다." 하니, 왕이 마침내 부르지 않았다.

楚나라 사람들이 그를 맞이하였다. 염파가 한 차례 楚나라 장수가 되었으나 공을 세우지 못하였고, "내가 趙나라 사람들에게 쓰이고 싶다." 하고는 마침내 楚나라에서 죽었다.

趙使廉頗로 伐魏하야 取繁陽①이러니 孝成王이 薨커늘 悼襄王이 立②하야 使樂乘으로 代頗한대 頗怒攻之하고 遂出奔魏하니 魏不能用하다 趙師數(삭)困이어늘 王이 復思之하야 使視頗尙可用否한대 頗之仇郭開가 多與使者金하야 令毁之러니 頗見使者하고 一飯에 斗米肉十斤하고 被甲上馬하야 以示可用한대 使者還報曰 廉將軍이 老尙善飯이나 然與臣坐에 頃之요 三遺矢矣③러이다 王이 遂不召하다 楚人이 迎之한대 頗一爲楚將하야 無功하고 曰我思用趙人이라하더니 遂卒於楚하다

① 繁陽은 繁水의 북쪽에 있다. ≪漢書≫〈地理志〉에 "繁陽縣은 魏郡에 속한다."고 하였다.
繁陽在繁水之陽. 班志 "繁陽縣屬魏郡."
② 悼襄王은 孝成王의 아들이다.
悼襄王, 孝成王子.
③ 矢는 一本에는 屎라고 되어 있으니, 똥이다. "三遺矢"는 자주 일어나 변소에 갔음을 말한 것이다.
矢, 一作屎, 糞也. 三遺矢, 謂數起便也.

丁巳年(B.C. 244)

秦나라 왕 政 3년, 楚나라 考烈王 19년, 燕나라 왕 喜 11년, 魏나라 安釐王 33년, 趙나라 悼襄王 偃 원년, 韓나라 桓惠王 29년, 齊나라 왕 建 21년이다.

秦三과 楚十九와 燕十一과 魏三十三과 趙悼襄王偃元과 韓二十九와 齊二十一年이라

【綱】秦나라가 큰 기근을 겪었다.

秦이 大饑①하다

① 五穀이 모두 익지 않는 것이 큰 기근이다.
五穀皆不熟爲大饑.

【綱】秦나라가 韓나라를 정벌하여 성 12개를 탈취하였다.

　❶ 秦이 伐韓하야 取十二城하다

【綱】趙나라 李牧이 燕나라를 정벌하여 武遂와 方城을 탈취하였다.

　❶ 趙李牧이 伐燕하야 取武遂方城①하다

　　① 《漢書》〈地理志〉에 "武遂縣은 河間國에 속하고, 方成縣은 廣陽國에 속한다."고 하였다.
　　《後漢書》〈郡國志〉에 方城이라고 되어 있다.
　　　班志 "武遂縣屬河間國, 方成縣屬廣陽國." 後漢志, 作方城.

【目】李牧은 趙나라 북쪽 변경의 훌륭한 장수였다. 일찍이 代와 雁門에 머물면서 匈奴를 방비하였는데, 상황에 따라 관리를 두고, 시장의 조세를 모두 막부로 들여와 사졸의 경비로 삼고, 날마다 몇 마리의 소를 잡아 사졸들을 먹이고, 말타기와 활쏘기를 익히게 하고, 烽火를 엄격하게 운용하고, 간첩을 많이 보내었다. 그러고는 약속하기를 "흉노가 들어와 노략질하거든 급히 가축을 거두고 들어와 수비하라. 감히 흉노 사람을 사로잡는 자가 있으면 목을 베리라." 하였다. 이렇게 하는 몇 해 동안 손실을 입은 것이 없었다. 흉노가 모두 李牧이 겁을 낸다고 여겼고, 비록 趙나라 변경의 병사라 하더라도 또한 자신들의 장수가 겁을 낸다고 생각하였다. 趙나라 왕이 사람을 보내 꾸짖었으나, 이목이 이전과 다름이 없자, 왕이 노하여 다른 사람으로 하여금 이목을 대신하게 하였다. 하지만 여러 번 출전하여 승리하지 못하였고, 변경에서 경작과 목축을 할 수 없었다.

　李牧者는 趙北邊之良將也라 嘗居代雁門하야 備匈奴①러니 以便宜置吏하고 市租를 皆輸莫府하야 爲士卒費②하고 日擊數牛하야 饗士하고 習騎射하며 謹烽火하며 多間諜③하고 爲約曰 匈奴入盜어든 則急收保하라 有敢捕虜者면 斬④호리라 如是數歲에 無所亡失이라 匈奴가 皆以爲怯이라하고 雖趙邊兵이라도 亦以爲吾將이 怯이라하더라 趙王이 使人讓之한대 牧이 如故어늘 王이 怒하야 使人代之하니 屢出戰不利하고 邊不得田畜(휵)⑤이라

　　① 秦나라가 雁門郡을 설치했는데, 代郡의 서남쪽에 있었다. 匈奴는 북쪽 변방에 살면서 물과 풀을 따라 이동하였다. 성곽이 없었으나 각자 분할된 영토를 가지고 있었다. 문서가 없어서 말로써 서로 약속하였다. 唐虞 이전의 시대에는 山戎, 獫狁, 獯鬻(훈육)이라고 불렸고, 夏나라 때에는 淳維라고 불렸고, 殷나라 때에는 鬼方이라고 불렸고, 周나라 때에는 다시 獫狁이라고 불렸고, 秦漢 때에는 匈奴라고 불렸고, 魏나라, 隋나라, 唐나라 때에는 모두 突厥이라고 불렸다.

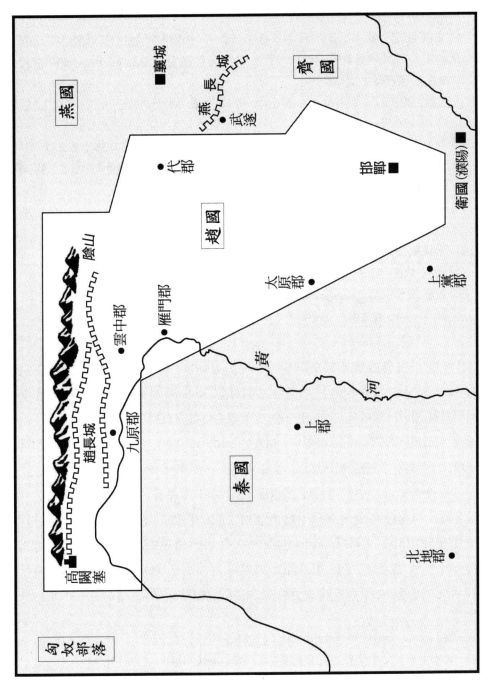

B.C. 244년경 趙나라 강역

秦置雁門郡, 在代郡西南. 匈奴居北邊, 逐水草遷徙. 無城郭, 然亦各有分地. 無文書, 以言語相爲約束. 唐虞以上曰山戎・獫狁・獯鬻, 夏曰淳維, 殷曰鬼方, 周亦曰獫狁, 秦漢曰匈奴, 魏隋唐皆曰突厥.

② "市租"는 군중에 시장을 세워 시장에서 세를 두는 것이다. 稅는 곧 세금이다. 莫은 幕과 통한다. 군대가 출동하면 일정한 장소가 없이 군막을 치고 사는데, 장수는 府라고 부를 수 있으므로 莫府라고 한 것이다.

市租, 軍中立市, 市有稅. 稅, 卽租也. 莫, 與幕通. 師出無常處, 所在張幕居之, 以將帥得稱府, 故曰莫府.

③ "烽火"는 곧 봉수이다. 변방에 관측하는 곳을 설치하여 변방에 경보가 있으면, 밤에는 불을 피우고 낮에는 연기를 피운다. 間(몰래)은 古莧의 切이고, 諜(염탐하다)은 達協의 切이다. 間諜은 몰래 가서 적을 엿보아 변동을 살피게 하는 것이다.

烽火, 卽烽燧也. 塞(새)上置候望之地, 邊有警, 夜則擧烽, 晝則燔燧. 間, 古莧切. 諜, 達協切. 間諜者, 使之間行以伺敵, 觀其變動也.

④ "收保"는 가축을 거두고 자신을 지키는 것이다.

收保, 收畜産而自保也.

⑤ 畜은 許六의 切이니, 희생을 기르는 것이다.

畜, 許六切, 養牲也.

【目】 왕이 다시 李牧에게 장수를 맡아주기를 청하였는데, 이목이 병을 핑계로 나오지 않자 왕이 억지로 기용하였다. 이목이 아뢰기를 "반드시 신을 기용하려고 하신다면, 신이 이전처럼 할 수 있어야 감히 명령을 받들겠습니다." 하니, 왕이 허락하였다. 이목이 변경에 이르러 약속한 대로 하였다. 匈奴는 여러 해 동안 소득이 없자 끝내 이목이 겁을 낸다고 여겼다. 사졸들이 날마다 상을 받을 뿐 전투에 쓰이지 않으니, 모두들 한번 싸우기를 원하였다. 이에 전차와 기병을 선발하여 전투를 연습시키고, 가축을 대규모로 방목하여 백성들이 들에 가득하게 하였다. 흉노가 조금 침입하자 거짓으로 달아나면서 수십 명의 사람을 버리니, 單于(선우)[34]가 듣고서 대규모로 무리를 이끌고 침입하였다. 이목이 이에 많은 복병을 설치하고 좌익과 우익으로 陣形을 갖추어 공격하여 흉노의 10여만 기병을 크게 무찔러 죽였다. 그리고 襜襤(담람)[35]을 멸망시키고 東胡[36]를 격파

---

34) 單于(선우) : 匈奴의 우두머리에 대한 호칭이다.

35) 襜襤(담람) : 고대 유목 부족의 이름이다. 澹林, 儋林, 林胡라고도 불렸다.

36) 東胡 : 고대 유목 부족의 이름이다. 匈奴의 동쪽에 살아 東胡라고 불렸다. 처음에 燕나라 변경에 살다가 燕나라에 패해 西遼河 상류로 옮겨 살았다. 나중에 흉노에게 패하여 鮮卑山과 烏桓山으로 이주하였는데, 이들을 각각 鮮卑, 烏桓이라고 불렀다.

하고 林胡[37)]를 항복시키니, 선우가 달아나
10여 년 동안 감히 趙나라의 변경에 다가
오지 못하였다.

王이 復請李牧한대 牧이 稱病不出이어늘 王이
彊起之한대 牧이 曰 必用臣인대 臣如前이라사 乃
敢奉令이로소이다 王이 許之한대 牧이 至邊如約하니
匈奴數歲에 無所得하야 終以爲怯이라하고 士日
得賞賜而不用하니 皆願一戰[①]이어늘 乃選車騎
習戰하고 大縱畜牧하고 人民이 滿野러니 匈奴小
入이어늘 佯北하고 以數十人委之[②]한대 單(선)于
聞之하고 大率衆入[③]이어늘 牧이 乃多爲奇陳하고
張左右翼擊之[④]하야 大破殺匈奴十餘萬騎하고
滅襜襤 破東胡 降林胡[⑤]한대 單于犇走하야 十
餘歲를 不敢近趙邊하다

李牧이 雁門에서 방목하다

① "不用"은 그들을 써서 싸우지 않음을 말한 것이다.
  不用, 謂不用之以戰也.
② 委는 버린다는 뜻이니, 적에게 그들을 버림을 말한 것이다.
  委, 弃也, 謂弃之於敵也.
③ 單은 음이 禪이다. 單于는 흉노 천자의 호칭이다. 선우는 광대한 모양이니, 하늘의 광대한
  모양을 본뜬 것임을 말한다.
  單, 音禪. 單于, 匈奴天子之號也. 單于者, 廣大之貌, 言其象天單于然也.
④ 陳(진을 치다)은 陣으로 읽는다. 翼은 군대를 좌우로 포진하고 이끄는 것이 마치 새가 날개
  를 펼치는 것과 같음을 말한다.
  陳, 讀曰陣. 翼, 謂左右舒引其兵, 如鳥之振翼.
⑤ 襜은 都甘의 切이다. 襤은 음이 藍이다. 襜襤은 오랑캐의 이름이니, 代 지역에 살았다. 林
  胡는 서쪽 오랑캐의 나라 이름이다.
  襜, 都甘切. 襤, 音藍. 襜襤, 胡名, 在代地. 林胡, 西胡國名.

【目】이에 앞서 천하에 관을 쓰고 띠를 매는 예의의 나라가 일곱이었는데, 秦나라, 趙나

---

37) 林胡 : 고대 유목 부족으로 앞의 襜襤과 혼용되어 지칭하기도 하지만 ≪資治通鑑≫에서는 구분한
  듯하다. 임호는 東胡, 樓煩과 함께 三胡로 지칭되었다. 李牧이 흉노를 격파한 뒤로 趙나라에 복속
  되었다가 소멸된 것으로 보인다. ≪資治通鑑≫, ≪史記 外國傳 譯註≫(동북아역사재단, 2009)

라, 燕나라가 夷狄과 변경을 접하고 있었다. 여러 戎狄이 또한 각자 분산하여 자신들의
君長을 두니, 서로 통일하지 못하였다. 그 뒤에 義渠[38]가 성곽을 쌓아 자신들을 지키자
秦나라가 멸망시키고 隴西郡, 北地郡, 上郡에서 시작하여 長城을 쌓아 오랑캐를 막았
다. 趙나라는 林胡와 樓煩[39]을 격파하고 장성을 쌓았는데, 代郡에서부터 陰山[40]을 따
라 아래로 高闕[41]에 이르러 요새를 만들고 雲中郡, 雁門郡, 代郡을 설치하였다. 燕나라
는 東胡를 격파하여 천 리 밖으로 물리치고 또한 장성을 쌓았는데, 造陽에서부터 襄平
까지 이르렀고, 上谷郡, 漁陽郡, 右北平郡, 遼東郡을 설치하였다. 전국 말기에 이르러
흉노가 비로소 커졌다.

先是時하야 天下冠帶之國이 七[①]에 而秦趙燕이 邊於夷狄하고 諸戎이 亦各分散하야 自有君長하야
莫能相一이러니 其後義渠가 築城郭以自守어늘 而秦이 滅之하고 始於隴西北地上郡하야 築長城
以拒胡[②]하고 趙는 破林胡樓煩하고 築長城호대 自代並陰山하야 下至高闕爲塞而置雲中雁門代
郡[③]하고 燕은 破東胡하야 却地千里하고 亦築長城호대 自造陽至襄平하야 置上谷漁陽右北平遼東
郡[④]이러니 及戰國之末而匈奴始大하다

① 先(앞서다)은 悉薦의 切이다.
   先, 悉薦切.
② 隴西는 唐나라 때의 渭州, 洮州, 河州 지역이다. 北地는 唐나라 때의 慶州, 寧州, 鄜州(부
   주), 靈州, 鹽州 지역이다. 上郡은 唐나라 때의 延州, 綏州, 銀州 지역이다.
   隴西, 唐渭州·洮州·河州之地. 北地, 唐慶州·寧州·鄜州·靈州·鹽州之地. 上郡, 唐延
   州·綏州·銀州之地.
③ ≪括地志≫[42]에 "陰山은 北戎의 땅으로, 朔州 북쪽 변방의 바깥에 있다."고 하였다. 동서로
   1,000여 리이고 초목이 무성하니, 匈奴가 그 안에 의지하여 살았다. 朔方郡 臨戎縣 북쪽에

---

38) 義渠 : 고대 部族의 이름이다. 西戎의 一族이다. 秦나라가 義渠를 멸망시킨 기사가 ≪資治通鑑綱
    目≫ 제1하 周 赧王 45년조에 보인다.
39) 樓煩 : 고대 유목 部族의 이름이다. 林胡의 서쪽에 거주하였으며, 秦나라 말기 匈奴에 복속되었
    다가 지금의 내몽골 오르도스(河套)로 이주하였다. 漢나라 武帝 元朔 2년(B.C. 127) 衛青에 의해
    정복되었다. ≪史記 外國傳 譯註≫(동북아역사재단, 2009)
40) 陰山 : 내몽골 고비사막 남부 일대의 산맥을 지칭한다. 유목민의 주요 거점의 하나로 중국과 유
    목민이 서로 이 지역을 차지하고자 하였다. ≪史記 外國傳 譯註≫(동북아역사재단, 2009)
41) 高闕 : 내몽골에 위치한 험준한 계곡의 명칭이다. 음산산맥이 여기서 끊어졌는데, 그 사이에 생
    긴 협곡으로 그 입구가 마치 대궐문을 바라보는 것 같다고 하여 이렇게 이름 붙여졌다. ≪史記
    外國傳 譯註≫(동북아역사재단, 2009)
42) 括地志 : 唐나라 貞觀 연간에 濮王 李泰 등이 편찬한 것인데, ≪新唐書≫〈藝文志〉를 보면 ≪括地
    志≫ 550권 및 ≪序略≫ 5권으로 되어 있으나, 모두 산일되고, 현행본은 淸나라의 孫星衍이 여러
    책에 인용된 逸文을 모아 편찬한 것으로, 모두 8권으로 되어 있다.

連山이 있는데, 長城보다 험하며, 산 중간이 끊어져 두 봉우리가 모두 험준하여 高闕이라 부른다.

括地志 "陰山, 北戎地, 在朔州北塞外." 東西千餘里, 草木茂盛, 匈奴依阻其中. 朔方郡臨戎縣 北有連山, 險於長城, 其山中斷, 兩峯俱峻, 名曰高闕.

④ 造陽은 지명으로, 上谷에 있다. ≪漢書≫〈地理志〉에 "襄平縣은 遼東郡의 治所이다."라고 하였다. 羅璧의 ≪識遺(지유)≫[43]에 "燕나라 북쪽 100리 밖에 居庸關이 있다. 관의 동쪽 200리 밖에 虎北口가 있으니, 바로 옛 上谷郡이다." 하였다. 胡三省[44]이 말하기를 "漁陽은 唐나라 때의 薊州, 檀州이고, 北平은 唐나라 때의 平州이다. 遼東은 그 땅이 大遼水의 동쪽에 있는데, 唐나라가 일찍이 遼州를 설치하였고, 또 일찍이 安東都護府의 治所가 되었다." 하였다.

造陽, 地名, 在上谷. 班志 "襄平縣, 遼東郡治所." 羅璧識遺曰 "燕北百里外有居庸關, 關東二 百里外有虎北口, 卽(舌)〔古〕[45]上谷郡." 胡三省曰 "漁陽, 唐薊州·檀州, 北平, 唐平州. 遼 東, 其地在大遼水之東, 唐嘗置遼州, 又嘗爲安東都護府治所."

【綱】魏나라의 공자 無忌(信陵君)가 卒하였다.

魏公子無忌卒하다

【目】秦나라가 河外에서 패한 뒤에 사람을 보내 만금을 써서 信陵君을 이간질하였다. 晉鄙[46]의 문객이었던 사람을 찾아내 그로 하여금 魏나라 왕을 설득하게 하기를 "공자 無忌가 외국에 망명해 있던 것이 10년이었습니다. 지금 다시 장수가 되자 제후들이 모두 따르니, 천하가 신릉군의 말만 들을 뿐이고 魏나라 왕의 말은 듣지 않습니다." 하였고, 秦나라 왕이 또한 자주 사람을 보내 신릉군을 축하하기를 "魏나라 왕이 될 수 있지 않은가?"라고 하니, 魏나라 왕이 이러한 비방을 믿고 다른 사람으로 하여금 장수의 직책을 대신하게 하였다. 이에 신릉군이 병을 핑계로 조회하지 않고 밤낮으로 술

---

43) 羅璧의 識遺(지유) : 羅璧은 南宋 때 사람이다. ≪識遺≫는 나벽이 지은 10권으로 된 筆記로 ≪羅 氏識遺≫라고도 한다.

44) 胡三省 : 1230~1302. 宋元 교체기 때 史學者이다. 자는 元魯, 身之이고 호는 梅磵이다. 元나라 世祖 至元 22년(1285)에 ≪資治通鑑音注≫ 294권을 완성하였는데, 이를 胡注라고도 한다.

45) (舌)〔古〕: 저본에는 '舌'로 되어 있으나, 思政殿訓義 ≪資治通鑑≫에 근거하여 '古'로 바로잡았다.

46) 晉鄙 : 魏나라의 장수이다. 秦나라의 군대가 趙나라 邯鄲을 포위하자, 魏나라 安釐王(안희왕)이 晉鄙를 파견하여 구원하게 하였으나, 秦나라가 두려워 진군을 중지하게 하였다. 그러자 魏나라의 공자 信陵君이 兵符를 훔쳐 진비의 진영으로 가서 문객인 朱亥를 시켜 진비를 죽이고 그 군대를 인솔하여 趙나라를 구원하였다. ≪資治通鑑綱目 제1권 하 周 赧王 57년조≫

과 여색을 즐기더니 4년 만에 卒하였다. 韓나라 왕이 가서 조문하자 신릉군의 아들이 영광스럽게 여겨 子順에게 알렸는데, 자순이 말하기를 "예에 '이웃 나라의 임금이 조문하면 해당 나라의 임금이 주인(상주)이 된다[47].'라고 하였으니, 지금 임금이 그대에게 명을 내리지 않았다면 그대가 韓나라 왕의 조문을 받을 수가 없다." 하니, 그 아들이 조문을 사양하였다.

秦이 旣敗於河外에 使人行萬金하야 以間信陵君[①]할새 求得晉鄙客하야 令說(세)魏王曰 公子亡在外가 十年矣라 今復爲將하야 諸侯皆屬하니 天下徒聞信陵君이요 不聞魏王矣라하고 秦王이 又數(삭)使人賀信陵君得爲魏王未也아한대 魏王이 信之하야 使人代將이어늘 於是에 信陵君이 謝病不朝하고 日夜에 以酒色自娛러니 四歲而卒하다 韓王이 往弔어늘 其子榮之하야 以告子順한대 子順이 曰 禮에 隣國君이 弔어든 君이 爲之主하나니 今君이 不命子면 則子無所受韓王矣라한대 其子辭之하다

① 間은 去聲이니, 이간질한다는 뜻이다.
　間, 去聲, 離間也.

戊午年(B.C. 243)

秦나라 왕 政 4년, 楚나라 考烈王 20년, 燕나라 왕 喜 12년, 魏나라 安釐王 34년, 趙나라 悼襄王 2년, 韓나라 桓惠王 30년, 齊나라 왕 建 22년이다.

秦四와 楚二十과 燕十(三)〔二〕[48]와 魏三十四와 趙二와 韓三十과 齊(三)〔二〕十二年이라

【綱】봄에 秦나라가 魏나라를 정벌하여 暘(창)과 有詭를 탈취하였다.

春에 秦이 伐魏하야 取暘有詭[①]하다

① 暘은 場과 暢 두 가지 음이 있다. 詭는 俱毀의 切이다. 暘과 有詭는 魏나라 읍의 이름이다.
　暘, 場·暢二音. 詭, 俱毀切. 暘·有詭, 魏邑名.

【綱】가을 7월에 秦나라가 蝗蟲의 재해와 전염병을 겪자 백성으로 하여금 곡

---

47) 이웃……된다 : 《禮記》〈喪服小記〉에 "제후가 다른 나라의 신하를 조문할 때에는 그 신하의 임금이 상주가 된다.〔諸侯弔於異國之臣則其君爲主〕"라 하였다.

48) (三)〔二〕 : 저본에는 '三'으로 되어 있으나, 《朱子全書》의 《資治通鑑綱目》에 근거하여 '二'로 바로잡았다. 아래의 齊나라의 경우도 같다.

식을 납부하게 하고 작위를 주었다.

◗ **秋七月**에 **秦**이 **蝗疫**이어늘 **令民納粟拜爵**[①]하다

　① 蝗蟲이 처음 태어나면 蝝(연)이라 부르고, 날개가 이루어져 날면 蝗이라고 부르는데, 싹을 먹어서 피해를 끼친다. 疫은 전염병에 걸려 죽는 것이다. ≪資治通鑑≫에는 "곡식 1,000석을 납부하면 작위 1급을 준다."고 하였다.
　　蝗子始生曰蝝, 翅成而飛曰蝗, 以食苗爲災. 疫, 札瘥瘟也. 通鑑 "納粟千石, 拜爵一級."

己未年(B.C. 242)

秦나라 왕 政 5년, 楚나라 考烈王 21년, 燕나라 왕 喜 13년, 魏나라 景閔王 增 원년, 趙나라 悼襄王 3년, 韓나라 桓惠王 31년, 齊나라 왕 建 23년이다.

秦五와 楚二十一과 燕十三과 魏景閔王增元[①]과 趙三과 韓三十一과 齊二十三年이라

　① 景閔王은 安釐王(안희왕)의 아들이다.
　　景閔王, 安釐王子.

【綱】秦나라가 魏나라를 정벌하여 성 20개를 탈취하고 東郡을 설치하였다.

　秦이 伐魏하야 取二十城하야 置東郡하다

庚申年(B.C. 241)

秦나라 왕 政 6년, 楚나라 考烈王 22년, 燕나라 왕 喜 14년, 魏나라 景閔王 2년, 趙나라 悼襄王 4년, 韓나라 桓惠王 32년, 齊나라 왕 建 24년이다.

秦六과 楚二十二와 燕十四와 魏二와 趙四와 韓三十二와 齊二十四年이라

【綱】楚나라, 趙나라, 魏나라, 韓나라, 衛나라가 합종하여 秦나라를 정벌하였는데, 函谷關에 이르러 모두 패하여 달아났다.

　楚趙魏韓衛合從以伐秦이러니 至函谷하야 皆敗走하다

【目】제후들이 秦나라의 공격이 끊이지 않는 것을 근심하였다. 그래서 다섯 나라가 연합하여 秦나라를 정벌할 적에 楚나라 왕이 연합군의 맹주가 되고 春申君이 병권을 쥐어 壽陵[49]을 탈취하였다. 함곡관에 이르러 秦나라 군대가 출동하니, 다섯 나라의 군대가 모두 패하여 달아났다.

　諸侯患秦攻伐無已時라 故五國이 合從以伐之할새 楚王이 爲從長하고 春申君이 用事하야 取壽陵이러니 至函谷[①]하얀 秦師出하니 五國兵이 皆敗走하다

　① 壽陵은 필시 河東郡 경내에 있었을 것이다.
　　壽陵, 當在河東郡界.

【綱】楚나라가 壽春으로 천도하였다.

　楚遷于壽春하다

【目】朱英이 春申君에게 말하기를 "선대 임금 때에 秦나라가 楚나라와 우호를 맺어 20년 동안 공격하지 않은 것은 黽阨(맹애)[50]를 넘어 楚나라를 공격하기가 불편하기 때문이었으며, 두 周나라[51]에 길을 빌려 韓나라와 魏나라를 등지고 楚나라를 공격하기가 불가했기 때문이었습니다. 지금은 그렇지 않아서 魏나라가 조만간 망하게 생겼으니, 許와 鄢陵을 아끼지 않고 잘라내어 秦나라에 줄 처지입니다. 그러면 秦나라 군대가 陳(楚나라 수도)과 떨어져 있는 거리가 160리이니, 신이 秦나라와 楚나라가 날마다 싸우는 것을 보게 될 것입니다." 하였다. 楚나라가 이에 陳을 버리고 壽春으로 도읍을 옮겨 郢이라고 명명하였다[52]. 춘신군이 吳에 봉해져 재상의 일을 수행하였다.

　朱英이 謂春申君曰 先君時에 秦이 善楚하야 二十年不攻者는 蹂黽阨而攻楚가 不便이며 假道兩周하야 背韓魏而攻楚가 不可[①]러니 今則不然하야 魏旦暮亡이라 不能愛許鄢陵하야 割以與秦[②]하리니

---

49) 壽陵 : 《史記正義》에 의하면, 당시에 河東郡 경내에 있던 지명인데, 자세하지 않다.

50) 黽阨(맹애) : 요새의 이름이다. 黽隘, 冥阨이라고도 부른다.

51) 두 周나라 : 낙양 근처에 위치했던 西周와 東周를 가리킨다.

52) 楚나라가……명명하였다 : 楚나라 考烈王 10년(B.C. 253)에 楚나라가 陳에서 鉅陽으로 천도하였다. 여기서 다시 陳에서 壽春으로 천도했다고 하였는데, 그 이유를 알 수 없다. 다만 《資治通鑑》 秦 昭襄王 54년조 기사의 註에 "이때에 비록 鉅陽으로 천도하였으나 陳 땅에서 떠나지 않았다."라고 하였다.

秦兵이 去陳百六十里니 臣이 見秦楚之日鬪也로다 楚於是去陳하고 徙壽春하야 命曰郢^③이라하다 春申君이 就封於吳하야 行相事하다

① 郢은 鄍과 통용하여 쓰이고, 혹 冥이라고 쓰이는데, 모두 음이 盲이다. ≪後漢書≫〈郡國志〉에 "江夏郡 鄍縣이 옛 冥阨(맹애)의 요새이다."라고 하였다.
郢, 通作鄍, 或作冥, 竝音盲. 續漢志 "江夏郡鄍縣, 古冥阨之塞也."

② ≪漢書≫〈地理志〉에 "許와 鄢陵 두 현은 모두 潁川郡에 속한다."고 하였다.
班志 "許·鄢陵二縣, 皆屬潁川郡."

③ 壽春縣은 漢나라 때에는 九江郡에 속하였고, 唐나라 때에는 壽州의 治所가 되었다. 楚나라의 도읍을 옮긴 곳을 郢이라고 명명하는데, 이는 晉나라의 도읍을 옮긴 곳을 絳이라고 명명한 것과 같은 것이다⁵³⁾.
壽春縣, 漢屬九江郡, 唐爲壽州治所. 楚都所至, 命曰郢, 猶晉都所至, 命曰絳也.

【綱】秦나라가 魏나라의 朝歌와 衛나라의 濮陽을 함락시키자, 衛나라가 野王으로 옮겨가 살았다⁵⁴⁾.

秦이 **拔魏朝歌及衛濮陽**이어늘 **衛徙居野王**^①하다

① 朝歌는 紂王의 도읍이다. 衛나라는 康叔⁵⁵⁾이 봉해진 나라이다. ≪漢書≫〈地理志〉에 "朝歌縣은 河內郡에 속한다."고 하였다.
朝歌, 紂都, 衛康叔所封也. 班志 "朝歌縣屬河內郡."

辛酉年(B.C. 240)

秦나라 왕 政 7년, 楚나라 考烈王 23년, 燕나라 왕 喜 15년, 魏나라 景閔王 3년, 趙나라 悼襄王 5년, 韓나라 桓惠王 33년, 齊나라 왕 建 25년이다.

秦七과 楚二十三과 燕十五와 魏三과 趙五와 韓三十三과 齊二十五年이라

【綱】秦나라가 魏나라를 정벌하여 汲을 탈취하였다.

---

53) 楚나라의……것이다 : 楚나라가 遷都하여 간 곳마다 지명을 郢이라고 바꾸어 불렀는데, 이전에 晉나라가 천도한 곳마다 絳이라고 불렀던 것과 같은 경우라는 말이다.

54) 衛나라가……살았다 : ≪資治通鑑≫에 "衛나라 元君이 그 종족을 거느리고 野王으로 옮겨가 사니, 그 산을 막고서 魏나라의 河內 지역을 지켰다."라 하였다.

55) 康叔 : 周나라 武王의 동생이다.

秦이 伐魏하야 取汲^①하다

① 秦나라 莊襄王 3년(B.C.247)에 蒙驁가 魏無忌(信陵君)에게 패배당하였다. 그러므로 비록
汲을 탈취했으나, 소유할 수 없었는데, 이때에 이르러 정벌하여 탈취하였다.
莊襄王三年, 蒙驁爲無忌所敗, 故雖取汲而不能有, 至是伐而取之.

壬戌年(B.C. 239)

秦나라 왕 政 8년, 楚나라 考烈王 24년, 燕나라 왕 喜 16년, 魏나라 景閔王 4년, 趙
나라 悼襄王 6년, 韓나라 桓惠王 34년, 齊나라 왕 建 26년이다.

秦八과 楚二十四와 燕十六과 魏四와 趙六과 韓三十四와 齊二十六年이라

【綱】魏나라가 鄴을 趙나라에게 주었다.

魏與趙鄴하다

癸亥年(B.C. 238)

秦나라 왕 政 9년, 楚나라 考烈王 25년, 燕나라 왕 喜 17년, 魏나라 景閔王 5년, 趙
나라 悼襄王 7년, 韓나라 왕 安 원년, 齊나라 왕 建 27년이다.

秦九와 楚二十五와 燕十七과 魏五와 趙七과 韓王安元^①과 齊二十七年이라

① 安은 韓나라 桓惠王의 아들이다.
安, 桓惠王子.

【綱】秦나라가 魏나라를 정벌하여 垣과 蒲를 탈취하였다.

秦이 伐魏하야 取垣蒲^①하다

① ≪括地志≫에 "垣은 絳州 垣縣 서북쪽에 있고, 蒲邑은 隰州 隰州縣 남쪽 蒲水의 북쪽에 있
다."고 하였다.
括地志 "垣在絳州垣縣西北, 蒲邑在隰州隰州縣南蒲水之北."

【綱】여름 4월에 秦나라에 큰 추위가 닥쳐 백성들 가운데 얼어 죽는 자가 있었다.

　◑夏四月에 秦이 大寒하니 民有凍死者러라

【綱】秦나라 왕이 冠禮를 치르고 검을 찼다.

　◑秦王이 冠하고 帶劍①하다

　①冠은 古玩의 切이니, 곧 元服56)을 씌우는 것이다. 冠禮는 예의 시작이니, 成人의 도리를 책임지우는 예이다. 그러므로 古人이 중요시하였다.
　　冠, 古玩切, 卽加元服也. 冠者, 禮之始也, 將以責成人之禮, 故古人重之.

【綱】秦나라가 魏나라를 정벌하여 衍氏(연지)를 탈취하였다.

　◑秦이 伐魏하야 取衍氏①하다

　①《史記正義》57)에 "衍氏는 鄭州에 있다."고 하였다.
　　正義, 衍氏在鄭州.

【綱】가을 9월이다. 秦나라 嫪毐(노애)가 난을 일으켰다가 伏誅되고 삼족이 멸해졌다. 秦나라 왕이 太后를 雍으로 옮겼다.

　◑秋九月에 秦嫪(毒)〔毐〕58)作亂이라가 伏誅夷三族하고 秦王이 遷其太后於雍하다

【目】처음에 秦나라 왕이 어린 나이로 즉위하였다. 태후가 수시로 文信侯(呂不韋)와 사통하였는데, 왕이 점차 장성하자 문신후가 일이 발각되어 화가 자신에게 미칠까 두려웠다. 이에 舍人 嫪毐를 거짓으로 환관을 만들어 태후에게 바쳤다. 태후가 두 아들을 낳고 노애를 봉하여 長信侯로 삼으니, 정사가 모두 노애에게서 결정되었다. 이때에 이르

---

56) 元服 : 元은 머리를 뜻하니, 元服은 곧 머리에 쓰는 관을 가리킨다.

57) 史記正義 : 唐나라 때 張守節이 편찬한 《史記》의 주석서로 모두 30권이다. 《四庫全書》 史部 正史類에 채록되었다. 장수절에 대해 알려진 것이 없으나, 이 책에 보면 관직이 諸王侍讀率府長史 라고 하였다.

58) (毒)〔毐〕 : 저본에는 '毒'으로 되어 있으나, 《資治通鑑》에 근거하여 '毐'로 바로잡았다. 아래 나오는 '毐'도 모두 이와 같다.

러 노애가 실제로 환관이 아니라고 고하는 자가 있었다. 왕이 獄吏에게 맡겨 노애의 일을 처리하게 하였는데, 노애가 두려워하여 왕의 어새를 위조하여 군대를 동원하여 난을 일으켰다. 왕이 재상인 昌平君과 昌文君으로 하여금 그를 공격하게 하였다. 노애가 싸움에서 패하여 달아나자 잡아다 삼족을 멸하였다.

태후를 雍의 蕢陽宮(배양궁)으로 옮기고, 두 아들을 죽이고는 명령을 내리기를 "감히 간하는 자가 있으면 죽이리라." 하였는데, 간하다 죽은 사람이 27인이었다. 그들의 사지를 잘라 궐문 아래에 쌓아두었는데, 齊나라에서 온 유세객 茅焦가 간하기를 청하였다. 왕이 크게 노하여 검을 어루만지며 앉았는데 입에 거품을 물 정도였다. 모초를 불러 큰 솥에다 삶아 죽이라고 재촉하였는데, 모초가 천천히 와서 왕의 앞에 이르러 두 번 절하고 일어나 다음과 같이 크게 말하였다.

"신이 듣건대 살아 있는 자는 죽음에 대한 말을 꺼리지 않고 나라를 소유한 자는 망국에 대한 말을 꺼리지 않는다고 합니다. 죽음에 대한 말을 꺼리는 자는 살 수가 없고 망국에 대한 말을 꺼리는 자는 나라를 존속시킬 수 없으니, 死生과 存亡은 聖明한 군주가 급히 듣고자 하는 바입니다. 폐하께서 이것을 들어보고자 하십니까?"

왕이 "무슨 말인가?"라고 하였다.

모초가 아뢰기를 "폐하께서 포악하고 사리에 어긋난 행동을 하셨는데 스스로 모르십니까? 假父를 수레에 매달아 찢어 죽이고, 두 동생을 자루에 넣어 쳐서 죽이고, 모후를 雍에 옮기고, 간하는 선비를 잔혹하게 죽이셨습니다. 桀王과 紂王의 악행도 이러한 지경에 이르지는 않았습니다. 천하 사람으로 하여금 듣게 한다면 민심이 모두 와해되어 秦나라에 충성하는 자가 없을 것이니, 신은 삼가 폐하를 위해 위태롭게 생각합니다. 신이 드릴 말씀은 끝났습니다." 하고는 옷을 벗고 모루 위에 엎드렸다. 왕이 전각을 내려와 그를 직접 맞이하여 上卿의 작위를 주었다. 그리고 스스로 수레를 몰아 왼편의 자리를 비우고 가서, 태후를 맞이하여 돌아와 모자의 관계를 이전처럼 회복하였다.

初에 秦王이 卽位年少라 太后時時與文信侯私通이러니 王益壯하얀 文信侯恐事覺及禍하야 乃以舍人嫪毒로 詐爲宦者進之[1]하야 生二子하고 封毒爲長信侯하야 政事를 皆決於毒이러니 至是하야 有告毒實非宦者어늘 王이 下吏治毒한대 毒懼하야 矯王御璽하야 發兵爲亂이어늘 王이 使相國昌平君昌文君으로 攻之[2]한대 毒戰敗走어늘 獲之하야 夷三族[3]하고 遷太后於雍蕢陽宮하고 殺其二子[4]하고 下令호대 敢諫者면 死호리라 諫而死者二十七人이라 斷其四支하야 積之闕下러니 齊客茅焦請諫한대 王이 大怒하야 按劍而坐하야 口正沫出하더라 趣(촉)召鑊欲烹之[5]어늘 焦徐行至前하야 再拜謁하고 起

稱曰 臣은 聞有生者는 不諱死요 有國者는 不諱亡이라하니 諱死者는 不可以得生이요 諱亡者는 不可以得存이니 死生存亡은 聖主의 所欲急聞也라 陛下欲聞之乎⑥잇가 王이 曰 何謂也오 焦曰 陛下有狂悖之行호대 不自知邪아 車裂假父하며 囊撲二弟⑦하며 遷母於雍하고 殘戮諫士하니 桀紂之行도 不至於是矣라 令天下聞之면 盡瓦解하야 無嚮秦者⑧리니 臣竊爲陛下危之하노이다 臣言이 已矣라하고 乃解衣伏質⑨한대 王이 下殿手接之하야 爵以上卿하고 自駕虛左方하야 迎太后歸하야 復爲母子如初하다

① 舍人은 본래 가까운 주변 사람에 대한 통칭이었는데, 나중에 마침내 개인에게 소속된 官人의 호칭이 되었다. 嫪는 郎報의 切이고, 毒는 烏改의 切이다. 嫪毒는 성명이다.

　　舍人, 本親近左右之通稱, 後遂以爲私屬官號. 嫪, 郎報切. 毒, 烏改切. 嫪毒, 姓名.

② 昌平君은 楚나라의 공자이다. 秦나라 왕이 그를 세워 재상으로 삼았는데, 나중에 郢으로 옮겨갔고, 項燕이 그를 세워 荊王으로 삼았다. 역사서에 그 이름이 전하지 않는다. 昌文君의 이름도 알 수 없다.

　　昌平君, 楚公子也. 立以爲相, 後徙於郢, 項燕立以爲荊王. 史失其名. 昌文君, 名亦不知也.

③ 三族은 부족, 모족, 처족이다.

　　三族, 父族·母族·妻族也.

④ 萯는 음이 倍이니, 산의 이름이다. 應劭[59]가 말하기를 "萯陽宮은 扶風 鄠縣에 있다. 秦나라 文王이 세운 것이다." 하였다.

　　萯, 音倍, 山名也. 應劭曰 "宮在扶風鄠縣, 秦文王所建."

⑤ 沫은 음이 末이니, 침이다. 趣(재촉하다)은 促으로 읽는다. 鑊은 胡郭의 切이니, 솥이 크고 발이 없는 것이다.

　　沫, 音末, 涎也. 趣, 讀曰促. 鑊, 胡郭切, 鼎大而無足.

⑥ 陛는 당에 오르는 섬돌이다. 왕은 반드시 무기를 소지한 병사를 섬돌 옆에 두는데, 신하들이 임금과 말을 할 때에 감히 임금을 바로 부를 수가 없으므로 섬돌 아래에 있는 자를 불러서 고하니, 낮은 데에서 높은 데로 전달하는 의미이다. 지금의 殿下, 閣下, 節下, 足下, 侍者, 執事와 같은 호칭이 모두 이러한 부류이다.

　　陛者, 升堂之陛. 王者必有執兵陳於階陛之側, 群臣與至尊言, 不敢指斥, 故呼在陛下者而告之, 因卑以達尊之意也. 若今稱殿下·閣下·節下·足下·侍者·執事, 皆此類.

⑦ 假父는 嫪毒를 가리킨다. "囊撲"은 사람을 자루에 넣어 쳐서 죽이는 것이다.

　　假父, 指嫪毒. 囊撲, 以囊盛其人, 撲而殺之.

⑧ 解는 下懈의 切이니, 흩어진다는 뜻이다. "瓦解"는 많은 기와가 흩어지는 것과 같음을 말한다.

　　解, 下懈切, 散也. 瓦解, 言如衆瓦之解散也.

⑨ 質은 鑕로 읽으니, 모루이다. 옛날에 사람을 벨 때에 모루〔椹〕 위에 올려두고 벴다. 椹은

---

59) 應劭 : 東漢 사람으로, 자가 仲遠이다. 박학다식하여 ≪漢官禮儀故事≫와 ≪風俗通≫ 등을 저술하였고, 曹操가 洛陽에서 許로 수도를 옮긴 뒤에 朝廷制度를 정립하는 데 큰 역할을 하였다.

枮와 통용하여 쓰인다.

質, 讀曰鑕, 鐵椹也. 古者, 斬人加於椹上而斫之. 椹, 通作枮.

【綱】楚나라 왕 完이 薨하니, 黃歇(春申君)을 도살(암살)하였다.

楚王完이 薨하니 盜殺黃歇하다

【目】楚나라 考烈王이 아들이 없자, 春申君이 아들을 낳을 만한 부녀자를 찾아 많이 바쳤으나 끝내 아들이 없었다. 趙나라 사람 李園이 자신의 누이를 춘신군에게 바쳤는데, 임신이 되자 이원이 누이를 시켜 춘신군을 설득하게 하기를 "楚나라 왕이 아들이 없으니, 왕이 죽은 뒤에 장차 형제가 즉위할 것입니다. 그러면 그들이 또한 각각 자신이 옛날에 친했던 자들을 존귀한 자리에 앉힐 것이니, 군께서 다시 어떻게 이러한 총애를 그대로 유지할 수 있겠습니까. 그리고 군께서 존귀한 지위에서 정사를 맡은 지가 오래되었으므로 왕의 형제들에게 실례를 범한 일이 많습니다. 형제가 즉위하면 재앙이 장차 몸에 미칠 것입니다. 지금 첩이 임신하였는데 사람들이 모릅니다. 진실로 군의 존귀한 신분으로 첩을 왕에게 올려서 하늘이 보우하여 아들을 낳는다면 이것은 군의 아들이 왕이 되는 것입니다. 楚나라를 모두 가질 수 있을 것이니, 예측할 수 없는 화가 몸에 닥치는 것과 비교하면 어느 것이 낫겠습니까?" 하였다.

楚考烈王이 無子어늘 春申君이 求婦人宜子者하야 進之甚衆호대 卒無子러라 趙人李園이 進其妹於春申君이러니 旣有娠이어늘 園이 使妹說春申君曰 楚王이 無子하니 卽百歲後에 將更立兄弟[1]하리니 彼亦各貴其故所親이니 君이 又安得常保此寵乎리오 且君이 貴用事久하야 多失禮於王之兄弟하니 兄弟立이면 禍且及身矣리라 今妾이 有娠而人莫知하나니 誠以君之重으로 進妾於王하야 賴天而有男則是는 君之子爲王也라 楚國을 可盡得이니 孰與身臨不測之禍哉오

① 사람들이 죽은 뒤를 백 세 뒤라고 말한다.

人謂死後爲百歲後.

【目】春申君이 이에 그녀를 집에서 빼내어 안전하게 머물 곳을 마련해주고 왕에게 아뢰었다. 왕이 그녀를 불러 총애하여 마침내 아들을 낳으니, 태자로 세우고 李園의 누이를 왕후로 삼았다. 이원도 존귀하게 되어 권세를 누렸는데, 춘신군이 자신의 말을 누설할까 두려워하여 죽음을 각오한 용사들을 몰래 양성하여 춘신군을 죽여서 입을 막고자 하

였다. 나라 사람들 다수가 이 사실을 알고 있었다.

왕이 병이 들자 朱英이 春申君에게 이르기를 "이원은 군의 원수이니, 나라의 군사는 돌보지 않고 죽음을 각오한 용사를 양성한 지 오래입니다. 왕이 薨하시면 반드시 먼저 궁궐에 들어와 권력을 장악하고 군을 죽여 입을 막을 것입니다. 군께서 만약 신을 郞中의 자리에 두신다면, 왕이 薨하여 이원이 들어왔을 때에 신이 군을 위해 그를 죽이겠습니다." 하니, 춘신군이 말하기를 "이원은 나약한 사람입니다. 내가 또 그를 잘 대해주었으니, 장차 어찌 그런 지경에 이르겠습니까." 하였다.

주영이 자신의 말이 쓰이지 않을 줄 알고서 두려워 달아났다. 17일 뒤에 왕이 薨하자 이원이 과연 궁궐에 먼저 들어와 죽음을 각오한 용사들을 棘門 안에 매복시켰다가 춘신군을 찔러 죽이고 그 집안을 멸족시켰다. 태자가 즉위하니, 이 사람이 幽王이다.

春申君이 乃出之하야 謹舍而言諸王①한대 王이 召幸之하야 遂生男하야 立爲太子하고 園妹爲后하니 園이 亦貴用事라 恐春申君이 泄其語하야 陰養死士하야 欲殺春申君하야 以滅口하니 國人이 頗有知之者러라 王이 病이어늘 朱英이 謂春申君曰 李園은 君之仇也니 不爲兵而養死士之日이 久矣②라 王이 薨이면 必先入據權하야 殺君以滅口하니 君若置臣郞中하면 王薨園入이어든 臣爲君殺之③하리라 春申君이 曰 園은 弱人也요 僕又善之하노니 且何至此리오 英이 知言不用하고 懼而亡去하다 後十七日에 王이 薨이어늘 園이 果先入하야 伏死士於棘門之內④하야 刺殺春申君하고 滅其家하다 太子立하니 是爲幽王이라

① "謹舍"라는 것은 별도로 머물 곳을 마련하여 살게 하고 호위를 매우 신중하게 하는 것이다.
謹舍者, 別爲館舍以居之, 奉衛甚謹也.
② "君之仇(그대의 원수)"는 李園이 春申君의 원수라는 말이다. ≪戰國策≫에는 "君之仇"가 "王之舅"라고 되어 있고, 兵자 아래에 將자가 있다[60].
君之仇, 言園是春申君之仇也. 戰國策, 君之仇作王之舅, 兵下有將字.
③ ≪漢書≫〈百官表〉에, "郞은 문호를 담당하고 수레와 말을 내어주는 것을 담당한다. 議郞, 中郞, 侍郞, 郞中이 있다."라고 하였다.
班書百官表 "郞掌門戶, 出充車騎. 有議郞·中郞·侍郞·郞中."
④ 棘門은 壽春城의 문 이름이다.
棘門, 壽春城門名.

---

60) 戰國策……있다 : ≪戰國策≫〈楚策 4〉에는 "이원이 정권을 잡지는 않았으나 왕의 처남입니다. 장수도 아니면서 몰래 죽음을 각오한 용사를 양성한 지 오래입니다.〔李園不治國 王之舅也 不爲兵將 而陰養死士之日久矣〕"라 하였다.

甲子年(B.C. 237)

秦나라 왕 政 10년, 楚나라 幽王 悍 원년, 燕나라 왕 喜 18년, 魏나라 景閔王 6년, 趙나라 悼襄王 8년, 韓나라 왕 安 2년, 齊나라 왕 建 28년이다.

秦十과 楚幽王悍元과 燕十八과 魏六과 趙八과 韓二와 齊二十八年이라

【綱】겨울 10월이다. 秦나라 상국 呂不韋가 죄로 인하여 면직되자 도성을 떠나 封國으로 갔다.

冬十月이라 秦相國呂不韋以罪免하야 出就國하다

【目】秦나라 왕이 呂不韋가 선왕을 받든 공이 크다는 이유로 차마 죽이지 못하고, 면직시켜 자신의 封國으로 가게 하였다.

秦王이 以不韋奉先王功大라 不忍誅하야 免就國①하다

① 呂不韋는 河南 洛陽에 封國을 두었다.
   不韋, 國於河南洛陽.

【綱】秦나라가 대규모로 빈객을 찾아내어 추방하였다. 客卿 李斯가 글을 올리자 그를 불러 옛 관직을 회복시키고 마침내 그 명령을 없앴다.

秦이 大索逐客이러니 客卿李斯上書어늘 召復故官하고 遂除其令하다

【目】秦나라의 종실 대신들이 건의하기를 "제후 나라 사람으로서 秦나라에 와서 벼슬하는 자들은 모두 자신들 군주를 위해 유세하여 이간질을 획책하고 있을 뿐이니, 모두 쫓아버리소서." 하였다. 이에 대규모로 빈객을 찾아내어 추방하였는데, 객경 楚나라 사람 李斯도 쫓겨나는 가운데 끼어 있었다. 떠나려는 차에 다음과 같은 글을 올렸다.

"옛날 穆公은 由余[61]를 戎에서 취하고, 百里奚[62]를 宛에서 얻고, 蹇叔[63]을 宋나라에

---

61) 由余 : 晉나라 사람이었으나, 西戎으로 망명하여 戎王의 환대를 받고 秦나라에 사신으로 나와서 穆公에게 발탁되어 목공을 도와서 西戎의 霸者가 되게 하였다.

서 맞이하고, 丕豹[64]와 公孫支[65]를 晉나라에서 얻음으로써 20개 나라를 겸병하고 마침내 西戎을 제패하였습니다. 孝公은 商鞅[66]을 등용함으로써 제후들이 秦나라에 붙어 복종하게 하였고 지금까지도 잘 다스려지고 강성합니다. 惠王은 張儀[67]를 등용함으로써 六國의 合從을 와해시키고 그들로 하여금 秦나라를 섬기게 하였습니다. 昭王은 范雎[68]를 얻음으로써 왕실을 강하게 하고 私家의 세력을 억제하였습니다. 이것으로 미루어 보자면, 빈객들이 秦나라에 무엇을 저버린 것이 있습니까? 지금 재능이 있는지 없는지는 묻지 아니하고 옳은지 그른지도 논하지 않은 채 秦나라 사람이 아닌 자는 떠나보내고 빈객이 된 자는 추방해버립니다. 백성을 버림으로써 적국을 도와주고 빈객을 쫓음으로써 제후를 성공시키니, 이것이 이른바 적에게 병기를 빌려주고 도둑에게 양식을 들려 보낸다는 것입니다.

신은 듣건대 '泰山은 작은 흙덩이를 사양하지 않은 까닭에 능히 거대한 산을 이루고, 江河는 작은 물줄기를 가리지 않은 까닭에 능히 깊은 물을 이루며, 왕이 된 자는 뭇사람을 물리치지 않은 까닭에 능히 그 덕을 밝힐 수 있다.'고 합니다. 이것이 五帝와 三王이 적이 없게 된 까닭이니, 대왕께서는 고려해보소서[69]."

왕이 이에 이사를 불러 그의 관작을 회복시키고 빈객을 추방하라는 명령[逐客令]을 없앴다. 그리고 마침내 이사의 계책을 채용하여, 언변이 좋은 선비를 몰래 파견하여 金玉을 가지고 가서 제후를 설득하게 하고 그곳의 명사들에게 많은 재물을 주어 교분을 맺게 하였는데, 계략에 빠뜨릴 수 없는 자는 찔러 죽여서 그들 군신의 계책을 이간질한

---

62) 百里奚 : 虞나라의 大夫로 晉나라가 虞나라를 정벌할 때에 포로가 되었다가 楚나라 땅인 宛으로 도망갔다. 楚나라 교외에 사는 사람이 그를 잡으니, 秦나라 穆公은 그가 어질다는 말을 듣고는 양가죽 다섯 장으로 그의 몸값을 치르고 데려와서 재상으로 삼았다.

63) 蹇叔 : 宋나라 사람이다. 百里奚가 穆公에게 추천하자 宋나라에서 맞이하여 大夫로 삼았다.

64) 丕豹 : 晉나라 사람이다. 아버지 丕鄭이 晉나라 惠公에게 피살되자 秦나라로 달아나 목공에게 발탁되어 大夫가 되었다.

65) 公孫支 : 晉나라 사람이다. 秦나라 穆公 때 大夫가 되자 百里奚를 천거하여 霸業을 이룩하게 하였다.

66) 商鞅 : 衛나라의 公子이다. 孝公을 도와서 法治를 바탕으로 한 개혁 정치로 秦나라를 부강하게 하였다. 商鞅의 변법은 ≪資治通鑑綱目≫ 제1권 상 周 顯王 10년조와 19년조에 보인다.

67) 張儀 : 魏나라 사람이다. 連衡을 주창하여 六國이 秦나라를 섬기도록 하였는데, 이는 ≪資治通鑑綱目≫ 제1권 중 周 赧王 4년조에 보인다.

68) 范雎 : 魏나라 사람이다. 昭王의 재상이 되고 應侯에 봉해졌다. 당시의 외척이었던 魏冉 등을 제거하고 왕실을 강하게 하였다. 이는 ≪資治通鑑綱目≫ 제1권 하 周 赧王 49년조에 보인다.

69) 옛날……고려해보소서 : 이 글은 李斯의 〈上秦皇逐客書〉로 전문은 ≪史記≫ 〈李斯列傳〉에 보인다. 유명한 명문으로 ≪古文眞寶≫ 後集에도 실려 있다.

뒤에 뛰어난 장수로 하여금 군대를 이끌고 뒤따르게 하니, 몇 년 사이에 마침내 천하를 겸병하였다.

秦宗室大臣이 議曰 諸侯人來仕者 皆爲其主遊間耳라 請一切逐之①하야지이다 於是에 大索逐客하니 客卿楚人李斯亦在逐中이라 行且上書曰 昔에 穆公이 取由余於戎②하고 得百里奚於宛하고 迎蹇叔於宋③하고 求丕豹公孫支於晉④하야 幷國二十하야 遂霸西戎⑤하고 孝公이 用商鞅하야 諸侯親服하야 至今治彊하고 惠王이 用張儀하야 散六國從하야 使之事秦하고 昭王이 得范雎하야 彊公室杜私門하니 由此觀之컨댄 客何負於秦哉오 今乃不問可否하며 不論曲直하야 非秦者를 去하고 爲客者를 逐하야 棄黔首以資敵國하며 却賓客以業諸侯⑥하니 此所謂藉寇兵而齎盜糧者也⑦로다 臣은 聞泰山이 不讓土壤故로 能成其大하고 江河不擇細流故로 能就其深하고 王者不却衆庶故로 能明其德이라하니 此五帝三王之所以無敵也니 惟大王은 圖之하소서 王이 乃召李斯하야 復其官하고 除逐客之令하고 卒用斯謀하야 陰遣辯士하야 齎金玉遊說諸侯⑧하야 厚遺結其名士호대 不可下者를 刺之⑨하야 離其君臣之計然後에 使良將으로 將兵隨其後하야 數年之中에 卒兼天下하니라

① "遊間"은 유세하여 秦나라의 군신을 이간질함을 말한다. "一切"은 칼로 물건을 잘라 반듯하게 만드는 것이다.
　遊間, 謂遊說以間秦之君臣. 一切, 猶以刀切物, 取其齊整.

② 由余는 그 선조가 晉나라 사람이었는데 戎에 망명하여 들어갔다.
　由余, 其先晉人, 亡入戎.

③ 《史記正義》에 "蹇叔은 岐州 사람으로 당시에 宋나라에서 활동하고 있었다."고 하였다.
　正義 "蹇叔, 岐州人, 時遊於宋."

④ 丕豹는 晉나라에서 秦나라로 도망쳐 왔다. 《史記正義》에 의하면, 公孫支는 岐州 사람으로 당시에 晉나라에서 활동하고 있었다.
　丕豹, 自晉奔秦. 正義 "公孫支, 岐州人, 時遊於晉."

⑤ 幷(겸병)은 去聲이다.
　幷, 去聲.

⑥ 黔은 음이 鉗이다. 秦나라는 백성을 일컬어 黔首라고 하였는데, 머리가 검기 때문이었다. 業은 일이다.
　黔, 音鉗. 秦謂民爲黔首, 以其頭黑也. 業, 事也.

⑦ 藉는 慈夜의 切이니, 빌린다는 뜻이고, 빌려준다는 뜻이다. 齎는 子兮의 切이니, 가져다준다는 뜻이다. 혹은 資(주다)의 뜻이니, 또한 통한다.
　藉, 慈夜切, 假也, 借也. 齎, 子兮切, 持遺也. 或爲資義, 亦通.

⑧ 齎는 將皮의 切이니, 지닌다는 뜻이다.
　齎, 將皮切, 持也.

⑨ 下는 去聲이니, 내린다는 뜻이다.

　　下, 去聲, 降也.

【綱】齊나라와 趙나라가 秦나라에 들어가 酒宴을 베풀었다.

　齊趙入秦置酒하다

　　　乙丑年(B.C. 236)

　秦나라 왕 政 11년, 楚나라 幽王 2년, 燕나라 왕 喜 19년, 魏나라 景閔王 7년, 趙나라 悼襄王 9년, 韓나라 왕 安 3년, 齊나라 왕 建 29년이다.

　秦十一과 楚二와 燕十九와 魏七과 趙九와 韓三과 齊二十九年이라

【綱】趙나라가 燕나라를 정벌하여 貍陽(이양)을 탈취하였다. 秦나라가 趙나라를 정벌하여 9개 성을 탈취하였다.

　趙伐燕하야 取貍陽하다 秦이 伐趙하야 取九城①하다

　① 貍는 力之의 切이다. 貍陽은 그 땅이 필시 齊나라와 燕나라의 국경에 있었을 것이다.

　　貍, 力之切. 貍陽, 其地當在齊燕境上.

【綱】趙나라 왕 偃(悼襄王)이 薨하였다.

　◖趙王偃이 薨하다

【目】아들 遷(幽繆王)이 즉위하였다. 그 모친은 기녀였는데, 悼襄王에게 총애를 받았으므로 왕이 적자 嘉를 폐하고 遷을 태자로 세웠다. 遷은 평소에 행실이 나쁜 것으로 나라 안에 소문이 났다.

　子遷이 立하니 其母는 倡也①라 嬖於悼襄王이러니 王이 廢嫡子嘉而立之하니 遷이 素以無行으로 聞於國②이러라

　① 倡은 음이 昌이니, 기녀이다.

　　倡, 音昌, 妓女也.

② 聞(소문나다)은 음이 問이다.
　聞, 音問.

丙寅年(B.C. 235)

秦나라 왕 政 12년, 楚나라 幽王 3년, 燕나라 왕 喜 20년, 魏나라 景閔王 8년, 趙나라 幽繆王 遷 원년, 韓나라 왕 安 4년, 齊나라 왕 建 30년이다.

秦十二와 楚三과 燕二十과 魏八과 趙幽繆(무)王遷元①과 韓四와 齊三十年이라

① 繆는 眉救의 切이다. 왕 遷은 시호가 없었는데, 趙나라가 멸망하자 그 신하가 사적으로 추후에 시호를 지었다.
　繆, 眉救切. 王遷無謚, 趙滅, 其臣竊追謚之.

【綱】秦나라 呂不韋가 蜀으로 옮겨가 자살하였다.

　秦呂不韋徙蜀自殺하다

【目】呂不韋가 封國으로 간 지 1년 남짓에 제후의 사자들이 안부를 물으러 오니, 그 사람들이 도로에 이어질 정도였다. 왕이 그가 변란을 일으킬까 두려워하여 여불위에게 글을 내리기를 "그대가 秦나라에 무슨 공이 있기에 河南의 10만 호에 봉해졌으며, 秦나라와 무슨 친밀한 관계가 있기에 仲父라고 불리는가. 蜀으로 옮겨가서 살라." 하였다. 呂不韋가 주벌당할까 두려워 짐독을 마시고 죽었다.

　不韋就國歲餘에 諸侯使者請之하야 相望於道어늘 王이 恐其爲變하야 賜不韋書曰 君이 何功於秦이완대 封河南十萬戶하며 何親於秦이완대 號稱仲父오 其徙處蜀하라 不韋恐誅하야 飮酖死①하다

① 酖은 直蔭의 切이니, 鴆酒(짐주)이다. 짐새는 남방에서 나오며 살무사를 먹는데, 그 깃을 술 속에 휘저어서 마시면 바로 죽는다.
　酖, 直蔭切, 鴆酒也. 鴆鳥出南方, 噉蝮蛇, 以其羽畫酒中, 飮之立死.

【綱】6월부터 비가 오지 않더니 8월까지 이어졌다.

　自六月不雨하야 至于八月하다

【綱】秦나라가 魏나라를 도와 楚나라를 정벌하였다.

◑ 秦이 助魏伐楚하다

丁卯年(B.C. 234)

秦나라 왕 政 13년, 楚나라 幽王 4년, 燕나라 왕 喜 21년, 魏나라 景閔王 9년, 趙나라 幽繆王 2년, 韓나라 왕 安 5년, 齊나라 왕 建 31년이다.

秦十三과 楚四와 燕二十一과 魏九와 趙二와 韓五와 齊三十一年이라

【綱】秦나라가 趙나라를 정벌하여 趙나라 장수 扈輒(호첩)을 죽이자, 趙나라가 李牧을 대장군으로 삼아 宜安에서 다시 싸웠는데, 秦나라 군대가 대패하였다.

秦이 伐趙하야 殺其將扈輒이어늘 趙以李牧爲大將軍하야 復戰宜安한대 秦師敗績[1]하다

① 扈는 음이 戶이니, 성이다. ≪括地志≫에 "宜安의 故城이 常山 藁城縣(고성현) 서남쪽에 있다."고 하였다.

扈, 音戶, 姓也. 括地志 "宜安故城在常山藁城縣西南."

戊辰年(B.C. 233)

秦나라 왕 政 14년, 楚나라 幽王 5년, 燕나라 왕 喜 22년, 魏나라 景閔王 10년, 趙나라 幽繆王 3년, 韓나라 왕 安 6년, 齊나라 왕 建 32년이다.

秦十四와 楚五와 燕二十二와 魏十과 趙三과 韓六과 齊三十二年이라

【綱】秦나라가 趙나라를 정벌하여 宜安, 平陽, 武城을 탈취하였다.

秦이 伐趙하야 取宜安平陽武城[1]하다

① ≪括地志≫에 "平陽의 故城이 相州 臨漳縣 서쪽에 있다."고 하였다. ≪後漢書≫ 〈郡國志〉에 "魏郡 鄴縣에 武城이 있다."고 하였다.

括地志 "平陽故城在相州臨漳縣西." 後漢志 "魏郡鄴縣有武城."

【綱】 韓나라가 秦나라에 사신을 보내 藩臣을 칭하였다.

　◑ 韓이 遣使稱藩於秦하다

【目】 처음에 韓나라의 공자 韓非가 刑名과 法術의 학문을 잘하더니, 韓나라가 쇠약해지는 것을 보고 韓나라 왕에게 여러 차례 글을 올려 등용해줄 것을 요청하였으나, 왕이 등용하지 못하였다. 한비가, 나라를 다스림에 인재를 찾아 현능한 사람을 임용하는 데 힘쓰지 않고 도리어 경박하고 음흉한 좀벌레 같은 자를 등용하여 공로와 실적이 있는 사람의 위에 두며, 태평할 때에는 이름뿐인 사람을 총애하고 위급할 때에는 갑옷을 입은 무사를 임용하니, 나라에서 평소 기르는 사람은 나라에 필요한 사람이 아니고, 나라에 필요한 사람은 나라에서 평소 기르는 사람이 아님을 통탄하였다. 이에 〈孤憤(고분)〉, 〈五蠹(오두)〉, 〈說難(세난)〉 등의 글을 지으니, 10여만 자였다.

　이때에 이르러 왕이 한비를 보내 秦나라에 땅을 주고 옥새를 바쳐 藩臣이 되기를 청하였다. 한비가 그 기회를 통해 秦나라 왕을 설득하기를 "대왕께서 진실로 신의 주장을 받아들여 한 번 실행에 옮겼는데, 천하의 合從이 깨지지 않고, 趙나라가 함락되지 않고, 韓나라가 망하지 않고, 荊나라[70]와 魏나라가 신하가 되지 않고, 齊나라와 燕나라가 귀부하지 않는다면 신을 베어 나라 안에 조리를 돌려서 왕을 위해 계책을 세움이 불충한 자에게 경계하소서." 하니, 왕이 그 말을 기뻐하였으나 채용하지는 못하였다. 李斯가 한비를 참소하자, 왕이 獄吏에게 맡겨 다스리게 하였는데, 한비가 자살하였다.

初에 韓諸公子非善刑名法術之學[①]하더니 見韓削弱하고 數(삭)以書干韓王호대 王不能用이러라 非疾治國에 不務求人任賢하고 反擧浮淫之蠹하야 加之功實之上하며 寬則寵名譽之人하고 急則用介冑之士하니 所養이 非所用이요 所用이 非所養[②]이라하야 作孤憤五蠹說難等篇하니 十餘萬言[③]이러라 至是하야 王이 使納地效璽於秦하고 請爲藩臣이어늘 非因說秦王曰 大王이 誠聽臣說하야 一擧而天下之從이 不破하며 趙不擧하며 韓不亡하며 荊魏不臣하며 齊燕不親이어든 則斬臣徇國하야 以戒爲王謀不忠者하소서 王이 悅之未用이러니 李斯譖之한대 下吏하니 自殺[④]하다

① 《漢書》〈藝文志〉에 "法家流는 대개 法官에서 유래한 것으로 반드시 공이 있는 자에게는 상을 주고 죄가 있는 자에게는 반드시 벌을 줌으로써 禮制를 보완한다."고 하였다. 公孫弘이 말하기를 "살생의 권력을 전단하고 막힌 길을 뚫고 경중의 무게를 재고 득실의 도를 논

---

70) 荊나라 : 楚나라를 가리킨다. 秦 始皇의 父王인 莊襄王의 이름이 楚였으므로 避諱한 것이다.

하여 遠近과 眞僞를 위에 드러나게 하는 것을 術이라고 한다." 하였다.

班志 "法家者流, 蓋出於理官, 信賞必罰, 以輔禮制." 公孫弘曰 "擅殺生之力, 通壅塞之塗, 權輕重之數, 論得失之道, 使遠近情僞畢見於上, 謂之術."

② "非疾治國(韓非가 나라를 다스림에……통탄하였다.)"은 韓非가 나라를 다스리는 자의 행위를 미워함을 말한다. 介는 갑옷이다. "所養非所用(나라에서 평소 기르는 사람은 나라에 필요한 사람이 아니다.)"은 당시의 군주가 녹을 주어 기르는 신하는 모두 적을 무찔러 나라의 수모를 막을 수 있는 선비가 아님을 말한다. "所用非所養(나라에서 필요한 사람은 나라에서 평소 기르는 사람이 아니다.)"은 일을 당하여 임용하는 자가 모두 평소 녹을 주어 기르던 사람이 아님을 말한다. 그러므로 사력을 다하기 어려운 것이다.

非疾治國, 謂韓非以治國者之所爲爲疾也. 介, 甲也. 所養非所用, 謂時君祿養之臣, 皆非折衝禦侮之士. 所用非所養, 謂其臨事任用者, 竝非常所祿養之人, 故難可盡其死力.

③ "孤憤"은 고고하고 강개함이 시속에 용납되지 못함을 분개하는 것이다. "五蠹(오두)"는 정사를 좀먹는 일에 다섯 가지가 있는 것이다. 說는 음이 稅이다. 難(어렵다)은 본음대로 읽는다. 유세의 방법이 쉽지 않음을 말한다.

孤憤者, 憤孤直不容於時也. 五蠹者, 蠹政之事有五也. 說, 音稅. 難, 如字[71]. 言游說之道不易也.

④ 李斯와 韓非가 모두 荀卿을 師事하였는데, 이사는 자기가 한비만 못하다고 여겼다.

李斯與韓非俱事荀卿, 斯自以爲不如非也.

【目】揚子가 다음과 같이 평하였다.

"韓非가 〈說難〉을 지었으면서 유세의 어려움 속에서 끝내 죽은 것은 무슨 까닭인가? 말하자면, 〈세난〉은 아마도 그가 죽은 이유일 것이다. 군자는 禮로써 움직이고 義로써 멈추어, 상대와 뜻이 맞으면 나아가고 뜻이 맞지 않으면 물러난다. 그리하여 확신을 가질 뿐, 상대의 뜻과 맞지 않으면 어찌할까 걱정하지 않는다. 상대를 설득하면서 그의 뜻에 맞지 않을까 걱정한다면, 또한 무슨 짓이든 하지 않는 짓이 없을 것이다[72]."

揚子曰[1] 韓非作說難而卒死乎說難은 何也오 曰說難은 蓋其所以死也[2]라 君子以禮動하며 以義止하야 合則進이요 否則退하야 確乎不憂其不合也[3]하나니 夫說人而憂其不合이면 則亦無所不至矣라

71) 如字 : 한 글자에 여러 독음이 있는 경우 本音대로 읽으라는 것이다. 難은 통상적으로 '난'으로 읽는데, 우거지다 또는 푸닥거리의 뜻일 때는 '나'로 읽는다. 여기서는 통상적인 음인 난, 즉 어렵다는 뜻이라는 말이다.

72) 韓非가……것이다 : 이 글은 ≪揚子法言≫ 〈問明〉에 보인다.

① 揚子는 이름이 雄이니, 西漢 蜀郡 사람이다. 《法言》을 지었다.
　揚子, 名雄, 西漢蜀郡人, 著法言.

② 〈說難〉은 남의 마음을 더듬어보고 합치되기를 구하는 내용이니, 그렇다면 무슨 짓이든 하지 않는 짓이 없을 것이다. 이러한 짓은 죽기에 딱 맞을 뿐이다.
　謂說難欲探人心而求合, 則無所不至, 此適足以取死.

③ 確은 굳다는 뜻이다. 자신함이 굳음을 말한 것이다.
　確, 堅也. 言自信之堅也.

【目】司馬溫公이 다음과 같이 평하였다.

"군자는 자신의 친속을 친하게 대함으로써 남의 친속에까지 친근함이 미치고, 자신의 나라를 사랑함으로써 남의 나라에까지 사랑이 미치는 것이다. 韓非가 秦나라를 위해 계책을 세우면서 자신의 宗國을 먼저 전복하고자 하였으니, 죄가 진실로 죽음을 면할 수 없다. 어찌 불쌍히 여길 만하겠는가."

司馬公이 曰 君子는 親其親하야 以及人之親하고 愛其國하야 以及人之國하나니 非爲秦謀호대 而首欲覆其宗國하니 罪固不容於死矣라 烏足愍哉리오

己巳年(B.C. 232)

秦나라 왕 政 15년, 楚나라 幽王 6년, 燕나라 왕 喜 23년, 魏나라 景閔王 11년, 趙나라 幽繆王 4년, 韓나라 왕 安 7년, 齊나라 왕 建 33년이다.

秦十五와 楚六과 燕二十三과 魏十一과 趙四와 韓七과 齊三十三年이라

【綱】秦나라가 趙나라를 정벌하여 狼孟과 番吾를 탈취하였는데, 李牧의 군대와 조우하자 퇴각하였다.

秦이 伐趙하야 取狼孟番吾이러니 遇李牧而還①하다

① 《漢書》〈地理志〉에 "狼孟縣은 太原郡에 속한다."고 하였다.
　班志 "狼孟縣屬太原郡."

【綱】燕나라 太子 丹이 秦나라에서 도망쳐 돌아왔다.

◗ 燕太子丹이 自秦亡歸하다

【目】 처음에 丹이 趙나라에 인질이 되어 秦나라 왕(政)과 친하였다. 秦나라 왕이 즉위한 뒤에 丹이 秦나라에 인질이 되었는데, 秦나라 왕이 예우하지 않자 丹이 노하여 도망쳐 돌아왔다.

初에 丹이 嘗質於趙하야 與秦王善[1]이러니 及秦王이 卽位에 丹이 質於秦하니 秦王이 不禮焉이어늘 丹이 怒亡歸하다

① 왕의 아버지 異人이 趙나라에 인질이 되었는데, 邯鄲에서 왕을 낳았다.
王之父異人質於趙, 生王於邯鄲.

庚午年(B.C. 231)

秦나라 왕 政 16년, 楚나라 幽王 7년, 燕나라 왕 喜 24년, 魏나라 景閔王 12년, 趙나라 幽繆王 5년, 韓나라 왕 安 8년, 齊나라 왕 建 34년이다.

秦十六과 楚七과 燕二十四와 魏十二와 趙五와 韓八과 齊三十四年이라

【綱】 가을 9월에 韓나라가 南陽을 秦나라에 바쳤다.

秋九月에 韓이 獻南陽地于秦[1]하다

① 이 땅은 漢나라 때에 南陽郡의 땅이다. 당시에 秦나라, 楚나라, 韓나라가 나누어 가지고 있었다.
此漢南陽郡之地, 時秦楚韓分有之.

【綱】 代의 땅에 지진이 나서 갈라졌다.

◗ 代地震坼하다

【目】 갈라진 틈이 동서가 130보였다.

東西百三十步러라

辛未年(B.C. 230)

秦나라 왕 政 17년, 楚나라 幽王 8년, 燕나라 왕 喜 25년, 魏나라 景閔王 13년, 趙나라 幽繆王 6년, 韓나라 왕 安 9년, 齊나라 왕 建 35년이다. 이해에 韓나라가 망하니, 모두 여섯 나라이다.

秦十七과 楚八과 燕二十五와 魏十三과 趙六과 韓九와 齊三十五年이라 ◖是歲韓亡하니 凡六國이라

【綱】秦나라 內史 勝이 韓나라를 멸망시켜 韓나라 왕 安을 포로로 잡고 潁川郡을 설치하였다.

秦內史勝이 滅韓하고 虜王安이어늘 置潁川郡[①]하다

> ① 內史는 周나라 관직인데, 秦나라가 그것을 계승하였다. 京師를 담당하여 다스리고 겸하여 漢나라 때 三輔[73]의 땅을 다스렸다.
> 內史, 周官, 秦因之. 掌治京師, 兼治漢三輔之地.

【綱】趙나라에 큰 기근이 들었다.

◖趙大饑하다

壬申年(B.C. 229)

秦나라 왕 政 18년, 楚나라 幽王 9년, 燕나라 왕 喜 26년, 魏나라 景閔王 14년, 趙나라 幽繆王 7년, 齊나라 왕 建 36년이다.

秦十八과 楚九와 燕二十六과 魏十四와 趙七과 齊三十六年이라

【綱】秦나라 王翦이 趙나라를 정벌하여 井陘(정형)을 함락시키니, 趙나라가 대장군 李牧을 죽였다.

秦王翦이 伐趙하야 下井陘하니 趙殺其大將軍李牧[①]하다

---

73) 三輔 : 漢나라 때 京畿를 다스리던 左內史, 右內史, 主爵都尉를 가리킨다.

韓나라 멸망시기도

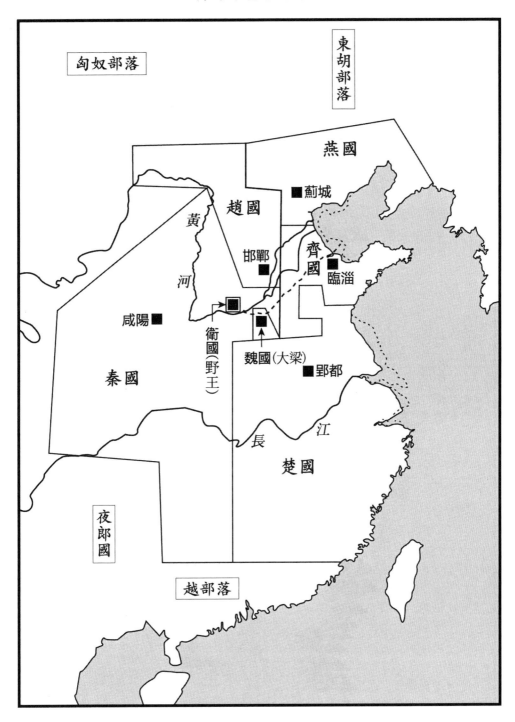

秦나라 王翦의 邯鄲 공략도

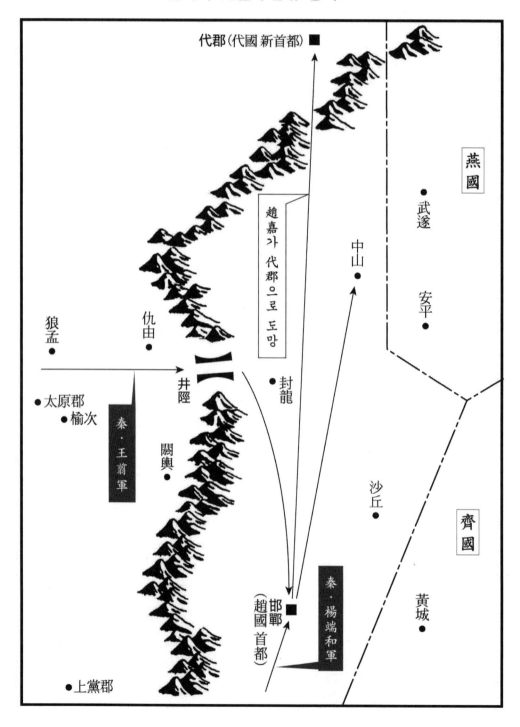

① 陘은 음이 刑이다. 應劭가 말하기를 "井陘은 常山郡 井陘縣 서쪽에 있었다." 하였다. 唐나라 때에는 土門이라고 불렀다.

陘, 音刑. 應劭曰 "井陘在常山郡井陘縣西." 唐謂之土門.

【目】秦나라 王翦이 趙나라를 정벌하자 趙나라가 李牧으로 하여금 방어하게 하였다. 秦나라가 趙나라의 폐신 郭開에게 금을 많이 주어 이목이 반란을 일으키려고 한다고 말하게 하였다. 趙나라 왕이 趙葱과 顔聚를 보내 이목을 대신하게 하였는데, 이목이 명을 받들지 않자 마침내 그를 죽였다.

秦王翦이 伐趙어늘 趙使李牧禦之러니 秦이 多與趙嬖臣郭開金하야 使言牧이 欲反이라한대 趙王이 使趙葱顔聚로 代之하니 牧이 不受命이어늘 遂殺之하다

癸酉年(B.C. 228)

秦나라 왕 政 19년, 楚나라 幽王 10년, 燕나라 왕 喜 27년, 魏나라 景閔王 15년, 趙나라 幽繆王 8년, 齊나라 왕 建 37년이다. 이해에 趙나라가 망하니, 모두 다섯 나라이다.

秦十九와 楚十과 燕二十七과 魏十五와 趙八과 齊三十七年이라 ◑是歲趙亡하니 凡五國이라

【綱】秦나라가 趙나라를 멸망시키고 趙나라 왕 遷(幽繆王)을 포로로 삼았다. 秦나라 왕이 邯鄲에 갔다.

秦이 滅趙하고 虜王遷하다 秦王이 如邯鄲하다

【目】옛날 母后 집안과 원수 관계에 있던 자들을 모두 죽였다[74].

故與母家有仇者를 皆殺之하다

【綱】秦나라 군대가 中山에 주둔하여 燕나라를 압박하였다. 趙나라 공자 嘉가 스스로 즉위하여 代나라의 왕이 되고, 燕나라와 군대를 연합하여 上谷에 주

---

74) 옛날……죽였다 : 여기서 母后는 秦나라 왕 政(후에 秦 始皇)의 母이다. 그녀는 異人(후에 莊襄王) 과 趙나라 邯鄲에서 살다가 政을 낳았다. 이때 趙나라 사람들이 이들을 핍박했는데 이때의 원수를 갚는 것이다. 이와 관련된 내용이 ≪資治通鑑綱目≫ 제1권 하 周 赧王 58년조에 보인다.

둔하였다.

秦軍이 屯中山以臨燕이어늘 趙公子嘉自立爲代王하야 與燕合兵하야 軍上谷하다

【綱】楚나라 왕(幽王)이 薨하자, 동생 郝(학)이 즉위하였다. 3월에 郝의 庶兄 負芻가 郝을 죽이고 스스로 즉위하였다.

◑ 楚王이 薨이어늘 弟郝이 立이러니 三月에 郝의 庶兄負芻殺之自立①하다

① 郝은 음이 釋이며, 또 呵各의 切이다.
　郝, 音釋, 又呵各切.

甲戌年(B.C. 227)

秦나라 왕 政 20년, 楚나라 왕 負芻 원년, 燕나라 왕 喜 28년, 魏나라 왕 假 원년, 齊나라 왕 建 38년이다. 代나라 왕 嘉 원년이다. 오래된 나라가 다섯에 새로 생긴 나라가 하나이니, 모두 여섯 나라이다.

秦二十과 楚王負芻元과 燕二十八과 魏王假元①과 齊三十八年이라 ◑ 代王嘉元年이라 ◑ 舊國五新國一이니 凡六이라

① 假는 景閔王의 아들이다.
　假, 景閔王子.

【綱】燕나라 태자 丹이 자객으로 하여금 秦나라 왕을 협박하게 하려다가 이루지 못하자, 秦나라가 마침내 燕나라와 代나라의 군대를 격파하고 진군하여 薊(계)[75]를 포위하였다.

燕太子丹이 使盜로 劫秦王이라가 不克하니 秦이 遂擊破燕代兵하고 進圍薊하다

【目】처음에 丹이 秦나라에서 도망쳐 돌아온 뒤에 秦나라 왕에게 원한을 품고 보복하려고 하여 자신의 太傅 鞠武에게 자문하였다. 국무가 三晉[76]과 우호를 맺고 齊나라와 楚

---

75) 薊(계) : 燕나라의 도읍이다.
76) 三晉 : 韓나라, 魏나라, 趙나라를 가리킨다. 晉나라가 이 세 나라로 나뉘었으므로 이렇게 부

나라와 연합하고 匈奴와 화친하여 秦나라를 도모할 것을 청하였는데, 태자가 말하기를 "太傅의 계책은 소요되는 시간이 매우 길어서 사람의 마음을 심란하게 하니 기다릴 수가 없을 듯합니다." 하였다. 오래지 않아 秦나라 장수 樊於期(번오기)가 죄를 지어 燕나라로 도망하여 오자 태자가 맞이하여 머물게 하였다. 국무가 태자에게 그러지 말라고 간하였으나 태자가 듣지 않았다.

태자가 衛나라 사람 형가가 어질다는 소문을 듣고 공손한 글과 많은 예물로 그를 초청하여 만났다. 태자가 형가에게 말하기를 "秦나라가 이미 韓나라 왕을 포로로 잡고 趙나라를 압박하였으니, 재앙이 장차 燕나라에 미칠 것입니다. 燕나라가 약소하여 秦나라에 대항하기 부족하고 제후도 모두 秦나라에 복종하여 감히 합종하는 자가 없습니다. 내 생각에, 진실로 천하의 용감한 선비를 얻어 秦나라에 보내 秦나라 왕을 협박하여 그로 하여금 침탈한 땅을 모두 제후들에게 돌려주게 하기를 曹沫[77]이 齊나라 桓公과 회맹하였던 것처럼 한다면 좋을 것입니다. 이것이 불가능하다면 그대로 秦나라 왕을 찔러 죽여야 합니다. 저들의 大將이 국외에서 병권을 독단하고 국내에서 혼란이 일어난다면 군주와 신하가 서로 의심할 것이니, 그 사이를 틈타서 제후들이 합종할 수 있다면 秦나라를 반드시 격파할 수 있을 것입니다. 荊卿은 유념해보십시오." 하니, 형가가 승낙하였다.

初에 丹이 旣亡歸하야 怨秦王欲報之하야 以問其傅鞠武[1]한대 武請約三晉하며 連齊楚하며 媾匈奴하야 以圖之한대 太子曰 太傅之計曠日彌久하니 令人心惛然하야 恐不能須也[2]하노라 頃之요 秦將軍樊於(오)期得罪亡之燕하니 太子受而舍之[3]어늘 鞠武諫不聽하다 太子聞衛人荊軻賢하고 卑辭厚禮로 而請見之하야 謂曰 秦이 已虜韓臨趙하야 禍且至燕하니 燕小不足以當秦하며 諸侯又皆服秦하야 莫敢合從하나니 丹은 以爲誠得天下之勇士하야 使於秦하야 劫秦王하야 使悉反諸侯侵地를 若曹沫之與齊桓公盟이면 則善矣요 不可어든 則因而刺殺之[4]니 彼大將이 擅兵於外하고 而內有亂이면 則君臣이 相疑하리니 以其間으로 諸侯得合從이면 破秦이 必矣[5]니 惟荊卿은 留意焉하라 軻許之어늘

① 鞠은 성이다.
　　鞠, 姓也.

――――――――

른다.

77) 曹沫 : 춘추시대 魯나라 장수로, 曹劌라고도 한다. 魯나라가 齊나라에게 패하여 柯에서 會盟하려고 하였다. 이때에 曹沫이 匕首를 들고 齊나라 桓公을 협박하여 회맹하도록 하여, 齊나라가 魯나라로부터 빼앗은 땅을 모두 되돌려주었다.

② "惛然"은 鞠武의 계책이 오활하여 사람으로 하여금 심란하게 함을 말한다. 須는 기다린다는
뜻이다.

惛然, 言武之計迂遠, 使人悶然也. 須, 待也.

③ 舍는 머물게 한다는 뜻이다.

舍, 館也.

④ 齊나라 桓公과 魯나라 莊公이 柯에서 會盟하였다. 魯나라 曹沫이 匕首를 들고 桓公을 협박
하여 침략한 땅을 돌려주기를 요구하자, 환공이 승낙하였는데, 齊나라로 돌아가서는 주지
않으려고 하였다. 管仲이 반대하자, 환공이 마침내 침략했던 땅을 돌려주었다. 沫은 음이
末이다. 또한 劌(귀)로 읽는다.

齊桓公與魯莊公盟于柯, 魯曹沫執匕首, 劫桓公, 請歸侵地, 桓公許之. 歸而欲勿與, 管仲不
可, 卒歸侵地. 沫, 音末. 又讀曰劌.

⑤ 間은 古莧의 切이니, 간극을 말한다.

間, 古莧切, 謂間隙.

【目】 이에 荊軻를 좋은 집에 살게 하고, 丹이 날마다 방문하여 형가를 접대하기를 모자
람이 없게 하였다. 마침 秦나라가 趙나라를 멸망시키자 丹이 두려워하여 형가를 秦나라
로 보내려고 하였다. 형가가 말하기를 "秦나라에 가면서 믿을 만한 것이 없으면 秦나라
왕을 가까이할 수 없습니다. 樊於期 장군의 머리와 燕나라 督亢의 지도를 얻어서 秦나
라 왕에게 바치고자 합니다. 그러면 秦나라 왕이 반드시 기뻐하여 신을 만나볼 것이니,
신이 이에 보복할 수 있을 것입니다." 하니, 丹이 말하기를 "樊 장군이 사정이 곤란하여
나에게 와서 의지하고 있으니, 내가 차마 죽일 수 없습니다." 하였다.

형가가 이에 홀로 번오기를 만나 말하기를 "秦나라 왕의 장군에 대한 처사는 악독하
다고 할 만합니다. 부모와 종족이 모두 살육을 당해 죽었고, 지금 장군의 머리를 천 근
의 금과 만 가호의 읍으로 산다고 합니다. 장차 어찌하시렵니까?" 하였다. 번오기가 크
게 탄식하고 눈물을 흘리며 말하기를 "계책을 장차 어떻게 세울 것입니까?" 하니, 형가
가 말하기를 "장군의 머리를 얻어서 秦나라 왕에게 바치고자 합니다. 그러면 秦나라 왕
이 반드시 기뻐하여 신을 만나볼 것이니, 신이 왼손으로 그의 소매를 잡고 오른손으로
그의 가슴을 찌르면 장군의 원수를 갚을 것이고, 燕나라가 당했던 굴욕을 제거할 것입
니다." 하였다. 번오기가 말하기를 "이것은 신이 밤낮으로 이를 갈고 속을 썩이는 일입
니다." 하고는 스스로 목을 찔러 죽었다. 丹이 달려가 엎드려 곡을 하였으나 이미 어찌
할 수 없는 상황이었다. 이에 그 머리를 상자에 담았다.

또 일찍이 천하의 예리한 비수를 미리 구하여 독약에 담가두었다가 사람에게 시험하

니, 피가 실오라기를 적실 만큼만 나도 바로 죽지 않는 자가 없었다. 이에 채비를 차려 형가를 秦나라로 보냈다.

乃舍軻上舍하고 丹이 日造門하야 所以奉養軻를 無不至러니 會秦이 滅趙어늘 丹이 懼하야 欲遣軻한대 軻曰 行而無信이면 則秦을 未可親也라 願得樊將軍首와 及燕督亢地圖하야 以獻秦王이면 秦王이 必悅見臣하리니 臣乃有以報①니라 丹曰 樊將軍이 窮困하야 來歸丹하니 丹이 不忍也하노라 軻乃私見於期曰 秦王遇將軍이 可謂深矣로다 父母宗族이 皆爲戮沒하고 今聞購將軍首를 金千斤邑萬家라하니 將奈何오 於期太息流涕曰 計將安出고 軻曰 願得將軍之首하야 以獻秦王하면 秦王必喜而見臣하리니 臣左手把其袖하고 右手揕其胸하면 則將軍之仇報하고 而燕見陵之愧除矣②리라하고 於期曰 此臣之日夜切齒腐心者也라하고 遂自刎③이어늘 丹이 犇往伏哭하나 然已無可奈何라 乃函盛其首④하고 又嘗豫求天下之利匕首하야 以藥焠之하야 以試人하니 血濡縷에 無不立死者⑤어늘 乃裝遣軻한대

① 亢은 음이 抗과 剛 두 가지이다. 督亢은 燕나라의 비옥한 지역이다. ≪後漢書≫〈郡國志〉에 "涿郡 方城縣에 督亢亭이 있다."고 하였다.

亢, 抗・剛二音. 督亢, 燕之膏腴地. 後漢志 "涿郡方城縣有督亢亭."

② 揕은 張鴆의 切이니, 찌른다는 뜻이다.

揕, 張鴆切, 刺也.

③ "切齒"는 이가 서로 갈림을 말한다. 腐는 음이 輔이니, 썩는다는 뜻이다. "切齒"와 "腐心"은 모두 분노의 뜻이다.

切齒, 謂齒相磨切也. 腐, 音輔, 爛也. 切齒腐心, 皆奮怒之意.

④ 函은 상자이다. 盛(담다)은 음이 成이다.

函, 匱也. 盛, 音成.

⑤ 焠는 忽潰의 切이니, 담근다는 뜻이다. 독약에 검의 칼날을 담금을 말한다. 물과 불을 합하는 것이 焠이니, 칼날을 견고하게 하는 것이다. 濡(적시다)는 음이 儒이고, 縷(실오라기)는 力主의 切이다. 사람이 겨우 실오라기를 적실 만큼만 피가 나도 바로 죽음을 말한 것이다. 일설에 "피가 실오라기처럼 가늘게 나오는 것이다."라고 하였다.

焠, 忽潰切, 染也. 謂以毒藥染劍鍔也. 水與火合爲焠, 堅刀刃也. 濡, 音儒. 縷, 力主切. 言人血出纔足以沾濡絲縷, 便立死也. 一說 "血出如絲縷之細."

【目】荊軻가 咸陽에 이르러 秦나라 왕을 만났을 때에 지도를 받들어 올렸는데, 지도가 다 펼쳐지자 비수가 드러났다. 왕의 소매를 잡고 찌르니, 비수가 몸에 닿기 전에 왕이 놀라 일어났다. 형가가 왕을 추격하자 왕이 기둥을 돌며 달아났다. 秦나라의 법에 의하면, 전각 위에 올라 왕을 모시는 신하들은 작은 무기도 소지할 수 없었다. 주위의 신하

들이 함께 손으로 형가를 때리며 말하기를 "왕께서는 검을 등 뒤로 돌리소서." 하였는데, 왕이 마침내 검을 뽑아 형가를 쳐서 왼쪽 다리를 잘랐다. 형가가 비수를 집어 들고 왕에게 던졌으나 맞지 않으니, 스스로 일이 성공할 수 없음을 알고는 꾸짖기를 "일이 성공하지 못한 것은 왕을 사로잡아 협박하여 기필코 약조를 얻어낸 뒤에 태자에게 알리고자 해서였다." 하였다. 秦나라 왕이 마침내 형가의 사지를 해체하여 조리를 돌렸다. 왕이 크게 노하여 군대를 더 출동시켜 中山에 있던 王翦에게 보내 燕나라, 代나라와 易水의 서쪽에서 싸우게 하였는데, 그들을 크게 격파하고 마침내 薊를 포위하였다.

荊軻가 秦王을 암살하려 하다(漢代 武梁祠堂畵像石)

至咸陽하야 見秦王할새 奉圖以進하야 圖窮而匕首見(현)①이어늘 把王袖而揕之러니 未至身에 王이 驚起어늘 軻逐王한대 環柱而走②하다 秦法에 群臣侍殿上者不得操尺寸之兵이라 左右以手共搏之하고 且曰 王은 負劍③하소서한대 王이 遂拔以擊軻하야 斷其左股한대 軻引匕首하야 擿王不中④이라 自知事不就하고 罵曰 事所以不成者는 欲生劫之하야 必得約契하야 以報太子也라하더라 遂體解以徇⑤하다 王이 大怒하야 益發兵하야 就王翦於中山⑥하야 與燕代로 戰易水西하야 大破之하고 遂圍薊⑦하다

① 見(드러나다)은 賢遍의 切이다.
見, 賢遍切.
② 環(돌다)은 음이 宦이다.
環, 音宦.
③ 搏은 손으로 친다는 뜻이다. 옛날에 칼을 차면 위가 길어서 칼을 뽑아도 칼집〔室〕에서 나오지 않았다. 왕으로 하여금 검을 등 뒤로 밀어서 앞이 짧게 하여 뽑기 쉽도록 한 것이다. 그러므로 "왕께서는 검을 등 뒤로 돌리소서."라고 말한 것이다. 室은 칼집이다.
搏, 手擊也. 古者, 帶劍上長, 拔之不出室. 欲王推之於背, 令前短易拔, 故云 "王負劍." 室,

鞘也.

④ 摘(던지다)은 擲과 같다. 中(적중하다)은 去聲이다.

　摘, 與擲同. 中, 去聲.

⑤ "體解"는 사지를 해체한다는 뜻이다.

　體解, 支解也.

⑥ 就는 나아간다는 뜻이고, 따른다는 뜻이다.

　就, 卽也, 從也.

⑦ 薊는 음이 계이니, 薊는 燕나라의 도읍이다. ≪漢書≫ 〈地理志〉에 "薊縣은 廣陽國에 속한다."고 하였다. 唐나라 때에는 幽州의 治所가 되었다.

　薊, 音計. 薊, 燕都也. 班志 "薊縣屬廣陽國." 唐爲幽州治所.

乙亥年(B.C. 226)

秦나라 왕 政 21년, 楚나라 왕 負芻 2년, 燕나라 왕 喜 29년, 魏나라 왕 假 2년, 齊나라 왕 建 39년, 代나라 왕 嘉 2년이다.

秦二十一과 楚二와 燕二十九와 魏二와 齊三十九와 代二年이라

【綱】 겨울 10월에 秦나라가 薊를 함락하자, 燕나라 왕이 遼東으로 달아나 태자 丹을 베어 秦나라에 바쳤다.

　冬十月에 秦拔薊한대 燕王이 走遼東하야 斬其太子丹하야 以獻於秦하다

【綱】 秦나라 李信이 楚나라를 정벌하였다.

　○秦李信이 伐楚하다

【目】 秦나라 왕이 李信에게 묻기를 "내가 荊나라를 탈취하려고 하는데, 얼마나 되는 군사를 쓰면 된다고 생각하는가?" 하니, 이신이 대답하기를 "20만을 넘지 않을 것입니다." 하였다. 王翦에게 물으니, 왕전이 대답하기를 "60만 명이 아니면 불가합니다." 하였다. 왕이 말하기를 "장군이 늙었도다. 어찌 겁을 내는가?" 하고는 李信과 蒙恬으로 하여금 20만 명을 이끌고 楚나라를 정벌하게 하였다. 왕전이 병을 핑계로 관직을 사양하고 頻陽으로 돌아갔다.

秦王이 問於李信曰 吾欲取荊하노니 度(탁)用幾何人①고 對曰 不過二十萬이니이다 問王翦한대 翦이 曰 非六十萬人이면 不可니이다 王曰 將軍이 老矣로다 何怯也오 乃使信及蒙恬으로 將二十萬人하야 伐楚어늘 翦謝病歸頻陽②하다

① 왕의 부친 莊襄王의 휘가 楚였으므로 楚를 荊이라고 일컬었다. 度은 大各의 切이다.
　王父莊襄王諱楚, 故謂楚爲荊. 度, 大各切.
② 王翦은 頻陽 사람이다. ≪漢書≫〈地理志〉에 "頻陽縣은 京兆에 속한다."고 하였다.
　翦, 頻陽人也. 班志 "頻陽縣屬京兆."

丙子年(B.C. 225)

秦나라 왕 政 22년, 楚나라 왕 負芻 3년, 燕나라 왕 喜 30년, 魏나라 왕 假 3년, 齊나라 왕 建 40년, 代나라 왕 嘉 3년이다. 이해에 魏나라가 망하니, 모두 다섯 나라이다.

秦二十二와 楚三과 燕三十과 魏三과 齊四十과 代三年이라 ○ 是歲魏亡하니 凡五國이라

【綱】秦나라 王賁이 魏나라를 정벌하면서 河口의 물을 끌어다 魏나라의 도성으로 흘러가게 하였다. 魏나라 왕 假가 항복하자, 그를 죽이고 마침내 魏나라를 멸망시켰다.

秦王賁이 伐魏하야 引河溝하야 以灌其城한대 魏王假降이어늘 殺之하고 遂滅魏①하다

① 賁은 음이 奔이니, 王翦의 아들이다. ≪水經≫에 "渠水는 滎陽의 北河에서 흘러나와 동남쪽으로 흘러 浚儀縣에 이른다."고 하였고, 주에 이르기를 "始皇帝가 王賁으로 하여금 魏나라를 공격하게 하자, 왕분이 옛 渠水를 끊고 물길을 끌어 동남쪽으로 내보내 大梁으로 흘러가게 하였다. 이로 인하여 梁溝라고 불렀다." 하였다.
　賁, 音奔, 翦之子也. 水經 "渠水出滎陽北河, 東南流至浚儀縣." 註云 "始皇使王賁攻魏, 斷故渠, 引水東南出以灌大梁, 因謂之梁溝."

【綱】楚나라 사람들이 秦나라 군대를 크게 격파하였다. 李信이 달아나 秦나라로 돌아오자 王翦이 그를 대신하였다.

◑楚人이 大敗秦軍한대 李信이 犇還秦이어늘 王翦代之하다

魏나라 멸망시기도

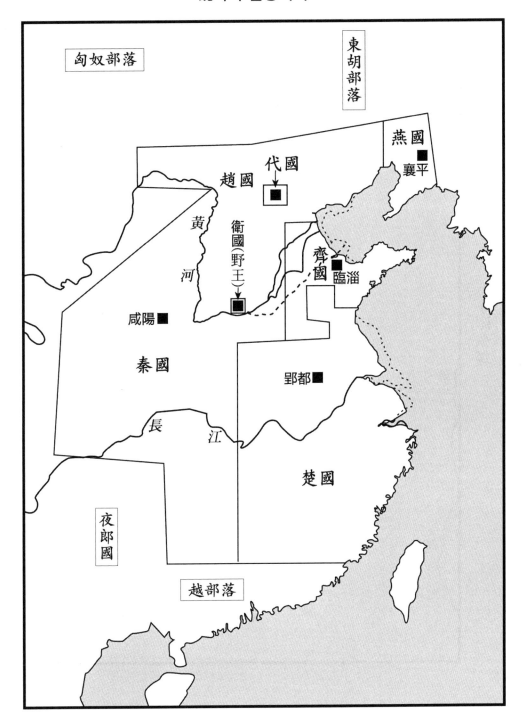

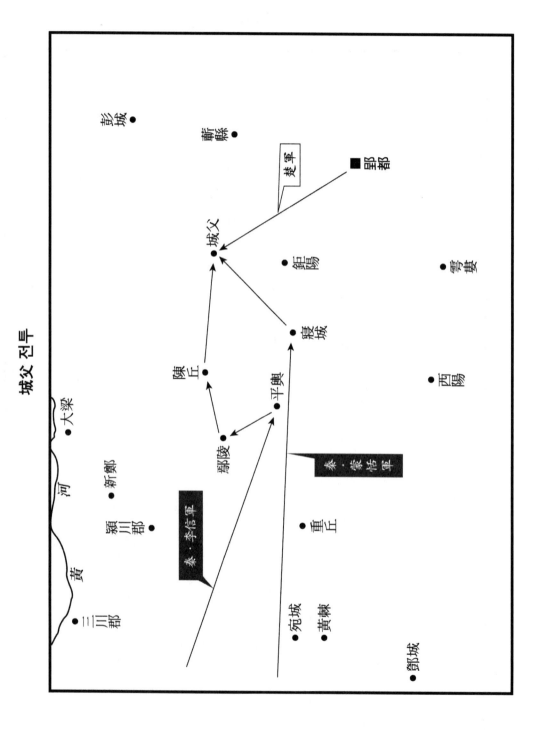

城父 전투

【目】李信이 楚나라 군대를 크게 격파하고 군대를 이끌고 서쪽으로 진군하여 蒙恬의 군대와 城父에서 만났다. 楚나라 사람들이 이를 틈타 3일을 쉬지 않고 그들을 쫓아와서 크게 무찌른 뒤에 두 곳의 보루에 쳐들어가 7명의 都尉를 죽였다. 이신이 달아나 秦나라로 돌아오자 왕이 노하여 몸소 頻陽에 가서 王翦에게 사과하고 억지로 기용하였다. 왕전이 아뢰기를 "노신이 병이 들어 정신이 혼미합니다만, 대왕께서 꼭 부득이 신을 기용하신다면 60만 명의 병사가 아니면 불가합니다." 하니 왕이 허락하였다. 이에 왕전이 60만 명을 이끌고 楚나라를 정벌하였다.

　왕이 몸소 전송하여 霸上에 이르렀는데, 왕전이 좋은 농토와 집을 매우 많이 요구하자, 왕이 말하기를 "장군은 길에 오르시오. 어찌 가난을 걱정하시오?" 하였다. 왕전이 아뢰기를 "신이 대왕의 장수가 되어 공을 세우더라도 끝내 제후에 봉해질 수 없습니다. 그러므로 대왕께서 신을 총애할 때에 농토와 집을 청하여 자손의 가업으로 삼고자 합니다." 하니, 왕이 크게 웃었다. 이미 떠난 뒤에도 다시 여러 번 사자를 파견하여 농토와 집을 요구하게 하였다.

　어떤 사람이 말하기를 "장군의 요구가 너무 심합니다." 하니, 왕전이 말하기를 "왕은 마음이 조급하여 남을 믿지 않습니다. 지금 전국의 군사를 다 조발하여 나에게 맡겼으니, 〈자손을 위하여 농토와 집을 청함으로써 딴 마음이 없음을 나타내어〉 秦나라에다 제 자신의 위치를 확고히 하겠다는 결의를 보이지 않는다면, 도리어 왕으로 하여금 이로 말미암아 나를 의심하게 만드는 것입니다." 하였다.

李信이 大敗楚軍하고 引兵西하야 與蒙恬會城父①러니 楚人이 因隨之하야 三日不頓舍하야 大敗之하고 入兩壁하야 殺七都尉②하니 信이 犇還이어늘 王이 怒하야 自至頻陽하야 謝王翦彊起之한대 翦이 曰 老臣이 罷病悖亂이어니와 大王이 必不得已用臣인대 非六十萬人이면 不可니이다 王이 許之어늘 於是에 翦이 將六十萬人하야 伐楚할새 王이 自送至霸上③이러니 翦이 請美田宅甚衆한대 王曰 將軍은 行矣어다 何憂貧이리오 翦이 曰 爲大王將하야 有功이라도 終不得封侯라 故及大王之鄕臣하야 請田宅爲子孫業耳④로이다 王이 大笑하더라 旣行에 又數使使者歸請之어늘 或曰 將軍之乞貸(특)亦已甚矣⑤로다 翦이 曰 王이 怚中而不信人⑥하시니 今空國而委我하니 不有以自堅이면 顧令王으로 坐而疑我矣라하더라

① 父는 음이 甫이다. 《漢書》〈地理志〉에 "沛郡에 城父縣이 있다."고 하였다.
　　父, 音甫. 班志 "沛郡有城父縣."
② 頓은 멈춘다는 뜻이고, 舍는 쉰다는 뜻이다. 都尉는 관직 이름이니, 여러 관원을 주관하므로 都라고 하고, 병졸과 군대의 사무가 있으므로 尉라고 한다. 이것은 郡都尉이니, 병사를

이끌고 따라와 楚나라를 정벌하던 자들이다. 秦나라 列郡에는 守, 尉, 監이 있었다.

頓, 止也. 舍, 息也. 都尉, 官名. 主諸官, 故曰都. 有卒徒武事, 故曰尉. 此郡都尉, 將兵從伐楚者也. 秦列郡有守・有尉・有監.

③ 霸上은 지명이니, 長安의 동쪽 霸水 가에 있다. 패수는 옛 滋水인데, 秦나라 穆公이 여기에다 궁을 짓고 이름을 바꾸어 물은 패수라고 부르고 성은 霸城이라고 불러 제패한 공적을 드러내었다.

霸上, 地名, 在長安東霸水上. 霸水, 古之滋水, 秦穆公築宮於此, 更名, 水曰霸水, 城曰霸城, 以章霸功.

④ 鄕은 嚮과 통하니, 뜻이 지향하는 바이다.

鄕, 與嚮通, 意所嚮也.

⑤ 貸(특)은 貣과 같고 음이 忒이니, 남에게 물건을 요구하는 것이다.

貸, 與貣同, 音忒, 從人求物也.

⑥ 怚는 粗와 통용하여 쓰이는데, 모두 음이 麤이니, 마음이 전일하지 못한 것이다.

怚, 通作粗, 竝音麤, 心不精也.

丁丑年(B.C. 224)

秦나라 왕 政 23년, 楚나라 왕 負芻 4년, 燕나라 왕 喜 31년, 齊나라 왕 建 41년, 代나라 왕 嘉 4년이다.

秦二十三과 楚四와 燕三十一과 齊四十一과 代四年이라

【綱】 秦나라 王翦이 楚나라 군대를 크게 격파하고 楚나라 장수 項燕을 죽였다.

秦王翦이 大敗楚軍하고 殺其將項燕하다

【目】 王翦이 陳을 탈취하여 남쪽으로 진군하여 平輿에 이르자, 楚나라 사람들이 나라 안의 군사를 모두 조발하여 방어하였다. 왕전은 보루를 견고히 하고 싸우지 않은 채 날마다 사졸들을 쉬며 목욕하게 하고 음식을 잘 먹여 위로하면서 친히 사졸들과 밥을 같이 먹었다. 시일이 좀 흐른 뒤에 왕전이 군사들이 놀고 있는지 물었다. "지금 投石과 跳躍을 훈련합니다."라고 대답하니, 왕전이 "출동할 만하다."라고 하였다. 〈楚나라 군대가 자주 싸움을 걸었는데 秦나라 군대가 불응하여〉 楚나라는 이미 싸울 수가 없자 군대를 이끌고 동쪽으로 갔다. 왕전이 추격하여 크게 격파하고 蘄(기) 남쪽에 이르러 楚나라

장수 項燕을 죽였다. 楚나라 군대가 마침내 패주하자 왕전이 승세를 타고 楚나라 성읍들을 평정하였다.

王翦이 取陳以南하야 至平輿^①어늘 楚人이 悉國中兵하야 以禦之러니 翦이 堅壁不戰하고 日休士洗沐而善飮食_(사)撫循之하야 親與士卒同食^②이러니 久之요 問軍中이 戲乎아 對曰 方投石超距^③라하야늘 翦이 曰 可矣로다 楚旣不得戰하야 引而東이어늘 翦이 追擊大破之하고 至蘄南하야 殺其將軍項燕^④한대 楚師遂敗走어늘 翦이 乘勝略定城邑^⑤하다

① 輿는 음이 余와 豫 두 가지이다. 平輿는 楚나라 읍이다. 《漢書》〈地理志〉에 "汝南郡에 平輿縣이 있다."고 하였다.
　　輿, 余・豫二音. 平輿, 楚邑. 班志 "汝南郡有平輿縣."
② 飮(마시게 하다)은 음이 蔭이다. 食(먹이다)는 음이 嗣이다.
　　飮, 音蔭. 食, 音嗣.
③ "投石"은 돌을 사람에게 던지는 것이니, 齊나라의 高固가 돌을 들어 사람에게 던진 것⁷⁸⁾이 이것이다. 超距는 도약하는 것이다. 晉나라의 魏犨(위주)가 도약을 힘껏 세 번 한 것⁷⁹⁾이 이것이다. 超는 一本에는 拔로 되어 있다. "拔距"는 사람이 나란히 앉아 서로 잡고 땅에 의지한 채 발로 버티고 상대를 뽑아 일으키는 것이니, 손으로 끄는 힘이 있음을 말한다.
　　投石, 以石投人也. 齊高固桀石以投人, 是也. 超距, 距躍也. 晉魏犨距躍三百, 是也. 超, 一作拔. 拔距者, 有人連坐相把據地, 距以爲堅而能拔取之, 言其有手掣之力.
④ 蘄는 음이 祈이다. 《漢書》〈地理志〉에 "沛郡에 蘄縣이 있다."고 하였다. 燕은 烏賢의 切이다.
　　蘄, 音祈. 班志 "沛郡有蘄縣." 燕, 烏賢切.
⑤ 略은 땅을 다스림을 말한다.
　　略, 謂經略土地.

戊寅年(B.C. 223)

秦나라 왕 政 24년, 楚나라 왕 負芻 5년, 燕나라 왕 喜 32년, 齊나라 왕 建 42년, 代나라 왕 嘉 5년이다. 이해에 楚나라가 망하니, 모두 네 나라이다.

---

78) 齊나라의……것 : 高固는 춘추시대 齊나라의 大夫이다. 《春秋左氏傳》 成公 2년조에 "齊나라 高固가 晉나라 군대에 돌진하여 돌을 들어 적에게 던졌다.〔齊高固入晉師 桀石以投人〕"라는 말이 나온다.
79) 晉나라의……것 : 魏犨는 춘추시대 晉나라의 대부이다. 진후가 위주를 죽이려고 하자, 위주가 자신의 건장함을 과시하여 높이뛰기를 힘껏 세 차례, 멀리뛰기를 힘껏 세 차례 하였다는 기록이 《春秋左氏傳》 僖公 28년조에 나온다. "힘껏 세 번 하다.〔三百〕"에서 百은 힘쓴다는 의미이다.〔百猶勵也〕

秦二十四와 楚五와 燕三十二와 齊四十二와 代五年이라 ◗是歲楚亡하니 凡四國이라

【綱】秦나라가 楚나라를 멸망시켜 楚나라 왕 負芻를 포로로 잡고 楚郡을 설치하였다.

　秦이 滅楚하야 虜王負芻하고 置楚郡①하다

　① 상고하건대, 秦나라 36개 군 가운데 楚郡은 없다. 이는 대개 楚나라를 멸망시켰을 때에 잠시 설치하였는데, 나중에 九江, 鄣, 會稽 3개 군으로 나누었다.
　　按秦三十六郡無楚郡, 此蓋滅楚之時暫置耳. 後分爲九江·鄣·會稽三郡.

　　　己卯年(B.C. 222)

秦나라 왕 政 25년, 燕나라 왕 喜 33년, 齊나라 왕 建 43년, 代나라 왕 嘉 6년이다. 이해에 燕나라와 代나라가 망하니, 모두 두 나라이다.

　秦二十五와 燕三十三과 齊四十三과 代六年이라 ◗是歲燕代가 亡하니 凡二國이라

【綱】秦나라 王賁이 燕나라를 멸망시키고 燕나라 왕 喜를 포로로 잡았으며, 다시 代나라를 멸망시키고 代나라 왕 嘉를 포로로 잡았다.

　秦王賁이 滅燕하야 虜王喜하고 還滅代하야 虜王嘉하다

【綱】秦나라 王翦이 마침내 江南을 평정하여 百越에게 항복을 받고 會稽郡을 두었다.

　◗秦王翦이 遂定江南降百越하고 置會稽郡①하다

　① 稽는 음이 鷄이다.
　　稽, 音鷄.

【綱】5월에 천하에 큰 연회를 열었다.

　◗五月에 天下大酺하다

楚나라 멸망시기도

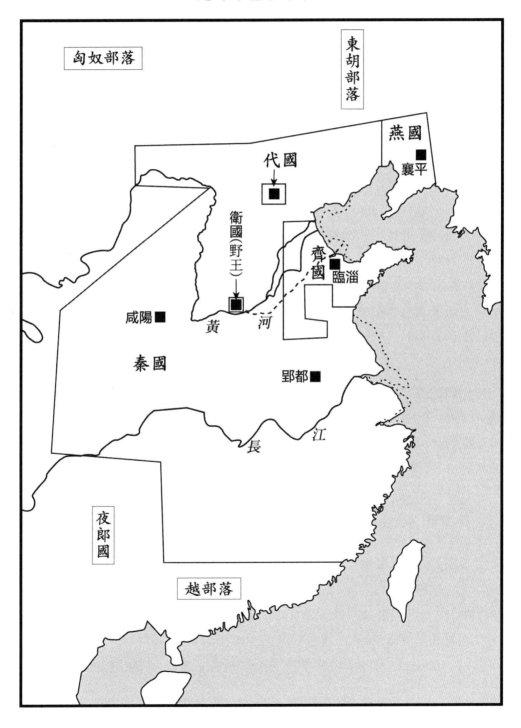

庚辰年(B.C. 221)

【綱】秦나라 始皇帝 26년이다. 王賁이 齊나라를 습격하였는데, 齊나라 왕 田建이 항복하자 마침내 齊나라를 멸망시켰다.

　秦始皇帝二十六年이라 王賁이 襲齊한대 王建이 降이어늘 遂滅齊하다

【目】처음에 齊나라의 君王后[80]가 秦나라 섬기기를 공경히 하고 제후들과 우호하기를 신뢰로써 하였으며, 齊나라는 또한 동쪽 바닷가에 위치하고 있었다. 秦나라가 밤낮으로 다섯 나라를 공격하자 다섯 나라는 각자 자신들을 구원하였다. 이런 까닭으로 齊나라 왕 田建이 즉위한 지 40여 년 동안 病禍를 입지 않았다. 군왕후가 죽으려고 할 때에 建에게 경계하여 말하기를 “신하들 가운데 쓸 만한 사람은 아무개이다.” 하니, 왕이 붓과 木簡을 가져다 놓고 말을 들었는데, 군왕후가 이미 “이름을 잊었다.”고 말하였다.

　군왕후가 죽자 后勝이 齊나라의 재상이 되어 빈객들과 함께 秦나라 첩자의 금을 많이 받고 왕에게 秦나라에 조회하도록 권하고, 전쟁의 방비를 하지 않았으며, 다섯 나라가 秦나라를 공격하는 것을 돕지 않았다. 秦나라가 이러한 까닭에 다섯 나라를 멸망시킬 수 있었다.

　初에 齊君王后事秦謹하고 與諸侯信하고 齊亦東邊海上이라 秦이 日夜攻五國이어든 五國이 各自救하니 以故로 王建이 立四十餘年에 不受兵이러라 君王后且死에 戒建曰 群臣之可用者某니라 王이 取筆牘受言[①]한대 后曰 已忘之矣로라 君王后死어늘 后勝이 相齊[②]하야 與賓客多受秦間金하고 勸王朝秦하야 不修戰備하며 不助五國攻秦하니 秦以故로 得滅五國하니라

　① 牘은 음이 讀이니, 木簡이다.
　　牘, 音讀, 木簡也.
　② 后勝은 성명이고, 勝은 음이 升이다.
　　后勝, 姓名, 勝, 音升.

【目】齊나라 왕이 장차 秦나라로 조회하러 들어가려고 하였는데, 雍門 司馬가 왕에게 나아가 아뢰기를 “왕을 세우는 것은 사직을 위해서입니까?” 하니, 왕이 “사직을 위해서이다.”라고 답하였다. 사마가 아뢰기를 “사직을 위해서 왕을 세웠는데, 왕께서는 어찌 사

---

80) 君王后 : 太史敫의 딸로, 齊나라 襄王의 왕비이며, 齊나라 왕 田建의 생모이다.

직을 버리고 秦나라로 들어가십니까?" 하니, 왕이 이에 돌아왔다.

卽墨大夫가 그 소식을 듣고 왕을 만나 아뢰기를 "齊나라는 영토가 사방 수천 리이고 군사가 수백만입니다. 지금 三晉의 大夫로서 秦나라를 마땅하게 여기지 않아 阿와 鄄 사이에 와서 있는 자가 백여 명이니, 왕께서 그들을 거두어 보살피고 그들에게 수만의 군사를 주어 그들로 하여금 三晉의 옛 땅을 수복하게 하신다면 바로 臨晉關으로 들어갈 수 있게 될 것입니다. 鄢郢의 大夫로서 秦나라의 신하가 되고 싶지 않아 南城의 아래에 와서 있는 자가 백여 명이니, 왕께서 그들을 거두어 보살피고 그들에게 수만의 군사를 주어 그들로 하여금 楚나라의 옛 땅을 수복하게 하신다면 바로 武關으로 들어갈 수 있게 될 것입니다. 이렇게 하면 齊나라의 위엄을 세울 수 있을 것이고 秦나라를 망하게 할 수 있을 것이니, 어찌 국가를 보전할 수 있을 뿐이겠습니까." 하였는데, 왕이 말을 듣지 않았다.

齊王이 將入秦이러니 雍門司馬前하야 曰^① 所爲立王者는 爲社稷邪^②아 王曰 爲社稷이니라 司馬曰 爲社稷而立王인대 則王이 何以去社稷而入秦고 王이 乃還이어늘 卽墨大夫聞之하고 見王曰 齊地方數千里요 帶甲이 數百萬이요 今三晉大夫不便秦而在阿鄄之間者百數이니 王이 收而與之數萬之衆하야 使收晉故地하면 卽臨晉之關을 可入矣^③며 鄢郢大夫不欲爲秦而在城南下者百數^④이니 王이 收而與之數萬之衆하야 使收楚故地하면 卽武關을 可入矣^⑤리니 如此則齊威可立이며 秦國을 可亡이니 豈特保其國家而已哉리오 王이 不聽하다

① 雍(가려 막다)은 於用의 切이다. 雍門은 齊나라 城門이다. 司馬는 軍事를 주관한다. 司馬門은 궁궐 담장 안의 衛兵이 있는 곳이니, 궁궐의 사면에 모두 司馬가 있다.
　雍, 於用切. 雍門, 齊城門也. 司馬主武事. 〔司馬門者〕⁸¹⁾ 宮垣內, 兵衛所在, 四面皆有司馬.
② 爲(위하다)는 去聲이다. 아래도 같다.
　爲, 去聲, 下同.
③ 三晉의 병사를 수합하여 河東으로부터 秦나라를 공격하면 臨晉關으로 들어간다. ≪史記正義≫에 "臨晉關은 바로 蒲津關이다."라고 하였는데, 馮翊 臨晉縣에 있으며, 이로 인해 명칭을 삼았다.
　收(二)〔三〕⁸²⁾晉兵, 自(可)〔河〕⁸³⁾東攻秦, 則入臨晉關. 正義"臨晉關, 卽蒲津關."在馮翊臨晉縣, 因名焉.
④ 城南下는 바로 南城의 아래이다. 南城은 齊나라 威王이 檀子로 하여금 지키게 하였던 곳

---

81) 〔司馬門者〕 : 저본에는 없으나, ≪史記集解≫에 의거하여 보충하였다.
82) (二)〔三〕 : 저본에는 '二'로 되어 있으나, ≪資治通鑑≫의 註에 의거하여 '三'으로 바로잡았다.
83) (可)〔河〕 : 저본에는 '可'로 되어 있으나, ≪資治通鑑≫의 註에 의거하여 '河'로 바로잡았다.

이다[84].

城南下, 卽南城之下也. 南城, 齊威王使檀子所守者.

　⑤ 楚나라가 秦나라를 공격할 때에 南陽으로부터 武關으로 들어간다.

　　楚攻秦, 自南陽入武關.

【目】이때에 이르러 王賁이 燕나라 남쪽으로부터 齊나라를 공격하여 졸지에 臨淄에 진입하니, 감히 秦나라 군대에 맞서는 백성들이 없었다. 田建이 마침내 秦나라에 항복하자, 秦나라가 그를 共으로 옮겨 소나무와 잣나무 숲 사이에 살게 하였는데, 굶어 죽었다.

　齊나라 사람들이 전건이 간신과 빈객의 말만 듣고 제후들과 진작 합종하지 않아서 나라를 망하게 한 것을 원망하여 노래 부르기를 "소나무여, 잣나무여! 전건을 共에 살게 한 것은 빈객이었다네." 하였으니, 전건이 빈객을 자세히 살피지 않고 등용했던 것을 미워한 것이다.

　至是하야 王賁이 自燕南攻齊하야 猝入臨淄하니 民莫敢格者[①]라 建이 遂降이어늘 秦이 遷之共하야 處之松栢之間하니 餓而死[②]하다 齊人이 怨建이 聽姦人賓客하야 不蚤與諸侯合從하야 以亡其國하야 歌之曰 松邪栢邪아 住建共者客邪아하니 疾建用客之不詳也[③]러라

　① 格은 막다는 뜻이고, 싸운다는 뜻이다.
　　格, 止也, 鬪也.
　② 共은 음이 恭이다. 《漢書》〈地理志〉에 "河內郡에 共縣이 있다."고 하였다.
　　共, 音恭. 班志 "河內郡有共縣."
　③ 빈객은 陳馳를 말한다. 일설에는 "齊나라 사람들이 왕 田建이 간신과 빈객의 말을 믿고 따라서 제후와 합종하지 않아 나라를 망하게 한 것을 미워한 것이지, 진치만을 가리킨 것은 아니다."라고 하였다.
　　客, 謂陳馳也. 一說 "齊人疾王建聽信姦人賓客, 不與諸侯合從, 以亡其國, 不專指陳馳也."

【目】司馬溫公이 다음과 같이 평하였다.

　"합종과 연횡의 설이 비록 변화가 매우 많았지만, 합종하는 것이 여섯 나라에게 이익이었다. 만약 여섯 나라가 신의로써 서로 결집하였더라면, 秦나라가 비록 강포하였지만

---

84) 城南下는……곳이다 : 齊나라 威王과 魏나라 惠王이 만났을 때에 위왕이 자신의 나라에서 보배로 여기는 것은 구슬 같은 패물이 아니라 4명의 신하라고 하면서, 그중의 한 명인 檀子에게 南城을 지키게 하니 楚나라 사람들이 동쪽을 침범하지 못하였다고 자랑하였다. 《史記 권46 田敬仲完世家》·《資治通鑑綱目 제1권 상 周 顯王 14년조》

어떻게 여섯 나라를 망하게 할 수 있었겠는가. 대개 三晉으로 齊나라와 楚나라를 공격하게 한 것은 자신의 뿌리를 스스로 잘라버리는 짓이었고, 齊나라와 楚나라로 三晉을 공격하게 한 것은 자신의 울타리를 스스로 철거하는 짓이었다. 어떻게 자신의 울타리를 철거하여 도적에게 아양을 떨면서 '도적이 나를 사랑해서 공격하지 않을 거야.'라고 할 수 있단 말인가. 어찌 사리에 어긋나지 않겠는가."

司馬公이 曰 從衡之說이 雖反覆百端이나 然合從者는 六國之利也니 麤使六國能以信義相結이면 則秦雖彊暴나 烏得而亡之哉리오 蓋以三晉而攻齊楚는 是自絶其根柢也[1]요 以齊楚而攻三晉은 是自撤其藩蔽也[2]라 烏有撤其藩蔽以媚盜曰 盜將愛我而不攻이리오 豈不悖哉아

① 柢는 음이 帝이니, 또한 뿌리이다.
　　柢, 音帝, 亦根也.
② 撤은 음이 轍이니, 제거한다는 뜻이다.
　　撤, 音轍, 去也.

【綱】 왕이 처음으로 천하를 겸병하여 호칭을 고쳐 황제라고 하였다.

王이 初幷天下하야 更號皇帝하다

【目】 왕이 처음으로 천하를 겸병하여 德은 三皇을 겸하고 功은 五帝를 능가한다고 스스로 생각하여 이에 호칭을 고쳐 皇帝라고 하고, 命을 制라고 하고, 令을 詔라고 하고, 스스로 칭하기를 朕이라고 하고, 莊襄王을 추존하여 太上皇으로 삼았다.

王이 初幷天下[1]하야 自以爲德兼三皇하고 功過五帝라하야 乃更號曰皇帝[2]라하고 命爲制하고 令爲詔하고 自稱曰朕[3]이라하고 追尊莊襄王하야 爲太上皇[4]하다

秦 始皇帝

① 幷(겸병하다)은 去聲이다.
　　幷, 去聲.
② 三皇은 天皇, 地皇, 人皇을 말한다. 五帝는 伏羲, 神農, 黃帝, 堯, 舜을 말한다. 更(고치다)은 平聲이다. 帝라는 것은 하늘의 다른 이름이므로 帝라고 이름을 붙인 것이다. 帝라는 것은 자세하다는 뜻이다. 하늘은 전혀 사심이 없어 객체와 주체를 잊으니 공평하게 멀리 통하고 일을 행함에 밝고 자세하므로 帝라고 이름을 말한다. 帝라는 호칭은 하늘과 같아서

명칭이 더할 나위가 없는데, 皇이라고 호칭한 것은 皇이 크고 아름다운 이름이어서 帝보다 큼을 말한 것이다.

三皇, 謂天皇·地皇·人皇. 五帝, 謂伏羲·神農·黃帝·堯·舜. 更, 平聲. 帝者, 天之一名, 所以名帝. 帝者, 諦也. 言天蕩然無心, 忘於物我, 公平通遠, 擧事審諦, 故謂之帝也. 帝號同天, 名所莫加, 而稱皇者, 以皇是美大之名, 言大於帝也.

③ 천자의 말은 첫째 制書라 하고 둘째 詔書라고 한다. 制書는 제도에 대한 명령을 말한다. 詔는 알린다는 뜻이다. 朕은 나이니, 옛날에 상하가 모두 호칭하는 말이었는데, 秦나라 이후로 천자만이 홀로 호칭하였다.

天子之言, 一曰制書, 二曰詔書. 制書, 謂其制度之命也. 詔, 告也. 朕, 我也. 古者, 上下共稱之, 至秦然後, 唯天子獨稱之.

④ 太上은 위가 없다는 뜻이니, 가장 높은 호칭이다. 始皇이 스스로 始皇帝라고 호칭하였으므로 자신의 부친을 추존하여 太上皇으로 삼은 것이다. 帝라고 말하지 않았으니, 천자가 아니다.

太上, 無上也, 極尊之稱. 始皇自號曰始皇帝, 故追尊其父爲太上皇. 不言帝, 非天子也.

【目】 胡氏가 다음과 같이 평하였다.

"옛 성인은 시세에 맞게 호칭하였으니, 帝가 皇보다 못한 것이 아니고 王이 帝보다 못한 것이 아니었다. 후세에 이러한 뜻을 알지 못하여 마침내 皇帝로 자처하고 王으로 신하를 봉하였으니, 매우 잘못한 일이다. 王이라는 명칭은 하늘의 뜻을 계승하여 세상을 다스리는 것을 말한다. 본래 이러한데, 신하로 하여금 왕을 칭하게 할 수 있겠는가. 孔子께서 ≪春秋≫를 지으시며 周나라를 높여 호칭을 제정하여 王을 天에다 붙여서 〈天王이라〉 쓰셨으니, 그 예법이 성대한 것이었다. 천하를 소유한 자가 이것으로 법을 삼아 작위를 나눔에 公으로부터 〈侯·伯·子·男으로〉 내려가게 하면 명칭이 바르고 말이 이치에 맞게 되어 백세 이후에 성인을 기다리더라도 의혹하지 않을 것이다."

胡氏曰 古之聖人이 應時稱號하시니 非帝貶於皇이며 王貶於帝也어늘 後世不知此義하야 遂以皇帝自居而以王封其臣子하니 失之甚矣니라 王之爲名은 繼天撫世之謂니 曾是而可使臣子稱之乎아 孔子作春秋에 尊周立號하야 繫王於天하시니 其禮隆矣라 有天下者以是爲法하야 而列爵을 自公以降이면 則名正言順하야 百世以俟而不惑矣리라

【綱】 諡法을 없앴다.

除諡法하다

【目】制書를 내리기를 "죽고 나서 행적으로 시호를 정하면 이것은 자식이 아비를 의논(논평)하는 것이고 신하가 군주를 의논하는 것이니 어이없는 일이다. 지금 이후로 諡法을 없애 朕을 始皇帝로 하고, 후세는 차례로 세어 二世, 三世에서 萬世에 이르도록 전하여 다함이 없게 하라." 하였다.

制曰 死而以行爲諡면 則是는 子議父며 臣議君也라 甚無謂①하니 自今以來로 除諡法하야 朕爲始皇帝하고 後世以計數하야 二世三世至于萬世하야 傳之無窮②하라

> ① 行(행적)은 去聲이다. 諡(시호)는 음이 示이다. 周公이 諡法을 지어 행적의 선악에 따라 諡號를 정하였다. "無謂"는 사리에 어긋나 교훈으로 삼을 수 없다는 뜻이다.
> 行, 去聲. 諡, 音示. 周公作諡法, 緣行之美惡以立諡. 無謂者, 失於事宜, 不可以訓.
> ② 數(차례)는 色主의 切이다.
> 數, 色主切.

【目】胡氏가 다음과 같이 평하였다.

"자식이 아비를 의논하고 신하가 군주를 의논하면서 예법대로 하지 않는다면 죄가 죽음을 당해도 용서될 수 없는 것이고, 덕행의 실제를 살펴서 하늘을 칭탁하여 시호를 지었으니 신하가 또한 어찌 마음대로 할 수 있겠는가. 그러나 후세에 諡法이 비록 남아있었으나, 公道가 펴지지 못하여 신하된 자들이 왕왕 군주에게 좋은 시호를 올려서 죽은 자로 하여금 얻어서는 안 되는 諡號를 받게 함으로써 세상의 질책과 비웃음을 사게되었으니, 또한 諡號를 짓지 않는 것이 나음만 못하다."

胡氏曰 子議父臣議君而非其禮면 罪不容誅矣어니와 考德行之實하야 而天以誅之니 臣子亦安得而私之哉①리오 然後世諡法이 雖存이나 而公道不暢하야 爲臣子者往往加美諡於君親하야 使死受所不當得하야 取世訕笑하니 則又不若不諡之爲愈矣니라

> ① ≪禮記≫〈曾子問〉에 "천한 자는 귀한 자의 諡號를 짓지 않고 어린 자는 어른의 시호를 짓지 않는 것이 예이다. 天子에 대해서는 하늘을 칭탁하여 시호를 지어준다."라고 하였는데, 그 註에 "誄는 모은다는 뜻이니, 살았을 때의 행적을 모아 나열하고 그것을 읽고서 시호를 짓는다. 시호는 마땅히 존귀한 자가 지은 것을 따라야 하는데, 천자의 경우에 하늘을 칭탁하는 것은 천자보다 높은 사람이 없기 때문이다."라고 하였다. 천자의 위에 있는 것은 오직 하늘뿐이다.
> 禮記 "賤不誄貴, 幼不誄長, 禮也. 惟天子稱天以誄之." 註 "誄, 累也. 累列生時行迹, 讀之以作諡. 諡當由尊者成, 天子稱天, 以其無尊焉." 在天子上者, 唯天耳.

【綱】 水德으로 정하고, 10월을 歲首로 삼았다.

　定爲水德하고 以十月爲歲首하다

【目】 처음에 齊나라 鄒衍이 五德이 끝나고 시작하는 運을 논하여 저술하였다. 始皇이 그의 설을 채용하여 "周나라가 火德으로 천하를 얻었는데, 秦나라가 周나라를 대신하였다."고 하여 火德이 이기지 못하는 것을 따라서 秦나라는 水德으로 정하고, 처음으로 해를 바꾸어 조회와 하례를 모두 10월 초하루부터 시작하고 衣服, 旌旄, 節旗를 모두 검은색을 숭상하고, 숫자는 6을 단위로 삼았다. 水德의 起源을 삼음에[85] 과감하고 각박한 정치를 행하여야 한다고 하여 일이 모두 법에 의해 결정되었으며, 가혹하고 사랑과 관용이 없는 정치를 행한 뒤에야 五德의 數에 부합한다고 하여 이에 법을 엄격히 적용하고 오랫동안 사면하지 않았다.

　初에 齊人鄒衍이 論著終始五德之運이러니 始皇이 采用其說하야 以爲周得火德이러니 秦代周라하야 從所不勝하야 爲水德[1]하고 始改年[2]하야 朝賀를 皆自十月朔[3]하고 衣服旌旄節旗를 皆尙黑하고 數以六爲紀[4]하고 以爲水德之始에 剛毅戾深이라하야 事皆決於法하고 刻削毋仁恩和義然後에 合於五德之數[5]라하야 於是에 急於法하고 久不赦하다

　　① 勝(이기다)은 申證의 切이다. 이른바 五德이 끝나고 시작하는 運이라는 것은 伏羲가 木德으로 왕이 되었고, 木은 火를 낳으므로 神農은 火德으로 왕이 되었고, 火는 土를 낳으므로 黃帝는 土德으로 왕이 되었고, 土는 金을 낳으므로 少昊는 金德으로 왕이 되었고, 金은 水를 낳으므로 顓頊은 水德으로 왕이 되었고, 水는 木을 낳으므로 帝嚳은 다시 木德으로 왕이 되었고, 木은 다시 火를 낳으므로 帝堯는 火德으로 왕이 되었고, 火는 다시 土를 낳으므로 帝舜은 土德으로 왕이 되었고, 土는 다시 金을 낳으므로 夏나라는 金德으로 왕이 되었고, 金은 다시 水를 낳으므로 商나라는 水德으로 왕이 되었고, 水는 다시 木을 낳으므로 周나라는 木德으로 왕이 되었다는 것이다. 이것이 五德이 끝나고 다시 시작하는 것이다.

　　鄒衍은 周나라가 火德을 얻었다고 생각하였는데, 이는 왕의 집에 불이 흘러든 것[86]을 周나라가 천명을 받은 증거로 삼았고, 또 복색에 붉은색을 숭상하였기 때문이다. 추연의 설을 가지고 시작과 끝을 삼는다면 秦나라는 마땅히 土로써 行을 삼아야 하는데, 지금 始皇은 水가 火를 이긴다 하여 스스로 水로써 行을 삼았으니, 이른바 "五行이 서로 이기는 것을 미루었다."라는 것이다. 漢나라 초에 土로써 行을 삼았으니, 이 또한 추연의 설을 근거

_____

85) 水德의……삼음에 : 《史記》〈秦始皇本紀〉에는 "黃河를 德水라고 호칭을 바꾸고, 이것으로 水德의 기원으로 삼았다."라고 하였다.

86) 왕의……것 : 周나라 武王이 孟津에서 군대를 지휘할 때에 무왕이 머무는 집 지붕으로 불길이 흘러왔다가 붉은 새가 되었다고 한다. 《尙書大傳 권2》

한 것이다.

勝, 申證切. 所謂終始五德之運者, 伏羲以木德王. 木生火, 故神農以火德王. 火生土, 故黃帝
以土德王. 土生金, 故少昊以金德王. 金生水, 故顓頊以水德王. 水生木, 故帝嚳又以木德王.
木又生火, 故帝堯以火德王. 火又生土, 故帝舜以土德王. 土又生金, 故夏以金德王. 金又生
水, 故商以水德王. 水又生木, 故周以木德王. 此五德之終而復始也. 鄒衍以爲周得火德, 蓋以
火流王屋爲周受命之符, 且服色尚赤故也. 就衍之說以爲終始, 秦當以土爲行. 今始皇以水勝
火, 自以水爲行, 所謂推五勝也. 漢初以土爲行, 蓋亦祖衍之說也.

② 여기서 句를 뗀다.

句.

③ 夏나라는 建寅月[87]인 음력 1월을 歲首로 삼고, 殷나라는 建丑月인 음력 12월을 세수로 삼
고, 周나라는 建子月인 음력 11월을 세수로 삼았는데, 지금 始皇은 建亥月인 음력 10월을
세수로 삼았으니, 이것이 해를 바꾸는 것이다.

夏以建寅之月爲歲首, 殷以建丑之月爲歲首, 周以建子之月爲歲首, 今始皇以建亥之月爲歲
首, 是改年也.

④ 旌은 새 깃털을 갈라서 만드니, 사졸을 고무시키는 물건이다. 旄는 깃발이니, 들소의 꼬리
를 깃대 끝에 매단 것이다. 節은 證憑과 같다. 길을 가는 자가 가지고 가는 증빙이다. 곰과
호랑이를 그린 것이 旗이니, 백성들과 그 아래에서 기약하는 것이다. 水는 北方에 속하므
로 검은색을 숭상한다. 水의 成數는 6이므로 6을 단위로 삼았으니, 예를 들면 6촌을 1부
로 하고 6척을 1보로 한 것 따위이다.

旌, 分析鳥羽爲之, 所以精進士卒也. 旄, 幢也, 以旄牛尾箸竿頭. 節, 猶信也, 行者所執之信
也. 熊虎爲旗, 與民期之於下也. 水屬北方, 故尚黑. 水成數六, 故以六爲紀. 如六寸爲符, 六
尺爲步之類.

⑤ 水는 陰을 주로 하고 陰은 형벌로 죽이는 것을 주로 하므로 법을 엄격히 적용하여 가혹하
게 다스린다.

水主陰, 陰主刑殺, 故急法刻削.

【綱】 천하를 나누어 36개 郡으로 만들고, 병기를 녹이고, 法度를 통일하고, 호
걸(재산이 많고 세력이 큰 사람)들을 咸陽으로 이주시켰다.

分天下爲三十六郡하고 銷兵器一法度하고 徙豪傑於咸陽하다

【目】 승상 王綰 등이 아뢰기를 "燕나라, 齊나라, 荊나라(楚나라)는 거리가 머니, 아들들

---

87) 建寅月 : 이를 月建 또는 斗建이라고 하는데 북두성의 자루가 회전하면서 달마다 가리키는 방위
(地支)를 이른다. 북두선의 자루가 寅方을 가리키는 달을 '建寅之月'이라 한 것이다.

을 왕으로 세워 진무하소서." 하니, 시황이 이 일을 논의에 부쳤다.

廷尉 李斯가 아뢰기를 "周나라가 봉한 子弟와 同姓들이 매우 많았으나, 후대의 친속이 소원해져서 서로 원수처럼 공격하였는데, 천자가 막을 수 없었습니다. 지금 사해 안이 폐하의 신령스러움에 힘입어 통일되어 모두 郡縣이 되었습니다. 아들과 공신에게 公家의 賦稅로 후하게 상을 하사하시면 매우 풍족해지고 제어하기 쉬울 것이며, 천하 사람들이 다른 마음을 품지 않게 되면, 이것이 편안할 수 있는 방책입니다. 제후를 두는 것은 불편합니다." 하였다.

始皇이 말하기를 "천하가 함께 전쟁이 끊이지 않는 고통을 겪었던 것은 侯王이 있었기 때문이다. 종묘의 보우에 힘입어 천하가 처음 평정되었는데, 다시 제후의 나라를 세우면 이것은 전란을 야기하는 것이니, 편안히 쉬기를 바라는 것이 어찌 어렵지 않겠느냐. 廷尉의 의론이 옳다." 하고는 천하를 나누어 36개 郡으로 만들고 郡마다 守, 尉, 監을 두었고, 천하의 병기를 거두어 녹여 종과 종을 매다는 틀, 金人을 만들어 궁정 가운데 두었고, 法度, 衡, 石, 丈, 尺[88]을 통일하였으며, 천하의 호걸 12만 호를 咸陽으로 이주시켰다.

丞相綰等이 言燕齊荊이 地遠하니 請立諸子爲王以塡之①하야지이다 始皇이 下其議한대 廷尉斯曰② 周封子弟同姓이 甚衆이나 然後屬이 疏遠하야 相攻擊如仇讐호대 天子弗能禁하니 今海內賴陛下神靈하야 一統하야 皆爲郡縣하니 諸子功臣을 以公稅賦로 重賞賜之면 甚足이요 易制니 天下無異意면 則安寧之術也니 置諸侯不便하니이다 始皇曰 天下共苦戰鬪不休는 以有侯王이니 賴宗廟하야 天下初定이어늘 又復立國이면 是는 樹兵也라 而求其寧息이 豈不難哉리오 廷尉議是③라하고 分天下하야 爲三十六郡하고 郡置守尉監④하다 收天下兵하야 銷以爲鐘鐻金人하야 置宮庭中⑤하고 一法度衡石丈尺⑥하고 徙天下豪傑於咸陽十二萬戶⑦하다

① 綰은 烏板의 切이다. 綰은 성이 王이다. 塡(진정하다)은 鎭과 통용하여 쓰인다.
綰, 烏板切. 綰, 姓王. 塡, 通作鎭.

② 廷尉는 관직명이다. 獄事를 다스릴 때에 반드시 조정에 물어 여러 사람들과 함께 다스린다. 軍事와 獄事는 제도를 함께하므로 廷尉라 부른다. 일설에 "廷은 공평하다는 뜻이니, 옥사를 다스림에 공평함을 귀하게 여기므로 명칭으로 삼은 것이다."라고 한다. 斯는 李斯이다.
廷尉, 官名. 聽獄, 必質諸朝廷, 與衆共之. 兵獄同制, 故稱廷尉. 一說 "廷, 平也, 治獄貴平, 故以爲號." 斯, 李斯也.

---

88) 法度……尺 : 法度는 법령제도이고, 衡은 저울, 石은 重量의 단위이며, 丈과 尺은 길이의 단위이다. 따라서 법령과 度量衡의 제도를 뜻한다.

③ 樹는 세운다는 뜻이다.

　　樹, 立也.

④ 삼천군, 하동군, 남양군, 남군, 구강군, 장군, 회계군, 영천군, 탕군, 사수군, 설군, 동군, 낭야군, 제군, 상곡군, 어양군, 우북평군, 요서군, 요동군, 대군, 거록군, 한단군, 상당군, 태원군, 운중군, 구원군, 안문군, 상군, 농서군, 북지군, 한중군, 파군, 촉군, 검중군, 장사군이니 모두 35개 군이고, 내사[89]와 더불어 36개 郡이다. 守, 尉, 監은 모두 관직명이다. 郡守는 해당 군을 다스리는 일을 맡는다. 郡尉는 군수를 도와 武官과 兵士를 담당하는 일을 맡는다. 監御史는 군을 감시하는 일을 맡는다. 尉監의 監(관직명)은 去聲이고, 監郡의 監(감시하다)은 平聲이다.

　　三川·河東·南陽·南郡·九江·鄣郡·會稽·潁川·碭郡·泗水·薛郡·東郡·琅邪·齊郡·上谷·漁陽·右北平·遼西·遼東·代郡·鉅鹿·邯鄲·上黨·太原·雲中·九原·雁門·上郡·隴西·北地·漢中·巴郡·蜀郡·黔中·長沙, 凡三十五郡, 與內史爲三十六郡, 守·尉·監, 皆官名. 郡守掌治其郡, 郡尉掌佐守典武職甲卒, 監御史掌監郡. 尉監之監, 去聲. 監郡之監, 平聲.

⑤ 鐻는 음이 巨이니, 虡와 통용하여 쓰인다. 종을 거는 것이니, 가로로 된 틀을 筍이라 하고 세로로 된 틀을 虡라고 한다. 이해에 巨人 12명이 臨洮에 나타났는데, 신장이 5丈이고 발이 6尺이었으며, 모두 오랑캐의 복장을 입고 있었다. 始皇이 길조로 여겨 이에 병기를 녹여 金人을 주조하여 그 모양을 본떴다. 각각의 무게가 천 석이고, 앉은 높이가 2丈이었는데, 翁仲이라고 불렀다.

　　鐻, 音巨, 通作虡. 所以懸鐘, 橫曰筍, 植曰虡. 是年有大人十二見於臨洮, 身長五丈, 足履六尺, 皆夷狄服. 始皇以爲瑞, 乃銷兵器, 鑄爲金人象之. 各重千石, 坐高二丈, 號曰翁仲.

⑥ 120斤이 1石이고, 10尺이 1丈이며, 10寸이 1尺이다.

　　百二十斤爲石, 十尺爲丈, 十寸爲尺.

⑦ 豪桀은 세력과 돈이 있고 사나우면서 교활한 사람을 말한다.

　　豪桀, 謂豪富桀黠之士.

【目】胡氏가 다음과 같이 평하였다.

"聖人이 천하를 다스림에 만물이 각기 제자리를 찾는 것을 최고의 이상으로 삼는다. 封建이라는 것은 帝王이 天理를 따르고 天心을 받들어서 천하를 공평하게 하는 큰 단서요 큰 근본이고, 郡縣이라는 것은 세상을 제패한 포악한 군주가 人慾을 부리고 天理를 어겨서 일신만을 이롭게 하는 큰 재앙이고 큰 도적이다. 천하를 나누어 德이 있고 功이 있는 자에게 땅을 주어야지, 감히 천하를 개인의 소유로 만들 수 없는 것이다. 그러므

_____

89) 내사 : 秦나라의 內史는 京師를 다스리는 관직이며, 내사가 京畿 부근도 다스렸기 때문에 이를 따라 경기 지방도 '내사'라 하였다.

로 100리, 70리, 50리, 50리가 못 되는 邦國의 제도가 있으며, 그러므로 임금은 조회하고 卿은 大聘하고 大夫가 小聘하고 王은 巡守[90)]하고 諸侯는 述職[91)]하는 예악과 법도가 있으며, 그러므로 1,000雉, 100雉, 도성 1/3, 1/5 높이의 높은 성곽과 깊은 해자가 있으며, 그러므로 井, 邑, 丘, 甸, 縣, 都의 夫數(세대수)가 있으며, 그러므로 十乘, 百乘, 千乘, 萬乘의 車數가 있으며, 그러므로 伍, 兩, 卒, 旅, 師, 軍의 제도가 있으며, 그러므로 鄕大夫, 司徒, 樂正이 선비를 취하는 법이 있는 것이다.

邦國의 제도가 폐지되자 郡縣의 제도가 만들어졌고, 군현의 제도가 만들어지자 世襲의 제도가 없어졌으며, 세습의 제도가 없어지자 守令을 자주 바꾸는 폐단이 발생했고, 수령을 자주 바꾸는 폐단이 발생하자 백성들에게 안정된 마음이 없어졌다. 巡守와 述職의 예가 없어지니, 윗사람과 아래 사람의 마음이 통하지 않게 되어 문서만 살필 뿐 사실을 구명하지 않게 되었으며, 문서만 믿을 뿐 어진 사람도 신뢰하지 않게 되었으니, 그 폐단을 이루 다 말할 수 없게 되었다. 성곽과 해자의 제도가 없어지자 사나운 도적을 막고 사방의 오랑캐를 굴복시킬 방법이 없어졌고, 夫家의 법이 없어지자 백성의 수를 자세히 알 수 없어졌고, 백성의 수를 자세히 알 수 없게 되자 兵車를 낼 수 없게 되었고, 병거를 낼 수 없게 되자 군사가 농사에 숨어 있을 수 없게 되었고[92)], 군사가 농사에 숨어 있을 수 없게 되자 일하지 않고 먹는 자가 많아져 국가적으로나 개인적으로 곤궁해졌다.

세상의 선비들은 王道政治의 근본을 몰라서 도리어 망한 秦나라를 본받을 만한 것으로 여기고, 이른바 명철한 군주와 어진 신하도 천하를 개인의 소유로 만드는 것을 면치 못하여, 裁成輔相[93)]하여 만물로 하여금 각기 제자리를 찾게 하는 것에는 뜻을 두지 않으니, 1,500여 년 동안에 이것을 회복한 자가 있지 않았다. 聖人이 사해의 명을 제어하여 하늘을 본받고 사사롭게 하지 못하게 하며, 제도를 다하고 제방을 굽게 쌓지 않게 하여[94)] 천하의 땅을 만 개의 제후국으로 나누어 英才를 등용하여 함께 다스렸다. 이는

---

90) 巡守 : 천자가 제후들을 직접 방문하여 직무를 돌아보는 것이다.

91) 述職 : 제후가 천자에게 자신의 직무를 보고하는 것이다.

92) 군사가……되었고 : 유사시에 종군하고 무사할 때 농사짓지 못함을 뜻한다.

93) 裁成輔相 : ≪周易≫ 泰卦 〈象傳〉에 나오는 말로, 지나친 것을 억제하고 모자란 것을 보충해서 천지간에 조화가 이루어지도록 돕는 聖人의 일을 말한다.

94) 제방을……하여 : ≪孟子≫ 〈告子 下〉에 "제방을 굽게 쌓지 말라.[無曲防]"는 말이 나온다. 이에 대해 朱熹의 주석에 "제방을 굽게 쌓지 말라는 것은 굽게 제방을 만들어서, 샘을 막고 흐르는 물을 막아 작은 이익을 독점함으로써 이웃 나라에 피해를 끼치지 못하게 하는 것이다." 하였다.

후세에 천하를 독점한 자가 큼으로써 작음을 제어하고 강함으로써 약함을 제어하는 계책이 아니라, 진실로 제도를 다하였던 것이다. 그러므로 虞나라, 夏나라, 商나라, 周나라가 장구하게 왕위를 전하여 모두 천여 년을 누렸으니, 盛衰를 논한다면 모두 논할 만한 점이 있으나, 끊어져 없어진 것으로 말한다면 포악한 秦나라가 천하를 郡縣으로 만든 뒤에 극에 달하였던 것이다.

秦나라가 先王의 제도를 없앤 이후로 사해 안에 근본의 견고함이 깡그리 없어졌으니, 당대에는 천하에서 왕 노릇을 하다가 다음 세대에는 송곳을 꽂을 땅조차 없는 자가 있었으며, 당년에는 天子가 되었다가 다음 해에는 匹夫가 되고자 해도 될 수 없었던 자가 있었다. 천자도 오히려 그러한데, 그 아래에 있는 자들은 어떠하겠는가. 사물은 근본이 있으면 꾸준하고 조용하며 편안하고 오래가니, 꾸준하고 조용하며 편안하고 오래가면 이치는 규명되고 사물은 본성에 순응하게 된다. 封建이라는 것은 근본이 있는 정치이다. 그러므로 상하가 분별되고 백성의 마음이 안정되며, 교화가 행해지고 풍속이 아름다워진다. 다스리면 쉽게 다스려지고 혼란시켜도 망하기 어려우며, 도와주면 쉽게 일어나고 없애려 해도 없애기 어렵다. 郡縣은 이것과 반대이다.”

胡氏曰[1] 聖人理天下에 以萬物各得其所로 爲極至하시니 封建也者는 帝王所以順天理承天心公天下之大端大本也요 郡縣也者는 霸世暴主之所以縱人慾悖天道私一身之大孽大賊也라 分天下有德有功者以地요 而不敢以天下自私라 於是에 有百里七十里五十里不能五十里邦國之制焉[2]하며 於是에 有君朝卿大聘大夫小聘王巡守侯述職之禮樂法度焉[3]하며 於是에 有千雉百雉三之一五之一高城深池焉[4]하며 於是에 有井邑丘甸縣都之夫數焉[5]하며 於是에 有十乘百乘千乘萬乘之車數焉[6]하며 於是에 有伍兩卒旅師軍之制焉[7]하며 於是에 有鄕大夫司徒樂正取士之法焉[8]하니라 邦國之制廢而郡縣之制作矣요 郡縣之制作而世襲之制亡矣요 世襲之制亡而數易之弊生矣요 數易之弊生而民無定志矣니라 巡守述職之禮廢則上下之情이 不通하야 考文案而不究事實하며 信文案而不信仁賢이라 其弊有不可勝言者矣요 城池之制廢而禁禦暴客威服四夷之法이 亡矣요 夫家之法이 廢而民數를 不可詳矣요 民數를 不可詳而車乘을 不可出矣요 車乘을 不可出而軍師不隱於農矣요 軍師不隱於農하야 坐食者衆而公私困窮矣니라 世儒不知王政之本하야 反以亡秦爲可法이라하고 所謂明君良臣者도 亦未免以天下自私하야 無意於裁成輔相하야 使萬物各得其所하니 所以歷千五百餘歲로대 未有能復之者也니라 聖人制四海之命하사 法天而不私하며 盡制而不曲防하야 分天下之地以爲萬國하야 而擧英才共焉하시니 非後世擅天下者以大制小하며 以彊制弱之謀也라 誠盡制而已矣니라 是以로 虞夏商周傳於長久를 皆千餘載하니 論興廢則均有焉이로대 語絶滅則至暴秦郡縣天下然後極也니라 自秦滅先王之制로 海內蕩然하야 無有根本之

固하니 有今世王天下而繼世無置錐之地者하며 有今年貴爲天子而明年欲爲匹夫不可得者하니 天子도 尙然이온 況其下者乎아 物有其根則常而靜하고 安而久니 常靜安久則理得其終하며 物遂其性하나니 封建者는 政之有根者也라 故上下辨하며 民志定하며 教化行하며 風俗美라 理之易治하고 亂之難亡하며 扶之易興하고 亡之難滅하나니 郡縣은 反是니라

① 胡氏는 이름이 宏으로, 胡寅의 동생이다[95].

胡氏, 名宏, 寅之弟也.

② 《禮記》〈王制〉에 "公과 侯는 祿田이 사방 100리이고, 伯은 70리이고, 子와 男은 50리이다. 50리가 못 되는 자는 천자에 직접 소속되지 않고 제후에 소속되는데, 附庸이라고 부른다."고 하였다.

記王制 "公侯田方百里, 伯七十里, 子男五十里. 不能五十里者, 不合於天子, 附於諸侯曰附庸."

③ 《春秋公羊傳》注에 "제후가 즉위하여 매년 大夫를 천자에게 보내 小聘을 하고, 3년마다 上卿을 보내 大聘을 하고, 4년마다 다시 大夫를 보내 小聘하고, 5년마다 1번 조회하는데, 제사를 돕는 일을 통해 述職한다."고 하였다. 《禮記》〈王制〉에 "천자는 5년에 한 번 巡守한다."고 하였다.

公羊傳注 "諸侯卽位, 比年使大夫小聘, 三年使上卿大聘, 四年又使大夫小聘, 五年一朝, 因助祭以述職." 記王制 "天子五年一巡守."

④ 《春秋左氏傳》에 "大都의 城은 國都의 3분의 1, 中都는 國都의 5분의 1, 小都는 國都의 9분의 1을 넘지 못한다."고 하였고, 그 주에 "사방 1丈을 堵라 하고, 3도를 雉라 하는데, 1치는 길이가 3장이고 높이가 1장이다. 천자의 성은 1,000치이고, 후와 백의 성은 300치이다. 大都는 國城의 3분의 1이니 100치를 넘을 수 없고, 中都는 國城의 5분의 1이니 60치를 넘을 수 없고, 小都는 9분의 1이니 33치를 넘을 수 없다."고 하였다.

左傳 "大都不過參國之一, 中五之一, 小九之一." 註 "方丈曰堵, 三堵曰雉. 一雉, 長三丈高一丈. 天子千雉, 侯·伯三百雉. 大都三分國城之一, 不過百雉, 中都五分之一, 不過六十雉, 小都九分之一, 不過三十三雉."

⑤ 《周禮》〈地官 小司徒〉에 "9夫가 1井이 되고, 4정이 1邑이 되고, 4읍이 1丘가 되고, 4구가 1甸이 되고, 4전이 1縣이 되고, 4현이 1都가 되는데, 농사를 맡겨 공물과 부역을 내게 하고 모든 세금과 관련된 일을 담당한다."고 하였다. 《群書考索》[96]에 "《周禮》에서 말한 夫家의 수라는 것은 1夫가 100畝의 토지를 받으니, 한 집에서 1夫를 낼 뿐이다. 같이

---

95) 胡氏는……동생이다 : 胡宏은 宋나라 사람으로 胡安國의 아들이다. 그의 학문은 아버지와 程明道에게 많은 영향을 받았으며 性無善惡說을 주장하였는데, 이는 주희에게 많은 비판을 받았다. 胡寅은 호안국의 조카로 그의 양자가 되었다. 그는 관직에 올라 宋나라가 金나라와 和議하는 데에 반대하였으며, 楊時의 문하에서 공부하였다.

96) 群書考索 : 일명 《山堂考索》이라 한다. 南宋 章如愚가 편찬한 類書로 원본은 100권이나 元明시기 증보되었다. 經史百家의 말을 널리 취하여 정치제도를 논하였다.

사는 경우에는 또한 단지 壯丁의 수를 계산하여 쓰니, 따로 사는 경우와 차이가 없다."고 하였다.

禮地官小司徒 "九夫爲井, 四井爲邑, 四邑爲丘, 四丘爲甸, 四甸爲縣, 四縣爲都, 以任地事而令貢賦, 凡稅斂之事." 群書考索曰 "周禮所謂夫家之數者, 一夫受田百畝, 家出一夫而已. 其合居者, 亦惟計其丁壯而用之, 與別居者無異."

⑥ ≪周禮≫〈地官 小司徒〉의 주에 "≪司馬法≫에 이르기를 '100畝가 1夫가 되고 3부가 1屋이 되고, 3옥이 1井이 되고, 10정이 1通이 된다. 10통이 1成이 되는데, 1성에는 革車 1乘이 난다. 10성이 1終이 되는데, 혁거 10승이 난다. 10종이 1同이 되는데, 혁거 100승이 난다.' 하였다."고 하였다. 제후로서 큰 나라는 하나의 봉지가 366리이니, 병거 1,000승이 난다. 천자의 기내는 사방 1,000리이니, 병거 10,000승이 난다.

禮地官小司徒註 "司馬法曰 '畝百爲夫, 夫三爲屋, 屋三爲井, 井十爲通, 通十爲成, 革車一乘. 十成爲終, 革車十乘. 十終爲同, 革車百乘.'" 諸侯大國, 一封三百六十六里, 兵車千乘. 天子畿內方千里, 兵車萬乘.

⑦ ≪周禮≫〈地官 小司徒〉에 "5人이 1伍가 되고, 5오가 1兩이 되고, 4냥이 1卒이 되고, 5졸이 1旅가 되고, 5려가 1師가 되고, 5사가 1軍이 된다. 이들로써 군대를 일으키고, 이들로써 사냥 때에 부역으로 삼는다."고 하였다.

禮地官小司徒 "五人爲伍, 五伍爲兩, 四兩爲卒, 五卒爲旅, 五旅爲師, 五師爲軍. 以起軍旅, 以作田役."

⑧ ≪周禮≫〈地官 小司徒〉에 "鄕大夫는 司徒에게 교법을 받고 물러나와 그 향리에게 반포한다. 3년이 되면 시험을 시행하여 덕행과 학문을 살펴 어진 자와 재능이 있는 자를 추천한다."고 하였다. ≪禮記≫〈王制〉에 "鄕官에게 우수한 선비를 논하여 司徒에게 올리게 하니 이를 選士라고 부른다. 사도는 선사 가운데 우수한 자를 시험하여 國學에 올리게 하니 이를 俊士라고 부른다. 樂正은 선왕의 詩, 書, 禮, 樂에 따라 선비를 성취시킨다."고 하였다.

禮 "鄕大夫受敎法于司徒, 退而頒之于其鄕吏. 三年則大比, 考其德行道藝, 而興賢者能者." 記王制 "命鄕論秀士, 升之司徒曰選士. 司徒論選士之秀者, 升之學曰俊士. 樂正順先王詩書禮樂以造士."

【綱】 咸陽의 북쪽 산비탈 위에 궁궐을 지었다.

築宮咸陽北阪上하다

【目】 처음에 여러 종묘와 章臺宮, 上林苑이 모두 渭南에 있었는데, 제후들을 격파했을 때에 그들의 궁실을 모방하여 咸陽의 북쪽 산비탈 위에 궁궐을 지었다. 남쪽으로 渭水를 내려다보고, 雍門으로부터 동쪽으로 殿閣, 複道, 周閣이 서로 이어졌다. 노획한 제후

의 미인, 종, 북으로 그곳을 채웠다.

初에 諸廟及章臺上林이 皆在渭南①이러니 及破諸侯하야 寫放其宮室하야 作之於咸陽北阪上하야 南臨渭②하니 自雍門以東으로 殿屋複道周閣이 相屬(촉)③이러라 所得諸侯美人鐘鼓를 以充入之하다

① 上林은 정원의 이름이다.

上林, 苑名.

② 寫는 베껴 그리는 것이다. 放은 倣으로 읽으니, 본받는다는 뜻이다. 咸陽 북쪽 산비탈은 漢나라 武帝가 渭城阪이라고 따로 이름을 붙인 곳이니, 바로 九嵕山(구종산) 여러 봉우리의 기슭이다.

寫, 摹畫也. 放, 讀曰倣, 效也. 咸陽北阪, 漢武帝別名渭城阪, 卽九嵕諸山麓也.

③ ≪三輔黃圖≫에 이르기를 "長安城에서 서쪽으로 나가 북쪽 머리의 첫 번째 문이 雍門인데, 본래의 이름은 西城門이다." 하였다. 그런데 長安은 본래 秦나라의 離宮이고, 秦나라의 咸陽은 漢나라 扶風의 渭城이다. 渭城과 長安은 거리가 비록 멀지 않지만, 秦나라 때에 장안에는 12문이 없었으니, 아마도 역사를 기술한 사람이 漢나라의 雍門을 착각하고 기록한 것인 듯하다.

複道는 閣道이다. 위와 아래에 길이 있어서 複이라고 하였다. ≪資治通鑑考異≫에 "≪漢書≫에 이르기를 '複道는 높다랗게 길을 만들어 백성들과 섞이지 않게 하고 천자는 홀로 그 위로 다닌다. 사사로이 갈 곳이 있으면 성문처럼 굴을 만들어 백성들이 그 안으로 왕래하게 한다.' 하였다."라고 하였다.

周閣은 사방을 둘러 나무를 설치하여 棧道를 만들어 다니는 것이니, 閣道라고 한다.

三輔黃圖曰 "長安城西出北頭第一門曰雍門, 本名西城門." 但長安本秦離宮, 秦之咸陽, 則漢扶風之渭城也. 渭城與長安相去雖不遠, 然秦時長安未有十二門也. 豈作史者, 因漢之雍門而書之歟. 複道, 閣道也. 上下有道, 故謂之複. 考異 "漢書曰 '複道則築起爲道, 不與民庶相雜, 天子自行其上. 有私路處, 則作穴竇如城門, 百姓在彼中往來也.'" 周閣, 周馳架木爲棚而行, 名曰閣道.

思政殿訓義 資治通鑑綱目 제2권 중

秦 始皇帝 27년~秦 二世皇帝 3년

辛巳年(B.C. 220)

【綱】秦나라 始皇帝 27년이다. 시황제가 隴西와 北地를 순행하여 雞頭山에 이르렀고 回中을 지나갔다.

二十七年이라 帝巡隴西北地하야 至雞頭山하야 過回中①하다

① 《後漢書》〈隗囂傳〉의 주에 이르기를, "雞頭山은 原州 高平縣 서쪽에 있다."라고 하였다. 應劭가 말하기를, "回中은 安定郡 高平縣에 있다."라고 하였다.
范史[1]隗囂傳註曰 "雞頭山在原州高平縣西." 應劭曰 "回中在安定郡高平縣."

【綱】信宮[2] 및 甘泉宮[3]의 前殿(正殿)을 짓고, 온 천하에 馳道[4]를 닦았다.

❶ 作信宮及甘泉前殿하고 治馳道於天下①하다

① 信宮을 渭南에 짓고, 얼마 뒤에는 궁의 모양이 하늘의 끝을 형상하였다고 하여 또다시 極廟라고 이름을 고쳤다. 이는 秦 始皇이 미리 자신의 묘를 만든 것이다. 甘泉宮 前殿은 雲陽에 있으며, 둘레가 10여 리이고, 長安까지의 거리가 300리인데, 여기에서 바라다보면 長安城이 보인다. 黃帝 시대 이래로 圜丘[5]로 삼아 하늘에 제사 지내던 곳이다. 馳道는 임금이 다니는 御路와 같다. 천자가 거마를 타고 달려가던 곳이므로 馳道라고 하는 것이다. 賈山[6]이 말하기를 "秦나라 때 온 천하에 馳道를 만들었는데, 동쪽으로는 燕과 齊 지방까지 닿았고, 남쪽으로 吳와 楚 지방에 닿았으며, 강가와 호숫가와 바닷가의 경치 좋은 곳이면

---

1) 范史: 南朝 宋나라 范曄의 《後漢書》를 말한다.
2) 信宮: 궁궐 이름으로, 長信宮을 가리킨다.
3) 甘泉宮: 陝西省에 있는 甘泉山 위에 秦 始皇이 지은 궁전이다.
4) 馳道: 황제가 순행을 다니기 위한 목적으로 수축한 길을 말한다.
5) 圜丘: 하늘을 상징하듯 둥그렇게 솟아 있는〔圜〕 자연적인 언덕〔丘〕이라는 뜻으로, 하늘에 제사 지내기 위한 天壇을 가리킨다.
6) 賈山: 漢나라 文帝 때 사람인데, 秦나라의 사실을 끌어다가 治亂의 도를 논하는 상주문을 올렸는데, 이것을 至言이라 하였다.

반드시 닿게 했다. 馳道의 너비는 50보이며, 3丈마다 나무를 심었다. 그 바깥쪽을 두텁게 쌓아 철퇴를 숨겨두었으며, 푸른 소나무를 심어서 쌓은 것을 가렸다."

信宮作於渭南, 已而以宮象天極, 又更名極廟. 始皇預自爲廟也. 甘泉前殿在雲陽, 周匝十餘里, 去長安三百里, 望是長安城. 黃帝以來, 圜丘祭天處. 馳道, 猶御路也. 天子馳走車馬之處, 故曰馳道. 賈山曰 "秦爲馳道於天下, 東窮燕齊, 南極吳楚, 江湖之上, 濱海之觀, 畢至. 道廣五十步, 三丈而樹. 厚築其外, 隱以金椎, 樹以靑松, 隱築也."

壬午年(B.C. 219)

【綱】秦나라 始皇帝 28년이다. 황제가 동쪽으로 순시하여 鄒嶧山[7]에 올라 비석을 세워 공과 업적을 칭송하였다. 泰山에 비석을 세워 封[8]하였고, 泰山에서 내려와서 梁父(양보)[9]에 이르러 禪하였으며, 드디어 琅邪에 올라가 비석을 세웠다. 徐市(서불)[10]을 보내어 바다를 건너가서 神仙術을 구하게 하였고, 淮水를 건너고 揚子江에서 배를 타고 가 南郡에 이르렀다가 돌아왔다.

二十八年이라 帝東巡하야 上鄒嶧山하야 立石頌功業하고 封泰山立石하고 下禪梁父하고 遂登琅邪하야 立石하고 遣徐市入海하야 求神僊하고 渡淮浮江하야 至南郡而還하다

【目】秦 始皇이 동쪽으로 가 郡縣들을 순행하면서 鄒嶧山에 올라가 비석을 세워 공덕을 칭송하였다. 그때 魯나라의 儒生이 封禪에 대해서 의논하였는데, 어떤 사람이 말하기를, "옛날에 封禪을 할 때 부들로 수레를 감싸서 산의 흙과 돌, 풀과 나무가 상하지 않도록 하였습니다. 그리고 땅을 쓸고서 제사를 지내되, 띠풀과 짚으로 자리를 깔게 하였습니다."라고 하였는데, 의논이 각자 달라 일치되지 않았다. 그러자 秦 始皇이 그 의논을 쓰기가 어렵다는 이유로, 드디어 유생들을 쫓아내고는 수레가 다닐 수 있는 길을 내었다.

始皇이 東行郡縣하야 上鄒嶧山하야 立石頌功德①할새 魯儒生이 議封禪②이러니 或曰 古者封禪에 爲蒲車는 惡傷山之土石草木③이요 掃地而祭호대 席因葅稭(저갈)④이라하야 議各乖異하니 始皇이 以其難施用이라하야 遂絀儒生而除車道⑤하고

---

7) 鄒嶧山 : 鄒山이나 또는 嶧山이라고 한다.

8) 封 : 하늘에 제사 지내는 것을 말한다. 땅에 제사 지내는 것은 禪이라고 한다.

9) 梁父(양보) : 태산의 남쪽에 있는 작은 산 이름이다.

10) 徐市(서불) : 낭야 출신의 方士이며, 일명 徐福이라고도 한다.

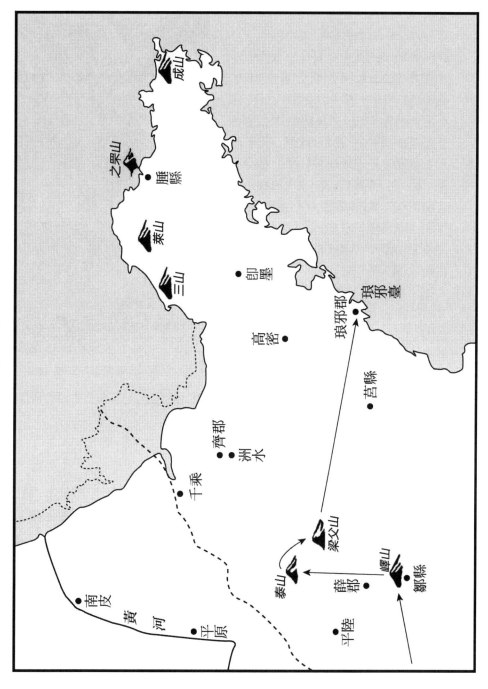

秦 始皇의 封禪 경로

① 行(순행)은 去聲이다. ≪漢書≫〈地理志〉에
"魯나라 鄒縣이 있으며, 嶧山이 그 북쪽에
있다."고 하였다.

　行, 去聲. 班志 "魯國鄒縣, 嶧山在北."

② 封은 흙을 쌓는 것이다. 하늘은 높아서 닿
을 수가 없으므로 태산 위로 흙을 져 날
라서 壇을 만들어 제사한 것이니, 이는 신
령과 가까워지기를 기대해서이다. 禪은
땅을 깎는 것이다. 본래 墠인데, 뒤에 禪
으로 고쳤으니, 신령스럽게 여긴 것이다.

　封, 增土也. 天高不可及, 負土於泰山上,
　爲壇而祭之, 冀近神靈也. 禪, 除地也. 本
　作墠, 後改爲禪, 神之也.

③ "蒲車"는 부들로 수레바퀴를 싸는 것이다.

　蒲車, 以蒲草裹車輪.

④ 菹는 본래 葅로, 宗蘇의 切이니, 띠풀을
까는 것이다. 稭는 秸과 통용하여 쓰이며,
訖黠의 切이니, 짚을 말한다. 菹는 薦新을
하기 위해서 까는 것이고, 稭은 사람이 앉
기 위해서 까는 것이다.

동쪽으로 순행하는 秦 始皇帝

　菹, 本作葅, 宗蘇切, 茅藉也. 稭, 通作秸, 訖黠切, 禾藁也. ·菹, 所以爲薦. 稭, 所以爲席.

⑤ 除는 열고 나가는 것이다.

　除, 開出也.

【目】 그런 다음 泰山의 남쪽으로부터 산을 올라가 꼭대기에 이르러 비석을 세워 공덕을
칭송하였다. 그러고는 태산 북쪽의 길을 통하여 내려와서 梁父(양보)에서 禪을 행하였
는데, 封藏[11]을 하면서 모든 것을 비밀스럽게 하였으므로 세상에서는 이를 기록할 수
가 없었다. 그러고는 드디어 동쪽으로 바닷가까지 가서 山川의 여덟 神[12]에게 제사하
고, 남쪽으로 琅邪山에 올라가 층대를 만들고 돌에 새겼다.

　上自山陽至顚하야 立石頌德하고 從陰道下하야 禪於梁父①호대 封藏을 皆秘之하니 世不得而記
也②러라 遂東遊海上하야 祠山川八神③하고 南登琅邪하야 作臺刻石④하다

───────────

11) 封藏 : 제사를 지내고 난 다음에 玉冊文 등을 사람들이 알지 못하도록 봉해놓는 것을 말한다.

12) 여덟 神 : 天主, 地主, 兵主, 陰主, 陽主, 月主, 日主, 四時主를 말한다.

① 산의 남쪽을 陽이라 하고, 산의 북쪽을 陰이라 한다. 顚은 꼭대기이다. 父는 음이 甫이다. 梁父는 泰山 아래에 있는 작은 산의 이름이다.

山南曰陽, 山北曰陰. 顚, 頂也. 父, 音甫. 梁父, 泰山下小山名也.

② 무릇 封禪을 함에 있어서는 의당 玉牒에 封禪書를 쓴 다음, 이를 네모난 돌 안에 보관하는데, 玉檢[13]이 있고, 또 石檢 열 개를 돌의 모퉁이에 늘어놓는다. 玉檢과 石檢은 金繩으로 다섯 번을 두르고, 水銀과 金을 섞어서 金泥를 만들어 봉하고, 受命之璽의 도장으로 찍는다. 또 玉匱가 있는데, 한쪽 면의 크기가 1척 2촌이며, 여기에는 上帝의 玉冊을 담아놓는다. 또 金匱 두 개가 있는데, 황제의 玉冊을 담아놓는다.

凡封禪, 當用玉牒書藏方石, 有玉檢, 又用石檢十校, 列於石旁. 檢用金繩, 纒以五周, 以水銀和金爲泥, 封之, 印以受命之璽. 又有玉匱, 一長一尺二寸, 以藏上帝之冊. 金匱二, 以藏帝之冊.

③ ≪史記≫〈封禪書〉에 "여덟 神이 있는데, 첫 번째는 天主로, 天齊[14]에서 제사 지내고, 두 번째는 地主로 泰山과 梁父에서 제사 지내고, 세 번째는 兵主로 蚩尤冢[15]에서 제사 지내고, 네 번째는 陰主로 三山에서 제사 지내고, 다섯 번째는 陽主로 之罘山(지부산)[16]에서 제사 지내고, 여섯 번째는 月主로 之萊山[17]에서 제사 지내고, 일곱 번째는 日主로 成山에서 제사 지내고, 여덟 번째는 四時主로, 琅邪에서 제사 지낸다."고 하였다. 그 주에 "天齊는 샘의 이름으로, 하늘의 배꼽과 같은 것이다. 蚩尤冢은 東平郡 壽張縣에 있다. 三山은 東萊 曲成의 參山으로, 바다 속에 있다는 三神山이 아니다."라고 하였다.

封禪書 "八神, 一曰天主, 祠天齊. 二曰地主, 祠泰山·梁父. 三曰兵主, 祠蚩尤. 四曰陰主, 祠三山. 五曰陽主, 祠之罘. 六曰月主, 祠之萊. 七曰日主, 祠成山. 八曰四時主, 祠琅邪." 注 "天齊, 泉名, 如天之腹齊也. 蚩尤冢在東平郡壽張縣. 三山, 東萊曲成參山, 非海中之三神山也."

④ ≪史記正義≫에 "琅邪山은 密州 諸城縣의 동남쪽에 있으니, 秦 始皇이 산 위에 층대를 만들었다."고 하였다.

正義 "琅邪山在密州諸城縣東南, 始皇立層臺於山上."

【目】 처음에 燕나라 사람 宋毋忌[18]와 羨門子高(선문자고)[19] 등의 무리가 仙道와 形解銷

---

13) 玉檢 : 옥으로 장식하여 만든 서류함을 말한다.

14) 天齊 : 山東省 臨淄縣에 있는 샘의 이름이다.

15) 蚩尤冢 : 東平郡 壽張縣 闞鄕城 안에 있는데 높이가 7丈이고, 백성들이 매년 10월에 제사를 지낸다고 한다.

16) 之罘山(지부산) : 芝罘山이라고도 한다.

17) 之萊山 : 萊山이다.

18) 宋毋忌 : 전국시대 때 燕나라의 方士로, 옛 仙人을 흠모했고, 귀신에 관한 일을 좋아했다. 火仙으로 알려져 있다.

化의 術法[20])이 있다고 하였다. 그러자 齊나라 威王과 宣王 및 燕나라 昭王 등이 모두 그것을 믿어, 사람들을 시켜 바다를 건너가서 蓬萊山·方丈山·瀛洲를 찾게 하였다.

三神山을 찾으러 갔던 사람들이 이르기를, "이 三神山은 渤海의 바다 가운데 있어 사람들이 사는 곳과 멀리 떨어져 있지 않은데, 그곳에 도착하면 바람이 일어나서 배를 끌어가 도착할 수 없는 것이 걱정이다. 일찍이 그곳에 도착한 사람이 있었는데, 그곳에는 여러 신선들과 불사약이 모두 있었다."라고 하였다.

初에 燕人宋毋忌羨門子高之徒 稱有仙道形解銷化之術[①]하니 自齊威宣燕昭王으로 皆信之[②]하야 使人入海하야 求蓬萊方丈瀛洲하니 云此三神山이 在渤海中하야 去人不遠이로대 患且至則風引船去요 嘗有至者하니 諸仙人不死藥이 皆在焉이라하더니

사신을 보내 신선을 구하다

[①] 宋毋忌와 羨門子高는 모두 옛 사람을 흠모한 사람의 이름으로, 신선을 본받은 사람들이다. 道經에는 "月中仙人이 송무기이다."라고 하였고, 《白澤圖》[21])에는 "火의 精을 송무기라 한다."라고 하였으니, 대개 그 사람은 火仙이다. 張氏가 말하기를 "선문자고라는 仙人은 碣石山 위에 산다."라고 하였다.

  形解는 尸解[22])하는 것이다. 말하자면, 장차 羽化登仙을 하기 위하여 시신에 가탁하여 신체가 해체되는 것

---

19) 羨門子高(선문자고) : 옛날의 신선 이름이다.

20) 形解銷化의 術法 : 사람이 죽으면 형체는 분해되어 없어지고 정신은 날아가서 신선이 되는 것을 말한다.

21) 白澤圖 : 지금은 전해지지 않는 책이다. 黃帝가 蚩尤를 멸망시킨 뒤 동해에 이르러 桓山에 머물고 있을 때 白澤이란 요괴가 나타나 11,520종이 넘는 고대의 精氣가 요괴로 변한 사실을 말해 주었는데, 黃帝가 白澤이 말한 내용을 기초로 하여 요괴의 형상을 그려 《백택도》를 만들었다고 한다.

22) 尸解 : 신선술의 하나로, 身體만 남겨두고 魂魄이 빠져나가는 것을 말하는 것으로, 즉 신선이 되어간 것을 의미한다.

이다. 《集仙錄》[23]에 이르기를 "이미 죽었는데도 형체가 산 사람과 같은 경우도 있고, 이미 죽었는데도 발이 푸르게 변하지 않고 피부가 쭈글쭈글해지지 않고, 눈빛이 사라지지 않는 경우도 있으며, 이미 죽었다가 다시 살아나는 경우도 있고, 殮襲을 하기 전에 시신이 사라지는 경우도 있고, 머리카락이 다 빠지고 形神이 날아가는 경우도 있는데, 이것은 모두 尸解이다."라고 하였다.

宋毋忌·羨門子高, 皆慕古人名, 效神仙者. 道經 "月中仙人宋毋忌." 白澤圖云 "火之精曰宋毋忌." 蓋其人火仙也. 張曰 "羨門子高, 仙人, 居碣石山上." 形解, 尸解也, 言將登仙, 假托爲尸, 以解化也. 集仙錄曰 "有死而形如生人者, 有死而足不靑·皮不皺·目光不落者, 有死而更生者, 有未斂而失其尸者, 有髮脫而形飛者, 皆尸解也."

② 威宣은 齊나라 威王과 宣王을 말한다.

威宣, 謂威王·宣王也.

【目】 이때에 이르러서 方士 徐市 등이 글을 올려, "목욕재계하고서 아주 어린 남자아이들과 여자아이들을 데리고 가서 三神山의 不死藥을 찾겠습니다."라고 하였다. 이에 秦始皇이 서불을 보내어 아주 어린 남자아이와 여자아이 수천 명을 뽑아 데리고 가서 그것을 구하게 하였다. 이에 배가 바다를 오갔는데, 모두들 바람이 불어서 그곳에 도착할 수 없었다고 해명하면서 말하기를, "능히 그곳에 다다르지는 못하였지만, 멀리서 바라볼 수는 있었습니다."라고 하였다.

至是하야 方士徐市等①이 上書言之호대 請得齋戒하야 與童男女로 求之라한대 於是에 遣市하야 發童男女數千人하야 求之하니 船交海中하야 皆以風爲解②曰 未能至요 望見之焉이라하더라

① 徐市이 一本에는 徐福으로 되어 있다.

市, 一作福.

② 모두 바람을 만나 三神山에 이르지 못하였다고 변명하는 것이다.

皆自解說遇風不至也.

【目】 秦 始皇이 돌아오다가 彭城을 지날 때 목욕재계하고 사당에 기도한 다음, 周鼎[24]을 泗水에서 건져내고자 하여, 사람 1,000명을 시켜 물속으로 들어가서 찾아보게 하였

---

23) 集仙錄 : 唐나라 말기의 道士인 杜光庭이 저술한 《墉城集仙錄》을 말한다. 모두 10권으로 이루어져 있다.

24) 周鼎 : 禹임금이 九州의 쇠를 모아 만든 아홉 개의 솥을 말한다. 秦나라 昭襄王 52년(B.C.255)에 西周를 공격하여 이 九鼎을 탈취하였는데, 하나가 泗水에 빠졌으므로 여덟 개만 秦나라로 들여왔다고 한다. 그 뒤에 秦 始皇이 사수의 周鼎을 꺼내려고 1천 명을 동원해서 물속을 샅샅이 뒤졌으나, 끝내 찾지 못하였다고 한다.

으나, 찾아내지 못하였다. 이에 다시 서남쪽으로 가 淮水를 건넌 다음 揚子江에서 배를 타고 내려갔는데, 湘山祠[25]에 이르러 큰바람을 만나 거의 갈 수가 없게 되었다. 이에 상이 묻기를, "湘君은 어떤 신인가?"라고 하자, 博士가 대답하기를, "堯임금의 딸이고 舜임금의 아내인데, 이곳에 장사 지냈습니다."라고 하니, 진 시황이 크게 노하여 그 산을 벌거숭이로 만들게 하였다. 그러고는 드디어 南郡으로부터 武關을 경유하여 돌아왔다.

始皇이 還過彭城[①]하야 齋戒禱祠하고 欲出周鼎泗水하야 使千人으로 沒水求之弗得[②]하다 乃西南渡淮浮江하야 至湘山祠[③]하야는 逢大風하야 幾不能渡하니 上이 問湘君은 何神[④]고 博士對曰 堯女舜妻니 葬此[⑤]니이다 始皇이 大怒하야 伐赭其山[⑥]하고 遂自南郡으로 由武關歸하다

① 《漢書》〈地理志〉에 "楚나라에 彭城縣이 있으니, 옛날에 彭祖國이 있던 곳이다."고 하였다.
班志 "楚國有彭城縣, 古彭祖國."

② 당시 사람들이 서로 전하기를, "宋나라의 太丘에서 지내는 제사가 없어져서 周鼎이 泗水 속으로 사라졌다."라고 하였으므로, 泗水에 제사를 지내어 周鼎을 건져내고자 한 것이다.
時人相傳以爲宋太丘社亡, 而周鼎沒於泗水中, 故祠泗水, 欲出周鼎.

③ 《詩經集傳》〈周南 漢廣〉에 이르기를 "江水는 永康軍 岷山에서 나와 동쪽으로 흘러 漢水와 합해진 다음, 동북쪽으로 흘러 바다로 들어간다."라고 하였다. 《括地志》에 이르기를, "黃陵廟가 岳州의 湘陰縣 북쪽에 있는데, 舜임금의 두 妃의 신을 모신다. 두 妃의 무덤이 湘陰縣 靑草山 위에 있다."라고 하였다. 盛弘之[26]의 《荊州記》에 이르기

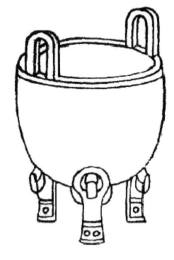

鼎

를, "靑草湖의 남쪽에 靑草山이 있다."라고 하였다. 살펴보건대, 湘山은 바로 이 산을 가리킨다. 산이 湘水에 가까이 있고, 황릉묘가 산의 남쪽에 있으므로 湘山祠라고 한 것이다.
詩集傳 "江水出永康軍岷山, 東流與漢水合, 東北入海." 括地志 "黃陵廟在岳州湘陰縣北, 舜二妃之神. 二妃冢在湘陰縣靑草山上." 盛弘之莉州記 "靑草湖, 南有靑草山." 案湘山, 卽此山也. 山近湘水, 廟在山南, 故曰湘山祠.

---

25) 湘山祠 : 湖南省 岳陽縣 동쪽의 洞庭湖 가운데 있는 산인 君山에 있는 사당으로, 舜임금의 두 妃인 娥皇과 女英을 제사 지냈다.

26) 盛弘之 : 南朝 宋나라 때 사람으로, 貫籍과 생애는 확인할 길이 없다. 당대의 문장가인 鮑照와 친하게 지냈으며, 《荊州記》 3권을 편찬했는데, 전해지지 않는다.

④ 上이란 것은 지위가 높은 사람이 있는 곳이다. 단지 上이라고만 말하고, 감히 존호를 칭하지 못한 것일 뿐이다.

上者, 尊位所在也. 但言上, 不敢言尊號耳.

⑤ 博士는 儒學으로 관직에 임용된 사람이니, 고금의 일을 관장한다.

博士, 以儒學爲官, 掌通古今.

⑥ 赭는 음이 者이며, 붉은색을 말한다.

赭, 音者, 赤色.

癸未年(B.C. 218)

【綱】秦나라 始皇帝 29년이다. 황제가 동쪽으로 유람을 가다가 陽武에 이르렀을 때, 韓나라 사람 張良이 저격하였으나, 잘못하여 副車[27]를 맞췄다. 이에 천하에 令을 내려 10일 동안 대대적으로 수색하게 하였으나, 잡지 못하였다. 드디어 之罘山(지부산)에 올라가 돌에 새기고 돌아왔다.

二十九年이라 帝東游하야 至陽武하니 韓人張良이 狙擊이라가 誤中副車이라 令天下大索十日不得하고 遂登之罘하야 刻石而還①하다

① 罘는 음이 浮이다. ≪漢書≫ 〈地理志〉에 "之罘山은 東萊의 睡縣에 있다."고 하였다.

罘, 音浮. 班志 "之罘山在東萊睡縣."

【目】처음에 韓나라 사람 張良은 그의 선대가 韓나라의 정승으로 다섯 임금을 모셨다. 韓나라가 망함에 미쳐서 장량은 천금의 재물을 흩어서, 동생이 죽었는데도 장사조차 지내지 않은 채, 韓나라를 위하여 원수를 갚고자 하였다. 秦 始皇이 동쪽으로 순시하러 가다가 陽武의 博浪沙 한가운데 이르자, 장량이 力士를 시켜서 철퇴를 휘둘러 진 시황을 저격하게 하였는데, 잘못 휘둘러 副車를 맞추고 말았다. 진 시황이 놀라서 장량을 잡게 하였으나 잡지 못하였다. 이에 천하에 영을 내려 10일 동안 대대적으로 수색하였다.

初에 韓人張良이 五世相韓①이라 及韓亡에 良이 散千金之産하야 弟死不葬하고 欲爲韓報仇러니 始皇이 東游하야 至陽武博浪沙中②이어늘 良이 令力士로 操鐵椎하야 狙擊始皇이라가 誤中副車③한대 始皇이 驚求弗得하야 令天下大索十日하다

---

27) 副車 : 天子가 타는 수레의 뒤에 따라가는 수레를 말한다.

① 張良의 할아버지 開地는 韓나라 昭侯와 宣惠王과 襄哀王의 정승으로 있었고, 아버지 平은
韓나라의 釐王(희왕)과 桓惠王의 정승으로 있어서, 모두 5대 동안이나 정승으로 있었다.
良大父開地, 相昭侯·宣惠王·襄哀王, 父平, 相釐王·桓惠王, 凡五世.

② ≪漢書≫〈地理志〉에 "陽武縣은 河南郡에 속하며, 博浪沙라는 지역이 있다."고 하였다.
班志 "陽武縣屬河南郡, 有博浪沙."

③ 狙는 七豫의 切과 子餘의 切이니, 원숭이의 한 종류이다. 긴팔원숭이가 사물을 엿볼 때에
는 반드시 엎드려서 살펴보므로, 엎드려 있다가 습격하는 것을 狙擊이라고 하는 것이다.
副는 두 번째를 뜻한다. 漢나라 때의 제도에 五時副車[28]가 있는데, 이는 屬車[29]에 속하는
것이 아니다.
狙, 七豫·子餘二切, 玃屬也. 狙之伺物, 必伏而候之, 故伏而擊者, 謂之狙擊. 副, 貳也. 漢有
五時副車, 又在屬車之外.

【目】 혹자가 말하기를, "張良의 계책이 참으로 엉성하였다."라고 하자, 程子가 말하기를,
"임금의 원수를 갚고자 하는 마음이 급하였으니, 어느 겨를에 자신을 위하여 도모하였
겠는가."라고 하였다.

　　或曰 張良之計 不亦疎乎아 程子曰 欲報君仇之急이어니 何暇自爲謀邪아

　　　　甲申年(B.C. 217)

【綱】 秦나라 始皇帝 30년이다.

　　三十年이라

　　　　乙酉年(B.C. 216)

【綱】 秦나라 始皇帝 31년이다. 백성들로 하여금 실제로 경작하는 전지를 신고
하게 하였다.

　　三十一年이라 使黔首로 自實田①하다

---

28) 五時副車 : 청·적·흑·백·황의 다섯 수레로, 천자가 타는 수레이다.
29) 屬車 : 임금을 시종하는 신하들이 타고 가는 從車이다.

① 백성들로 하여금 토지의 실제 숫자를 스스로 갖추어 신고하게 한 것이다.

令民自具頃畝實數.

丙戌年(B.C. 215)

【綱】秦나라 始皇帝 32년이다. 황제가 동쪽으로 순시하여 碣石[30]의 문에 글을 새기고, 성곽을 무너뜨리고 제방을 텄다.

三十二年이라 帝東巡하야 刻碣石門하고 壞城郭決隄防①하다

① 碣石山은 바닷가에 있는 산이다. 文穎[31]이 이르기를, “遼西郡 絫縣에 있다.”라고 하였다. “壞城郭 決隄防(성곽을 무너뜨리고 제방을 텄다.)”은 험고한 곳을 닦아서 평탄하게 하였다는 뜻이다.

碣石, 海畔山. 文穎曰 “在遼西郡絫縣.” 壞城郭, 決隄防, 夷去險阻也.

【綱】북쪽 변경 지역을 순시하고 장군 蒙恬을 파견하여 匈奴를 정벌하게 하였다.

◑巡北邊하고 遣將軍蒙恬하야 伐匈奴하다

【目】처음에 秦 始皇이 碣石에 가서 盧生으로 하여금 羨門子高를 찾게 하였는데, 노생이 돌아와서 錄圖書[32]를 얻었다고 아뢰었다. 그 녹도서에 이르기를, “秦나라를 망하게 하는 자는 胡이다.”라고 하였다. 진 시황이 이에 북쪽 변경 지역을 순시하고서 장군 蒙恬을 파견하여 군사 30만 명을 동원해 북쪽으로 匈奴를 정벌하게 하였다.

初에 始皇이 之碣石하야 使盧生으로 求羨門子高러니 還奏得錄圖書하니 曰亡秦者는 胡也라한대 始皇이 乃巡北邊하고 遣將軍蒙恬하야 發兵三十萬人하야 北伐匈奴①하다

① 錄圖書는 후세의 讖緯書와 같은 것이다. 秦나라 二世皇帝의 이름이 胡亥인데, 秦나라에서는 녹도서를 보고서도 이것이 사람의 이름인지 모르고, 도리어 북쪽 오랑캐[胡]만 방비하였다.

---

30) 碣石 : 산 이름으로, ≪書經≫ 〈夏書 禹貢〉에, “오른쪽으로 碣石을 끼고 돌아서 黃河로 들어갔다.〔夾右碣石 入于河〕”고 하였고, 孔安國은 다만 ‘바닷가에 있는 산〔海畔山〕’이라고 하였다. 소재지에 대해서는 河北·熱河·山東 등 여러 설이 있다.

31) 文穎 : 삼국시대 魏나라 사람으로, 자가 叔良이며, ≪漢書≫에 주를 내었다.

32) 錄圖書 : 圖讖과 符命에 대한 내용을 기록한 책이다.

錄圖書, 如後世讖緯之書. 二世名, 胡亥. 秦見圖書, 不知此爲人名, 反備北胡.

丁亥年(B.C. 214)

【綱】秦나라 始皇帝 33년이다. 南越 지역을 침략해 차지하고는 桂林郡·南海郡·象郡을 설치한 다음, 죄를 지은 백성 50만 명을 이주시켜 지키게 하였다.

三十三年이라 略取南越地하야 置桂林南海象郡하고 以謫徙民五十萬으로 戍之하다

【目】일찍이 도망쳤던 자들 및 贅壻(췌서)와 賈人을 동원해 군사로 삼아 南越과 陸梁 지역을 침략해 차지하고는 3郡을 설치한 다음, 죄를 지은 백성 50만 명을 이주시켜 五嶺[33]을 지키게 한 것이다.

發諸嘗逋亡人及贅壻賈人爲兵①하야 略取南越陸梁地하야 置三郡②하고 以謫徙民五十萬으로 戍五嶺③하다

① 贅(혹, 데릴사위)는 之芮의 切이다. 贅壻는 남자가 아내를 데리고 올 재물이 없어서 자신의 몸을 스스로 처가에 볼모로 잡히는 것이다. 마치 사람의 몸에 난 혹과 같은 것으로, 이는 쓸데없는 물건이다. 賈는 장사치를 말한다.
　贅, 之芮切. 贅壻, 男無聘財, 以身自質於妻家, 如人身之肬贅, 是餘剩之物. 賈, 商賈也.
② 南越은 본래 《書經》〈夏書 禹貢〉의 揚州 지역이다. 고개 남쪽 지방은 사람들이 대부분 산과 평지 사이에 살고 있으며, 그 성품이 억세고 사나우므로 陸梁이라고 한 것이다.
　南越, 本禹貢楊州地. 嶺南人多處山陸間, 其(姓)〔性〕[34]彊梁, 故曰陸梁.
③ 謫은 꾸짖는 것이다. 嶺은, 서쪽으로는 衡山의 남쪽에서부터 동쪽으로는 바닷가에 이르기까지 하나의 산맥이 가로막고 있는 것을 말한다. 고개 이름을 구별해서 말하면 다섯 개의 고개가 있는데, 大庾嶺·始安嶺·臨賀嶺·陸陽嶺·揭陽嶺이 이것이다.
　謫, 責也. 嶺者, 西自衡山之南, 東窮于海, 一山之限, 而別標名, 則有五, 大庾·始安·臨賀·陸陽·揭陽, 是也.

---

33) 五嶺 : 중국 남쪽의 湖南과 廣東 두 省의 경계에 있는 다섯 개의 큰 고개를 말한다.
34) (姓)〔性〕: 저본에는 '姓'으로 되어 있으나, 思政殿訓義 《資治通鑑》과 《史記索隱》에 근거하여 '性'으로 바로잡았다.

秦나라 39郡圖

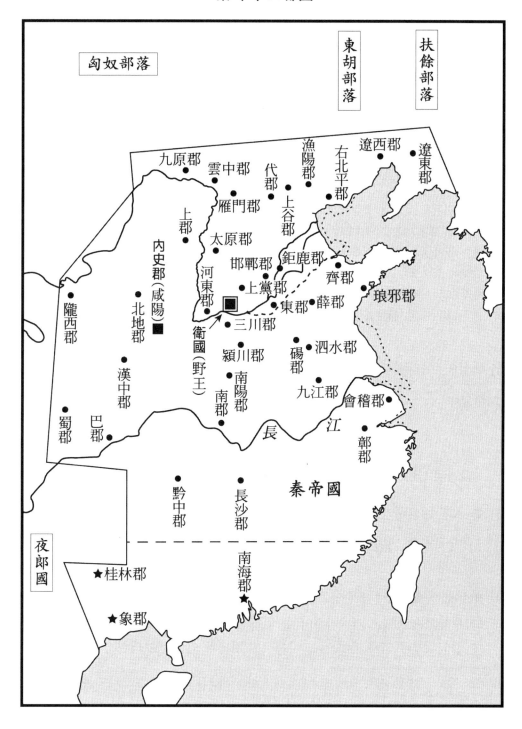

【綱】蒙恬이 河南 지역을 거두고 長城을 쌓았다.

蒙恬이 收河南地하야 築長城하다

【目】蒙恬이 匈奴를 축출하고서 河南 지역[35]을 거두어 44개의 縣을 설치하고 長城을 쌓았는데, 臨洮에서 시작하여 遼東에까지 이르니, 길게 뻗어간 것이 1만여 리나 되었다. 군사들이 10년 동안이나 객지에서 고생하였는데, 몽념이 항상 上郡에 머물러 있으면서 이들을 통솔해 다스렸다.

蒙恬이 斥逐匈奴하고 收河南地하야 爲四十四縣①하고 築長城호대 起臨洮하야 至遼東하니 延袤萬餘里②라 暴師於外十餘年에 恬이 常居上郡하야 統治之러라

① 河南 지역은 北地의 북쪽과 黃河의 남쪽에 해당하는 지역을 말한다.
   河南地, 當北地之北, 黃河之南.
② 洮는 음이 滔이다. ≪漢書≫〈地理志〉를 보면, 臨洮縣은 隴西郡에 속하는데, 고을이 洮水에 임하여 있으므로, 그로 인해서 고을의 이름으로 삼았다. 延은 길게 뻗어간 것이다. 남쪽과 북쪽으로 이어진 것을 袤(무)라고 한다.
   洮, 音滔. 班志, 臨洮縣屬隴西郡, 縣臨洮水, 因以爲名. 延, 長行也. 南北曰袤.

【綱】혜성이 나타났다.

彗星見하다

戊子年(B.C. 213)

【綱】秦나라 始皇帝 34년이다. ≪詩≫와 ≪書≫와 百家의 서책을 불태웠다.

三十四年이라 燒詩書百家語하다

【目】秦 始皇이 咸陽宮에서 술잔치를 벌였는데, 僕射로 있던 周靑臣이 나아가 송축하기를 "폐하께서 신령스럽고 거룩하시어 온 천하를 평정하고는 제후들의 나라를 郡縣으로 삼아 전쟁의 걱정이 없게 하였으니, 이는 상고시대의 임금들도 미치지 못할 바입니다."

---

35) 河南 지역 : 내몽골 지역 황하 만곡부에 위치한 지역으로 河套(오르도스)라고 한다. 이 지역은 북방 유목민의 주요 거점이자 교통의 요충지였다.

라고 하니, 진 시황이 좋아하였다.

　그러자 博士 淳于越이 아뢰기를, "殷나라와 周나라가 1천여 년 동안 왕 노릇을 하면서는 자제들을 공신으로 봉하여 스스로 나라를 보위하게 하였습니다. 그런데 지금 폐하께서는 온 천하를 차지하고서도 자제들을 일개 필부로 만들어버렸습니다. 갑작스럽게 田常36)이나 六卿37)과 같은 신하가 있을 경우, 무슨 수로 서로 구원할 수 있겠습니까. 일에 있어서 옛사람들을 본받지 않고서도 능히 오랫동안 유지하였다고 하는 것은, 들어본 바가 없습니다. 지금 주청신이 또 면전에서 아첨하여 폐하의 허물을 중하게 하였습니다. 이런 자는 충신이 아닙니다."라고 하였다.

　始皇이 置酒咸陽宮이러니 僕射周靑臣이 進頌曰① 陛下神聖하사 平定海內하야 以諸侯爲郡縣하야 無戰爭之患하니 上古所不及이니이다 始皇이 悅이어늘 博士淳于越曰② 殷周之王千餘歲에 封子弟功臣하야 自爲枝輔어늘 今陛下有四海而子弟爲匹夫하니 卒有田常六卿之臣이면 何以相救리오 事不師古요 而能長久는 非所聞也어늘 今靑臣이 又面諛以重陛下之過하니 非忠臣也로소이다

　　① 僕射는 秦나라의 관직 이름이다. 僕은 주관한다는 뜻이다. 射(쏘다)는 본래의 글자대로 읽는다. 옛날에는 武事를 중요하게 여겨, 모든 관청마다 반드시 활쏘기를 주관하여 감독하는 사람이 있었으므로, 이렇게 이름한 것이다. 지금 射의 음을 夜로 읽는 것은, 대개 關中 지방의 말이 轉移되어서 이렇게 읽는 것일 뿐이다.
　　　僕射, 秦官. 僕, 主也. 射, 本如字讀. 古者, 重武事, 每官必有主射督課之, 故名焉. 今射音夜, 蓋關中語轉爲此音耳.
　　② 淳于는 複姓이다.
　　　淳于, 複姓.

【目】秦 始皇이 이에 대해 신하들에게 의논하게 하였는데, 승상 李斯가 말하기를, "五帝38)의 다스림은 서로 중복되지 않았고, 三代39)는 서로 이어받지 않았습니다. 지금 폐하께서는 大業을 창시하여 만세의 공을 세우셨으니, 이는 참으로 어리석은 儒者가 알 수 있는 바가

---

36) 田常 : 齊나라의 대부 陳恒을 가리킨다. 齊나라의 임금 簡公을 시해하고 平公을 옹립한 다음에 자신은 재상이 되었는데, 齊나라의 易姓의 화가 이때부터 시작되었다. 그 뒤 그의 증손자인 田和가 스스로 齊나라 왕에 즉위하였으니 곧 威王이다.
37) 六卿 : 晉나라의 强臣인 智·范·中行·韓·魏·趙 6姓을 말한다. 이들 6성은 서로 간에 정권을 차지하기 위하여 다투었는데, 晉나라는 결국 이들 중 한·위·조 3성에 의해 3분되었다.
38) 五帝 : 중국 고대의 제왕으로 여러 설이 있는데, 少昊·顓頊·高辛·唐堯·虞舜을 가리키거나, 少昊 대신 黃帝를 넣기도 한다.
39) 三代 : 夏나라, 殷나라, 周나라로, 聖王들의 덕치가 행해지던 시대를 말한다.

아닙니다. 더구나 淳于越의 말은 바로 三代 때의 일이니, 어찌 본받을 것이 있겠습니까.

전에는 제후들이 서로 다투었으므로, 떠돌아다니는 학자들을 잘 대우해주어 불러들였습니다. 그러나 지금은 천하가 이미 평정되어, 법령이 한곳에서 나옵니다. 백성들은 집안에서 農工에 힘쓰고 있으며, 선비들은 法令을 익숙하게 잘 압니다. 그런데도 지금 여러 유생들은 오늘날을 본받지 않고 옛날 일을 배워, 당세를 비난하면서 백성들을 미혹시키고 있습니다. 사람들이 영이 내려졌다는 소식을 들으면, 각자가 자신들이 배운 것을 가지고서 이러쿵저러쿵 떠들어댑니다. 그리하여 집에 들어가서는 마음속으로 비난하고, 밖으로 나와서는 길거리에서 떠들어대어, 자신의 주장을 과시하면서 명성을 구하고, 취향을 달리하는 것을 고상한 것으로 여기면서, 아랫사람들을 거느리고 비방하고 있습니다. 이와 같은데도 금하지 않는다면, 임금의 형세는 위에서 떨어지고, 당파의 습속은 아래에서 이루어질 것이니, 금하는 것이 좋을 것입니다.

신은 청합니다. 史官이 가지고 있는 책 중에 秦나라의 기록이 아닌 것은 모두 불태우고, 博士의 관직에 있지 않으면서 천하에 《詩》와 《書》와 百家의 서책을 가지고 있는 자가 있을 경우에는, 모두 지방 고을의 수령에게 가지고 나가서 불태우게 하소서. 그리고 두 사람 이상이 모여서 《詩》와 《書》를 이야기하는 자가 있을 경우에는 저자에서 처형하고, 옛날의 일을 가지고 오늘날의 일을 비난하는 자가 있을 경우에는 三族을 멸족시키되, 관원이 그런 사실을 알고서도 검거하지 않았을 경우에는 같은 죄로 다스리소서. 또 명령이 내려진 지 30일이 지났는데도 불태우지 않는 자는 刺字를 하고서 城旦刑에 처하소서. 불태우지 않아야 할 서책은 醫藥과 卜筮와 種樹에 관한 책들이며, 법령을 배우고자 하는 자들은 관리를 스승으로 삼게 하소서."라고 하니, 秦 始皇이 "그렇게 하라."라고 制하였다.

始皇이 下其議한대 丞相李斯言 五帝不相復하고 三代不相襲하니 今陛下創大業建萬世之功하시니 固非愚儒의 所知요 且越言은 乃三代之事니 何足法也리오 異時에 諸侯竝爭하야 厚招遊學이러니 今天下已定하야 法令이 出一하니 百姓이 當家則力農工하고 士則習法令이어늘 今諸生이 不師今而學古하야 以非當世하야 惑亂黔首하야 人聞令下則各以其學議之하야 入則心非하며 出則巷議하야 誇主以爲名하며 異趣以爲高하야 率群下以造謗①하니 如此弗禁이면 則主勢降乎上하고 黨與成乎下하리니 禁之便이라 臣은 請史官非秦記어든 皆燒之②하고 非博士官所職이요 天下에 有藏詩書百家語者어든 皆詣守尉하야 雜燒之③하고 偶語詩書者어든 棄市하고 以古非今者어든 族④하고 吏見知不擧어든 與同罪하고 令下三十日不燒어든 黥爲城旦⑤하고 所不去者는 醫藥卜筮種樹之書요 欲學法令者어든 以吏爲師하야지이다 制曰可⑥라하다

① 趣는 逡遇의 切이며, 뜻이 지향하는 것이다.

　趣, 逡遇切, 指意也.

② 列國의 역사 기록을 모두 불태운 것이다.

　皆燒列國史記也.

③ 秦나라에서 책을 불태운 것은 천하 사람들이 가지고 있던 책만을 불태웠을 뿐이다. 博士의
관직에 있던 사람들이 가지고 있던 책은 그대로 남아 있었는데, 項羽가 秦나라 궁실을 불
태울 때 비로소 박사들이 소장하고 있던 책들도 한꺼번에 불타버렸다.

　秦之焚書, 焚天下之人所藏之書耳. 其博士官所藏, 則故在. 項羽燒秦宮室, 始併博士所藏者, 焚之.

④ 偶는 서로 마주 대하는 것이다. 백성들이 모여서 말하는 것을 금한 것은 秦 始皇이 자신을
비방할까 두려워해서였다.

　偶, 對也. 禁民聚語, 畏其謗己.

⑤ "城旦"은 낮에는 오랑캐들을 방비하고, 밤에는 長城을 쌓기를 4년 동안 하게 하는 형벌이
다. 一說에는 "城旦은 새벽에 일어나 가서 성을 쌓는 것이다."라고 하였다.

　城旦, 晝旦伺寇虜, 夜暮築長城, 四歲刑也. 一云 "城旦旦起行治城也."

⑥ 여러 신하들이 주청하는 바가 있을 경우에 尙書令이 이를 아뢴다. 有司에게 내리는 것을
制라 하고, 天子가 답하는 것을 可라고 한다.

　群臣有所奏請, 尙書令奏之. 下有司曰制, 天子答之曰可.

己丑年(B.C. 212)

【綱】 秦나라 始皇帝 35년이다. 直道를 닦았다.

三十五年이라 除直道하다

【目】 蒙恬으로 하여금 直道를 닦게 하였는데, 九原을 경유하여 雲陽에까지 이르렀다. 산
을 깎고 골짜기를 메운 것이 1,800리나 되어, 몇 년이 지나도록 완성하지 못하였다.

　使蒙恬으로 除直道①하되 道九原抵雲陽하니 塹山堙谷이 千八百里라 數年不就②하다

① 除는 닦는 것이다.

　除, 治也.

② 道는 경유하는 것이다. 抵는 이르는 것이다. ≪漢書≫ 〈地理志〉에 "雲陽縣은 馮翊에 속한
다."고 하였다. 塹은 七艷의 切인데, 구덩이를 말한다. 또한 壍으로도 쓴다. 堙은 음이 因이
니, 메우는 것이다.

　道, 由也. 抵, 至也. 班志 "雲陽縣屬馮翊." 塹, 七艷切, 阬也, 亦作壍. 堙, 音因, 塞也.

直道

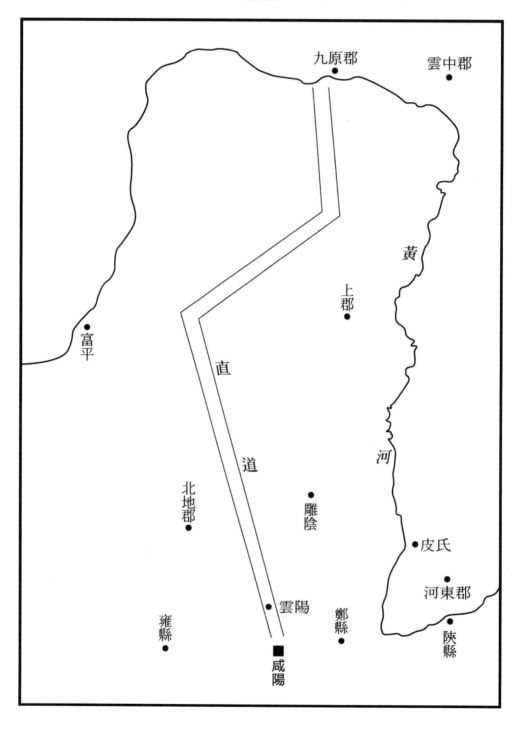

【綱】朝宮[40]을 營建하여 前殿(正殿)인 阿房宮을 지었다.

營朝宮할새 作前殿阿房하다

阿房宮 조영

【目】秦 始皇이 咸陽 지역이 사람은 많고 선왕이 지은 궁전은 작다고 하여, 朝宮을 渭南의 上林苑[41] 안에 지었다. 먼저 前殿인 阿房宮을 지으니, 동서의 길이가 500보이며, 남북의 길이가 50丈이었다. 위에는 1만 명이 앉을 수가 있었으며, 아래에는 5丈 높이의 깃발을 세울 수가 있었다. 주위에는 말이 달리는 閣道[42]를 만들었는데, 전각의 아래로부터 곧장 南山에 닿았으며, 산꼭대기에는 闕樓를 세워 표지로 삼았다. 또 구름다리를 만들어 渭水를 건너 咸陽과 연이어지게 하였다. 隱宮과 徒刑[43]을 받은 자 70만 명을

---

40) 朝宮 : 황제가 조회를 받는 궁궐을 말한다.

41) 上林苑 : 秦나라와 漢나라 때 長安에 있었던 황제의 정원 이름이다.

42) 閣道 : 나무를 쌓아 올려서 시렁 모양으로 만들어 사람들이 다닐 수 있게 한 길을 말한다.

43) 隱宮과 徒刑 : 隱宮은 宮刑이고, 徒刑은 노역형이다.

옮겨서 阿房宮과 驪山[44])을 나누어 만들게 하였는데, 관중 지역에 있는 궁이 모두 300개
였고, 관중 밖에 있는 궁궐이 400여 개였다. 이로 인해서 3만 가구를 驪邑으로 옮기고
5만 가구를 雲陽으로 옮겼다.

始皇이 以咸陽이 人多하고 先王宮廷이 小라하야 乃營朝宮渭南上林苑中호대 先作前殿阿房[①]하니
東西五百步요 南北이 五十丈이라 上可以坐萬人이요 下可以建五丈旗러라 周馳爲閣道호대 自殿
下로 直抵南山[②]하고 表山巓하야 以爲闕하고 複道渡渭하야 屬(촉)之咸陽[③]하다 隱宮徒刑者七十餘
萬人이라 分作阿房驪山[④]하니 關中에 計宮三百이요 關外에 四百餘[⑤]러라 因徙三萬家驪邑하고 五萬
家雲陽[⑥]하다

① 朝는 음이 潮이다. 阿는 모퉁이이다. 房은 房室이라 할 때의 房이다. 전각의 네 모퉁이를
모두 방으로 만든 것을 말한 것이다. 또 큰 언덕을 阿라고 하는데, 그 전각이 높아서 마치
언덕 위에 방을 만든 것과 같음을 말한 것이다. 또 阿는 가까운 것이며, 房은 혹 旁이라고
쓰인다. 그 궁이 咸陽과의 거리가 가까우므로 阿房宮이라고 한 것이다. 또 이것은 그 형태
로 궁의 이름을 지은 것이다. 그 궁의 네 모퉁이에 있는 방이 넓은 것을 말한다. 또 阿는
산굽이로, 아방은 바로 옛 지명인데, 궁이 이루어지고 나서 궁의 이름을 다시 짓기도 전에
불에 탔으므로, 천하 사람들이 단지 阿房宮이라고 이른 것이다.
朝, 音潮. 阿, 曲也. 房, 房室之房, 言殿之四阿, 皆爲房也. 又大陵曰阿, 言其殿高若於阿上爲
房也. 又阿, 近也. 房, 或作旁. 以其去咸陽近, 且號阿房. 又此以其形名宮也, 言其宮四阿房
廣也. 又阿, 山曲也, 阿房乃舊地名, 宮成, 未更名而燬, 故天下只云阿房宮.

② 關中에는 南山과 北山이 있는데, 甘泉으로부터 연이어져서 巀𡽎山(찰알산)과 九嵕山(구종
산)[45])에 이르는 것이 북산이 되고, 終南山과 太白山으로부터 연이어져서 商嶺[46])에 이르는
것이 남산이 된다.
關中, 有南山·北山. 自甘泉連延至巀𡽎·九嵕爲北山. 自終南·太白連延至商嶺爲南山.

③ 屬은 음이 燭으로, 연이어지는 것이다.
屬, 音燭, 連也.

④ 宮은 淫刑으로, 남자는 불까고 여자는 음부를 막는데, 사형의 다음가는 형벌이다. 다른 형
벌은 저잣거리에서 행하나 宮刑은 100일 동안을 음침한 방에 숨어서 요양해야 하므로, 隱
宮이라 하는 것이다. 徒는 노역형이다. 도형은 죄 지은 자에게 이미 형벌을 가하고서 다시
벌로 노역을 시키는 것이다. 驪는 음이 離이다. ≪史記索隱≫[47])에 "驪山은 雍州 新豐縣 남
쪽에 있다."고 하였다.

---

44) 驪山 : 秦 始皇의 능을 말한다.

45) 九嵕山(구종산) : 중국 長安 근교에 있는 명산으로, 이곳에 唐나라 太宗의 무덤인 昭陵이 있다.

46) 商嶺 : 商山으로, 秦나라 말기에 혼란한 세상을 피하여 商山四皓가 이곳에 머물러 있었다.

47) 史記索隱 : 唐나라 司馬貞이 지은 ≪史記≫의 註釋書를 말한다.

秦나라 函陽 지역도

宮, 淫刑也. 男子割勢, 婦人幽閉, 次死之刑. 餘刑見於市朝, 宮刑, 一百日隱於蔭室養之乃可, 故曰隱宮. 徒, 奴役也. 徒刑者, 有罪旣加刑, 復罰作之也. 驪, 音離. 索隱 "驪山在雍州新豊縣南."

⑤ 秦나라의 서쪽에는 隴關[48]이 있고, 동쪽에는 函谷關[49]이 있고, 남쪽에는 武關이 있고, 북쪽에는 臨晉關[50]이 있고, 서남쪽에는 散關[51]이 있는데, 秦나라가 그 안에 위치해 있다. 그러므로 關中이라고 하는 것이다.

秦地, 西有(龍)〔隴〕[52]關, 東有函谷關, 南有武關, 北有臨晉關, 西南有散關. 秦居其中, 故謂之關中.

⑥ 驪邑은 秦 始皇의 능이다. 漢나라 때에는 임금이 즉위하면서부터 곧바로 山陵을 만든 것과 백성들을 옮겨 능 곁에 고을을 둔 것은 모두 秦나라의 제도이다. 雲陽은 甘泉宮이 있는 곳이다.

驪邑, 始皇之陵也. 漢自人君卽位, 卽治山陵, 及徙民, 置邑陵旁, 皆秦制也. 雲陽, 甘泉宮所在也.

【目】盧生이 秦 始皇을 설득하여 말하기를, "微行을 하여 악귀를 물리치고, 거처하는 궁실을 다른 사람들이 알지 못하게 한 뒤에야 불사약을 얻을 수 있을 것입니다."라고 하였다. 진 시황이 이에 영을 내려 咸陽의 주위 200리 안에 있는 宮觀을 複道로 서로 연결하고, 휘장과 鐘鼓와 미인들로 그곳을 채웠는데, 각각 부서별로 명단을 작성하여 안치하고 다른 곳으로 옮겨가지 못하게 하였다. 또 자신이 행차를 하는 곳을 말하는 자가 있을 경우에는 사형에 처했다.

盧生이 說(세)始皇호대 爲微行하야 以辟惡鬼①하고 所居宮을 毋令人知然後에 不死之藥을 殆可得也라하니 始皇이 乃令咸陽旁二百里內 宮觀複道相連하고 帷帳鐘鼓美人을 充之하야 各案署不移徙②하고 所行幸을 有言其處者면 死③러니

① 微行은 은미하게 가는 것이다. 辟은 음이 壁이며, 없애는 것이다.
    微行, 微隱行也. 辟, 音壁, 除也.
② 宮은 지존이 거처하는 곳의 칭호이다. 觀은 음이 貫이니, 魏闕[53]을 형상한 것과 같은 것이

---

48) 隴關 : 大震關이라고도 한다.
49) 函谷關 : 전국시대 때 秦나라가 설치한 관문으로 崤函이라고도 한다.
50) 臨晉關 : 蒲關이라고도 한다.
51) 散關 : 大散關이라고도 한다. 섬서와 사천 두 省 사이의 교통로에 해당하는 관계상, 군사적 요충지였다.
52) (龍)〔隴〕: 저본에는 '龍'으로 되어 있으나, 思政殿訓義 《資治通鑑》에 근거하여 '隴'으로 바로잡았다.
53) 魏闕 : 임금이 사는 궁궐을 가리킨다. 임금이 사는 대궐의 문이 우뚝하니 높으므로 이렇게 이르

다. 옛날에 모든 문마다 그 앞에는 두 개의 觀을 세워두었는데, 이는 궁문을 표시한 것이다. 거기에 올라가서 보면 사방을 두루 볼 수 있으므로 觀이라고 한 것이다. 案은 안도하는 것이다. 署는 관부이다.

宮, 至尊所居之稱也. 觀, 音貫, 猶象魏闕也. 古者, 每門樹兩觀於其前, 所以標表宮門. 登之則可徧觀, 故謂之觀. 案, 按堵也. 署, 官府也.

③ 천자의 수레가 이르는 것을 백성과 신하들이 요행으로 여기므로 幸이라고 하는 것이다.

天子車駕所至, 民臣以爲僥幸, 故曰幸.

【目】秦 始皇이 일찍이 梁山宮에 있다가 승상의 수레와 말이 많은 것을 보고는 언짢아하였다. 어떤 사람이 이를 승상에게 고하니, 승상이 수레와 말의 숫자를 줄였다. 그러자 진 시황이 노하여 말하기를, "이것은 환관들이 나의 말을 누설한 것이다."라고 하고는, 당시에 자신의 곁에 있던 환관을 잡아다가 모두 죽였다. 그런 뒤로는 진 시황이 있는 곳을 알지 못하여, 여러 신하들 가운데 황제의 결재를 받아야 할 자들이 모두 咸陽宮에서 받았다.

嘗從梁山宮하야 望見丞相車騎衆^①하고 弗善也^②어늘 或이 告丞相하니 丞相이 損之한대 始皇이 怒曰 此는 中人이 泄吾語로다하고 捕時在旁者하야 盡殺之하니 是後에 莫知行之所在하야 群臣受決事者 悉於咸陽宮하더라

① 여기서 句를 뗀다.

句.

② ≪漢書≫ 〈地理志〉에 "梁山宮은 扶風의 好畤縣에 있다."고 하였다. "弗善(언짢게 여기다)"은 대개 그 권위가 성한 것을 꺼린 것이다.

班志 "梁山宮在扶風好畤縣." 弗善, 蓋忌其權盛.

【綱】儒生들 460여 명을 구덩이에 파묻고, 長子인 扶蘇로 하여금 蒙恬의 군대를 감독하게 하였다.

阬諸生四百六十餘人하고 使長子扶蘇로 監蒙恬軍하다

【目】侯生과 盧生이 서로 더불어 秦 始皇에 대해서 비난하는 의논을 하다가 도망쳤다. 진 시황이 그것을 듣고는 크게 노하여 말하기를, "유생들이 혹 妖言을 하여 백성들을 어지럽힌다."라고 하였다. 그러고는 御史로 하여금 잡아다가 조사하게 하자, 유생들이 서

─────────

는 것이다.

로가 서로를 끌고 들어가 고발하였다. 이에 금법을 범한 자들을 직접 제거한 것이 모두 460여 명이었는데, 이들을 모두 咸陽에 구덩이를 파고 생매장하였다.

　長子인 扶蘇가 간하기를 "유생들은 모두 孔子의 말을 외우고 이를 본받는 사람들인데, 지금 중한 법으로 처벌하시니, 신은 천하 사람들이 불안해할까 두렵습니다."라고 하자, 진 시황이 노하여 부소를 북쪽 변경으로 보내어 上郡에서 蒙恬의 군대를 감독하게 하였다.

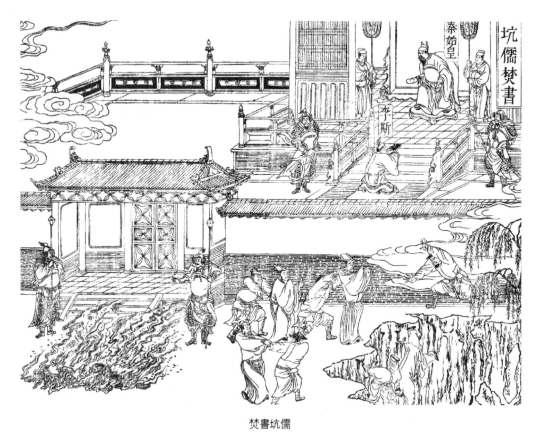

焚書坑儒

　侯生盧生이 相與譏議始皇이라가 因亡去어늘 始皇이 聞之하고 大怒曰 諸生이 或爲妖言하야 以亂黔首라하고 使御史로 案問之하니 諸生이 傳相告引하야 乃自除犯禁者 四百六十餘人이어늘 皆阬之咸陽①한대 長子扶蘇諫曰 諸生이 皆誦法孔子어늘 今以重法繩之하시니 臣恐天下不安②일까하노이다 始皇이 怒하야 使北監蒙恬軍於上郡하다

　① 秦나라에서는 御史를 두어 간사하고 교활한 자를 토벌하고, 큰 옥사를 다스리게 하였는데, 御史大夫가 통솔하였다. 傳(차례로 돌다)은 柱戀의 切이다. "傳相告引(서로가 서로를 끌고 들

어가 고발하다.)"은 갑이 을을 끌어들이고, 을이 다시 병을 끌어들이는 것이다.

秦置御史, 掌討姦猾治大獄, 御史大夫統之. 傳, 柱戀切. (專)〔傳〕[54]相告引者, 謂甲引乙, 乙復引丙也.

② "誦法孔子"는 孔子의 말을 외워 법으로 삼는 것이다. 繩은 탄핵하여 다스리는 것이다.

誦法孔子, 誦孔子之言, 以爲法也. 繩, 彈治也.

庚寅年(B.C.211)

【綱】秦나라 始皇帝 36년이다. 운석이 東郡에 떨어졌다.

三十六年이라 隕石東郡하다

【目】운석이 東郡에 떨어졌는데, 어떤 사람이 거기에 새겨 넣기를, "始皇이 죽고서 땅이 나뉜다."라고 하였다. 秦 始皇이 御史를 시켜서 하나하나 조사하였으나, 승복하는 사람이 없자, 운석이 떨어진 주위에 사는 사람들을 모두 처형하고, 그 운석은 불태워 없앴다.

有隕石于東郡하니 或이 刻之曰 始皇이 死而地分①이어늘 使御史로 逐問莫服이라 盡誅石旁居人하고 燔其石②하다

① 東郡은 본래 衛나라 지역으로, 秦나라가 衛나라를 野王으로 옮기고 그 지역에 東郡을 두었다.

東郡, 本衛地, 秦徙衛於野王, 以其地置東郡.

② 燔은 음이 煩으로, 불사르는 것이다.

燔, 音煩, 爇也.

辛卯年(B.C.210)

【綱】秦나라 始皇帝 37년이다. 겨울 10월에 황제가 동쪽으로 순행하여 雲夢에 이르러 虞舜에게 제사하고, 會稽山[55]에 올라가 大禹에게 제사한 다음 비석을

---

54) (專)〔傳〕: 저본에는 '專'으로 되어 있으나, 본문에 근거하여 '傳'으로 바로잡았다.

55) 會稽山: 浙江省 紹興縣 남동쪽에 있는 名山으로, 吳나라 왕 夫差가 越나라 왕 勾踐을 포위했던 곳이다.

세워 덕을 칭송하였다. 가을 7월에 沙丘에 이르러 秦 始皇이 崩하였다. 승상
李斯와 환관 趙高가 遺詔를 사칭하여 작은아들인 胡亥를 세워 태자로 삼고
扶蘇와 蒙恬을 죽였다. 그러고는 咸陽으로 돌아와 胡亥가 황제의 위를 이어
받았다. 9월에 秦 始皇을 驪山에 장사 지냈다.

　　三十七年이라 冬十月에 帝東巡至雲夢하야 祀虞舜하고 上會稽하야 祭大禹하고 立石頌
德하고 秋七月에 至沙丘崩^①하니 丞相李斯宦者趙高矯遺詔하야 立少子胡亥爲太子하고
殺扶蘇蒙恬하고 還至咸陽하야 胡亥襲位하고 九月에 葬驪山^②하다

　　① 나이가 50세였다.

　　　壽, 五十.

　　② 遺는 남겨두는 것이다. 遺詔는 이른바 顧命과 같은 것이다.

　　　遺, 留也. 遺詔, 如所謂顧命也.

【目】10월에 始皇이 동쪽으로 순행할 적에 작은아들인 胡亥와 승상 李斯가 따라갔다.
雲夢에 이르러서 九疑山⁵⁶⁾에서 虞舜에게 望祀⁵⁷⁾하고, 揚子江에서 배를 타고 내려와
海渚⁵⁸⁾를 건넌 다음, 丹陽을 지나서 錢塘에 이르렀다. 浙江을 건너서 會稽山에 올라
가 大禹에게 제사하고, 남해를 바라보고는 비석을 세워 덕을 칭송하였다. 북쪽으로
가서 琅邪山과 之罘山에 이르렀으며, 다시 서쪽으로 가서 平原津에 이르렀을 때 병이
났다.

　　十月에 始皇이 東巡할새 少子胡亥와 丞相李斯從^①이러라 至雲夢하야 望祀虞舜于九疑山^②하고 浮
江下하야 渡海渚하고 過丹陽^③하야 至錢塘이라 渡浙江^④하야 上會稽하야 祭大禹하고 望于南海하고 立
石頌德^⑤하고 北至琅邪之罘하고 西至平原津而病^⑥호대

　　① 從(따르다)은 去聲이다.

　　　從, 去聲.

　　② 雲夢은 楚 지방의 늪지 이름이다. 동서의 길이가 8, 9백 리나 되어 揚子江의 남쪽과 북쪽
　　　에 걸쳐 있다. 이를 구별해서 말하면 雲澤과 夢澤이다. 望은 바라보면서 제사를 지내는 것

---

56) 九疑山 : 舜임금의 무덤이 있는 곳으로, 산·이름은 아홉 개의 봉우리가 거의 같아서 이것인지
　　저것이지 의심스럽다는 뜻에서 붙인 이름이라고 한다.

57) 望祀 : 望祭와 같은 말로, 멀리 산천을 우러르며 신에게 제사를 드리는 것을 말한다.

58) 海渚 : 지금의 安徽省 桐城縣에 있는데, 이 지역은 揚子江의 중간 지점에 있으므로, '海'자는 '江'
　　자의 오자인 듯하다.

秦 始皇 全國 순행 경로

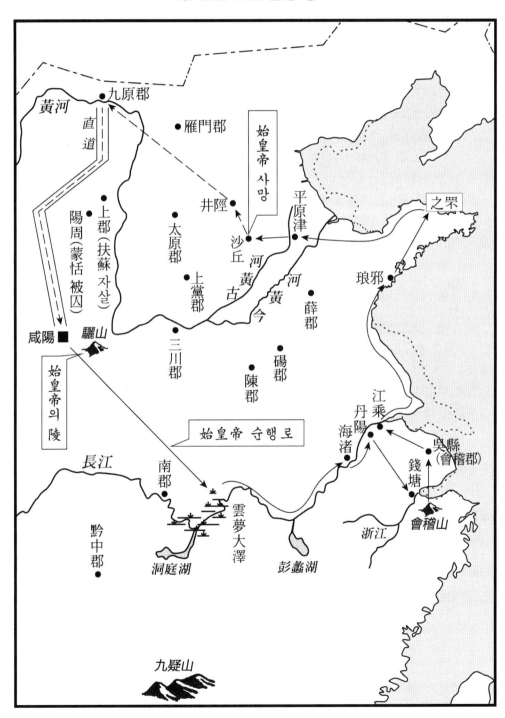

으로, 그로 인해서 제사의 이름을 望祭라고 한 것이다. 疑는 어떤 데에는 嶷로 되어 있는
데, 음은 역시 疑이다. 그 산의 모습은 아홉 개 봉우리의 모양이 서로 비슷하므로, 疑로써
이름을 붙여 九疑山이라 한 것이다. 9봉은 첫 번째는 朱明이고, 두 번째는 石城이고, 세 번
째는 石樓이고, 네 번째는 娥皇이고, 다섯 번째는 舜源이고, 여섯 번째는 女英이고, 일곱
번째는 簫韶이고, 여덟 번째는 桂林이고, 아홉 번째는 梓林이다. 舜임금의 능은 女英峯 아
래에 있다. ≪括地志≫에 이르기를, "구의산은 永州의 唐興縣에서 동남쪽으로 100리 되는
곳에 있다."고 하였다.

雲夢, 楚澤名, 廣八九百里, 跨江南北. 別而言之, 則二澤也. 望, 望而祭也. 因爲祭名. 疑, 或
作嶷, 亦音疑. 其山九峯相似, 故以疑名焉. 九峯, 一朱明, 二石城, 三石樓, 四娥皇, 五舜源,
六女英, 七簫韶, 八桂林, 九梓林. 舜陵在女英峯下. 括地志 "九疑山在永州唐興縣東南百里."

③ ≪括地志≫에 "海渚는 舒州의 同安縣 동쪽에 있다."라고 하였다. ≪漢書≫〈地理志〉에 "丹陽
縣은 秦나라 때에는 鄣郡에 속한다."고 하였다.

括地志 "海渚在舒州同安縣東." 班志 "丹陽縣, 秦屬鄣郡."

④ ≪漢書≫〈地理志〉에 "錢塘縣은 會稽郡에 속한다."고 하였다.

班志 "錢塘縣屬會稽郡."

⑤ ≪漢書≫〈地理志〉에 "會稽山은 會稽郡 山陰縣 남쪽에 있는데, 禹冢과 禹井이 있다."고 하
였다.

班志 "會稽山在會稽郡山陰縣南, 有禹冢禹井."

⑥ 平原縣은 秦나라 때에는 齊郡에 속하였고, 漢나라 때에는 나누어서 平原郡을 두었다. ≪漢
書≫〈地理志〉에 "篤馬河는 平原 동북쪽에 이르러서 바다로 들어간다."고 하였다. 이곳은
대개 나루터가 있는 곳이다.

平原縣, 秦屬齊郡, 漢分置平原郡. 班志 "篤馬河, 至平原東北入海." 此蓋津渡處.

【目】 始皇이 죽음에 대해서 말하는 것을 싫어하니, 여러 신하들이 죽은 뒤의 일에 대해
서 감히 말하지 못하였다. 병세가 더욱 심해지자 中車府令 行 符璽事[59] 趙高로 하여금
璽書를 만들어 扶蘇에게 내리게 하였는데, 그 새서에 이르기를, "喪事에 참여하고 咸陽
에 모여서 장사 지내라."라고 하였다. 그러나 조고는 이를 사자에게 부치지 않았다.

始皇이 惡言死하니 群臣이 莫敢言死事러니 病益甚이라 乃令中車府令行符璽事趙高로 爲書賜
扶蘇曰 與喪會咸陽而葬하라 未付使者①러니

① 中車府令은 秦나라의 관직으로, 乘輿와 路車를 주관하는데, 行 符璽令事를 겸임하였다.
中車府令, 秦官, 主乘輿路車, 兼行符璽令事.

---

59) 中車府令 行 符璽事 : 中車府令은 궁문의 수위관에 해당하는 직책이고, 符璽事는 부절과 옥새를
관리하는 직책이다. 行은 임시관직을 뜻하는 말이다.

【目】7월에 始皇이 沙丘에서 崩하였다. 그러나 崩한 것을 비밀에 부쳐 發喪하지 않고는, 棺을 輼涼車에 싣고 오면서 이르는 곳마다 식사를 올리고 일을 아뢰기를 전과 같이 하였다. 오직 胡亥와 趙高 및 가까이에서 모시던 환관 5, 6명만 시황이 죽은 것을 알았다.

七月에 始皇이 崩於沙丘어늘 秘不發喪하고 棺載輼涼車中하야 所至에 上食奏事를 如故하니 獨胡亥趙高與幸宦者五六人이 知之①러라

① 輼은 음이 溫이다. 涼이 一本에는 輬으로 되어 있는데, 음은 같다. 輼涼은 누워서 타는 수레이다. 창문이 있어서 이를 닫으면 따스해지고 이를 열면 시원해지므로 이렇게 이름한 것이다. 후대에는 喪柩를 싣고 柳翣[60]으로 장식하여 드디어 喪車가 되었다. 輼, 音溫. 涼, 一作輬, 音同. 輼涼, 臥車也. 有窓牖, 閉之則溫, 開之則涼, 故名焉. 後因載喪, 飾以柳翣, 遂爲喪車.

秦 始皇 皇陵 부근에서 출토된 구리 수레

【目】당초에 始皇이 蒙氏[61]들을 존중하고 총애하여, 蒙恬은 바깥으로 나가 장수를 맡고, 蒙毅는 항상 중앙에 있으면서 정사를 논하는 데 참여하였는데, 모두 충성스럽고 믿음직하다는 명성이 있었다. 趙高라는 자는 태어나면서부터 隱宮의 형(宮刑)을 받았는데, 시황은 그가 힘이 세고 옥사에 관한 법을 잘 알고 있다는 말을 듣고 中車府令으로 삼았다. 그러고는 그로 하여금 胡亥에게 옥사를 결단하는 법을 가르치게 하였다. 조고가 일찍이 죄를 지어서 몽의로 하여금 치죄하게 하였는데, 사형에 해당되자, 시황이 이를 사면하였다.

初에 始皇이 尊寵蒙氏하야 恬은 任外將하고 毅는 常居中參謀議하야 名爲忠信이러라 趙高者生而隱宮①이러니 始皇이 聞其彊力通獄法②하고 以爲中車府令하야 使敎胡亥決獄이러니 嘗有罪어늘 使毅治之한대 當死어늘 始皇이 赦之③하다

---

60) 柳翣 : 出喪할 때 靈柩의 棺을 꾸미는 장식이다.

61) 蒙氏 : 아래 보이는 蒙恬과 蒙毅는 형제로 그 조부는 蒙驁(몽오)이고 아비는 蒙武이다. 몽오는 齊나라 사람으로 秦나라에 와서 將軍이 되어 크게 활약하였으며, 몽무는 王翦과 함께 楚나라를 공격하여 項燕을 죽였다. 이렇듯 몽념의 집안은 秦 始皇 때 대표적 武家였다. 《史記 蒙恬列傳》

① 趙高의 아버지가 宮刑을 범하여 처자식이 적몰되어 노비가 되었는데, 처가 뒤에 野合하여
낳은 자식들도 모두 趙氏 姓을 이어받고서 宮刑을 받았다. 그러므로 태어나면서 隱宮을 당
하였다고 한 것이다.
高父犯宮刑, 妻子沒爲奴婢. 妻後野合所生子, 皆承趙姓, 竝宮之, 故云生而隱宮也.
② 彊은 其良의 切이니, 힘이 있는 것이다.
彊, 其良切, 有力也.
③ 當은 都郎의 切이니, 그 죄에 처하는 것을 이른다.
當, 都郎切, 謂處其罪也.

【目】趙高는 이미 평소에 胡亥에게 총애를 받았으며, 또 蒙氏들을 원망하였다. 이에 호
해와 더불어 모의하여, 始皇의 명을 사칭하여 扶蘇를 죽이고, 호해를 태자로 세우려고
하였다. 호해가 그렇게 하자고 하자, 조고가 말하기를, "승상과 더불어 서로 모의하지
않으면, 아마도 일이 성사되지 않을 것입니다."라고 하였다.

그러고는 李斯를 만나서 말하기를, "상께서 큰아들(扶蘇)에게 내린 璽書와 符璽가 모
두 胡亥의 처소에 있으니, 태자를 정하는 것은 君侯(李斯)와 趙高의 입에 달려 있소. 장
차 어떻게 하시겠소?"라고 하니, 이사가 말하기를, "어찌하여 나라를 망칠 말을 하신단
말이오. 이는 신하된 자가 의논할 바가 아니오."라고 하자, 조고가 말하기를, "군후의
재능과 지려, 功의 높음과 원망을 받지 않는 것과 황제의 큰아들에게 신임을 받는 것이
蒙恬과 비교해볼 때 누가 더 낫소?"라고 하였다. 이사가 말하기를, "모두 내가 몽념만
못하오."라고 하자, 조고가 말하기를, "황제의 큰아들이 즉위하면 반드시 몽념을 써서
승상으로 삼을 것이니, 군후께서는 끝내 通侯(列侯)의 인장을 품지 못하고 고향으로 돌
아갈 것임이 분명하오. 호해가 인자하고 어질며 도탑고 온후하여, 황제의 위를 이을 만
하니, 바라건대 당신께서는 잘 헤아려서 결정하시기 바라오."라고 하니, 이사가 그럴
것이라고 여기고는, 이에 서로 더불어 詔書를 고쳐서 호해를 세워 태자로 삼았다.

그러고는 다시 璽書를 만들어서 부소에게 내려, 공은 세우지 못하고 자주 글을 올려
비방하고 원망하였다는 내용으로 죄를 나열하였으며, 몽념에 대해서는 이를 바로잡지
못하였다는 내용으로 죄목을 만들어, 두 사람 모두를 사사하였다.

高旣雅得幸於胡亥①요 又怨蒙氏하야 乃與胡亥謀하야 詐以始皇命으로 誅扶蘇而立胡亥爲太
子한대 胡亥然之어늘 高曰 不與丞相謀면 恐事不成이라하고 乃見李斯曰 上賜長子書及符璽 皆在
胡亥所하니 定太子는 在君侯與高之口耳라 事將何如②오 斯曰 安得亡國之言고 此非人臣所當議
也니라 高曰 君侯材能智慮와 功高無怨長子信之 孰與蒙恬③고 斯曰 皆不及也니라 高曰 長子가

卽位면 必用恬爲丞相하리니 君侯終不懷通侯之印하야 歸鄕里明矣④라 胡亥慈仁篤厚하야 可以
爲嗣니 願君은 審計而定之하라 斯以爲然하야 乃相與矯詔 立胡亥爲太子하고 更爲書賜扶蘇⑤하야
數(수)以不能立功하고 數(삭)上書誹謗怨望호대 而恬이 不矯正이라하야 皆賜死⑥한대

① 雅는 평소이다.
   雅, 素也.
② 君侯는 列侯를 통틀어서 부르는 존칭이다.
   君侯, 通呼列侯之尊稱.
③ ≪資治通鑑≫에는 "이 다섯 가지에 있어서 모두 蒙恬과 비교해볼 때 어떻습니까?"라는 내
   용이 있다.
   通鑑 "此五者, 皆孰與蒙恬."
④ 通侯는, 漢나라에서는 徹侯라고 하였고 또 列侯라 하였다. 그러니 通은 또한 徹의 뜻이다.
   通이란 것은 공덕이 왕실에 통함을 말한다.
   通侯, 漢曰徹侯, 亦曰列侯. 通, 亦徹也. 通者, 言功德通於王室也.
⑤ 更(다시)은 平聲이다.
   更, 平聲.
⑥ 위에 數(죄목을 나열하여 책망하다)는 所矩의 切이고, 아래 數(자주)은 음이 朔이다.
   上數, 所矩切. 下數, 音朔.

【目】扶蘇가 璽書를 열어보고는 눈물을 흘리면서 자살하고자 하자, 蒙恬이 말하기를,
"폐하께서 신으로 하여금 30만 명의 군사를 거느리고 변방을 지키게 하였으며, 공자께
서 이를 감독하게 하시었습니다. 이것은 천하의 중대한 임무입니다. 지금 한 명의 사자
만 왔으니, 그것이 속임수가 아니라는 것을 어찌 알겠습니까. 다시금 명을 청한 뒤에
죽더라도 늦지 않습니다."라고 하자, 부소가 말하기를, "아버지가 자식에게 죽음을 명하
였는데, 어찌 다시 명을 청한단 말입니까."라고 하고는, 곧바로 자살하였다. 몽념이 죽
지 않으려고 하자, 陽周에 가두고는 다시 李斯의 舍人을 두어 護軍[62]으로 삼고 돌아와
서 보고하였다. 胡亥가 몽념을 석방해주려고 하였는데, 그때 마침 蒙毅가 외방으로 나
가서 산천에 제사를 지내고 돌아왔다. 趙高가 말하기를, "선제께서 태자를 세우려고 한
지가 오래였으나, 몽의가 안 된다고 하였습니다."라고 하자, 이에 代 지역에 몽의를 가
두었다. 그러고는 드디어 井陘과 九原을 통하여 直道로 咸陽에 이르러서 發喪한 다음,
호해가 황제의 위를 이어받았다. 이 사람이 바로 二世皇帝이다.

---

62) 護軍 : 秦漢 시기의 護軍은 임시로 설치된 관직으로 護軍都尉 또는 護軍中尉라 하였다. 漢나라
   高祖 때 陳平이 護軍中尉에 임명되기도 하였는데, 장수들을 감찰하는 직책이다.

扶蘇發書泣하고 欲自殺이어늘 恬曰 陛下가 使臣으로 將三十萬衆守邊하고 公子爲監하니 此天下 重任也라 今一使者가 來하니 安知其非詐리오 復請而死未暮也라 扶蘇曰 父賜子死하니 尙安復 請이리오 卽自殺하다 恬은 不肯死어늘 繫諸陽周①하고 更置李斯舍人爲護軍하고 還報②한대 胡亥欲 釋恬이러니 會毅出禱山川還이어늘 高曰 先帝欲立太子久矣而毅以爲不可라한대 乃繫諸代③하고 遂 從井陘九原하야 直道至咸陽하야 發喪하고 胡亥襲位하니 是爲二世皇帝라

① 《漢書》〈地理志〉에 "陽周縣은 上郡에 속한다."고 하였다. 《資治通鑑》에는 "사자가 관리 를 시켜서 陽周에서 蒙恬을 가두었다."라는 내용이 있다.
   班志 "陽周縣屬上郡." 通鑑 "使者以屬吏繫諸陽周."
② 護軍都尉는 秦나라의 관직 이름이다. 당시에 蒙恬을 이미 관리를 시켜 가두게 해놓고서도 몽념의 군사들이 변란을 일으킬까 두려웠으므로, 李斯의 舍人을 護軍으로 삼아, 그로 하여 금 여러 장수들을 감시하게 한 것이다.
   護軍都尉, 秦官. 時恬已屬吏, 恐其軍有變, 故以李斯舍人爲護軍, 使之護諸將也.
③ 地理에 의거해보면, 代 땅은 沙丘와의 거리가 아주 멀다. 대개 蒙毅가 돌아오다가 代 땅에 이르자, 곧바로 그곳에다가 가둔 것이다.
   據地理, 代距沙丘甚遠, 蓋毅還至代, 卽就繫之.

【目】9월에 始皇帝를 驪山에 장사 지 냈는데, 무덤 아래에는 三泉으로 견 고하게 막고 창고에 보관하고 있던 진기한 기물과 기이한 보배를 옮겨 서 무덤 안을 채웠다. 그러고는 공 장으로 하여금 機弩를 만들어 설치 하게 하여, 무덤을 뚫고 접근하는 자가 있으면 문득 발사되게 하였다. 또 무덤 위에는 天文을 갖추어놓고, 아래에는 地理를 갖추어놓았다. 또

驪山陵 부근에서 발굴된 兵馬俑

후궁 가운데 아들을 낳지 못한 자들은 모두 따라서 죽게 하였으며, 공장 가운데 機弩를 만든 자들을 모두 묘 안에 가두어놓았다.

九月에 葬始皇帝於驪山호대 下錮三泉①하고 奇器珍怪를 徙藏滿之②하고 令匠으로 作機弩하야 有 穿近者면 輒射之③케하고 上具天文하고 下具地理하며 後宮無子者를 皆令從死하고 工匠爲機者를

皆閉之墓中^④하다

① 錮는 음이 固이며, 구리를 녹여 부어넣어서 단단하게 한 것이다. 三泉은 세 겹의 샘이다.
  ≪史記≫〈秦始皇本紀〉에는 "三泉을 뚫어서 아래를 단단하게 하였다."라고 되어 있다.
  錮, 音固, 冶銅鑄塞以爲固也. 三泉, 三重之泉也. 本紀, 作穿三泉下錮.
② 藏(창고)은 自浪의 切이다. 창고에 보관하고 있던 물품을 옮겨서 무덤 안에 가득 채운 것을
  이른다.
  藏, 自浪切. 謂徙府藏之物, 以充滿冢中也.
③ 機는 쇠뇌의 발사 장치이다. 발사를 맡고 있는 것을 機라고 한다.
  機, 弩括也. 主發, 謂之機.
④ 從(따르다)은 去聲이다. 秦나라의 法에 임금을 장사 지낼 때에는 사람을 따라 죽게 하였다.
  從, 去聲. 秦法, 君葬以人從死.

【目】二世가 드디어 蒙恬 형제를 죽이고자 하자, 扶蘇의 아들 子嬰이 간하기를, "蒙氏들은 秦나라의 대신이며 모사입니다. 그런데 하루아침에 그들을 버리고서 절조와 행실이 없는 사람을 대신 세운다면, 이것은 여러 신하들로 하여금 서로 믿지 못하게 하고, 鬪士들의 뜻이 이반되게 하는 것입니다."라고 하였다. 그러나 二世가 듣지 않았다.

몽념이 말하기를, "우리 집안은 秦나라에 3대 동안이나 공적과 믿음을 쌓았다[63]. 그리고 지금 군사를 30여만 명이나 거느리고 있으니 그 형세가 반란을 일으키기에 충분하다. 그러나 나는 내가 죽더라도 반드시 의를 지켜야 한다는 것을 알고 있으니 감히 선인들께서 先帝를 잊지 말라고 한 가르침을 욕되게 하지는 못하겠다."라고 하고는, 드디어 약을 마시고 자살하였다.

二世欲遂殺蒙恬兄弟어늘 兄子子嬰이 諫曰 蒙氏는 秦之大臣謀士也라 一旦棄之而立無節行之人이면 是는 使群臣으로 不相信而鬪士之意離也리이다 弗聽하다 恬曰 吾積功信於秦이 三世矣^①라 今將兵三十餘萬하니 其勢足以倍畔이나 然自知必死而守義者는 不敢辱先人之敎하야 以不忘先帝也라하고 乃吞藥自殺하다

① 蒙恬의 할아버지 驁와 아버지 武 및 蒙恬 3대가 모두 秦나라를 섬겨 공이 있었다.
  恬祖驁父武及恬三世, 皆事秦有功.

【目】司馬溫公이 다음과 같이 평하였다.

63) 우리……쌓았다 : 131쪽 蒙氏 역주 61) 참조.

"秦 始皇이 바야흐로 천하에 해독을 끼치고 있을 적에 蒙恬이 그를 위하여 일을 하였
으니, 몽념이 어질지 못하다는 것을 잘 알 수가 있다. 그러나 신하가 된 자의 의리를 잘
알아서, 아무런 죄도 없이 죽임을 당하게 되었으나, 능히 죽음으로써 절개를 지켜 다른
마음을 품지 않았다. 이 점은 역시 칭찬할 만하다."

司馬公曰 秦始皇이 方毒天下而蒙恬이 爲之使하니 其不仁을 可知矣[1]나 然明於爲人臣之義하야
雖無辜見誅나 能守死不貳하니 斯亦足稱也로다

① 使(부리다)는 본음대로 읽는다.
　　使, 如字.

壬辰年(B.C. 209)

【綱】秦나라 二世皇帝 원년이다.

　二世皇帝元年이라

　楚나라 隱王 陳勝 원년, 趙王 武臣 원년, 齊王 田儋 원년, 燕王 韓廣 원년, 魏王 魏咎
원년이다. 이해에 건국된 나라가 모두 다섯이다.

　楚隱王陳勝元과 趙王武臣元과 齊王田儋[1]元과 燕王韓廣元과 魏王咎元年이라 ◖是歲에 建國
凡五라

① 儋은 丁甘의 切이다.
　　儋, 丁甘切.

【綱】 겨울 10월에 크게 사면하였다.

　冬十月에 大赦하다

【綱】 봄에 황제가 동쪽으로 가서 碣石에 도착하였으며, 바다를 끼고 내려와서
남쪽으로 會稽에 이르렀다가 돌아왔다.

　◖春에 帝東行到碣石하고 竝海하야 南至會稽而還하다

【綱】 여름 4월에 여러 공자와 공주를 살해하였다.

◑ 夏四月에 殺諸公子公主하다

【目】 二世가 趙高에게 일러 말하기를, "내가 이미 천하를 다 차지하였으니, 눈과 귀가 좋아하는 바를 다해보고 마음과 뜻이 즐거워하는 바를 다 누리면서 나의 수명을 마칠까 하는데, 할 수 있겠소?"라고 하자, 조고가 아뢰기를, "이는 어진 임금은 능히 행할 수 있는 바이고, 혼란한 임금은 금하는 바입니다. 그런데 沙丘의 모의[64]에 대해서 여러 공자와 대신들이 모두 의심하고 있습니다. 지금은 폐하께서 처음 즉위하신 때인데, 그런 족속들이 마음속으로 앙앙불락하면서 모두 승복하지 않으니, 변란이 있을까 염려됩니다. 그러니 폐하께서 어찌 그런 즐거움을 누릴 수 있겠습니까."라고 하였다.

이세가 이르기를, "그러면 어떻게 하면 되겠소?"라고 하니, 조고가 아뢰기를 "법을 엄하게 하고 형벌을 혹독하게 시행하여 대신과 종실들을 모조리 처형하고, 6국의 유민들을 거두어 등용하여 가난한 자들을 부자가 되게 해주고, 미천한 자들은 귀하게 해주어, 예전의 신하들을 모두 제거한 다음, 친하고 믿을 만한 사람들로 바꾸어 앉히소서. 그러면 폐하께서는 베개를 높이 베고 마음먹은 대로 다하면서 즐거움을 누릴 수 있을 것입니다."라고 하였다. 이세가 이에 법률을 변경하여 더욱더 각박하고 혹독하게 하기를 힘써서 대신과 여러 공자들에게 죄가 있으면 그때마다 문득 조고에게 회부시켜 끝까지 캐물어서 다스리게 하였다. 공자 12인을 咸陽의 저잣거리에서 욕보여 처형하였으며, 공주 10인을 杜 지역에서 사지를 찢어 죽었다.

二世謂趙高曰 吾已臨天下矣라 欲悉耳目之所好하며 窮心志之所樂하야 以終吾年壽하노니 可乎아 高曰 此는 賢主之所能行而昏亂主之所禁也라 然沙丘之謀를 諸公子及大臣이 皆疑焉하나니 今陛下初立에 此其屬이 意怏怏하야 皆不服하니 恐爲變일까하노니 陛下安得爲此樂乎시리잇고 二世曰 爲之奈何오 高曰 嚴法刻刑하야 誅滅大臣宗室하고 收擧遺民하야 貧者를 富之하며 賤者를 貴之하야 盡除故臣하고 更置所親信[①]하면 陛下則高枕肆志寵樂矣리이다 二世乃更爲法律하야 益務刻深하야 大臣諸公子有罪에 輒下高鞫治之[②]하니 公子十二人僇死咸陽市하고 十公主矺(책)死於杜[③]하다

---

64) 沙丘의 모의 : 沙丘는 秦 始皇이 죽은 곳이다. 진 시황이 천하를 순행할 때 趙高가 符璽令으로 따라갔는데, 진 시황이 죽음에 임박해서 큰아들인 扶蘇를 불러 후사를 이으라는 내용의 詔書를 조고에게 전했으나, 조고가 진 시황의 사망 사실과 조서를 숨기고 李斯와 결탁하여 가짜 조서를 내려 부소를 자살하게 하고, 그때 수행한 막내아들인 胡亥를 二世皇帝로 삼은 것을 말한다.

① 更(고치다)은 平聲이다. 아래도 같다.
　更, 平聲, 下同.
② 鞫은 음이 菊이며, 추궁하는 것이다.
　鞫, 音菊, 推窮也.
③ 矺(책)은 음이 摘이며, 磔(책형)과 같은데, 사람의 사지를 찢어서 죽이는 것을 말한다. ≪漢書≫〈地理志〉에 "杜縣은 京兆에 속하는데, 漢나라 宣帝가 고쳐서 杜陵이라 하였다."고 하였다.
　矺, 音摘, 與磔(책)同, 謂裂其支體而殺之. 班志 "杜縣屬京兆, 宣帝改曰杜陵."

【目】공자 將閭를 內宮에 가두고서 장차 죽이려고 하자, 장려가 하늘을 우러러보면서 '하늘이시여!'라고 크게 소리 지르고는, 칼을 빼어서 자살하니, 종실들이 모두 덜덜 떨었다.

공자 高가 달아나려고 하다가 감히 달아나지 못하고는 글을 올려 선제의 묘에 가서 죽어 驪山의 자락에 장사 지낼 수 있게 해달라고 청하였다. 그러자 二世가 크게 기뻐하면서 그 편지를 趙高에게 보이니, 조고가 아뢰기를 "신하들이 자신이 죽을까 걱정하기에도 겨를이 없는데, 어찌 변란을 도모할 수 있겠습니까."라고 하자, 이세가 이를 허락하고, 돈을 하사하여 장사 지내주게 하였다.

囚公子將閭於內宮하야 將殺之하니 將閭仰而呼天하고 拔劍自殺하니 宗室이 震恐①하더라 公子高欲犇不敢하야 乃上書請從死先帝하야 得葬驪山之足이어늘 二世大說(열)하야 以示趙高한대 高曰 人臣이 當憂死而不暇니 何變之得謀리오 二世可之하야 賜錢以葬하다

① 呼는 火故의 切이니, 크게 소리 지르는 것이다.
　呼, 火故切, 叫也.

【綱】다시 阿房宮을 지었다.

復作阿房宮하다

【目】다시 阿房宮을 지었다. 材士 5만 명을 징발해서 호위하게 하였다. 개와 말과 짐승들이 먹어야 할 먹이가 많아서 이를 郡縣에서 조달하게 하여 콩과 조와 꼴과 짚을 실어 왔는데, 운반하는 사람들은 모두 자신의 식량을 자신이 직접 싸가지고 오라고 명을 내렸다. 이에 咸陽 땅 300리 이내의 사람들이 그 곡식을 먹을 수가 없었다.

復作阿房宮할새 徵材士五萬人爲衛①하다 狗馬禽獸當食(사)者多②라 調郡縣하야 轉輸菽粟芻㶏③호대 皆令自齎糧食하니 咸陽三百里內에 不得食其穀이러라

① 材士는 材官65)이나 蹶張(궐장)66)의 군사이다.
   材士, 材官蹶張之士.
② 食(먹이다)는 飤(사)라고 읽는다.
   食, 讀曰(飲)[飤]67).
③ 調는 徒弔의 切이니, 헤아려서 보내는 것이다. 芻는 풀이다. 㶏는 古老의 切이니, 볏짚이다.
   調, 徒弔切, 計發也. 芻, 草也. 㶏, 古老切, 禾稈也.

【綱】 가을 7월에 楚나라 사람 陳勝68)과 吳廣69)이 蘄(기)에서 군사를 일으켰다. 진승이 스스로 서서 楚王이 되고는 오광을 假王으로 삼아 滎陽을 공격하였다.

秋七月에 楚人陳勝吳廣이 起兵於蘄하야 勝自立爲楚王하고 以廣爲假王하야 擊滎陽하다

【目】 이 당시에 閭左70)에서 징발되어 漁陽으로 수자리를 살러 가는 자 900명이 大澤鄕에 주둔해 있었는데, 陽城 사람인 陳勝과 陽夏 사람인 吳廣이 屯長으로 있었다. 그때 마침 하늘에서 큰비가 내려 길이 불통되었다. 도착할 날짜를 헤아려보니 이미 기한을 놓치게 되었는데, 기한 내에 도착하지 못하였을 경우에는 법에 모두 참수하게 되어 있었다.

是時에 發閭左戍漁陽者九百人이라 屯大澤鄕①하니 陽城人陳勝과 陽夏人吳廣이 爲屯長②이러니 會天大雨하야 道不通이라 度(탁)已失期하니 法皆斬이라

───────────────

65) 材官 : 武官을 말한다.
66) 蹶張(궐장) : 쇠뇌를 당길 적에 왼쪽 다리로 밟고서 잡아당기는 것을 말한다. 손으로 쇠뇌를 당기는 것은 擘張(벽장)이라고 한다.
67) (飲)[飤] : 저본에는 '飲'으로 되어 있으나, 思政殿訓義 ≪資治通鑑≫에 근거하여 '飤'로 바로잡았다.
68) 陳勝 : 秦나라 陽城 사람으로 자가 涉이다. 陳涉, 陳王 등으로 칭해졌다. 秦나라 二世 때 吳廣과 함께 반기를 들고 일어나 스스로 楚王이 되어 세력을 확장했으나, 마침내 御者 莊賈에게 살해당하였다. 그러나 진승의 反秦 봉기는 秦나라가 망하고 漢나라가 일어난 계기가 되었다.
69) 吳廣 : 秦나라 陽夏 사람으로, 자는 叔이다. 진승과 함께 秦나라에 반기를 들고 항거하여 假王이 되었다가 뒤에 부하에게 피살되었다.
70) 閭左 : 閭巷의 왼쪽이란 뜻으로, 그 당시에 여항의 왼쪽에는 가난한 자들이 주로 살고 있었다.

① 閭左는 閭里의 왼쪽에 사는 것을 말한다. 秦나라 때에는 역을 면제받은 자들이 閭左에 살았다. 이제 力役이 번거로워져서 여좌에 사는 자들까지 모두 調發한 것이다. 일설에는, "부유하고 강한 자들은 閭門의 오른쪽에 살고, 가난하고 약한 자들은 閭門의 왼쪽에 살았는데, 秦나라가 力役과 수자리를 사는 일이 많아서 부자들을 모두 역에 내보내고도 부족하여 가난한 자들까지 함께 징발하여 보낸 것이다."라고 한다. 徐廣이 말하기를, "大澤鄉은 沛郡의 蘄縣에 있다."라고 하였다.

閭左, 謂居閭里之左也. 秦時復(복)除者, 居閭左. 今力役煩, 在閭左者, 盡發之也. 一說 "凡居以富彊爲右, 貧弱爲左, 秦役戍多, 富者役盡, 兼取貧弱, 而發之也." 徐廣曰 "大澤鄉在沛郡蘄縣."

② 勝은 음이 升이다. 夏는 음이 賈이다. ≪漢書≫〈地理志〉에 "陽夏縣은 淮陽國에 속한다."고 하였다. 屯은 營과 같다. 매 營마다 長率(將卒)을 둔다.

勝, 音升. 夏, 音賈. 班志 "陽夏縣, 屬淮陽國." 屯, 猶營也. 每營, 置長率.

【目】陳勝과 吳廣이 천하의 사람들이 근심하고 원망하고 있는 것을 이용하여, 자신들을 인솔하던 尉를 죽이고, 그 무리들에게 명령을 내리기를, "공들은 모두 기한을 놓쳤으니 참수될 것이다. 설령 참수되지 않는다고 하더라도 수자리를 살다가 죽는 자가 참으로 열에 예닐곱은 될 것이다. 그리고 壯士가 죽지 않는다면 그만이지만, 죽는다면 크게 이름을 날려야 할 뿐이다. 王侯將相이 어찌 따로 종자가 있겠는가."라고 하니, 여러 사람들이 모두 그 말에 따랐다.

이에 공자 扶蘇와 項燕이라고 사칭하고는, 壇을 만들고서 맹세한 다음 국호를 大楚라고 칭하였다. 大澤鄉을 공격하여 함락시키고, 蘄(기)를 공격하자, 蘄가 항복하였다. 蘄를 경략하고 동쪽으로 가면서 도중에 군사를 거두어 모았는데, 陳 땅에 이르렀을 즈음에는 군사가 수만 명으로 불어났다. 진승이 陳에 들어가 주둔하였다.

勝廣이 因天下之愁怨하야 乃殺將尉①하고 令徒屬曰 公等이 皆失期하니 當斬이요 假令毋斬②이라도 而戍死者固什六七이라 且壯士不死則已어니와 死則擧大名耳니 王侯將相이 寧有種乎③리오 衆皆從之어늘 乃詐稱公子扶蘇項燕④하고 爲壇而盟하야 稱大楚하고 攻大澤鄉拔之하고 攻蘄한대 蘄下어늘 徇蘄以東⑤하야 行收兵하니 比至陳에 卒이 數萬人이라 入據之⑥하다

① 尉는 관직 이름이다. ≪漢舊儀≫[71]에 이르기를, "큰 현에는 3인의 尉가 있는데, 그 위가 屯卒 900명을 거느리므로 將尉라고 한 것이다."라고 하였다.

尉, 官也. 漢舊儀 "大縣三人, 其尉將屯九百人, 故云將尉."

---

71) 漢舊儀 : 後漢 光武帝 때의 학자인 衛宏이 지은 책이다. 위굉은 謝曼卿과 杜林에게 수학했으며, ≪毛詩序≫・≪古文尙書≫・≪訓旨≫ 등도 지었다.

② 〈"假令毋斬"은〉 "가령 요행히 참수를 당하지 않더라도"라는 말이다.

言假使幸得不見斬也.

③ 種은 上聲이니, 종류라는 뜻이다.

種, 上聲, 類也.

④ 扶蘇가 죄가 없는데도 二世皇帝가 살해하였는데, 백성들은 그가 죽은 것을 알지 못하고 있었다. 項燕은 楚나라의 뛰어난 장수로, 秦나라의 장수인 王翦에게 살해되었는데, 혹자는 죽었다고 하고 혹자는 도망쳤다고도 하였다. 그러므로 지금 짐짓 사람들을 속여, 자신들이 扶蘇와 項燕이라고 칭하면서 천하에 주창한 것이다. 이는 백성들이 부소를 어질게 여기고, 楚나라 사람들이 항연을 불쌍하게 여겼기 때문이다.

扶蘇無罪, 而二世殺之, 百姓未知其死. 項燕, 楚之良將, 爲秦將王翦所殺. 或以爲死, 或以爲亡, 今故詐自稱扶蘇項燕, 以爲天下倡. 以百姓賢扶蘇, 而楚人憐項燕也.

⑤ 下는 항복하는 것이다. 徇은 경략하는 것이다.

下, 降也. 徇, 略也.

⑥ "行收兵"은 길을 가면서 병사들을 거두어 모았다는 말이다. 比(근처)는 必寐의 切이다. 《漢書》〈地理志〉에 "陳縣은 淮陽國에 속한다."라고 하였다.

行收兵, 言就道上收兵也. 比, 必寐切. 班志 "陳縣屬淮陽國."

【目】 大梁 사람인 張耳와 陳餘가 성문에 와서 명함을 올리면서 만나주기를 청하였다. 陳勝이 평소에 그들의 어짊에 대해서 듣고 있었으므로 크게 기뻐하였다. 陳의 호걸과 부로들이 진승이 서서 楚王이 되기를 청하니, 진승이 장이과 진여에게 이에 대해서 물었다.

그러자 장이와 진여가 대답하기를, "秦나라가 무도하여 다른 사람의 사직을 멸망시키고 백성들에게 포악하게 굴었으므로, 장군이 만 번 죽을 계책을 내어, 천하 사람들을 위해서 잔악한 자를 제거하였습니다. 지금 비로소 陳에 이르렀는데, 왕 노릇을 한다면, 이는 천하 사람들에게 자신의 사사로움을 드러내 보이는 것입니다. 바라건대 장군께서는 왕위에 오르지 마시고, 급히 군사를 이끌고 서쪽으로 가소서. 그러고는 사람들을 보내어 六國[72]의 후손들을 찾아 왕으로 세워, 스스로 장군의 당여를 만들어 심어서 秦나라의 적이 더욱더 불어나게 하소서. 적이 많아지면 힘이 분산되고, 여러 사람들과 함께 하면 군사가 강해질 것이니, 이와 같이 하면, 들판에서는 秦나라를 위해 맞서 싸우는 자가 없고, 고을에서는 秦나라를 위해서 성을 지키는 사람이 없게 될 것입니다. 그리하여 포악한 秦나라를 주멸하고 咸陽을 점거한 다음 제후들에게 명령을 내리면, 황제의

---

72) 六國 : 전국시대 때 秦나라에 대항하였다가 멸망한 초, 연, 제, 한, 위, 조를 말한다.

업이 이루어질 것입니다."라고 하였다.

그러나 진승은 그 말을 듣지 않고 스스로 서서 왕이 되어서는 나라의 이름을 張楚라고 하니, 각 군현에서 秦나라의 법을 괴롭게 여겨, 앞다투어 지방 장관들을 살해하고는 진승에게 호응하였다.

大梁張耳陳餘詣門上謁①하니 勝이 素聞其賢이라 大喜하더라 豪傑父老請立勝爲楚王이어늘 勝이 以問耳餘한대 耳餘對曰 秦爲無道하야 滅人社稷하고 暴虐百姓일새 將軍이 出萬死之計하야 爲天下除殘也니 今始至陳하야 而王之면 示天下私니 願將軍은 毋王하고 急引兵而西하야 遣人立六國後하야 自爲樹黨하고 爲秦益敵하라 敵多則力分이요 與衆則兵彊②이니 如此면 野無交兵하고 縣無守城③하리니 誅暴秦據咸陽하야 以令諸侯하면 則帝業이 成矣리라 不聽하고 遂自立爲王하야 號를 張楚④라하니 郡縣이 苦秦法이라 爭殺長吏以應之하더라

① 謁은 명함과 같다. "上謁"은 명함을 올리고서 만나보기를 구하는 것이다.
　　謁, 猶刺也. 上謁, 上其謁而求見也.
② "與衆(여러 사람들과 함께하다.)"은 당여의 무리가 많은 것을 말한다.
　　與衆, 謂黨與衆多也.
③ 六國이 모두 우호국이 되면 병사들이 들판에서 병기를 부딪치며 싸우지 않을 것이요, 여러 縣들이 모두 秦나라를 배반하고 다시 六國이 되면, 다시는 秦나라를 위하여 성을 지키는 자가 없게 된다.
　　六國, 皆爲與國, 則兵不交鋒於野矣. 諸縣皆畔秦, 復爲六國, 無復爲秦守城者.
④ 楚나라를 장대하게 하고 싶었으므로 張楚라고 칭한 것이다.
　　欲張大楚國, 故稱張楚也.

【目】동쪽에서 온 사자가 모반을 하는 자가 있다는 내용으로 아뢰자, 二世皇帝가 노하여 그 사자를 옥리에게 회부시켰다. 뒤에 온 사자가 말하기를, "여러 도적들은 쥐가 훔치고 개가 도둑질하는 정도일 뿐입니다. 각 고을의 수령과 尉들이 현재 追捕하고 있는데, 이제는 거의 다 잡았으니, 걱정할 것이 못 됩니다."라고 하니, 이세가 기뻐하였다. 陳勝이 吳廣을 假王으로 삼아 여러 장수들을 감독하여 滎陽을 공격하게 하였다.

使從東方來하야 以反者聞한대 二世怒하야 下之吏러니 後至者曰 群盜는 鼠竊狗偸라 郡守尉方捕逐하니 今盡得이니 不足憂也러이다 乃悅하더라 勝이 以廣으로 爲假王하야 監諸將하야 擊滎陽①하다

① 假는 맡은 직무 이외에 다른 직무를 겸해서 보는 것이다.
　　假, 兼攝也.

【綱】楚나라가 여러 장수들을 보내어 趙나라와 魏나라 지역을 순행하고 周文으로 장군을 삼아서 군사를 거느리고 秦나라를 정벌하게 하였다. 戲水에 이르렀을 때 秦나라에서는 少府 章邯[73]을 보내어 맞서 싸우게 하니, 楚나라 군사가 패하여 도주하였다.

楚遣諸將하야 徇趙魏하고 以周文으로 爲將軍하야 將兵伐秦하야 至戲어늘 秦이 遣少府章邯하야 拒之하니 楚軍이 敗走하다

【目】張耳와 陳餘가 다시 奇兵을 써서 趙나라 지역을 경략하기를 청하자, 陳勝이 자신과 친하게 지내던 陳 지역 사람 武臣[74]을 장군으로 삼고 장이와 진여를 校尉로 삼아, 군사 3,000명을 주어 趙나라 지역을 순행하게 하였다. 그리고 또 魏나라 사람인 周市(주불)로 하여금 魏나라 지역을 순행하게 하였으며, 또 周文[75]이 陳 지역의 현인으로 병법에 익숙하다는 말을 듣고는, 그로 하여금 서쪽으로 가서 秦나라를 치게 하였다.

張耳陳餘復請奇兵하야 略趙地어늘 勝이 以所善陳人武臣으로 爲將軍하고 耳餘로 爲校尉하야 予卒三千人하야 徇趙하고 又令魏人周市로 徇魏하고 聞周文은 陳之賢人이라 習兵하고 使西擊秦하다

【目】武臣 등이 白馬로부터 河水를 건너가서 군사를 거두어 수만 명의 군사를 얻었다. 무신을 武信君이라고 호칭하고는, 趙나라 지역의 10여 성을 함락하자, 나머지 성들이 모두 굳게 지켰다. 이에 군사를 이끌고 范陽을 공격하자, 범양 사람 蒯徹이 유세하여 말하기를, "범양의 현령인 徐公이 죽음을 두려워하여 항복하고자 하니 당신께서는 그를 秦나라에서 둔 관리라고 하여 주살하지 마시고 侯의 印을 가지고 가서 그에게 주십시오. 그러면 燕나라와 趙나라 지역의 여러 성들을 싸우지 않고서도 항복시킬 수 있을 것입니다."라고 하니, 무신이 그 말에 따랐다. 그러자 싸우기도 전에 항복한 것이 30여

---

73) 少府 章邯 : 少府는 ≪漢書≫ 〈百官表〉에 보면 秦나라 관직으로 산림과 수택의 부세를 관장한다. 章邯은 장한, 장감, 장함 등으로 칭해지는데, 본서에서는 訓義에 의거해 장함으로 통일하였다. 장함은 陳涉을 멸망시키고 項梁과 魏咎를 격파한 秦나라의 猛將인데, 뒤에 항우에 귀순하여 雍王이 되었다가 韓信에게 멸망당했다.

74) 武臣 : 秦나라 말기의 陳 지역 사람으로, 陳勝에 의해 장군에 임명되어 張耳와 陳餘를 거느리고 북쪽으로 가 趙나라 지역을 공략한 뒤 邯鄲으로 진격하여 스스로 趙王이 되었다. 그러나 뒤에 자신의 部將인 李良에게 살해당했다.

75) 周文 : ≪史記≫ 〈秦始皇本紀〉와 〈高祖本紀〉에는 周章으로 되어 있다. 그리고 〈고조본기〉의 주석에는 "周章의 字가 文이고 陳人이다."라고 하였다.

성이나 되었다.

武臣等이 從白馬渡河①하야 收兵得數萬人하야 號武信君이라하야 下趙十餘城하니 餘皆城守어늘 乃引兵擊范陽②한대 范陽蒯徹이 說曰③ 范陽令徐公이 畏死欲降하나니 君이 毋以爲秦所置吏라하야 誅殺하고 而以侯印授之면 則燕趙諸城을 可毋戰而降矣리라 從之하니 不戰而下者三十餘城이라

① 白馬는 바로 白馬津이다. 度(건너다)는 渡와 같다.
　白馬, 卽白馬津也. 度, 與渡同.
② 范陽은 范水의 북쪽에 있다. ≪漢書≫ 〈地理志〉에 "范陽縣은 涿郡에 속한다."고 하였다.
　范陽, 在范水之陽. 班志 "范陽縣屬涿郡."
③ 蒯는 성이다.
　蒯, 姓也.

【目】陳涉[76]이 이미 周文을 파견하고서는 秦나라를 가볍게 보는 뜻이 있어서 다시는 방비책을 세우지 않았다. 그러자 박사 孔鮒가 말하기를, "신이 듣건대, 병법에 '적이 우리를 공격해오지 않을 것을 믿지 말고, 〈우리에게 대비가 있어서〉 우리를 공격해올 수 없는 것을 믿으라[77].'라고 하였습니다. 지금 왕께서는 적을 믿고 스스로를 믿지 않으시니, 만약 넘어져서 떨치지 못하게 된다면, 후회해도 소용이 없을 것입니다."라고 하였다. 그러나 진섭은 그 말을 듣지 않았다.

涉이 旣遣周文에 有輕秦之意하야 不復設備①어늘 博士孔鮒曰 臣聞兵法에 不恃敵之不我攻이요 恃吾之不可攻이라하니 今王이 恃敵而不自恃하니 若跌而不振이면 悔無及也리라 不聽②하다

① 涉은 陳勝의 자이다.
　涉, 陳勝字.
② 跌은 음이 迭이니, 발이 미끄러지는 것이다.
　跌, 音迭, 足失屑也.

【目】周文이 행군을 하면서 군사를 거두어 모으니 수레가 1천 승이고, 사졸이 수십만 명이었다. 戲水에 이르러서 陣을 치자 二世가 이에 크게 놀랐다. 少府 章邯이 驪山에서 노

---

76) 陳涉 : 陳勝을 가리킨다. 진승의 자가 涉이므로 이렇게 칭하는 것이다.

77) 병법에……믿으라 : ≪孫子≫ 〈九變〉에 "用兵하는 방법은 적이 쳐들어오지 않음을 믿지 말고 우리가 대비함이 있음을 믿어야 하며, 적이 공격하지 않음을 믿지 말고 우리에게 공격할 수 없는 대비가 있음을 믿어야 하는 것이다.〔用兵之法 無恃其不來 恃吾有以待之 無恃其不攻 恃吾有所不可攻也〕"라 하였다.

역을 하고 있는 무리들을 모두 사면해주기를 청한 다음, 이들을 모두 동원하여 楚나라 군사를 쳐서, 크게 패배시키니, 주문이 도망쳤다. 孔鮒는 子順[78]의 아들이다.

文이 行收兵①하니 車千乘이요 卒數十萬이라 至戲하야 軍焉한대 二世乃大驚②이러라 少府章邯이 請赦驪山徒하야 悉發以擊楚軍하야 大敗之하니 文이 走③하다 鮒는 子順之子也러라

① 여기서 句를 뗀다.
   句.
② "至戲軍焉"은 戲에 이르러서 군사를 멈추었다는 말이다. 戲는 음이 義이다. 顔師古가 말하기를 "戲는 물 이름으로, 京兆의 新豊 동쪽에 있다."라고 하였다.
   至戲軍焉, 言至戲而停軍也. 戲, 音義. 師古曰 "戲, 水名, 在京兆新豊東."
③ ≪漢書≫ 〈百官表〉에 "少府는 秦나라의 관직으로, 산과 바다와 연못과 沼澤의 세금을 관장하여 공양에 필요한 것을 공급한다."라고 하였다. 邯은 下甘의 切이다.
   班(志)〔表〕[79] "少府, 秦官, 掌山海池澤之稅, 以給共養." 邯, 下甘切.

【綱】8월에 楚나라의 장군 武臣이 趙나라 지역에 이르러 스스로 서서 趙王이 되었다.

八月에 楚將武臣이 至趙하야 自立爲趙王하다

【目】張耳와 陳餘가, 여러 장수들 가운데 陳王(陳勝)을 위하여 각 지방을 경략하였던 자들이 대부분 참소와 비방을 받아 주살되었다는 말을 듣고는, 武信君(武臣)에게 유세하여 스스로 서서 趙王이 되게 하였다. 그러자 陳勝이 크게 노하여 무신군의 집안을 멸족시키고자 하니, 柱國 房君[80]이 간하기를, "秦나라가 아직 망하지 않았는데, 무신군 등의 집안을 멸족시킨다면, 이것은 또 하나의 秦나라가 생기게 하는 것입니다. 그러니 인하여 축하해주면서, 그로 하여금 급히 군사를 이끌고 서쪽으로 가서 秦나라를 치게 하느니만 못합니다."라고 하였다. 진승이 그 계책을 따랐다.

그러자 장이와 진여가 조왕에게 말하기를, "楚나라에서는 단지 계책을 써서 왕께 축

---

78) 子順 : 孔子의 6세손인 孔斌의 字이다. 공빈은 전국시대 말에 魏나라 安釐王(안희왕)의 재상으로 있었다.

79) (志)〔表〕 : 저본에는 '志'으로 되어 있으나, ≪漢書≫와 ≪資治通鑑≫의 註에 근거하여 '表'로 바로잡았다.

80) 柱國 房君 : 房君은 蔡賜의 봉호로 房은 吳房縣을 말한다. ≪史記≫ 〈陳涉世家〉에는 上柱國에 임명되었다고 하였다. 상주국은 전국시대 楚나라에서 國都를 보위하는 관직으로 令尹보다 조금 낮다.

하한 것입니다. 秦나라를 멸망시키고 나면 반드시 우리 趙나라로 쳐들어올 것입니다. 바라건대 왕께서는 서쪽으로 군사를 보내지 말고, 북쪽으로 燕과 代 지방을 순행하고, 남쪽으로 河內 지방을 거두어서 자신의 영역을 넓히십시오. 그럴 경우 楚나라가 비록 秦나라를 이길지라도 반드시 우리 趙나라를 감히 제압하지 못할 것이고, 秦나라를 이기지 못할 경우에는 반드시 우리 趙나라를 중히 여길 것입니다. 우리 趙나라가 秦나라와 楚나라가 피폐한 틈을 탄다면 천하에 뜻을 펼 수가 있을 것입니다.”라고 하니, 조왕이 그 말에 따랐다. 이에 군사를 서쪽으로 보내지 않고 韓廣으로 하여금 燕 지방을 경략하게 하고, 李良으로 하여금 常山 지방을 경략하게 하고, 張黶(장염)으로 하여금 上黨 지방을 경략하게 하였다.

張耳陳餘聞諸將爲陳王徇地者 多以讒毀誅하고 乃說武信君하야 自立爲趙王한대 勝이 大怒하야 欲族其家①어늘 柱國房君이 諫曰② 秦未亡而誅武信君等家하면 此는 生一秦也니 不如因而賀之하야 使急引兵西擊秦이니라 勝이 從其計어늘 耳餘曰 楚特以計로 賀王이언정 已滅秦이면 必加兵於趙하리니 願王은 毋西兵而北徇燕代하고 南收河內하야 以自廣③하라 楚雖勝秦이나 必不敢制趙요 不勝秦이면 必重趙하리니 趙乘秦楚之弊면 可以得志於天下리라 趙王이 從之하야 因不西兵而使韓廣으로 略燕하고 李良으로 略常山하고 張黶으로 略上黨④하다

① 族은 주벌이 그 족속들에게까지 미치는 것을 말한다.
　　族, 謂誅及其族也.
② 房君은 성이 蔡이고 이름이 賜이며, 上蔡 사람이다. 上柱國이 되어 房邑에서 작위를 받았으므로, 인하여 房君이라 불렀다. 上柱國은 楚나라의 관작 중에서 높은 것이다.
　　房君, 姓蔡, 名賜, 上蔡人. 爲上柱國, 爵之於房邑, 因號房君. 上柱國, 楚爵之尊者.
③ "毋西兵"은 군사들로 하여금 서쪽으로 나가지 못하게 한 것이다.
　　毋西兵, 勿令兵西出也.
④ 黶은 烏點의 切과 於琰의 切이다.
　　黶, 烏點·於琰二切.

【綱】9월에 楚나라 사람 劉邦이 沛 땅에서 군사를 일으켜 스스로 서서 沛公이 되었다.

九月에 楚人劉邦이 起兵於沛하야 自立爲沛公하다

【目】沛 땅 사람인 劉邦은 자가 季이며, 코가 높고 용의 얼굴을 하였다. 사람들을 사랑

하고 베풀기를 좋아하였으며, 뜻이 활달하고 큰 도량이 있어서, 일반 사람들이 하는 생업을 일삼지 않았다.

沛人劉邦의 字는 季①니 隆準龍顔②이요 愛人喜施하고 意豁如也③하고 有大度하야 不事家人生産作業하더라

① 沛는 본래 秦나라 泗水郡의 속현이다. 劉氏는 堯임금의 후손이다. 劉累라는 사람이 있어 용을 부리는 법을 배워서 孔甲을 섬겼다. 士會 때에 이르러 秦나라에서 벼슬하여 范에서 식읍과 채지를 받았으므로 인하여 이를 氏로 삼았다. 사회를 따라서 秦나라로 도망갔다가 돌아오지 않은 사람들이 이에 유루의 姓을 회복하여 劉氏가 되었다. 전국시대 때 秦나라 군대를 따라서 魏나라를 정벌하러 갔다가 魏나라에 포로가 되어, 다시 魏나라에 살게 되었다. 魏나라를 따라 大梁으로 옮겨갔다가 나중에 豐에 살았는데, 풍은 荊나라(楚나라)에 속하였다.

漢 高祖 劉邦

　高祖의 어머니 劉媼이 일찍이 큰 연못가에서 쉬고 있다가 꿈속에서 신과 만났다. 이때 번개가 치면서 어둑해졌으므로 아버지인 太公이 가서 보니, 蛟龍이 어머니의 배 위에 앉아 있는 것이 보였다. 얼마 뒤에 임신을 하여 드디어 고조를 낳았다.

沛, 本秦泗水郡之屬縣. 劉氏, 帝堯之後. 有劉累, 學擾龍, 事孔甲. 至士會, 仕晉, 食采於范, 因氏焉. 從士會奔秦而不返者, 乃復劉累之姓, 爲劉氏. 戰國, 從秦軍伐魏, 爲魏所獲, 復居魏. 隨魏徙大梁, 後居豐, 豐屬荊. 母媼嘗息大澤之陂, 夢與神遇, 是時雷電晦冥. 父太公往視, 則見蛟龍於其上, 已而有娠, 遂産高祖.

② 隆은 높은 것이다. 準은 음이 準的이라 할 때의 準이니, 코를 말한다. 高祖가 용에게 감응하여 태어났으므로, 그 얼굴 모습이 용과 비슷하여 목이 길고 코가 높았다.

隆, 高也. 準, 音準的之準, 鼻也. 高祖, 感龍而生, 故其顔貌似龍, 長頸而高鼻.

③ 喜(좋아하다)와 施(베풀다)는 모두 去聲이다. "豁然"은 시원스럽게 트인 모습이다.

喜·施, 竝去聲. 豁然, 開大之貌.

【目】劉邦이 처음에 泗上亭의 亭長이 되었는데, 單父(선보) 사람인 呂公이 그의 모습을

보고는 기이하게 여겨 자신의 딸을 아내로 삼게 하였다. 縣을 위해서 刑徒들을 驪山으로 호송하였는데, 형도들이 대부분 가는 도중에 도망을 쳤다. 이에 스스로 헤아려보니, 여산에 도착할 때쯤에는 모두 도망할 것이었다. 豐 땅의 서쪽에 이르러서 쉬면서 술을 마시게 되었는데, 밤중에 호송해가던 형도들을 풀어주어 놓아보내면서 말하기를, "공들은 모두 떠나가라. 나 역시 이로부터 떠나갈 것이다."라고 하였다. 그러자 형도들 가운데 유방을 따르고자 하는 장사가 10여 명이나 되었다.

初에 爲泗上亭長①이러니 單父人呂公이 奇其狀貌하야 以女妻之②하다 爲縣하야 送徒驪山③할새 徒多道亡이어늘 自度比至에 皆亡之④라 到豐西止飮⑤하고 夜에 乃解縱所送徒曰 公等이 皆去하라 吾亦從此逝矣로리라 徒中壯士願從者十餘人이러라

① 泗水亭은 沛縣의 동쪽에 있다. 亭이라는 것은 길을 가는 사람들이 머물러서 잠을 자고 밥을 먹는 곳이다. 秦나라 법에 10리마다 亭 하나를 두었으며, 정에는 亭長을 두어 도적들을 살펴보게 하였다.
　泗水亭在沛縣東. 亭者, 停留行旅宿食處. 秦法, 十里一亭, 亭置長, 主督盜賊.
② 單父는 음이 善甫이다. ≪漢書≫〈地理志〉에 "單父縣은 山陽郡에 속한다."고 하였다. 呂公은 역사에 그 이름이 전하지 않는다. 혹자는 이름이 文이라고 한다. 妻는 去聲이니, 다른 사람에게 딸을 시집보내는 것을 妻라고 한다.
　單父, 音善甫. 班志 "單父縣屬山陽郡." 呂公, 史失其名. 或云名文. 妻, 去聲, 納女於人曰妻.
③ 爲(위하다)는 去聲이다. 秦 始皇을 驪山에 장사 지낼 때 郡國에서 徒刑을 받은 자들을 보내 노역을 하였다.
　爲, 去聲. 始皇葬驪山, 郡國送(徙)〔徒〕81)士役作.
④ "道亡"은 길을 가다가 도망쳐 돌아가는 것을 말한다.
　道亡, 謂在道亡歸.
⑤ 豐은 마을의 이름으로, 沛縣에 속하였다. 뒤에 패현을 군으로 삼고, 豐鄉을 현으로 삼았다.
　豐, 鄉名, 屬沛. 後沛爲郡, 豐爲縣.

【目】劉季가 술에 취하여 밤중에 못 가운데에 있는 길을 가는데, 큰 뱀이 길을 가로막고 있었으므로, 유계가 칼을 뽑아서 그 뱀을 베었다. 그러자 어떤 할멈이 통곡을 하면서 말하기를, "내 아들은 白帝의 아들인데, 지금 赤帝의 아들에게 살해당하였다."라고 하고는, 인하여 갑자기 보이지 않았다. 유계가 도망하여 芒碭山 속에 숨어 있었다.

---

81) (徙)〔徒〕: 저본에는 '徙'로 되어 있으나, 본문과 思政殿訓義 ≪資治通鑑≫에 근거하여 '徒'로 바로잡았다.

季被酒하고 夜徑澤中^①할새 有大蛇當徑이어늘 季拔劒斬之러니 有老嫗哭曰 吾子는 白帝子也러니 今爲赤帝子所殺이라하고 因忽不見(현)^②이러라 季亡匿芒碭山中^③이러니

① 被는 皮義의 切이니, 입혀지는 것이다. 被酒는 술에 취하는 것이다. 徑은 작은 길이니, 작은 길을 따라서 沼澤地를 지나간 것이다.

被, 皮義切, 加也. 被酒者, 爲酒所加被也. 徑, 小道也. 從小道而行, 過於澤中.

② 嫗는 威遇의 切이니, 할머니를 말한다. 秦나라 襄公이 스스로 西戎에 산다는 이유로 少昊의 신을 主神으로 모시고 西畤(서치)를 세워 白帝를 제사하였다. 獻公 때에 이르러 櫟陽 지역에 금비가 내리자, 이를 상서롭게 여겨 또 畦畤(휴치)를 세워 백제를 제사하였다. 소호는 金德이다. 赤帝는 漢나라를 이른다. 漢나라는 堯임금의 緖業을 이어 火德이 되었다. 赤帝가 백제를 죽였다는 것은 漢나라가 마땅히 秦나라를 멸망시킬 것임을 밝힌 것이다. 見(보이다)은 胡電의 切이다.

劉邦이 큰 뱀을 베다

嫗, 威遇切, 老母也. 秦襄公, 自以居西戎, 主少昊之神, 作西畤, 祠白帝. 至獻公時, 櫟陽雨金以爲瑞, 又作畦畤, 祠白帝. 少昊, 金德也. 赤帝, 謂漢也. 漢承堯緒, 爲火德. 殺之者, 明漢當滅秦也. 見, 胡電切.

③ 碭은 宕과 唐 두 가지 음이 있다. ≪漢書≫〈地理志〉에 "芒縣은 沛國에 속하고 碭縣은 梁國에 속한다."라고 하였다. 應劭는 말하기를, "芒縣과 碭縣의 경계 지역에 산택이 아주 험고한 곳이 있으므로, 그 사이에 숨은 것이다."라고 하였다.

碭, 宕·唐二音. 班志 "芒縣屬沛國, 碭縣屬梁國." 應劭曰 "二縣之界, 有山澤之固, 故隱其間."

【目】沛 땅의 현령이 陳涉에게 호응하고자 하자, 主吏인 蕭何와 曹參이 말하기를, "당신께서는 秦나라의 관리입니다. 그런데 지금 秦나라를 배반하면 자제들이 명을 듣지 않을까 걱정스럽습니다. 그러니 도망가서 밖에 있는 사람들을 불러들여, 이들을 이용해 사

람들을 겁주시기 바랍니다."라고 하였다. 현령이 이에 劉季를 불러왔는데, 유계의 무리
가 이미 수십 명이나 되었다. 그러자 현령이 후회하고는 성문은 닫아걸고 안으로 들이
지 않았다.

유계가 이에 비단에 글씨를 써서 성 위로 쏘아 沛의 부로들에게 보내어 이해득실에
대해서 진술하였다. 그러자 부로들이 자제들을 거느리고 가서 현령을 살해하고 유계를
맞아들인 다음, 그를 세워서 沛公으로 삼았다. 그러자 소하와 조참이 자제들을 거두어
모아 2, 3천 명을 얻어 제후들에게 호응하였는데, 旗幟를 모두 붉은색으로 하였다.

沛令이 欲應陳涉이어늘 主吏蕭何曹參曰① 君爲秦吏하야 今背之면 恐子弟不聽일까하노니 願召諸
亡在外者하야 以劫衆하라 乃召劉季하니 季之衆이 已數十百人矣②라 令이 悔하야 閉城이어늘 季乃書
帛射城上하야 遺沛父老하야 爲陳利害한대 父老乃率子弟殺令하고 迎季하야 立以爲沛公③하고 蕭曹
爲收子弟하야 得二三千人하야 以應諸侯할새 旗幟를 皆赤하다

① 主吏는 功曹[82]이다. ≪資治通鑑≫에는, 主吏 위에 掾자가 있다. 曹參은 獄掾이 되었고, 蕭
何는 主吏가 되었다.
主吏, 功曹也. 通鑑, 主吏上, 有掾字. 參爲獄掾, 何爲主吏.
② 이것은 일정한 숫자가 아니다. 100 이하부터 혹 80이나 90까지 이른다.
此不定數也. 自百以下, 或至八十九十.
③ 춘추시대 때 楚나라에서는 王號를 참칭하여 대부들 가운데 縣公에 봉해진 자가 많은데, 申
公이나 葉公(섭공)이나 魯陽公과 같은 따위가 바로 그것이다. 지금 劉季를 세워서 沛公으로
삼은 것은 楚나라의 제도를 쓴 것이다.
春秋之時, 楚僭王號, 其大夫多封縣公, 如申公・葉公・魯陽公之類, 是也. 今立季爲沛公, 用
楚制也.

【綱】楚나라 사람 項梁이 吳 지방에서 군사를 일으켰다.

楚人項梁이 起兵於吳하다

【目】項梁은 下相 사람으로, 楚나라의 장수인 項燕의 아들이다. 일찍이 살인을 하고 형
의 아들인 項籍과 함께 원수를 피하여 吳 땅에 살고 있었는데, 吳 땅의 어진 사대부들
이 모두 그 아래에서 나왔다.

항적은 字가 羽이다. 어렸을 적에 글을 배웠으나 이루지 못하고 버렸으며, 다시 검술

---

82) 功曹 : 秦나라의 관직 이름으로, 지방 군현의 胥吏를 맡은 하급 관리이다.

을 배웠으나, 또다시 이루지 못하였다. 이에 항량이 노하여 화를 내자, 항적이 말하기를, "글은 이름과 성을 쓸 줄만 알면 충분한 것이고, 검술은 한 명만 대적할 수 있을 뿐이니, 배울 것이 없습니다. 만 명을 대적하는 법을 배울 것입니다."라고 하였다. 이에 항량이 항적에게 병법을 가르치자, 항적이 몹시 기뻐하였다. 그러나 대충 그 뜻만 알고서는 또 끝까지 배우려고 하지 않았다.

西楚霸王 項羽

항적은 키가 8척이 넘었고, 힘은 능히 鼎을 들었으며, 재주와 기국이 남들보다 뛰어났다. 會稽의 군수 殷通이 陳涉에게 호응하고자 하여 항량으로 하여금 장수가 되게 하였는데, 항량이 항적을 시켜서 은통을 참수하였다. 그러고는 이어 예전부터 알고 있었던 豪吏를 불러들여서 大事를 일으킨 이유에 대해 말해주었으며, 吳 땅의 군사들을 일으키고 吳의 관할하에 있는 현들을 거두어들여 精兵 8,000명을 얻었다. 항량이 스스로 서서 會稽郡의 군수가 되었으며, 항적으로 비장을 삼았는데, 그 당시에 항적의 나이가 24세였다.

項梁者는 下相人이니 楚將項燕의 子也[1]라 嘗殺人하고 與兄子籍으로 避仇吳中[2]하니 吳中賢士大夫皆出其下러라 籍은 字는 羽니 少時에 學書不成去하고 學劍又不成이어늘 梁이 怒한대 籍이 曰 書는 足以記名姓而已요 劍은 一人敵이니 不足學이라 學萬人敵호리이다 於是에 梁이 乃教籍兵法한대 籍이 大喜호대 略知其意요 又不肯竟學하더라 長이 八尺餘요 力能扛鼎하고 才器過人[3]이러라 會稽守殷通이 欲應陳涉하야 使梁將이어늘 梁使籍斬通하고 乃召故所知豪吏하야 喩以所爲起大事하야 擧吳中兵하고 收下縣하야 得精兵八千人[4]하야 梁이 自爲會稽守하고 以籍爲裨將하니 籍이 時年이 二十四러라

① 相(돕다)은 去聲이다. ≪漢書≫〈地理志〉에 "下相縣은 臨淮郡에 속한다."고 하였다.
　　相, 去聲. 班志 "下相縣屬臨淮郡."
② 吳縣은 會稽郡의 치소로, 옛 吳나라의 도읍지였다.
　　吳縣, 會稽郡治所, 故吳都也.

③ 扛은 음이 江이니, 쳐드는 것이다.

扛, 音江, 擧也.

④ "下縣"은 會稽郡 관할 아래에 있는 여러 현이다. 郡의 治所가 있는 곳이 아니므로 下라고 한 것이다.

下縣, 會稽管下諸縣也. 非郡所都, 故謂之下也.

【綱】齊나라 사람 田儋(전담)이 스스로 서서 齊王이 되었다.

齊人田儋이 自立爲齊王하다

【目】田儋은 옛 齊나라의 왕족이다. 그의 사촌 동생인 田榮과 田橫과 더불어 세력과 덕망이 드높고 종족이 강성하여 능히 민심을 휘어잡을 수 있었다. 周市(주불)이 지역을 순행하다가 狄縣에 이르렀는데, 적현의 현령이 성을 굳게 지키면서 열어주지 않았다. 그러자 전담이 거짓으로 노복을 결박하고 소년을 따라가 관청에 이르러 노복을 죽이겠다고 현령에게 아뢰다가 인하여 현령을 죽인 다음, 豪吏의 자제들을 불러 말하기를, "제후들이 모두 秦나라를 배반하고서 자립하고 있다. 齊나라는 오래전에 세워진 나라이고, 나 전담은 田氏이니, 왕이 되는 것이 마땅하다."라고 하였다. 드디어 스스로 서서 왕이 되었다. 주불을 치니, 주불이 도주하였다. 이에 군사를 이끌고 동쪽으로 경략하여 齊나라 지역을 평정하였다.

儋은 故齊王族也라 與從弟榮橫으로 皆豪健宗彊하야 能得人이러라 周市徇地至狄하니 狄이 城守①어늘 儋이 詳(양)縛奴從少年至廷하야 欲謁殺之②라가 因殺狄令而召豪吏子弟曰 諸侯皆反秦自立하니 齊는 古之建國也요 儋이 田氏니 當王이라하고 遂自立하여 擊市走之하고 東略定齊地하다

① 狄은 현의 이름이다.

狄, 縣名.

② 詳은 佯으로 읽으니, 남을 속이는 것이다. 縛은 묶는 것이다. 옛날에는 노비를 죽였을 경우 의당 관청에 보고하여야 했다. 전담이 현령을 죽이고자 하였으므로 거짓으로 노복을 묶고 가서 노복을 죽이려는 척하여 현령을 만나보고자 한 것이다. 廷은 縣의 관청이다.

詳, 讀曰佯, 詐也. 縛, 束也. 古殺奴婢, 皆當告官. 儋欲殺令, 故詐縛奴爲殺奴之狀, 以謁也. 廷, 縣廷也.

【綱】趙나라의 장수 韓廣이 燕나라 지역을 경략하고는 스스로 서서 燕王이 되

었다.

趙將韓廣이 **略燕地**하고 **自立爲燕王**하다

【目】韓廣이 燕나라 지역에 이르렀을 때 燕나라 지역의 호걸들이 한광을 세워서 왕으로 삼고자 하니, 한광이 말하기를, "저 한광은 어머니가 현재 趙나라 지역에 있으니, 왕이 될 수가 없습니다."라고 하자, 燕나라 지역 사람들이 말하기를, "趙나라는 현재 서쪽으로는 秦나라를 걱정하고, 남쪽으로는 楚나라를 걱정하느라, 그 힘이 우리 燕나라 지역을 금제할 수가 없습니다. 그리고 楚나라의 강함을 가지고서도 감히 趙나라 왕의 장수와 재상의 집안을 해치지 못하였습니다[83]. 그러니 趙나라가 어찌 감히 장군의 집안을 해치겠습니까."라고 하였다. 한광이 이에 서서 燕王이 되었는데, 몇 달이 지난 뒤에 趙나라에서 그의 어머니를 받들어 한광에게 돌려보냈다.

韓廣이 至燕한대 燕豪桀이 欲立以爲王이어늘 廣曰 廣母在趙하니 不可니라 燕人曰 趙方西憂秦하고 南憂楚하니 其力이 不能禁我요 且以楚之彊으로도 不敢害趙王將相之家하니 趙又安敢害將軍家乎리오 廣이 乃立이러니 居數月에 趙奉其母歸之하다

【綱】燕나라 군사가 趙王을 사로잡았다가 얼마 뒤에 되돌려 보냈다.

燕軍이 獲趙王이러니 旣而歸之하다

【目】趙王(武臣)이 張耳와 陳餘와 함께 땅을 경략하던 중에 왕이 몰래 밖으로 빠져나왔다가 燕나라 군사들에게 사로잡혔다. 燕나라에서는 趙王을 가두고서 땅을 떼어주기를 요구하였다. 趙나라의 사신이 가서 왕을 돌려주기를 요청하니, 燕나라에서 갑자기 그 사신을 죽였다.

어떤 厮養卒(천역을 하는 병졸)이 가서 燕나라의 장수를 보고 말하기를, "당신께서는 장이와 진여가 어떤 사람인지를 아십니까?"라고 하니, 장수가 답하기를, "어진 사람이다."라고 하였다. 시양졸이 말하기를, "그들의 뜻이 무엇을 하고자 하는 것인지를 아십니까?"라고 하니, 장수가 말하기를, "그들의 왕을 데려가고자 할 뿐이다."라고 하였다. 시양졸이 웃으면서 말하기를, "당신께서는 이 두 사람이 하고자 하는 바를 잘 모르고

---

83) 趙나라……못하였습니다 : 陳勝이 趙王이 된 武臣의 집안을 해치치 못하였는데, 이 사건이 145쪽에 보인다.

있습니다. 무릇 무신과 장이와 진여는 말채찍을 잡고서 趙나라 지역의 수십 개의 성을 함락시켰으니, 이것은 또한 각자가 남면하여 왕이 되고자 하는 것입니다. 그 형세를 돌아보건대 이제 막 정해졌으며, 나이가 많고 적음을 따져서 먼저 무신을 세워 왕으로 삼았습니다. 그러나 지금은 趙나라 지역이 이미 다 항복하였으니, 장이와 진여 두 사람도 역시 각자 趙나라 지역을 나누어서 왕 노릇을 하고 싶어 합니다.

그런데 지금 당신께서는 趙王을 가두어두고 있습니다. 이들 두 사람은 명분은 조왕을 구한다고 하지만, 실제로는 燕나라에서 그를 죽게 하여, 趙나라 지역을 나누어서 스스로 왕이 되려고 하고 있습니다. 무릇 하나의 趙나라도 오히려 燕나라쯤은 우습게보았는데, 더구나 두 어진 왕이 좌우에서 서로 도우면서 자신의 왕을 죽인 죄를 따진다면, 燕나라는 쉽게 무너질 것입니다."라고 하였다.

燕나라 장수가 이에 조왕을 돌려보내자, 시양졸이 임금이 탄 수레를 몰아서 趙나라로 돌아왔다.

趙王이 與張耳陳餘로 略地러니 王이 間出이라가 爲燕軍所得[1]이라 囚之以求割地하야 使者往請에 燕이 輒殺之러니 有厮養卒이 往見燕將曰 君知張耳陳餘 何如人也[2]오 曰賢人也니라 曰知其志何欲고 曰欲得其王耳니라 養卒이 笑曰 君未知此兩人所欲也로다 夫武臣張耳陳餘 杖馬箠下趙數十城[3]하니 此亦各欲南面而王이로대 顧其勢初定이요 且以少長으로 先立武臣[4]이어니와 今趙地已服하니 此兩人이 亦欲分趙而王이어늘 今君이 乃囚趙王하니 此兩人이 名爲求之나 實欲燕殺之而分趙自立하나니 夫以一趙로도 尙易燕[5]이어든 況以兩賢王으로 左提右挈而責殺王之罪면 燕이 易矣[6]리라 燕將이 乃歸趙王이어늘 養卒이 爲御而歸[7]하다

① "間出"은 틈 사이를 통해서 은밀하게 나가는 것을 이른다.
　　間出, 謂投間隙而微出也.

② 땔나무를 베는 것이 厮(시)이고, 불을 때어서 끓이는 것이 養이다.
　　析薪爲厮, 炊烹爲養.

③ 杖(잡다)은 去聲이다. 箠는 之遂의 切이니, 말을 채찍질하는 것이다. 말채찍을 잡고서 함락시켰다는 것은 아주 쉬움을 말한다.
　　杖, 去聲, 持也. 箠, 之遂切, 檛馬策也. 杖馬箠而下之, 言其易也.

④ 顧는 생각하는 것이다. 少(젊다)는 去聲이며, 長(나이 먹다)은 上聲이다.
　　顧, 思念也. 少, 去聲. 長, 上聲.

⑤ 易(쉽다)는 弋鼓의 切이다. 아래도 같다.
　　易, 弋鼓切, 下同.

⑥ 提와 挈(설)은 서로 돕는 것을 말한다.

提挈, 言相扶持也.

⑦ 趙王을 위하여 수레를 몰아서 돌아온 것이다.

爲趙王御車而歸.

【綱】楚나라의 장수 周市(주불)이 魏나라의 공자 咎를 세워 魏王이 되게 하고, 자신은 재상이 되었다.

楚將周市立魏公子咎하야 爲魏王而相之하다

【目】周市이 魏나라 지역을 평정하자, 제후들이 주불을 세워 왕으로 삼고자 하니, 주불이 말하기를, "천하가 혼란할 적에 충신이 이에 드러나는 법이다. 그렇다면 반드시 魏王의 후손을 세워야만 한다."라고 하였다. 제후들이 굳이 청하였는데, 주불이 끝내 사양하였다. 이에 魏나라의 공자인 甯陵君 魏咎를 陳 땅에서 영접해왔는데, 다섯 번이나 반복해서 요청한 뒤에야, 陳王(陳勝)이 위구를 보내주었다. 이에 위구를 세워서 왕으로 삼고는 주불 자신은 재상이 되었다.

周市定魏地어늘 諸侯欲立之한대 市曰 天下昏亂에 忠臣이 乃見(현)①이니 必立魏王後라야 乃可니라 諸侯固請호대 市終辭하고 乃迎魏公子甯陵君咎於陳②한대 五反而後에 (楚)〔陳〕⁸⁴⁾王이 遣之어늘 乃立以爲王而相之하다

① 見(드러나다)은 賢遍의 切이다.

見, 賢遍切.

② 甯陵은 바로 漢나라의 寧陵縣으로, 陳留郡에 속하였다. 咎는 이름이다.

甯陵, 卽漢之寧陵縣, 屬陳留郡. 咎, 名也.

【綱】秦나라에서 衛君 角을 폐하여 庶人으로 삼았다.

秦이 廢衛君角하야 爲庶人①하다

① 周나라 烈王 3년(B.C. 373)에 衛나라 愼公이 졸하고 그의 아들 聲公 訓이 서서 임금이 되었다. 周 顯王 7년(B.C. 362)에 성공이 졸하고 그의 아들 成侯 速이 서서 임금이 되었다. 주 현왕 36년(B.C. 333)에 성후가 졸하고, 그의 아들 平侯가 서서 임금이 되었다. 현왕 44년(B.C. 325)에 평후가 졸하고, 그의 아들 嗣君이 서서 임금이 되었다. 周 赧王 32년

---

84) (楚)〔陳〕: 저본에는 '楚'로 되어 있으나, ≪資治通鑑≫과 ≪史記≫에 근거하여 '陳'으로 바로잡았다.

(B.C. 283)에 사군이 졸하고, 그의 아들 懷君이 서서 임금이 되었다. 秦나라 昭襄王 55년 (B.C. 252)에 회군이 魏나라에 조현하자 魏나라 사람들이 그를 죽임에 따라 그의 동생인 元君이 서서 임금이 되었다. 秦 始皇 17년(B.C. 230)에 원군이 졸하고, 그의 아들 角이 서서 임금이 되었다. 愼公에서부터 角에 이르기까지 모두 여덟 임금이었다.

周烈王三年, 衛愼公卒, 子聲公訓立. 顯王七年卒, 子成侯速立. 三十六年卒, 子平侯立. 四十四年卒, 子嗣君立. 赧王三十二年卒, 子懷君立. 五十五年朝魏, 魏人殺之, 立其弟元君. 秦始皇十七年卒, 子角立. 自愼公至角, 凡八君.

【目】처음에 秦나라가 천하를 병탄하였을 적에 衛나라 임금만 홀로 남아 있었는데, 이때에 이르러 二世皇帝가 폐하니, 衛나라의 제사가 드디어 끊어졌다.

初에 秦이 幷天下而衛獨存이러니 至是하야 二世廢之하니 衛遂絶祀하다

癸巳年(B.C. 208)

【綱】秦나라 二世皇帝 2년이다.

二年이라

【目】楚나라 懷王 心 원년, 趙王 趙歇 원년, 齊王 田市(전불) 원년, 燕王 韓廣 2년, 魏王 魏豹 원년, 韓王 韓成 원년이다. 이해에 楚王 陳勝, 趙王 武臣, 齊王 田儋, 魏王 魏咎가 모두 망하였다. 오래된 나라가 하나이고, 새로 생긴 나라가 다섯이니 모두 여섯 나라이다.

楚懷王心元과 趙王歇元과 齊王田市元과 燕王韓廣二와 魏王豹元과 韓王成元年이라 ○ 是歲에 楚王勝趙王武臣齊王儋魏王咎가 皆亡하니 舊國이 一이요 新國이 五니 凡六이라

【綱】겨울 10월에 秦나라 군사가 豐에서 沛公을 포위하자, 패공이 나가 싸워서 秦나라 군대를 격파하였다.

冬十月에 秦兵이 圍沛公於豐이어늘 沛公이 出戰破之하다

【目】沛公이 이미 秦나라 군대를 격파하고는, 雍齒로 하여금 豐을 지키게 하고, 薛로 가

니, 옹치가 魏나라에 항복하였다.

沛公이 旣破秦軍하고 令雍齒로 守豐而之薛하니 齒降魏하다

① 雍은 於容의 切과 於用의 切이니, 성이다. 齒는 그의 이름이다.
雍, 於容·於用二切, 姓也. 齒, 其名.

【綱】11월에 章邯(장함)이 澠池(민지)에서 楚나라 군사를 추격하여 패배시키
자, 周文이 달아나다가 죽었다.

十一月에 章邯이 追敗楚軍於澠池한대 周文이 走死하다

【綱】楚나라 田臧이 假王인 吳廣을 살해한 다음, 나아가서 秦나라와 더불어 싸
우다가 패하여 죽었다.

◗ 楚田臧이 殺其假王吳廣하고 進與秦戰하야 敗死하다

【目】吳廣이 滎陽을 포위하자. 三川의 군수인 李由가 항거하였는데, 오광이 이를 함락시
키지 못하였다. 그러자 비장으로 있던 田臧 등이 陳王(陳勝)의 명령을 사칭하여 오광을
죽인 다음 그의 머리를 왕에게 바쳤다. 왕이 전장을 상장으로 삼고서 서쪽으로 가서 秦
나라 군사를 맞아 싸우게 하였는데, 전장이 싸우다가 패하여 죽었다.

吳廣이 圍滎陽한대 三川守李由拒之①하니 廣이 不能下러니 裨將田臧等이 矯王令誅之하고 獻其
首於王한대 王이 以臧으로 爲上將하야 西迎於秦軍이라가 戰死하다

① 秦나라에서 三川郡을 세웠는데, 처음의 治所는 洛陽이었으며, 뒤에 滎陽으로 옮겼다. 李由
는 李斯의 아들이다.
秦立三川郡, 初治洛陽, 後徙滎陽. 由, 斯之子也.

【綱】趙나라의 장수 李良이 그의 임금인 武臣을 시해하였다.

趙將李良이 弑其君武臣하다

【目】李良이 이미 常山을 평정하고서 돌아와 보고하자, 그로 하여금 다시 太原을 경략하
게 하였다. 이량이 돌아와 군사를 더 주기를 요청하였는데, 오는 도중에 趙王(武臣)의

누이를 만나게 되었다. 이량이 그를 조왕이라고 여기고는 길가에 엎드려서 배알하였다. 그러자 왕의 누이가 술에 취하여 이량이 장군인 줄 모르고, 기사를 시켜서 이량에게 감사를 표하게 하였다. 그러자 이량이 부끄럽고 노하여[85] 조왕의 누이를 죽이고는 드디어 邯鄲을 습격하여 조왕을 죽였다. 趙나라 사람들이 대부분 張耳와 陳餘의 귀와 눈 노릇을 하고 있었으므로, 이들 두 사람만은 죽지 않고 달아날 수가 있었다.

　李良이 已定常山하고 還報어늘 復使略太原한대 良이 還請益兵이러니 道逢趙王姊하야 良이 以爲王이라하야 伏謁道旁하니 王姊醉不知其將하고 使騎謝之한대 良이 慙怒하야 殺王姊하고 遂襲邯鄲하야 殺趙王하다 趙人이 多爲張耳陳餘耳目者라 故二人이 獨得脫하다

【綱】秦嘉가 郯(담)에서 군사를 일으켰다.

　秦嘉가 起兵於郯①하다

　① 秦은 성이다. ≪史記索隱≫에 이르기를, "郯은 음이 談이다. 東海郡의 郯縣은 옛 郯나라이다."라고 하였다.
　　秦, 姓也. 索隱曰 "郯, 音談. 東海郯縣, 古郯國也."

【綱】秦나라에서 더욱더 군사를 많이 보내어 楚나라를 공격하였다. 臘月(섣달)에 楚나라의 莊賈가 그 임금 陳勝을 죽이고 秦나라에 항복하였다. 呂臣이 장가를 토벌하여 죽이고 다시 陳 지역을 楚나라로 만들었다.

　❶秦이 益遣兵擊楚한대 臘月에 楚莊賈弑其君勝하야 以降於秦이러니 呂臣이 討賈殺之하고 復以陳爲楚하다

【目】二世皇帝가 長史 司馬欣과 董翳(동예)를 더 보내어 章邯을 도와 楚나라의 柱國인 房君[86]을 공격하게 해서 그를 죽였다. 그러고는 또다시 나아가 張賀를 공격하니, 장하가 패하여 죽었다.

---

85) 이량이……노하여 : ≪資治通鑑≫에 "이량은 본래 귀한 신분인데, 왕의 누이에게 배알하고 일어나서 그 시종관들을 돌아보며 부끄러워하자, 시종관 중에 한 사람이 말하기를 '천하가 秦나라를 배반하니, 현능한 사람들이 앞서서 자립하고 있습니다. 게다가 趙王은 본래 장군의 아래에서 나왔고, 이제 저 여자가 장군을 위해 수레에서 내려오지도 않으니 쫓아가서 죽이십시오.' 하였다."라고 하였다.

86) 房君 : 145쪽 역주 80) 참조.

납월에 楚王(陳勝)이 下城父(하성보)에 이르렀는데, 그의 마부인 莊賈가 楚王을 죽이고서 항복하였다. 陳勝의 옛 시종관인 呂臣이 蒼頭軍[87]을 만들어 군사를 일으켜 陳 땅을 공격해 장가를 죽이고, 다시 陳 지역을 楚나라로 만들었으며, 진승을 碭(탕) 땅에 장사 지내고 시호를 隱王이라고 하였다.

二世益遣長史司馬欣董翳하야 佐章邯擊楚柱國房君하야 殺之①하고 又進擊張賀한대 賀死하다 臘月에 楚王이 至下城父하얀 其御莊賈殺之以降②하다 勝의 故涓人呂臣이 爲蒼頭軍起하야 攻陳殺賈하고 復以陳爲楚하고 葬勝於碭하고 謚曰隱王③이라하다

① 長史는 관직 이름이다. 司馬는 성이고 欣은 이름이다. ≪漢書≫ 〈項籍傳〉에는 都尉 董翳라고 하였다.
長史, 官名. 司馬, 姓. 欣, 名也. 項籍傳, 都尉董翳.

② 臘月은 建丑月[88]이다. 曆家에서는 運의 墓를 臘이라 하는데, 예를 들면 漢나라는 火運이므로 火가 戌에서 墓하는 것과 같다[89]. 그러므로 大寒 뒤에 오는 戌日을 臘이라고 하였다. 臘은 합하는 것으로, 여러 神들을 합하여 제사 지내는 것이며, 또 사냥하는 것으로, 사냥을 하여 잡은 짐승으로 제사를 지내는 것이다. 夏나라에서는 淸祀라 하고, 殷나라에서는 嘉平이라 하고, 周나라에서는 大蜡(대사)라고 하며, 또한 臘이라 하였다. 秦나라는 대개 周나라의 臘을 고쳐서 殷나라의 명칭을 따랐다[90]. 父는 음이 甫이다. 顔師古가 말하기를, "下城父는 지명으로, 沛郡 城父縣(성보현)의 동쪽에 있다."라고 하였다. 莊은 성이다.
臘月, 建丑之月也. 曆家以運墓爲臘. 如漢火運, 火墓於戌, 故以大寒後戌日爲臘. 臘, 合也, 合祭諸神也. 又獵也, 以田獵所得禽獸祭. 夏曰淸祀, 殷曰嘉平, 周曰大蜡, 亦曰臘. 秦蓋改周臘而從殷之號. 父, 音甫. 師古曰 "下城父, 地名, 在沛郡城父縣東." 莊, 姓也.

③ 故는 예전이라는 뜻이다. 전에 이 관직에 있었다가 지금은 그 관직에 있지 않은 것을 일러 故라고 한다. 蒼頭는 赤眉의 호칭과 같은 것으로, 이런 모습을 하여 서로 식별한 것이다.

---

87) 蒼頭軍 : 머리에 푸른색 수건을 두른 군사를 말한다.

88) 建丑月 : 臘月은 12월인데 建丑月이라 한 것은 建寅月을 歲首(1월)로 하는 夏나라 역법의 12월이라는 뜻이다. 秦나라는 建亥月을 歲首로 정하였으므로 납월은 建戌月이 된다. 따라서 秦나라의 1월과 12월은 夏나라 역법으로는 각각 10월과 9월에 해당한다.

89) 曆家에서는……같다 : 運은 五行의 五運이고 墓는 終이나 衰의 의미이므로 運의 墓는 運이 다하거나 쇠한다는 것이다. 王者는 각각 해당하는 五行의 盛日을 祖日, 墓日을 臘日로 삼았다. 그러므로 水는 申에서 始하여 子에서 盛하고 辰에서 墓하므로 水行의 임금은 子祖와 辰臘으로 정하였고, 火는 寅에서 始하여 午에서 盛하고 戌에서 墓하므로 火行의 임금은 午祖와 戌臘으로 정하였다. 漢나라는 火德이므로 火가 戌에서 衰하므로 戌을 臘으로 삼은 것이다. 魏나라는 土德이므로 辰을 臘으로, 晉나라는 金德이므로 丑을 臘으로 삼았다. ≪五洲衍文長箋散稿 天地篇 天文類 節候 寒食春秋二社伏臘辨證說≫·≪後漢書 五禮儀志 高堂隆의 註≫

90) 秦나라에서는……따랐다 : ≪史記≫ 〈秦始皇本紀〉에 "31년 12월 臘의 명칭을 고쳐 嘉平이라 하였다."라고 하였다.

故, 舊也. 前爲此官而今不居者, 謂之故也. 蒼頭, 若赤眉之號, 以相識別也.

【目】 처음에 陳勝이 이미 왕이라고 칭하였을 적에 옛 친구들이 모두 가서 의지하였으며, 진승의 장인도 그를 찾아갔었다. 그때 진승이 그를 다른 손님들과 같은 예로 대우하여 길게 읍하기만 하고 절은 하지 않았다. 그러자 장인이 노하여 떠나가 버렸다.

여러 빈객들이 출입을 하다가 진승과 더욱더 가깝게 지내어 편안해지게 되자, 진승의 옛날 일을 말하는 자가 있었다. 어떤 사람이 진승에게 "손님들이 어리석고 아는 것이 없어서 제멋대로 망령된 말을 하여 왕의 위신을 가볍게 합니다."라고 하니, 진승이 자신의 옛일을 말한 자를 참수하였다. 그러자 여러 친구들이 모두 몸을 거두어 떠나가 버렸다.

진승이 朱防을 中正으로 삼고 胡武를 司過로 삼아 여러 신하들을 감찰하게 하였는데, 이들은 가혹하게 감찰하는 것을 충성을 다하는 것이라고 여겼다. 이에 여러 장수들이 진승에게 친하게 붙지 않아서, 마침내 이로 인해 패하는 지경에 이르게 되었다.

初에 勝이 旣稱王에 故人이 皆往依之하고 妻之父 亦往焉이어늘 勝이 以衆賓待之하고 長揖不拜①한대 妻之父 怒而去하다 客이 出入에 愈益發舒하야 言勝故情이어늘 或曰 客愚無知하야 顓妄言輕威②로다 勝이 斬之하니 諸故人이 皆引去러라 勝이 以朱防爲中正하고 胡武爲司過하야 主司群臣하야 以苛察爲忠하니 諸將이 不親附하야 以及於敗③하니라

① "長揖(길게 읍하다)"은 손을 위에서부터 아래로 끝까지 내리는 것이다.
長揖者, 手自上而極下.

② 顓(제멋대로 하다)은 專과 같다. "輕威"는 임금이 된 사람의 중한 위엄을 경시하는 것을 말한다.
顓, 與專同. 輕威者, 言輕其爲君之威重也.

③ 中正과 司過는 모두 관직 이름이다. 苛는 음이 何이니, 가느다란 풀인데, 이것으로 번잡함을 비유한다.
中正·司過, 皆官名. 苛, 音何, 細草也. 以喩煩雜也.

【綱】 봄 정월에 趙나라의 장수 張耳와 陳餘가 趙歇(조헐)을 세워서 왕으로 삼았다.

春正月에 趙將張耳陳餘立趙歇爲王하다

【目】張耳와 陳餘가 흩어진 군사를 수습하여 수만 명을 얻어서 李良을 공격하였는데, 이 량이 패하여 달아났다. 어떤 빈객이 장이와 진여에게 유세하기를, "당신들 두 사람은 나그네일 뿐이니, 홀로 서서 왕이 되기는 어렵다. 그러니 趙나라 후손을 세워서 의리를 가지고 잘 보좌한다면 공을 이룰 수가 있을 것이다."라고 하였다. 이에 趙歇을 찾아서 그를 왕으로 세운 다음에 信都에 머물렀다.

張耳陳餘收散兵得數萬人하야 擊李良한대 良이 敗走하다 客有說之者曰 兩君이 羈旅라 難可獨立이니 立趙後하야 輔以誼하면 可就功①이리라 乃求得歇立之하야 居信都②하다

① 誼는 義와 같으니, 六國 때의 趙王의 후손을 찾아서 왕으로 세운 다음에 명분과 의리를 가지고 잘 돕는 것이다. 就는 이루는 것이다.
　誼, 與義同. 言求取六國時趙王後而立之, 以名義自輔助也. 就, 成也.
② 項羽가 信都를 고쳐서 襄國이라고 하였다. 漢나라 때 다시 信都縣으로 만들어 信都國에 소속시켰다. 後漢 때 다시 양국이라고 하였다.
　項羽改信都曰襄國. 漢復爲信都縣, 屬信都國. 後漢復曰襄國.

【綱】秦嘉가 景駒를 세워서 楚王으로 삼았다.

秦嘉立景駒爲楚王하다

【綱】秦나라가 陳 지역을 쳐서 함락하였다. 呂臣이 달아나다가 英布의 군대를 만나 다시 돌아와서 陳 지역을 취하였다.

◐秦이 攻陳下之한대 呂臣이 走得英布軍하야 還復取陳하다

【目】英布는 六 땅 사람이다. 일찍이 법에 걸려 黥刑[91]을 받고서 驪山으로 보내지게 되었다. 여산에 있는 刑徒의 수가 수십만 명이나 되었는데, 영포는 그 형도들의 우두머리 노릇을 하는 호걸 등과 서로 내통하고는, 마침내 그 무리들과 함께 양자강의 섬으로 도망쳐 가서 도적 떼가 되었다. 鄱陽(파양)의 현령인 吳芮가 江湖 사이에서 인심을 많이 얻어 番君(파군)이라고 불렸는데, 영포가 가서 만나보니, 그 무리가 이미 수천 명이나 되었다. 파군이 자신의 딸을 영포에게 주어 아내로 삼게 하였으며, 영포로 하여금 그 군대를 거느리고 秦나라를 치게 하였다.

91) 黥刑 : 얼굴에 刺字를 하는 형벌이다.

布는 六人也이라 嘗坐法黥하야 論輸驪山①하니 驪山
之徒 數十萬人이라 布皆與其徒長豪傑로 交通②하야
迺亡之江中하야 爲群盜③러니 番(파)陽令吳芮 甚得江
湖間心하야 號曰番君④이어늘 布往見之하니 其衆이 已數
千人이라 番君이 以女妻之하야 使將其兵擊秦하다

九江王 英布

① 黥布는 본래의 성이 英인데, 젊은 시절에 관상을
보는 사람이 말하기를, "형벌을 당하고서 왕이
될 것이다."라고 하였다. 장성함에 미쳐서 법에
연좌되어서 黥刑을 받게 되자 몹시 기뻐하면서
말하기를, "거의 맞아 들어간다."라고 하고는, 이
로 인하여 성을 黥으로 고쳤는데, 이는 남들이
싫어하는 것으로 성을 삼은 것이다. 六은 춘추시
대의 六나라이다. 秦나라는 현으로 만들어 九江
郡에 소속시켰으며, 漢나라는 六安國에 소속시켰
다. 論은 법을 적용하는 것이다. 輸는 형도로 만
들어 보내서 노역시키는 것이다.
布, 本姓英. 少時相云 "當刑而王." 及壯, 坐法黥,
乃欣然曰"幾是乎." 因改姓黥, 以厭當之. 六, 春秋之六國也. 秦爲縣, 屬九江郡, 漢屬六安國.
論, 議法也. 輸者, 爲徒輸作也.
② 長(우두머리)은 知兩의 切이다.
長, 知兩切.
③ 迺(마침내)는 乃와 같다. 亡은 도망치는 것이다. 之는 가는 것이다.
迺, 與乃同. 亡, 逃也. 之, 往也.
④ 춘추시대에 吳나라가 楚나라를 정벌하여 番(파) 지역을 취하였다. 秦나라는 鄱陽縣(파양현)
으로 만들어 九江에 소속시켰고, 漢나라는 豫章에 소속시켰다. 芮는 而銳의 切이다.
春秋, 吳伐楚, 取番. 秦爲鄱陽縣, 屬九江, 漢屬豫章. 芮, 而銳切.

【綱】沛公이 張良을 얻어서 廐將(구장)[92]으로 삼았다.

沛公이 得張良하야 以爲廐將하다

【目】楚王 景駒가 留 땅에 있었는데, 沛公이 그를 찾아가 따랐다. 張良 역시 젊은 사람

---

92) 廐將(구장) : 마구간을 관리하는 장수라는 뜻으로, 말을 관리하는 장수를 말한다.

100여 명을 모아서 경구를 따르려고 하였는데,
길을 가던 도중에 패공을 만나 드디어 패공의 휘
하가 되었다. 패공이 장량을 廐將으로 삼았다. 장
량이 자주 太公의 병법을 가지고 패공에게 말하
였는데, 패공이 이를 좋게 여겨 항상 장량의 계책
을 따라주었다. 장량이 다른 사람에게 자신의 계
책을 말하였을 때에는 그때마다 거들떠보지도 않
았었다. 이에 장량이 말하기를, "패공은 아마도
하늘이 내려주신 듯하다."라고 하고는 드디어 패
공을 따르고 떠나가지 않았다.

留侯 張良

楚王景駒在留①어늘 沛公이 往從之할새 張良이 亦聚
少年百餘人하야 欲從駒라가 道遇沛公하야 遂屬焉한대 公이
以良爲廐將②하다 良이 數(삭)以太公兵法으로 說(세)沛
公③한대 公이 善之하야 常用其策하더라 良이 與他人言에
輒不省이라 良曰沛公은 殆天授라하고 遂從不去④하다

① ≪漢書≫〈地理志〉에 "留縣은 楚國에 속한다."고 하였다.
　　班志 "留縣, 屬楚國."
② 廐將은 관직의 이름으로, 대개 말을 관장한다.
　　廐將, 官名, 蓋掌馬.
③ 數은 음이 朔이다. ≪太公兵法≫[93]은 3권으로 되어 있다. 說(설득하다)는 去聲이다.
　　數, 音朔. 太公兵法, 三卷. 說, 去聲.
④ 從(따르다)은 去聲이다.
　　從, 去聲.

【目】景駒가 沛公으로 하여금 秦나라와 더불어 싸우게 하였는데, 승리를 거두지 못하였
다. 다시 碭을 공격하여 함락시키고, 그곳에 있던 군사 6,000명을 얻었는데, 예전부터
데리고 있던 군사들과 합하니, 9,000명이나 되었다. 다시 豐을 공략하였으나, 함락하

---

93) 太公兵法: ≪通鑑釋義≫에 "太公은 姓이 姜이고 이름이 牙이니, 아마도 牙는 본래 字이고 尙이
이름인 듯하다. 그 선조가 呂 땅에 봉해지니 그 封地를 따랐기 때문에 呂尙이라 한 것이다. 文王
이 사냥을 나갔다가 여상을 만나 수레에 태우고 함께 돌아와 스승으로 삼고는 말하기를 '우리 선
군인 太公(太王)이 그대를 기다린 지 오래되었다.' 하고 인하여 太公望이라고 이름하였다. 太公의
兵法은 1질 3권이다." 하였다.

지 못하였다.

駒使沛公으로 與秦交戰不利하고 攻碭拔之하야 得其兵六千人하니 與故合九千人이라 擊豐
不下하다

【綱】項梁이 楚王 景駒를 공격하여 살해하였다. 여름 6월에 楚나라 懷王의 손
자인 心을 세워 楚 懷王으로 삼았으며, 韓나라의 공자 成을 韓王으로 삼았다.

項梁이 擊楚王駒殺之하고 夏六月에 立楚懷王孫心爲楚懷王하고 韓公子成爲韓王하다

【目】廣陵 사람 召平이 楚나라를 위하여 廣陵을 경략하였으나, 함락하지 못하였다. 陳王
(陳勝)이 패하였다는 소식을 듣고는 이에 강을 건너간 다음, 왕의 명령을 사칭하여 項梁
을 제수하여 上柱國으로 삼고는 말하기를, "강동 지역은 이미 평정되었으니, 급히 군사
를 이끌고 서쪽으로 가서 秦나라를 공격하라."라고 하였다. 항량이 이에 8,000명의 군
사를 거느리고 강을 건너서 서쪽으로 갔다.

廣陵人召平이 爲楚徇廣陵未下①러니 聞陳王敗하고 迺渡江하야 矯王令하야 拜項梁爲上柱國曰
江東이 已定하니 急引兵西擊秦하라 梁이 乃以八千人渡江而西하다

① 廣陵縣은 九江郡에 속한다. 爲(위하다)는 去聲이다.
　廣陵縣, 屬九江郡. 爲, 去聲.

【目】東陽에 사는 젊은 사람들이 東陽縣令을 살해하고는 서로 모여 있는 자들이 2만 명
이나 되었는데, 이들이 예전에 令史로 있던 陳嬰이 본래 謹信하는 長者라는 이유로, 그
를 세워서 왕으로 삼고자 하였다. 그러자 진영의 어머니가 말하기를, "갑작스럽게 큰
이름을 얻는 것은 상서롭지 못하다. 그러니 다른 사람의 휘하에 소속되는 것만 못하니,
그럴 경우 일이 이루어지면 오히려 제후에 봉해질 수 있고, 일이 실패하더라도 쉽게 도
망칠 수 있어서 세상 사람들로부터 지목당하지는 않을 것이다."라고 하였다.

진영이 이에 군리들에게 이르기를, "項氏는 대대로 장군의 집안으로 楚나라 지역에
이름이 나 있다. 지금 대사를 거행하고자 한다면, 장차 이 사람이 아니면 성사시키지
못할 것이다. 우리들이 이름난 가문에 의지한다면, 반드시 秦나라를 멸망시킬 수 있을
것이다."라고 하니, 사람들이 그 의견에 따랐다. 이에 陳嬰 및 英布와 蒲將軍이 모두 군
사를 거느리고 와서 項梁에게 소속되니, 군사의 숫자가 드디어 6, 7만 명이나 되었다.

항량이 말하기를, "陳王(陳勝)이 가장 먼저 起兵하다가 싸움에서 승리하지 못하여, 지금 어디에 있는지를 모른다. 그런데 지금 秦嘉가 景駒를 세워 왕으로 삼았으니, 이는 대역무도한 것이다."라고 하였다. 그러고는 나아가서 진가를 쳐서 진가를 죽였다. 경구는 달아나다가 죽었다.

東陽少年이 殺令하고 相聚得二萬人①이라 以故令史陳嬰이 素謹信長者라하야 欲立以爲王②한대 嬰母曰 暴得大名이 不祥③이라 不如有所屬이니 事成이면 猶得封侯요 事敗라도 易以亡이니 非世所指名也니라 嬰이 乃謂軍吏曰 項氏는 世世將家라 有名於楚하니 今欲擧大事인대 將非其人이면 不可④니 我倚名族하면 亡秦이 必矣리라 衆이 從之한대 於是에 嬰及英布蒲將軍이 皆以兵屬梁하니 衆이 遂六七萬⑤이라 梁曰 陳王首事戰不利하야 未聞所在⑥어늘 今秦嘉立景駒하니 大逆無道라하고 乃進擊殺嘉한대 駒走死하다

① ≪漢書≫〈地理志〉에 "東陽縣은 臨淮郡에 속한다."고 하였다. 漢나라 明帝 때 나누어서 下邳에 속하게 하였으며, 뒤에 다시 나누어서 廣陵에 속하게 하였다.
　班志 "東陽縣, 屬臨淮郡." 明帝分屬下邳, 後復分屬廣陵.
② ≪漢儀注≫[94]에 이르기를, "令의 아전은 令史라 하고, 丞의 아전은 丞史라 한다."라고 하였다.
　漢儀注 "令吏曰令史, 丞吏曰丞史."
③ 暴은 갑자기라는 뜻이다.
　暴, 猝也.
④ 재주가 없는 사람으로 장수를 삼을 경우 승리를 구할 수 없다는 말이다.
　言以不材之人爲將, 不可求勝也.
⑤ 蒲는 성이다.
　蒲, 姓也.
⑥ "首事"는 가장 먼저 기병한 것을 이른다.
　首事, 謂最先起兵.

【目】項梁이 薛에 이르렀을 때 沛公이 가서 만나보자, 항량이 패공에게 군병을 주었다. 이에 돌아와서 豐을 함락시켰다. 항량이 또 項羽로 하여금 襄城을 공격하게 하였는데, 함락시키지 못하였다. 그 뒤에 함락시키고 나서는 그 고을 사람들을 모두 땅에 파묻어 죽였다.

至薛하니 沛公이 往見之어늘 梁이 予兵하야 還拔豐하고 使項羽로 攻襄城不下러니 已拔에 皆

---

94) 漢儀注 : 後漢 衛宏이 편찬한 책으로 ≪漢舊儀≫, ≪漢官舊儀≫라고도 한다. 漢代 관제를 기술한 책이다.

阬之하다

【目】居鄛 사람인 范增은 나이가 70세였으며, 기이
한 계책을 쓰기를 좋아하였다. 項梁을 찾아가서 유
세하기를, "陳勝이 패망한 것은 참으로 당연합니
다. 무릇 秦나라가 六國을 멸망시켰는데, 그 가운
데 楚나라가 가장 죄가 없습니다. 楚 懷王이 秦나
라로 끌려갔다가 돌아오지 못하면서부터는 楚나라
사람들이 지금까지도 이를 가엽게 여기고 있습니
다. 그러므로 楚나라 南公[95)]이 말하기를, '楚나라
가 비록 세 집만 남아 있더라도 秦나라를 멸망시키
는 것은 반드시 楚나라일 것이다.'라고 하였습니
다. 지금 진승이 가장 먼저 起兵하고서 楚나라의
후손을 왕으로 세우지 않고, 자신이 서서 왕이 되
었습니다. 이 때문에 그 형세가 길게 가지 못하였
던 것입니다.

范增

지금 당신께서 江東에서 군사를 일으키자, 楚나
라 지역에서 벌 떼처럼 일어난 여러 장수들이 모두 앞다투어 와서 당신에게 붙고 있습
니다. 이것은 당신 집안이 대대로 楚나라 장수를 지냈으므로, 능히 다시 楚나라 왕의
후손을 세워 왕으로 삼을 것이라고 여겨서입니다."라고 하였다.

항량이 그 말을 옳게 여기고는, 마침내 초 회왕의 손자인 心을 백성들 사이에서 찾아
내었는데, 心은 다른 사람의 종이 되어 양을 치고 있었다.

居鄛人范增이 年七十好奇計[①]러니 往說梁曰 陳勝이 敗固當[②]이라 夫秦滅六國에 楚最無罪하니
自懷王入秦不反으로 楚人이 憐之至今이라 故楚南公曰 楚雖三戶나 亡秦必楚[③]라하니 今勝이
首事하야 不立楚後而自立하니 其勢不長이라 今君이 起江東에 楚蠭起之將이 皆爭附君者는 以
君이 世世楚將이라 爲能復立楚之後也[④]니라 梁이 然其言하야 乃求得懷王孫心於民間하니 爲人

---

95) 南公 : 南公에 대해서는 여러 가지 설이 있다. 첫째는 南方의 노인이라는 설이다. 둘째는 당시의
道人이라는 설인데, 이 도인은 나라의 흥망에 대해서 잘 알아 秦나라를 멸망시킬 사람이 반드시
楚나라 사람일 것이라고 하였다고 한다. 셋째는 陰陽家에 속하는 학자라는 설로, ≪南公≫ 13편
을 지은 사람이라고 한다.

牧羊⑤이어늘

① 鄴는 본래 巢로 되어 있다. ≪漢書≫ 〈地理志〉에 "居巢縣은 廬江郡에 속한다."고 하였다.

鄴, 本作巢. 班志 "居巢縣, 屬廬江郡."

② 그 계획이 옳지 않으므로 의당 패하는 것이 마땅하다는 말이다.

言其計畫非是, 宜應敗也.

③ 故는 所以라는 말과 같으며, 옛날의 楚나라를 이르는 것은 아니다. 南公은 남쪽 지방에 사는 노인으로, 六國 시대의 사람이다. 楚나라 사람들이 秦나라를 원망하는 것이 아주 깊어서 단지 세 집만 남아 있더라도 秦나라를 충분히 망하게 할 수 있다는 말이다. 一說에는, 三戶는 지명이라고 한다. 南公이 興盛하고 敗亡하는 운수를 잘 알아서 秦나라가 반드시 三戶라는 곳에서 망할 것을 알았으므로, 이렇게 말한 것이다. 뒷날에 項羽가 과연 三戶津을 건너서 章邯의 군대를 격파하자, 장함이 항우에게 항복하여 秦나라가 드디어 망하였으며, 東濟가 이로 인하여 지명으로 삼았으니 아마도 이 설이 맞는 듯하다. 다만 雖자가 있어서 문세가 순하지 않으니, 이것은 어찌 南公이 본래 그 지명을 분명하게 가리켜 드러내놓고 말하고 싶지 않았으므로, 비슷하게 말한 것이 아니겠는가.

故, 猶言所以也. 非謂故時之楚也. 南公, 南方之老, 六國時人. 謂楚人怨秦深, 但令有三戶在, 足以亡秦. 一說, 三戶, 地名. 南公識興廢之數, 知秦亡必於三戶, 故出言. 後項羽果渡三戶津, 破章邯軍, 邯降羽, 秦遂亡, 東濟因以爲地名, 恐是. 但於雖字, 文勢不順, 豈南公本指其地不欲顯言, 故爲疑似之語邪.

④ 蠭자는 蜂의 古字이다. "蠭起"는 벌떼가 일어나는 것과 같은 것으로, 많은 것을 이른다. 일설에 蠭자는 鋒자와 같은 뜻으로, 칼끝을 날카롭게 하여 일어나는 것을 이른다고 한다. 爲(위하다)는 去聲이다. 아래 구절에 나오는 '爲人'의 爲도 같다.

蠭, 古蜂字. 蠭起, 如蠭之起, 言其衆也. 一說, 蠭, 與鋒同, 言鋒銳而起者. 爲, 去聲. 下爲人同.

⑤ 心은 이름이다.

心, 名也.

【目】6월에 心을 세워 楚나라 懷王이라고 하니, 이는 백성들이 바라는 바를 따른 것이었다. 盱眙(우이)에 도읍하고, 陳嬰을 上柱國으로 삼았으며, 項梁이 武信君이라고 自號하였다. 張良이 항량에게 유세하여 말하기를, "당신께서는 이미 楚나라의 후손을 왕으로 세웠습니다. 韓나라의 여러 공자들 가운데 橫陽君 成이 가장 어질어서 왕으로 세울 만합니다. 그러니 이 사람을 왕으로 세워서 우리 편을 더욱더 많이 만들어야 합니다."라고 하니, 항량이 그 말에 따랐다. 이에 成을 세워서 韓王으로 삼고, 장량을 司徒로 삼아, 서쪽으로 가 韓나라 지역을 경략하게 하였으며, 이리저리 오가면서 潁川에서 유격병 역할을 하게 하였다.

六月에 立以爲楚懷王하니 從民望也①라 都盱眙하고 以陳嬰爲上柱國하고 梁이 自號武信君②하다 張良이 說梁曰 君이 已立楚後하니 韓諸公子에 橫陽君成이 最賢하니 可立爲王하야 益樹黨이니라 梁이 從之하야 立爲韓王하고 以良爲司徒하야 西略韓地하고 往來爲游兵潁川③하다

① 백성들이 바라는 바를 따라서 그의 할아버지의 시호를 왕호로 삼은 것이다.
  順民望, 以其祖諡爲號.
② 盱眙는 음이 吁怡이다. ≪漢書≫ 〈地理志〉에 "盱眙縣은 臨淮郡에 속한다."고 하였다.
  盱眙, 音吁怡. 班志 "盱眙縣屬臨淮郡."
③ 潁川은 옛 韓나라의 땅이며, 秦나라 때에 군을 두었다.
  潁川, 故韓地, 秦置郡.

【綱】章邯이 魏나라를 공격하였다. 齊나라와 楚나라가 구원하다가 齊王 田儋과 魏나라 정승 周市(주불)은 패하여 죽고, 魏王 魏咎는 자살하였다.

  章邯이 擊魏한대 齊楚救之라가 齊王儋魏相市은 敗死하고 魏王咎는 自殺하다

【目】章邯이 魏王을 臨濟에서 공격하였는데, 魏나라에서 周市을 사신으로 보내어 齊나라와 楚나라에 구원해주기를 요청하였다. 이에 齊王 및 楚나라 장수 項它가 모두 군사를 거느리고 주불을 따라와서 魏나라를 구원하였다. 그러자 장함이 한밤중에 銜枚(함매)[96)]를 하고 魏나라 군사를 습격하여 크게 격파하고, 齊王 및 주불을 살해하였다. 魏王은 백성들을 위하여 항복하기로 약속하였는데, 약속이 정해지자 스스로 불에 타 죽었다. 魏王의 동생 魏豹가 楚나라로 도망해오자, 楚나라에서는 그에게 군사를 주어, 魏나라 지역을 다시 경략하게 하였다.

  章邯이 擊魏王於臨濟①한대 魏使周市로 求救於齊楚하니 齊王及楚將項(佗)〔它〕[97)]가 皆將兵隨市救魏②러니 章邯이 夜銜枚하야 擊大破之하고 殺齊王及周市③한대 魏王이 爲其民約降이러니 約定에 自燒殺하니 其弟豹亡走楚④어늘 楚予兵하야 復徇魏地하다

① ≪後漢書≫ 〈地理志〉에 "陳留郡 平丘縣에 臨濟亭이 있다."고 하였다.
  後漢志 "陳留郡平丘縣有臨濟亭."
② 它는 他와 같은 글자이다. 項羽의 종형의 아들이다.

---

96) 銜枚(함매) : 옛날 進軍할 때에 군졸이나 말이 소리를 내지 못하게 하기 위하여 입에 나무를 물리던 것을 말한다.
97) (佗)〔它〕: 저본에는 '佗'로 되어 있으나, 思政殿訓義 ≪資治通鑑≫에 근거하여 '它'로 바로잡았다.

它, 與他同. 項羽從兄之子.

③ 枚는 모양이 젓가락과 같다. 이를 가로로 입에 물린 다음 끈으로 묶어 목에 붙잡아 맨다. 이는 시끄럽게 떠들어대는 소리를 내지 못하도록 하여 적들로 하여금 다가가는 것을 모르게 하기 위한 것이다.

枚, 狀如箸, 橫銜之, 結紐而繞項, 所以止言語讙囂, 欲令敵人不知其來也.

④ 豹는 魏王 咎의 사촌 동생이다.

豹, 咎從弟.

【綱】齊나라 사람들이 田假를 세워서 왕으로 삼았다.

齊人이 立田假爲王하다

【目】田假는 齊王 田建의 동생이다. 齊나라 사람들이 이를 세워서 왕으로 삼고, 田角과 田間을 장수와 정승으로 삼았다.

假는 王建의 弟也라 齊人이 立以爲王而以田角田間으로 爲將相①하다

① 間은 角의 동생이다. 角은 정승이 되고, 間은 장수가 되었다.

間, 角弟也. 角爲相, 間爲將.

【綱】가을 7월에 장맛비가 크게 내렸다.

秋七月에 大霖雨①하다

① 霖은 음이 林이니, 비가 3일이 지나도록 계속해서 내리는 것을 霖이라고 한다.

霖, 音林, 雨三日以往爲霖.

【綱】齊王 田儋의 동생인 田榮이 새로 왕이 된 田假를 축출한 다음, 전담의 아들 田市(전불)을 세워서 왕으로 삼고는, 자신은 재상이 되었다.

❶齊王儋의 弟榮이 逐王假하고 立儋子市하야 爲王而相之하다

【綱】秦나라가 우승상 馮去疾과 좌승상 李斯를 옥리에게 회부시켰는데, 풍거질은 자살하고, 이사는 허리가 잘리고 삼족이 멸족되었다. 趙高를 中丞相으로 삼았다.

◑ 秦이 下右丞相馮去疾左丞相李斯吏한대 去疾은 自殺이어늘 要斬斯하야 夷三族하고 以趙高爲中丞相하다

【目】二世皇帝가 자주 좌승상 李斯를 꾸짖으면서 말하기를, "그대는 三公의 자리에 앉아 있으면서 어찌하여 도적들로 하여금 이렇게 설치도록 내버려두는가?"라고 하니, 이사 가 두려워하였다. 그러면서도 爵祿을 중하게 여겨서 이세황제의 뜻에 아부하여 글을 올 려 대답하기를, "어진 군주는 반드시 督責하는 방도를 잘 행하는 법입니다. 그러므로 申 子[98]가 말하기를, '천하를 차지하고서도 제 마음대로 하지 못한다면, 그러한 것을 보고 천하로 桎梏을 삼는다고 하는 것이다.'라고 하였습니다. 무릇 독책하는 방도를 행하여 천하를 가지고 스스로 즐기지 못하고, 한갓 形神을 수고롭히면서 자신의 몸을 백성을 위해서 바치기를 堯임금이나 禹임금처럼 한다면, 이것은 일반 백성의 일을 하는 것이 지, 천하 사람들을 양육하는 천자가 하는 일이 아닙니다. 그러므로 그것을 일러 桎梏이 라고 하는 것입니다.

오직 밝은 임금만이 능히 독책을 행하여 위에서 독단할 수가 있습니다. 그럴 경우 권 한이 신하들에게 있지 않게 됩니다. 그런 다음에야 능히 仁義의 도를 없앨 수 있고, 간 하는 말을 끊을 수 있어서, 드러내놓고 자신의 뜻대로 다 행하더라도 감히 거역하는 자 가 없게 될 것입니다. 이와 같다면 뭇 신하들과 백성들이 모두 자신의 잘못에서 벗어나 기에도 겨를이 없을 것인데, 어찌 감히 변란을 도모할 수가 있겠습니까."라고 하였다.

그러자 이세황제가 기뻐하였다. 이에 독책을 더욱더 엄하게 행하여, 백성들에게 세금 을 혹독하게 거두는 자는 현명한 관리가 되고, 사람을 죽이기를 많이 한 자는 충성스러 운 신하가 되었다. 형벌을 받은 자가 길을 가는 사람 중에 반이나 되었으며, 죽은 사람 의 시신이 날마다 저잣거리에 쌓였다. 그러자 秦나라 백성들이 더욱더 놀라고 두려워하 여 반란을 일으킬 생각을 가지게 되었다.

二世數(삭)詰讓左丞相李斯호대 居三公位하야 如何令盜如此①오 斯恐懼호대 重爵祿②하야 乃阿 二世意하야 以書對曰 夫賢主者는 必能行督責之術者也③니 故申子曰④ 有天下而不恣睢를 命之 曰 以天下로 爲桎梏⑤이라하니 夫不能行督責之術하야 專以天下自適⑥하고 而徒勞形苦神하야 以身 徇百姓을 若堯禹然이면 則是黔首之役이요 非畜(흑)天下者也라 故謂之桎梏也니 惟明主라야 能行

---

98) 申子 : 申不害를 가리킨다. 신불해는 전국시대 사람으로, 法家에 속하는 인물이다. 법가는 법률 을 숭상하고 형벌을 엄하게 하여 法治를 통한 부국강병을 추구하였기 때문에 儒家 쪽에서는 각 박하고 은혜가 적은 정치로 평가한다.

督責하야 以獨斷於上則權不在臣下니 然後에 能減仁義之塗하며 絶諫說之辯하야 犖然行恣睢之心而莫之敢逆⑦이니 如此면 群臣百姓이 救過不給이어니 何變之敢圖리오 二世說하야 於是에 行督責益嚴하야 稅民深者爲明吏하고 殺人衆者爲忠臣하니 刑者相半於道而死人이 日成積於市라 秦民이 益駭懼思亂하더라

① 數는 음이 朔이다. 誚는 在肖의 切이니, 꾸짖는 것이다. 秦나라에서는 丞相과 太尉와 御史大夫를 三公이라 하였다.
   數, 音朔. 誚, 在肖切, 責也. 秦以丞相 · 太尉 · 御史大夫爲三公.
② 重은 아깝게 여기는 것이다.
   重, 愛惜也.
③ 督은 살피는 것이다. "督責"은 그 죄를 살펴서 형벌로써 꾸짖는 것이다.
   督, 察也. 督責, 察其罪, 責之以刑罰也.
④ 申子는 이름이 不害이다.
   申子, 名不害.
⑤ 恣는 資二의 切이다. 睢는 呼季의 切이다. "恣睢"는 제멋대로 하고 방자하게 구는 것이다. 桎(수갑)은 음이 質이다. 梏(차꼬)은 古沃의 切이다. "桎梏"은 형구이다. 발에 채우는 것을 桎이라 하고, 손에 채우는 것을 梏이라고 한다.
   恣, 資二切. 睢, 呼季切. 恣睢, 謂肆情縱恣也. 桎, 音質. 梏, 古沃切. 桎梏, 械也. 在足曰桎, 在手曰梏.
⑥ 適은 즐기는 것이다.
   適, 樂也.
⑦ 犖은 力角의 切이니, 탁월하여 아주 뛰어난 것이다.
   犖, 力角切, 卓犖超絶也.

【目】郎中令 趙高가 二世皇帝의 은총을 믿고 제멋대로 굴면서 사적인 원한을 가지고 사람들을 많이 죽였는데, 대신들이 그런 사실을 이세황제에게 말할까 봐 두려워하였다. 이에 이세황제를 꾀여서 말하기를, "천자가 귀한 까닭은, 단지 음성만을 들을 수 있고, 여러 신하들이 그 얼굴을 볼 수 없기 때문입니다. 그런데 지금 조정에 앉아서 사람을 올려주거나 내칠 적에 마땅치 않은 점이 있으면, 이것은 대신들에게 단점을 보이는 것으로, 천하에 신명함을 보이는 방도가 아닙니다. 그러니 禁中에 깊이 앉아 팔짱을 끼고서 저나 侍中[99]으로 법률에 익숙한 자들과 함께 일이 올라오기를 기다리고 있다가, 일

---

99) 侍中 : 秦나라에 처음 설치된 관직으로 정원이 없다. 丞相의 史가 되어 조정과 궁중을 왕래하며 황제에게 일을 아뢰었다. 漢代 황제 권력이 커지고 內朝가 강화되면서 핵심적인 관직이 되었다.

이 올라온 뒤에 이를 헤아리게 하는 것만 못합니다. 그럴 경우 대신은 감히 의심스러운 일을 아뢰지 못할 것이고, 천하 사람들은 모두 거룩한 황제라고 칭할 것입니다."라고 하였다. 이세황제가 이에 조정에 앉아 있지 않고 〈禁中에 거하여〉 모든 일이 조고에 의해 결정되었다.

　　郎中令趙高恃恩專恣하야 多以私怨殺人①이라 恐大臣이 言之하야 乃說二世曰 天子所以貴者는 但以聞聲이요 群臣이 莫得見其面也어늘 今坐朝廷하야 譴舉有不當이면 則見短於大臣하리니 非所以示神明於天下也②라 不如深拱禁中하야 與臣及侍中習法者로 待事하야 事來에 有以揆之면 則大臣이 不敢奏疑事하고 天下稱聖主矣③리이다 二世乃不坐朝廷하고 事皆決於高어늘

> ① ≪漢書≫〈百官表〉에 "郎中令은 秦나라의 관직 이름으로, 궁전의 掖門을 관장한다."고 하였다. 臣瓚[100]은 말하기를, "행랑 안의 여러 신하들을 관장하므로 낭중령이라고 하는 것이다."라고 하였다.
> 班表 "郎中令, 秦官, 掌宮殿掖門戶." 臣瓚曰 "主郎內諸臣, 故曰郎中令."
>
> ② 譴은 귀양 보내는 것이다. "譴舉"는 내쫓거나 올려주는 것이다. 當(마땅하다)은 去聲이다. 見(보이다)은 賢遍의 切이다.
> 譴, 讁也. 譴舉, 猶言出陟. 當, 去聲. 見, 賢遍切.
>
> ③ 두 손을 마주잡고 있으면서 아무 일도 하지 않는 것을 拱이라고 한다. 禁中이란 것은 門戶에 禁法이 있는 것으로, 가까이에서 모시는 자가 아니면 들어갈 수가 없으므로 금중이라고 하는 것이다. 秦나라의 제도에 侍中, 左右曹諸吏, 散騎, 中常侍는 모두 加官[101]을 하는데, 가관을 하는 바는 혹 列侯, 卿大夫, 將軍, 將都尉, 尚書, 太醫, 太官令에서 혹 郎中에 이르기까지로, 정원이 없으며, 많을 경우에는 수십 명이 되기도 한다. 侍中과 中常侍는 금중에 들어갈 수가 있다. 揆는 求癸의 切이니, 헤아리는 것이다.
> 斂手曰拱. 禁中者, 門戶有禁. 非侍御者, 不得入, 故曰禁中. 秦制, 侍中·左右曹諸吏·散騎·中常侍皆加官, 所加, 或列侯·卿大夫·將軍·將都尉·尚書·太醫·太官令至郎中, 無員, 多至數十人. 侍中·中常侍得入禁中. 揆, 求癸切, 度也.

【目】李斯가 어떤 일에 대해서 말하였는데, 趙高가 이사를 보고 말하기를, "函谷關의 동쪽 지역에 도적 떼가 많이 일어나는데도 皇上께서는 더욱더 요역을 일으켜 阿房宮을 짓고 계십니다. 신이 이에 대해서 간하고 싶어도 지위가 낮기 때문에 간할 수가 없습니

---

100) 臣瓚 : ≪漢書≫를 註釋한 사람인데, 성씨와 관향은 상세하지 않다. ≪類苑≫에는 于瓚이라고 하였고, ≪水經注≫에는 薛瓚이라고 하였고, ≪訓纂≫에는 傳瓚이라고 하였다.

101) 加官 : 본직 이외에 다른 관직을 겸하는 것이다. 아래 가관을 할 수 있는 직책은 ≪漢書≫〈百官表〉에 보인다.

다. 이것은 참으로 君侯(李斯)의 일입니다. 그런데 군후께서는 어찌하여 간하지 않으십니까?"라고 하자, 이사가 말하기를, "황상께서 깊은 궁궐 안에만 계시어서 뵙고자 해도 뵐 틈이 없습니다."라고 하니, 조고가 말하기를, "황상께서 한가하실 때를 살펴서 당신에게 말해주겠습니다."라고 하였다.

이에 조고는 二世皇帝가 한창 잔치를 베풀어서 아녀자들이 앞에 잔뜩 있을 때를 기다렸다가 사람을 시켜 이사에게 '일을 아뢰어도 괜찮겠다.'고 말해주었다. 이사가 이르러서 황상을 배알하겠다는 말을 올렸는데, 이와 같이 하기를 세 차례나 하였으므로, 이세황제가 노하였다.

조고가 이로 인하여 이세황제에게 아뢰기를, "沙丘의 모의에 승상이 참여하였습니다. 그런데 지금 폐하께서는 이미 황제가 되었으나, 승상의 귀함은 더 올라가지 못하였으니, 그 뜻은 역시 땅을 나누어 차지해서 왕 노릇을 하고자 하는 것입니다.

그리고 그의 장남인 李由가 三川의 군수로 있는데, 楚 지방에서 일어난 도적들이 모두 그의 이웃 고을에 살던 자들입니다. 이 때문에 도적들이 공공연히 삼천 지역을 지나다니고 있으며, 그들이 서로 문서를 주고받았다는 말을 듣기도 하였습니다. 그러나 그에 대한 자세한 내막은 모르기 때문에, 감히 자세하게 아뢰지는 못하겠습니다. 그리고 승상은 바깥에 살고 있기 때문에 권한이 폐하보다도 더 중합니다."라고 하였다. 이세황제가 이에 사람을 시켜서 삼천의 군수가 도적들과 내통한 정상을 조사해보게 하였다.

李斯以爲言한대 高乃見斯曰 關東群盜多而上이 益發繇하야 治阿房宮①하니 臣이 欲諫호대 爲位賤②이라 此眞君侯之事니 君何不諫고 斯曰 上이 居深宮하시니 欲見無間③이로다 高曰 請候上間하야 語君호리라 於是에 侍二世方燕樂婦女居前하야 使人告斯호대 可奏事矣라한대 斯至하야 上謁하니 如此者三이라 二世怒어늘 高因曰 沙丘之謀를 丞相이 與焉이러니 今陛下爲帝而丞相이 貴不益하니 其意亦望裂地而王矣요 且其長男由守三川하니 楚盜皆其傍縣子라 以故로 公行過三川④하니 聞其文書相往來로대 未得其審이라 故未敢以聞이로이다 且丞相이 居外하야 權重於陛下니이다 二世乃使人按驗三川守與盜通狀⑤한대

① 繇는 徭와 통용한다. "發徭"는 요역을 일으키는 것이다.
　　繇, 與徭通. 發徭, 發興徭役也.
② 爲(위하다)는 去聲이다. 아래 "不爲"[102]의 爲도 같다.
　　爲, 去聲. 下不爲同.
③ 見(뵈다)은 行練의 切이다. 間은 居莧의 切이니, 틈이라는 뜻이다. 또한 閑으로 읽는데, 여

---

102) 不爲 : 174쪽 "次不爲朕盡忠力"의 不爲를 가리킨다.

가를 말한다.

見, 行練切. 間, 居莧切, 隙也. 又讀曰閑, 餘暇也.

④ "傍縣"은 가까운 현이다. 李斯는 汝南縣 上蔡 사람이고, 陳勝은 潁川縣 陽城 사람인데, 汝南과 潁川은 서로 가깝다.

傍縣, 近縣也. 李斯, 汝南上蔡人. 陳勝, 潁川陽城人. 汝南潁川相近也.

⑤ 案은 按과 통용해서 쓰이니, 살펴보는 것이고, 시험해보는 것이다.

案, 通作按, 考也, 驗也.

【目】李斯가 그 소식을 듣고는 글을 올려 趙高의 죄에 대해 말하니, 二世皇帝가 말하기를, "조고는 사람됨이 아주 깨끗하고 힘이 있으며, 아래로는 사람들의 마음에 대해서 잘 알고, 위로는 짐의 뜻을 능히 맞추어, 짐이 실로 현명하다고 여기고 있다. 그런데 그대가 의심을 하는 것은 어째서인가? 그리고 짐이 조고에게 일을 맡기지 않으면, 누구에게 일을 맡기겠는가?"라고 하였다.

이사가 또 우승상 馮去疾과 장군 馮劫과 함께 나아가서 간하여 아뢰기를, "뭇 도적들이 한꺼번에 일어난 것은 모두가 수자리를 서고 漕運을 하고 轉運을 함에 있어서 일이 괴롭고 부세가 많기 때문입니다. 바라건대 阿房宮을 짓는 것을 중지하고, 사방 변경 지역에서 수자리를 사는 것과 전운을 하는 것을 줄이소서."라고 하니, 이세황제가 말하기를, "그대가 도적들을 금지하지 못하고 또 선제께서 하시던 일을 파하고자 하니, 이것은 위로는 선제에게 보답할 뜻이 없는 것이며, 다음으로는 짐을 위해 충성과 힘을 다 바치려고 하지 않는 것이다. 그러니 어찌 자리에 있을 수 있겠는가."라고 하였다. 그러고는 옥리에게 회부하여 죄를 따지게 하였다. 그러자 풍거질과 풍겁은 자살하였으나, 이사는 스스로 자신의 말주변에 대해 자부하였으며, 공은 있고 반란을 일으킬 마음을 품지 않았다고 하여, 옥으로 나아갔다.

斯聞之하고 乃上書言高罪어늘 二世曰 趙君爲人이 精廉彊力하야 下知人情하며 上能適朕하니 朕實賢之어늘 而君이 疑之는 何也오 且朕이 非屬(촉)趙君이요 當誰任哉①리오 斯又與右丞相馮去疾將軍馮劫으로 進諫曰 群盜竝起는 皆以戍漕轉作에 事苦하고 賦稅大也②니 請且止阿房宮作者하고 減四邊戍轉하소서 二世曰 君이 不能禁盜하고 又欲罷先帝所爲하니 是上無以報先帝요 次不爲朕盡忠力이니 何以在位오 下吏按罪한대 去疾劫은 自殺하고 斯는 自負其辯하고 有功無反心하야 乃就獄③이어늘

① 屬은 음이 燭이니, 맡기는 것이다. 아래 屬[103]도 같다.

屬, 音燭, 委也. 下同.

② 戍는 정벌하는 것이다. 漕는 수로로 운반하는 것이고, 轉은 육로로 운반하는 것이다. 作은
역사를 일으키는 것이다. 事苦는 그 일이 수고롭고 괴로움을 말한다.

戍, 征戍也. 漕, 水運也. 轉, 陸運也. 作, 役作也. 事苦, 言其事勞苦也.

③ 負는 믿는 것이다.

負, 恃也.

【目】二世皇帝가 趙高에게 맡겨 李斯의 죄를 다스리게 하였는데, 조고는 이사가 李由
와 더불어 모반한 상황을 들어 따지면서, 종족과 빈객들을 체포하여 1천 번이 넘도록
고문하였다. 그러자 이사가 스스로 誣服하였다. 그러고는 옥중에서 글을 올려 전에
세운 공에 대해 스스로 진술하여, 이세황제가 잘못을 뉘우치고 사면해주기를 바랐다.
그러나 조고가 관리를 시켜 이를 폐기해버리고 상주하지 못하게 하였다. 그러고는 또
그의 문객 10여 명을 시켜서 거짓으로 어사와 알자와 시중 등이 되어 번갈아 오가면
서 이사를 반복하여 심문하게 하였다. 그런데 이사가 다시 사실대로 대답하면, 그때
마다 문득 볼기를 쳤다. 그 뒤에 이세황제가 사람을 시켜서 이사를 조사하게 하였는
데, 이사는 전과 같이 사실대로 답하면 매질을 할 것이라고 여겨, 끝내 감히 다시 말
하지 못하였다.

二世屬(촉)高治之한대 責與由反狀하야 收捕宗族賓客하야 搒掠千餘하니 斯自誣服하고 而從獄
中上書하야 自陳前功하야 幸二世寤而赦之①러니 高使棄去不奏하고 又使其客十餘輩로 詐爲御史
謁者侍中하야 更往來覆訊斯하야 斯更以實對어든 輒復搒之②러니 後二世使人驗斯한대 斯以爲如
前이라하야 終不敢更言하고

① "搒掠"은 음이 彭亮(방량)이며, 볼기를 치면서 고문하는 것이다. 搒(볼기를 치다)은 笭과 통
용하여 쓰이며, 또 榜으로도 쓰인다. "自誣服"은 사실과는 반대로 스스로를 속이면서 자신
의 죄를 자복하는 것이다.

搒掠, 音彭亮, 謂笭擊而考問之也. 搒, 通作笭, 亦作榜. 自誣服, 謂自誣以反而服其罪也.

② 更(번갈아)은 平聲이다. 覆은 敷伏의 切이니, 상세히 조사하는 것이다. 訊은 음이 信이니,
캐묻는 것이다.

更, 平聲. 覆, 敷伏切, 審也. 訊, 音信, 問也.

【目】三川 郡守 李由를 조사하러 간 사람이 그곳에 도착하였으나, 楚나라 군사가 이미

---

103) 屬 : 175쪽 "二世屬高治之"의 屬을 가리킨다.

이유를 공격하여 죽인 뒤였다. 그러자 趙高가 모두 '망령되이 반란을 하였다.'는 말로 서로 부회하여, 드디어 李斯에 대해 五刑[104]을 갖추어 논하여, 咸陽의 저잣거리에서 허리를 잘랐다. 이사가 그의 둘째 아들을 돌아보면서 이르기를, "내가 너와 함께 다시 누런 사냥개를 끌고 上蔡의 동쪽 문으로 나가서 날랜 토끼를 쫓고 싶지만, 어찌 그럴 수 있겠는가."라고 하였다. 그러고는 드디어 父子가 함께 통곡하였으며, 삼족이 멸족되었다. 이세황제가 이에 조고를 中丞相으로 삼아, 그로 하여금 모든 일을 결정하게 하였다.

所使案三川守由者至則楚兵이 已擊殺之矣라 高皆妄爲反辭以相傳하야 遂具斯五刑論하야 要斬咸陽市①하니 斯顧謂其中子曰② 吾欲與若으로 復牽黃犬하야 俱出上蔡東門하야 逐狡兎인들 豈可得乎③리오 遂父子相哭而夷三族하다 二世乃以高로 爲中丞相하야 事皆決焉④하더라

① 傳는 음이 附이니, 서로 傳會하는 것인데, 말로 끌어다가 합치는 것을 부회라고 한다. 秦나라의 법에 있어서 삼족을 멸족시키는 데 해당하는 경우에는 모두 먼저 刺字를 하고, 코를 베며, 좌우의 발꿈치를 자르고, 매질을 하여 죽이며, 그 목을 효수하고 그 뼈와 살을 시장에서 젓으로 담근다. 그리고 비방을 하거나 원망을 한 자는 또 먼저 혀를 자른다. 그러므로 五刑을 갖춘다고 한 것이다.
傳, 音附, 相傳會也. 以辭語牽合曰傳會. 秦法, 當三族者, 皆先黥劓, 斬左右趾, 笞殺之, 梟其首, 菹其骨肉於市. 其誹謗詈詛者, 又先斷舌, 故謂之具五刑.
② 中(가운데)은 仲으로 읽는다.
中, 讀曰仲.
③ 若은 너라는 뜻이다.
若, 汝也.
④ 여러 관직 가운데 앞에 中자를 붙인 것은 대부분 환관이다.
諸官加中者, 多閹人也.

【綱】章邯이 楚나라 군대를 定陶에서 격파하였는데, 項梁이 죽었다.

章邯이 擊破楚軍於定陶한대 項梁이 死하다

【目】項梁이 재차 秦나라 군대를 격파하고는 더욱더 秦나라 군대를 경시하여 교만한 기

---

104) 五刑 : 秦나라 이전에 五刑은 이마에 刺字하는 墨刑, 코를 베어내는 劓刑, 발을 자르는 刖刑, 생식기를 자르는 宮刑, 死刑인 大辟을 말한다. 秦漢代의 오형은 이와 다른데, 아래 訓義 ①에 보인다.

定陶 전투

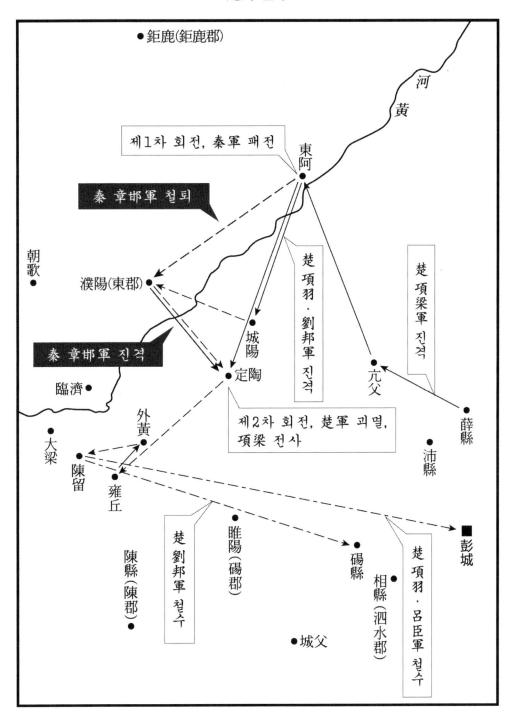

색이 있었다[105]. 이에 宋義가 간하여 말하기를, "전투에 이겼다고 하더라도 장수가 교만해지고 사졸이 나태해질 경우에는 패하는 법입니다. 지금 병졸들이 조금 나태해졌는데, 秦나라의 군사는 날로 불어나고 있으니, 신은 그대를 위하여 이를 두려워합니다."라고 하였으나, 항량이 듣지 않았다. 二世皇帝가 모든 군사를 일으켜 章邯에게 주어 楚나라 군대를 치게 해서 定陶에서 크게 격파하였는데, 이때 항량이 죽었다. 楚 懷王이 彭城으로 도읍을 옮기고는 項羽와 呂臣의 군사를 아울러서 직접 거느렸다. 그러고는 項羽를 魯公이라고 호칭하였다.

項梁이 再破秦軍하고 益輕秦有驕色①이어늘 宋義諫曰 戰勝而將驕卒惰者는 敗하나니 今卒이 少惰矣요 秦兵이 日益하니 臣이 爲君畏之하노라 弗聽이러니 二世悉起兵益章邯하야 擊楚軍大破之定陶한대 梁이 死어늘 懷王이 徙都彭城하고 并項羽呂臣軍하야 自將之하고 號羽爲魯公하다

① 《資治通鑑》에 이르기를, "項梁이 이미 東阿에서 章邯을 격파하고 군사를 이끌고 서쪽으로 와서 定陶에 이르러 재차 秦나라 군사를 격파하였다."라고 하였다.
通鑑 "項梁已破章邯於東阿, 引兵西, 比至定陶, 再破秦軍."

【綱】 楚나라에서 魏豹를 세워서 魏王으로 삼았다.

楚立魏豹爲魏王하다

【綱】 章邯이 趙나라를 쳐서 鉅鹿에서 趙王을 포위하였다. 그러자 楚나라가 宋義를 상장군으로 삼아 趙나라를 구원하였다.

❶章邯이 擊趙하야 圍趙王於鉅鹿이어늘 楚以宋義로 爲上將軍하야 救之하다

【目】 章邯이 楚나라에 있는 군사들은 걱정할 것이 없다고 여겨, 이에 북쪽으로 가서 趙나라를 공격하여 邯鄲을 격파하였다. 張耳가 趙王과 함께 鉅鹿으로 달아나자, 秦나라 장수 王離가 이를 포위하였다. 陳餘가 북쪽으로 가 군사를 거두어 모아 수만 명의 군사

105) 項梁이……있었다 : 이때 項梁이 齊나라 田榮 등과 함께 東阿에서 秦나라 군대를 크게 격파하였다. 전영은 齊나라로 돌아가서 왕인 田假를 내쫓고 田市을 왕으로 세웠다. 이에 항량은 전영에게 사신을 보내 서쪽으로 진격할 것을 재촉하였으나 전영은 이를 돕지 않는다. 항량은 劉邦과 項羽에게 서쪽으로 진출하게 하였는데, 이들이 定陶를 공격하였으나 함락되지 않자 그곳을 버리고 서쪽으로 진격하여 李由(李斯의 아들)의 秦나라 군대를 격파하고 이유를 죽이고 회군하여 外黃을 공격하였다. 그러자 항량은 자신이 직접 군대를 이끌고 정도를 공격하고자 하였다. 《史記 項羽本紀》

를 얻어 鉅鹿城의 북쪽에 진을 치고, 장함은 그 남쪽에 진을 쳤다. 趙나라에서 자주 楚나라에 사람을 보내어 구원해주기를 요청하였다. 楚나라 왕은 宋義가 武信君(項梁)이 반드시 패할 것이라는 것을 미리 알아내었다는 말을 듣고는, 그를 불러다가 함께 일을 헤아려보고는 크게 기뻐하였다. 그러고는 인하여 宋義를 上將軍으로 삼고, 項羽를 次將으로 삼았으며, 范增을 末將으로 삼아 趙나라를 구원하게 하였다. 송의를 卿子冠軍[106]이라고 불렀으며, 여러 별장들은 모두 그 휘하에 속하였다.

章邯이 以楚地兵은 不足憂라하야 乃北擊趙하야 破邯鄲한대 張耳以趙王으로 走鉅鹿이어늘 王離圍之①하다 陳餘北收兵得數萬人하야 軍其北하고 章邯은 軍其南이러라 趙數(삭)請救於楚한대 楚王이 聞宋義先策武信君必敗②하고 召與計事하고 大說(열)之하야 因以爲上將軍하고 項羽로 爲次將하고 范增으로 爲末將하야 以救趙할새 義號를 卿子冠軍이라하야 諸別將을 皆屬焉③하다

① 秦나라에서 趙나라를 멸망시키고 鉅鹿郡을 두었다. 王離는 王翦의 손자이다.
   秦, 滅趙, 置鉅鹿郡. 離, 翦之孫也.
② 策은 헤아리는 것이다. 武信君은 項梁이다.
   策, 料也. 武信君, 項梁也.
③ "卿子"는 당시 사람들이 상대방에 대하여 서로 기리고 높이는 칭호로, 公子라고 하는 것과 같다. 일설에 "卿이라는 것은 大夫의 호칭이고, 子라는 것은 子男의 작위이다."라고도 하였다. 冠(으뜸)은 古玩의 切이다. "冠軍"이라는 것은 그가 여러 군대의 위에 있음을 말한다.
   卿子, 時(又)〔人〕[107]相褒尊之稱, 猶言公子也. 一說 "卿者, 大夫之號. 子者, 子男之爵." 冠, 古玩切. 冠軍, 言其在諸軍之上.

【綱】 楚나라에서 沛公을 보내어 秦나라를 정벌하였다.

◑楚遣沛公伐秦하다

【目】 처음에 楚나라 懷王이 여러 장수들과 약속하기를, "먼저 關中으로 들어가 평정하는 자를 왕으로 삼을 것이다."라고 하였다. 이때에는 秦나라 군사들이 아직도 강성하여, 여러 장수들이 먼저 函谷關 안으로 들어가는 것을 이롭지 않게 여겼다. 그런데

---

106) 卿子冠軍：卿子는 당시의 美稱으로 公子와 같으며 冠軍은 군의 우두머리를 말한다. 송의가 당시 上將軍이 되었기 때문에 이러한 호칭이 생긴 것이다.

107) (又)〔人〕：저본에는 '又'로 되어 있으나, 思政殿訓義 ≪資治通鑑≫에 근거하여 '人'으로 바로잡았다.

유독 項羽만은 秦나라를 원망하여 기세를 떨쳐 일어나, 沛公과 함께 서쪽으로 가기를 원하였다. 그러자 여러 老將들이 말하기를, "항우는 드세고 사나우며 교활하고 잔인합니다. 일찍이 襄城을 공격하였을 적에는 양성에 살아남은 사람이 없게 하였으며, 지나가는 곳마다 모두 쓸어버리지 않는 곳이 없었습니다. 그리고 楚나라에서 秦나라를 자주 공략하여 취한 바가 많았으나, 모두 패하고 말았습니다. 그러니 다시 長者를 보내어 의를 앞세우고 서쪽으로 나아가, 秦나라의 부형들에게 유시하게 하느니만 못합니다. 秦나라의 부형들이 그들의 임금을 괴롭게 여긴 지가 이미 오래되었습니다. 지금 참으로 장자를 얻어 그곳으로 가게 하여, 난폭하게 침략하지 않으면 그들을 복종시킬 수 있을 것입니다. 그러니 項羽를 보내서는 안 됩니다. 오직 沛公만이 본래 관대한 장자이니, 그를 보내야만 합니다."라고 하였다. 楚나라 왕이 이에 沛公을 보내어 陳王과 項梁의 휘하에 있다가 흩어진 병졸들을 수습하여, 그들을 거느리고 가서 秦나라를 정벌하게 하였다.

初에 楚懷王이 與諸將約호대 先入定關中者 王之니라 是時에 秦兵이 尙彊하니 諸將이 莫利先入關①호대 獨項羽怨秦奮勢하야 願與沛公西②어늘 諸老將曰 羽慓悍猾賊③하야 嘗攻襄城에 襄城이 無遺類하고 所過에 無不殘滅하며 且楚數進取皆敗④하니 不如更遣長者하야 扶義而西⑤하야 告喩秦父兄이니 秦父兄이 苦其主久矣라 今誠得長者往하야 無侵暴하면 宜可下니 羽不可遣이요 獨沛公이 素寬大長者니 可遣이니이다 王이 乃遣沛公하야 收陳王項梁散卒하야 以伐秦하다

① "莫利"는 關中으로 들어가는 것을 이롭게 여기지 않는 것이다.
　　莫利, 不以入關爲利.
② "怨秦"은 秦나라가 項梁을 죽인 것을 원망하는 것을 이른다. 奮은 분격하는 것이다.
　　怨秦, 謂怨秦之殺項梁也. 奮, 憤激也.
③ 慓는 僄나 剽와 같은 뜻으로, 빠른 것이고 가벼운 것이다. 悍은 용감한 것이다. 猾은 교활한 것이다. 賊은 잔악하게 해치는 것이다.
　　慓, 與僄剽同, 疾也, 輕也. 悍, 勇也. 猾, 狡. 賊, 殘害也.
④ "數進取"는 공략하여 취한 바가 많다는 말이다.
　　數進取, 言多所攻取.
⑤ 更은 고치는 것이다. 長者는 나이가 많고 후덕한 사람으로, 죽이기를 좋아하지 않는 사람이다. "扶義(의를 앞세우다.)"는 杖義(의를 주장하다.)와 같다.
　　更, 改也. 長者, 長厚之人, 不嗜殺者. 扶義, 猶言杖義也.

甲午年(B.C. 207)

【綱】秦나라 二世皇帝 3년이다.

三年이라

【目】楚나라 懷王 2년, 趙王 趙歇 2년, 齊王 田市 2년, 燕王 韓廣 3년, 魏王 魏豹 2년, 韓王 韓成 2년이다.

楚二와 趙二와 齊二와 燕三과 魏二와 韓二年이라

【綱】겨울 11월에 楚나라의 次將 項籍이 왕명을 사칭하여 宋義를 살해하고, 그를 대신하여 군대를 거느리고 가서 秦나라 군사를 크게 격파하였으며, 秦나라의 장수 王離를 사로잡았다.

冬十一月에 楚次將項籍이 矯殺宋義而代之하야 大破秦軍하고 虜其將王離하다

【目】宋義가 安陽에 이르러서 46일 동안을 머물러 있으면서 나아가지 않자, 項羽가 말하기를, "秦나라가 趙나라를 포위하고 있어서 사태가 위급하니, 의당 재빨리 군사를 거느리고 河水를 건너가야 합니다. 그리하여 楚나라 군대는 그들의 바깥쪽을 치고, 趙나라 군대가 그 안에서 호응하면, 반드시 秦나라 군대를 격파할 수 있을 것입니다."라고 하자, 송의가 말하기를, "지금 秦나라가 趙나라를 공격하고 있는데, 秦나라가 싸움에서 이기더라도 군사들이 피로할 것이니, 우리 군대가 그들이 피폐한 틈을 타면 될 것이다. 그리고 秦나라가 이기지 못하였을 경우에는, 우리가 북을 치면서 서쪽으로 나아가면, 반드시 秦나라를 함락시킬 수 있을 것이다."라고 하였다. 인하여 명령을 내리기를, "용맹하기는 호랑이와 같고, 드세기는 양과 같으며, 욕심이 많기는 이리와 같아서, 강하여 부릴 수 없는 자는 모두 참수할 것이다."라고 하였다. 그러고는 그의 아들인 宋襄을 보내어서 齊나라의 재상이 되게 하고는, 그를 호위하여 無鹽에 가서는 술을 마시면서 크게 잔치를 벌였다. 그때 날씨가 춥고 큰비가 내려서 사졸들이 추위에 떨고 주려 있었다.

이에 항우가 말하기를, "금년은 흉년이 들고 백성들이 가난하여, 사졸들이 콩이 반이나 섞인 밥을 먹고 있는데, 송의는 술을 마시고 크게 잔치를 벌이면서 군사를 이끌고

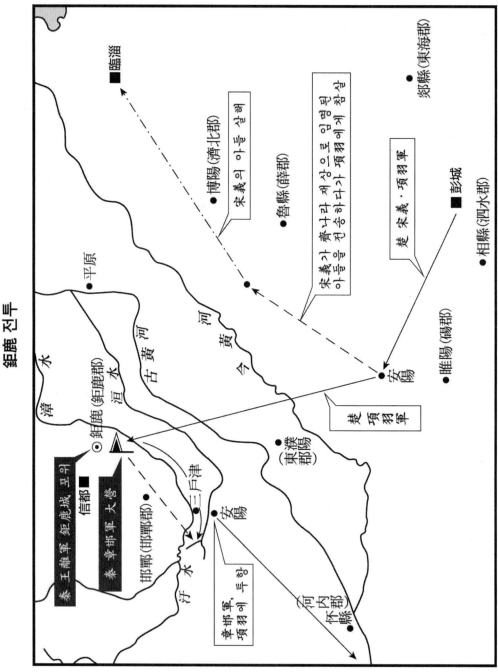

鉅鹿 전투

강을 건너가 趙나라의 곡식을 먹고 힘을 합쳐서 秦나라를 공격하지 않고 있다. 그러면서 말하기를, '그들이 피폐한 틈을 탈 것이다.'라고 하고 있으니, 무릇 秦나라의 강함으로 이제 막 세워진 趙나라를 공격하면, 그 형세가 반드시 趙나라를 함락시키고 말 것이다. 그럴 경우 무슨 수로 피폐한 틈을 탈 수 있겠는가. 또 우리나라는 군사들이 얼마 전에 크게 격파되어, 왕이 자리에 앉아 있으면서 마음이 불안한 상태이다. 이에 온 경내의 군사를 모두 들어 장군에게 맡겼으니, 나라의 안위가 이 한 번의 거사에 달려 있다. 그런데도 지금 사졸들은 돌보지 않고 사사로움만을 따르고 있으니, 사직의 신하[108]가 아니다."라고 하였다.

宋義至安陽하야 留四十六日不進①이어늘 項羽曰 秦이 圍趙急하니 宜疾引兵渡河하야 楚擊其外하고 趙應其內하면 破秦軍이 必矣리라 宋義曰 今秦이 攻趙하니 戰勝이라도 則兵罷(피)라 我乘其敝②요 不勝이어든 則我鼓行而西하면 必擧秦矣③리라하고 因下令曰 有猛如虎狼如羊貪如狼하야 彊不可使者면 皆斬之④호리라 遣其子襄하야 相齊할새 送之無鹽하야 飮酒高會러니 天寒大雨하야 士卒이 凍飢⑤어늘 項羽曰 今歲饑民貧하야 卒食半菽⑥이어늘 而飮酒高會하고 不引兵渡河하야 因趙食并力攻秦하고 乃曰 承其敝라하니 夫以秦之彊으로 攻新造之趙하면 其勢必擧니 何敝之承이리오 且國兵이 新破에 王이 坐不安席하사 掃境內而屬將軍하니 國家安危在此一擧어늘 今不恤士卒하고 而徇其私하니 非社稷之臣也⑦로다

① ≪史記索隱≫에 "지금의 宋州 楚丘에서 서북쪽으로 40리 되는 곳에 安陽故城이 있다."라고 하였다.
　索隱 "今宋州楚丘西北四十里, 有安陽故城."
② 罷(피로하다)는 疲로 읽는다.
　罷, 讀曰疲.
③ "鼓行"은 북을 치면서 가는 것으로 두려움이 없이 가는 것을 이른다.
　鼓行, 謂擊鼓而行, 無畏懼也.
④ 狼은 드세고 사나운 것이다. "용맹하기는 범과 같고, 드세기는 양과 같고, 탐욕스럽기는 이리와 같다."라고 한 이 세 마디 말은 모두 項羽를 가리켜서 한 말이다.
　狼, 戾狠也. 猛如虎·狼如羊·貪如狼 此三語, 皆指項羽也.
⑤ 相은 재상[輔相]이다. ≪漢書≫ 〈地理志〉에 "東平國에 無鹽縣이 있다."고 하였다. "高會"는 큰 모임이다.
　相, 輔相也. 班志 "東平國有無鹽縣." 高會, 大會也.
⑥ 사졸들이 나물 반찬뿐인 밥을 먹는데, 거기에 콩이 반씩이나 섞인 것이다.

108) 사직의 신하 : 종묘와 사직을 편안히 하는 신하를 이른다.

士卒食蔬菜, 以菽雜半之也.

⑦ 徇은 경영하는 것이다. "徇其私(사사로움만 따르다.)"는 자신이 직접 아들을 보내어서 齊나라의 재상이 되게 한 것을 이른다.

徇, 營也. 徇其私, 謂身送其子相齊也.

【目】11월에 項羽가 이른 아침에 宋義에게 조회하면서 그가 있는 장막으로 나아가 송의의 머리를 베었다. 그러고는 군중에 영을 내려 이르기를, "송의가 齊나라와 함께 우리 楚나라에 대해 모반을 하였으므로, 왕께서 몰래 나로 하여금 그를 주살하라고 명하시었다."라고 하였다. 그러자 여러 장수들이 감히 대들지 못하고 다 함께 항우를 세워 임시 상장군으로 삼았다. 그러고는 사신을 보내어 왕에게 復命하였는데, 왕이 이로 인하여 항우를 상장군으로 삼았다.

十一月에 羽晨朝義러라 卽其帳中斬之①하고 出令軍中曰 宋義與齊謀反이어늘 王이 陰令籍誅之라하니 諸將이 莫敢枝梧②하야 共立羽爲假上將軍③하고 遣使報命於王한대 王이 因以羽로 爲上將軍하다

① 朝(조회하다)는 음이 潮이다.
朝, 音潮.

② 梧는 음이 悟이다. 작은 기둥을 枝라 하고 빗긴 기둥을 梧라 한다. "枝梧"109)는 枝捍과 같으니, 여러 장수들이 모두 두려워하여 복종하고 감히 맞서면서 구원해주지 못하는 것을 이른다.
梧, 音悟. 小柱爲枝. 邪柱爲梧. 枝梧, 猶枝捍也. 謂諸將皆慴服, 莫敢枝梧營救也.

③ 懷王의 명을 받지 못하였으므로 우선 假(임시)라고 한 것이다.
未得懷王之命, 故且爲假也.

【目】鉅鹿城 안에 군사가 적고 식량이 다 떨어졌으므로 張耳가 자주 陳餘를 불러 앞으로 나오게 하였는데, 진여가 겁이 나 감히 앞으로 나아가지 못하였다110). 장이가 또 張黶(장염)과 陳澤(진석)으로 하여금 진여에게 가서 책망하게 하고는, 함께 목숨을 바

---

109) 枝梧 : 비스듬히 기대어 지지하는 동자기둥인데, 대항한다는 뜻으로 쓰인 것이다.

110) 鉅鹿城……못하였다 : 章邯이 項梁을 격파한 뒤 황하를 건너 趙나라 군대를 격파하자 張耳와 趙王 歇이 鉅鹿城으로 도망갔는데, 이를 秦나라 장수 王離가 포위하였다. 陳餘는 常山으로 가서 군대를 수습하여 거록 북쪽 지역에 주둔하였다. 전쟁이 장기화되자 장함이 甬道를 쌓아서 왕리의 군대에 군량을 공급하였다. 이에 장이는 자주 진여에게 군대를 출동시킬 것을 재촉하였으나 진여는 秦나라 군대에 대적할 수 없다고 여기고 나아가지 못하는 상황이었다.

쳐 싸우기로 약속하였다. 진여가 두 사람으로 하여금 5천 명을 거느리고 가서 먼저 秦나라 군사를 시험해보게 하였는데, 모두 몰살하고 말았다. 齊나라 군대와 燕나라 군대 및 장이의 아들 張敖가 와서 구원하였으나, 역시 감히 秦나라를 공격하지는 못하였다.

鉅鹿이 兵少食盡이라 張耳數召陳餘호대 餘不敢前이어늘 耳又使張黶陳澤(석)으로 讓之하야 要與俱死①어늘 餘使二人으로 將五千人하야 先嘗秦軍이라가 皆沒②하다 齊師燕師及耳子敖 來救호대 亦未敢擊秦이러니

① 澤은 음이 釋이다. 要는 약속하는 것으로, 함께 가서 秦나라를 공격하되, 목숨을 바쳐 싸우기로 약속한 것이다.
　　澤, 音釋. 要, 約也. 約與俱往攻秦而致死戰.
② 嘗은 시험해보는 것이다.
　　嘗, 試也.

【目】項羽가 이에 蒲將軍을 시켜 군사 2만 명을 거느리고 黃河를 건너가 秦나라의 餉道를 끊게 하였다. 陳餘가 다시 군대를 더 보내주기를 요청하자, 항우가 모든 군사를 거느리고 황하를 건너갔는데, 이미 건너간 다음에는 타고 갔던 배들을 모두 침몰시키고, 밥을 짓는 솥을 깨뜨렸으며, 묵고 있던 여사도 모두 불태웠다. 그러고는 3일 치의 양식만 가지고 가게 하여, 사졸들에게 필사적으로 싸우고, 되돌아갈 마음이 없다는 뜻을 보였다. 이에 秦나라 군대와 만나서 아홉 번을 싸워 모두 격파하였다. 그러자 章邯이 군사를 거느리고 퇴각하였으며, 王離를 마침내 사로잡았다.

項羽가 章邯을 격파하다

羽乃使蒲將軍으로 將二萬人渡河하야 絶秦餉道①한대 餘復請兵이어늘 羽乃悉引兵渡河하야 已渡에 皆沈船破甑燒廬舍하고 持三日糧하야 以示士卒必死無還心②하고 與秦軍遇하야 九戰皆破之하니 章邯이 引却이어늘 遂虜王離하다

① 餉은 式亮의 切이니, 그 군량을 운반하여 먹이는 것을 이른다.
　　餉, 式亮切, 謂饋運其軍糧也.
② "沈船"은 물속에 배를 침몰시키는 것을 이른다. 甑은 子孕의 切이니, 시루이다.
　　沈船, 謂沈沒其船於水中. 甑, 子孕切, 甗也.

【目】 당시에 鉅鹿城을 구원하러 온 제후들의 군사가 10여 성에서 진을 치고 있으면서도 감히 군사를 내보내지 못하고 있었다. 그러다가 楚나라가 秦나라를 공격함에 미쳐서는 모두들 성벽 위에 서서 바라보니, 楚나라의 전사들은 모두 일당십의 전사들이었으며, 부르짖는 소리가 천지를 뒤흔들었다. 이에 바라보던 자들이 모두 두려워서 덜덜 떨었다.

時에 諸侯軍救鉅鹿者十餘壁이로대 莫敢縱兵이러니 及楚擊秦에 皆從壁上觀하니 楚戰士가 無不一當十이라 呼聲이 動天地하니 觀者人人慴恐이러라

【目】 楚나라 군사들이 이미 秦나라를 군사를 격파하고 난 뒤에, 제후와 장수들이 項羽가 주둔해 있는 곳의 轅門에 들어갈 적에 모두 엉금엉금 기어서 갔으며, 감히 항우의 얼굴을 제대로 쳐다보지도 못하였다. 항우가 이로 말미암아 비로소 제후들의 상장군이 되었으며, 제후의 군사들이 모두 그의 휘하에 예속되었다.

旣破秦軍에 諸侯將이 入轅門할새 膝行而前하야 莫敢仰視①하니 羽由是로 始爲諸侯上將軍하야 諸侯兵이 皆屬焉하다

① "諸侯將"은 제후와 장수들이다. 군대가 나아갈 때에는 수레로 진을 만들고 수레의 끌채를 서로 향하게 하여 문을 만든다. 그러므로 轅門이라고 하는 것이다. "膝行而前"은 두려운 마음으로 엎드려 있으면서 감히 걸어가지 못하는 것을 말한다.
　　諸侯將, 諸侯及諸將也. 軍行, 以車爲陣, 轅相向爲門, 故曰轅門. 膝行而前, 言畏懼俯伏不敢安行也.

【目】 趙王이 이미 鉅鹿城에서 탈출해 나온 뒤에 張耳가 陳餘를 책망하였으며, 張黶(장염)과 陳澤(진석)이 있는 곳을 캐물으면서 진여가 죽인 것이 아닌가 하고 의심하였다[111].

111) 張黶(장염)과……의심하였다 : 이 두 사람이 전사한 것은 184쪽에 보인다.

그러자 진여가 노하여 印綬를 풀어서 장이에게 주니, 장이가 받지 않았다. 진여가 일어나서 변소에 갔을 때 어떤 객이 장이에게 유세하기를, "하늘이 주는데도 취하지 않으면 도리어 그 허물을 받게 되는 법입니다. 그러니 당신께서는 속히 진여가 주는 인수를 받으십시오."라고 하였다. 이에 장이가 진여의 인수를 자신이 차고서 진여의 휘하에 있던 군사들을 거두어들였다. 그러자 진여가 드디어 수백 명을 거느리고 떠나 황하 가에 있는 澤中으로 가서 물고기를 잡고 사냥을 하면서 지냈다.

趙王이 旣得出에 張耳責讓陳餘하고 問黶澤所在하야 疑餘殺之어늘 餘怒解印綬予耳하니 耳不受러니 餘起如厠이어늘 客有說耳者曰 天予不取면 反受其咎^①니 君이 急取之하라 耳乃佩其印綬하고 收其麾下^②어늘 餘遂與數百人으로 去之河上澤中하야 漁獵하다

① 이 말은 ≪國語≫ 〈越語〉에 나온다.
　此辭出國語.
② 麾는 吁危의 切이니, 대장의 깃발로, 지휘하는 것이다. 麾下는 대장의 깃발 아래에 있는 모든 군사를 말한다.
　麾, 吁危切, 大將之旗, 所以指麾. 麾下, 言凡在旌麾之下也.

【綱】봄 2월에 沛公이 昌邑을 공격하니 彭越이 군사를 거느리고 와서 따랐다.

　春二月에 沛公이 擊昌邑하니 彭越이 以兵從하다

【目】彭越은 昌邑 사람인데, 일찍이 鉅野澤에서 물고기를 잡으면서 살다가 도적 떼가 되었다. 楚나라 군사가 일어나자, 거야택 주위에 살고 있던 젊은이들 100여 명이 모여서는 팽월에게 자신들의 우두머리가 되어달라고 청하였다. 그러자 팽월이 사양하면서 말하기를, "저는 우두머리가 되기를 원치 않습니다."라고 하였다. 젊은이들이 彊請하자, 이에 허락하였다. 그러고는 그들과 더불어 약속하기를, 다음 날 아침에 해가 뜰 적에 만나되, 약속 시간에 늦는 자가 있으면 참수할 것이라고 하였다.

梁王 彭越

越은 昌邑人①이라 常漁鉅野澤中하야 爲群盜②러니 楚兵이 起에 澤間少年이 相聚百餘人하야 請越爲長③이어늘 越이 謝曰 臣이 不願也로라 彊請乃許之하고 與期호대 旦日日出에 會하라 後期者면 斬④호리라

① ≪漢書≫〈地理志〉에 "昌邑縣은 山陽郡에 속한다."고 하였다.
班志 "昌邑縣屬山陽郡."
② ≪漢書≫〈地理志〉에 "山陽郡 鉅野縣에 大野澤이 있다."고 하였다. 거야현은 唐나라 때에는 鄆州에 속하였다.
班志 "山陽郡鉅野縣, 有大野澤." 鉅野縣, 唐屬鄆州.
③ 長(우두머리)은 帥와 같다.
長, 猶帥也.
④ "旦日日出"은 다음 날 아침 해가 뜰 때를 말한다.
旦日日出, 謂明日之朝日出時也.

【目】약속한 시간이 되자, 뒤늦게 온 사람이 많았으며, 혹 한낮이 되어서야 온 자도 있었다. 이에 彭越이 다시 사양하면서 말하기를, "내가 늙었는데도 여러분들이 억지로 나를 우두머리로 삼았소. 지금 약속 시간에 늦게 온 사람이 아주 많으니, 이들을 다 죽일 수는 없고, 가장 늦게 온 자 한 사람만 주살할 것이오."라고 하였다. 그러자 모두들 웃으면서 말하기를, "어찌 그렇게까지 할 필요가 있겠습니까. 이 뒤로는 감히 늦지 않을 것입니다."라고 하였다. 그러나 팽월은 끝내 가장 늦게 온 자를 참수하였다. 그러자 그 무리들이 모두들 깜짝 놀라서 감히 팽월의 얼굴을 쳐다보지 못하였다. 이에 마침내 그 주위 지역을 경략하여 흩어진 군졸들을 수습해 모아 1,000여 명을 얻었다. 이때에 이르러서 그 군사들을 거느리고 와서 沛公에게 귀의하였다.

至期多後하야 或至日中이어늘 於是에 越이 謝曰 臣老어늘 諸君이 彊以爲長이러니 今期多後하니 不可盡誅라 誅最後者一人호리라 皆笑曰 何至是오 請後不敢호리라 越이 竟斬之하니 徒屬이 皆驚하야 莫敢仰視러라 乃略地收散卒하야 得千餘人이러니 至是하야 以其兵歸沛公하다

【綱】沛公이 酈食其(역이기)로 하여금 陳留의 현령을 설득하게 하여 복속시켰다.

沛公이 使酈食其로 說陳留下之하다

【目】沛公이 高陽을 지나갈 적에 고양 사람 酈食其가 집안이 가난하고 뜻을 얻지 못하여 마을의 監門 노릇을 하고 있었다.

그 마을 사람 가운데 패공의 騎士가 된 사람이 있었는데, 역이기가 그 기사에게 말하기를, "제후와 여러 장수로서 이곳 고양을 지나간 자들에게 내가 모두 물어보았더니, 모두들 자신들의 하찮은 지혜를 쓰려고만 하면서 큰 법도의 말은 듣지 않았다. 지금 듣건대, 패공은 거만하여 사람들을 깔보기는 하지만, 큰 지략이 많다고 하니, 이 사람이야말로 참으로 내가 따르고자 하는 사람이다.

만약 자네가 패공을 보게 되거든, 패공에게 '저의 마을에 麗生(酈食其)이라는 사람이 살고 있는데, 나이는 60여 세이고, 신장이 8척이나 됩니다. 사람들이 모두 미치광이라고 부르지만, 그 사람은 스스로 미친 것이 아니라고 합니다.'라고 말해주게."라고 하였다.

그러자 그 기사가 말하기를, "패공은 유생들을 좋아하지 않아 유생의 관을 쓴 객이 찾아오면 그 관을 벗기고서 그 안에 오줌을 쌉니다. 그리고 다른 사람과 말을 나눌 적에는 항상 큰소리로 욕을 합니다. 그러니 유생으로는 유세를 할 수가 없습니다."라고 하였다.

그런데도 역이기는 "그대는 단지 그렇게만 말해 달라."라고 하였다.

沛公이 過高陽①할새 高陽人酈食其家貧落魄하야 爲里監門②이러니 其里人에 有爲沛公騎士者라 食其謂日 諸侯將過此者를 吾問之하니 皆握齪(악착)自用하야 不能聽大度之言③이러니 今聞沛公이 慢而易(이)人하나 多大略이라하니 此眞吾所願從遊④라 若이 見沛公謂日⑤ 臣里中에 有酈生하니 年六十餘이요 長八尺이라 人皆謂之狂生이라호대 生은 自謂非狂이라하라 騎士日 公이 不好儒하야 客이 冠儒冠來者를 輒解而溺(뇨)其中하고 與人言에 常大罵하니 未可以儒生說也⑥니라 酈生日 第言之⑦하라

① 文穎[112]이 말하기를, "高陽은 聚邑의 이름으로, 陳留의 圉縣에 속한다."라고 하였다.
　文穎日 "高陽, 聚邑名, 屬陳留圉縣."
② 酈은 음이 歷이니, 성이다. 食其는 음이 異基이다. 魄(넉)은 음이 薄이다. "落魄"은 생업을 잃고 살 곳이 없어서 뜻을 얻지 못한 모습이다. 監門은 문을 지키는 졸개이다. 閭는 마을에 있고 里는 들판에 있는데, 모두 500집이 모여 있으면 모두 문이 있다.
　酈, 音歷, 姓也. 食其, 音異基. 魄, 音薄. 落魄, 失業無次不得志之貌. 監門, 門卒也. 閭在鄕, 里在野. 竝五百家, 皆有門.

---

112) 文穎 : 삼국시대 魏나라 사람으로, 자가 叔良이며, ≪漢書≫에 주를 내었다.

③ 握(악착하다)은 乙角의 切이니, 본래 齷(악)으로 되어 있다. 齪(악착하다)은 初角의 切이니,
　본래 齺(추)로 되어 있다. "握齪"은 급히 재촉하는 모양이다.
　握, 乙角切, 本作齷. 齪, 初角切, 本作齺. 握齪, 急促貌.
④ 易는 去聲이니, 깔보는 것이다.
　易, 去聲, 輕小也.
⑤ 若은 너라는 말이다.
　若, 汝也.
⑥ 위에 있는 冠(쓰다)은 古玩의 切이다. 溺는 乃釣의 切이니, 소변을 말한다.
　上冠, 古玩切. 溺, 乃釣切, 小便也.
⑦ 第는 다만이라는 뜻이다.
　第, 但也.

【目】騎士가 沛公에게 조용하게 말하였더니, 패공이 高陽의 傳舍에 이르러서 사람을 시
켜 酈食其를 불러보았다. 역이기가 도착하여 들어가서 배알하였는데, 그때 패공이 바야
흐로 침상에 걸터앉아서 두 여자로 하여금 자신을 발을 씻게 하고 있다가, 그대로 역이
기를 만나보았다.

　그러자 역이기가 길게 읍만 하고 절은 하지 않은 채 말하기를, "족하께서는 秦나라를
도와서 제후들을 공격하려고 하십니까? 아니면 제후들을 거느리고서 秦나라를 격파하
려고 하십니까?"라고 하자, 패공이 욕을 하면서 꾸짖기를, "이 어리석은 유생 놈아. 천
하 사람들이 모두 秦나라로부터 고통을 받고 있는 지가 오래되었다. 그러므로 제후들이
서로 손을 잡고서 秦나라를 공격하고 있다. 그런데 어찌하여 秦나라를 도와서 제후들을
공격할 것이냐고 묻는단 말인가?"라고 하였다.

　역이기가 다시 말하기를, "반드시 무리를 모으고 의병을 합하여 무도한 秦나라를 주
벌하고자 한다면, 침상에 걸터앉은 채로 長者를 만나보아서는 안 됩니다."라고 하였다.
이에 패공이 발을 씻던 것을 중지시키고 일어나서 역이기를 맞이하여 윗자리에 앉혔다.
그러고는 계책에 대해 물었는데, 역이기가 말하기를, "족하께서 거느리고 있는 군대가
1만 명도 채 안 되는데, 곧장 강한 秦나라 지역으로 들어가고자 하니, 이것은 이른바
범의 아가리 앞에서 어슬렁댄다고 하는 것입니다. 무릇 陳留라는 곳은 천하의 요충지이
고, 또한 곡식이 많이 쌓여 있는 곳입니다. 제가 그곳의 현령과 친하게 지내는 사이이
니, 저를 그곳에 사신으로 보내어 가서 유세하게 하면 현령으로 하여금 족하에게 항복
하게 하겠습니다."라고 하였다.

이에 역이기를 보내고 난 뒤에 군사를 이끌고 뒤따라가서, 드디어 진류를 복속시켰으며, 역이기를 廣野君이라고 호칭하였다. 그 뒤에는 역이기를 유세객으로 삼아 제후들에게 사신으로 보냈다. 역이기의 동생인 酈商(역상)도 군사 4,000명을 모아 패공에게 와서 복속되었다.

騎士從容言之①한대 沛公이 至傳舍하야 則使人召酈生②하니 生이 至入謁할새 沛公이 方踞牀하야 使兩女子로 洗足而見生③이어늘 生이 長揖不拜曰 足下欲助秦攻諸侯乎아 且欲率諸侯破秦也아 沛公이 罵曰 豎儒아 天下同苦秦이 久矣라 故諸侯相率而攻秦이어늘 何謂助秦攻諸侯乎오 生曰 必聚徒合義兵하야 誅無道秦인대 不宜踞見長者④니라 公이 乃輟洗而起하야 延生上坐하고 問計⑤한대 生曰 足下兵不滿萬이어늘 欲以徑入彊秦하니 此所謂探虎口者也⑥라 夫陳留는 天下之衝이요 又多積粟⑦하니 臣이 善其令이라 請得使之하야 令下⑧호리라 於是에 遣生行而引兵隨之하야 遂下陳留하고 號生爲廣野君하야 爲說客使諸侯⑨하다 其弟商이 亦聚衆四千人하야 來屬沛公하다

① 從(침착하다)은 七恭의 切이다. 從容은 급박하지 않은 모습이니, 행동거지를 마음대로 하여 의젓한 체하지 않는 것을 이른다.
　從, 七恭切. 從容, 不迫之貌, 謂從任其容止, 不矜莊也.
② 傳(역참)은 張戀의 切이다. 傳舍는 역말을 두는 집이니 사람이 쉬는 곳으로, 앞사람이 이미 떠나간 뒤에 뒷사람이 다시 오니, 옮겨가며 서로 전하는 것이다.
　傳, 張戀切. 傳舍, 傳置之舍, 人所止息, 前人已去, 後人復來, 轉相傳也.
③ 踞는 음이 據이며, 침상의 가에 앉는 것을 踞라고 한다. 洗(씻다)은 先典의 切이다.
　踞, 音據. 邊牀曰踞. 洗, 先典切.
④ 長者는 노인이라는 뜻으로, 역이기 자신을 이른다.
　長者, 老人也, 食其自謂也.
⑤ 輟은 그치는 것이다.
　輟, 止也.
⑥ 徑은 곧장이라는 뜻이다.
　徑, 直也.
⑦ ≪漢書≫〈地理志〉에 "陳留縣은 陳留郡에 속한다."고 하였다. 孟康[113]이 말하기를, "留는 鄭나라의 고을인데, 뒤에 陳나라에서 병합하였으므로, 陳留라고 한다."라고 하였다. ≪說文解字≫에 이르기를, "衝은 통하는 길이다."라고 하였다.
　班志 "陳留縣屬陳留郡." 孟康曰 "留, 鄭邑也. 後爲陳所幷, 故曰陳留." 說文曰 "衝, 通道也."
⑧ 내가 陳留縣의 현령과 서로 친하므로, 나를 사신으로 보내어 가서 유세하게 하면, 현령으로 하여금 귀순해오게 할 수 있다는 말이다.

---

113) 孟康 : 삼국시대 魏나라 사람으로, 자는 公休이며, 저서에 ≪漢書註≫가 있다.

言我與陳留縣令相親善, 請得爲使而往說之, 可令其歸伏.

⑨ 韋昭[114]가 말하기를, "廣野는 河內郡의 山陽縣에 있다."라고 하였다.

韋昭曰 "廣野在河內山陽縣."

【綱】여름 4월에 沛公이 潁川을 공격하고 南陽을 경략하였다. 가을 7월에 南陽의 군수 齮(의)가 항복하였다.

　　夏四月에 沛公이 攻潁川 略南陽한대 秋七月에 南陽守齮降하다

【目】4월에 沛公이 潁川을 공격하고 張良의 도움을 바탕으로 韓나라 지역을 경략하였다. 그러다가 趙나라 장수 司馬卬이 황하를 건너서 함곡관에 들어가고자 한다는 소식을 들었다. 패공이 이에 平陰을 공격하여 황하의 나루터를 곧장 건너 남쪽으로 轘轅으로 나갔다.

　　四月에 沛公이 攻潁川하고 因張良略韓地①러니 聞趙將司馬卬이 欲渡河入關하고 公이 乃攻平陰絶河津하고 南出轘轅②하다

① 河南의 新鄭에서 남쪽으로 潁川에 이르기까지의 남쪽과 북쪽 지역이 모두 옛 韓나라의 땅이다. 張良의 집안이 대대로 韓나라의 정승을 지냈으므로, 그를 인하여 경략한 것이다.

河南新鄭, 南至潁川, 南北皆韓地也. 以張良累世相韓, 故因之.

② 《漢書》〈地理志〉에 "平陰縣은 河南郡에 속한다."고 하였다. 곧장 건너는 것을 絶이라고 한다. 轘은 음이 環이다. 《後漢書》〈地理志〉에 "河南郡의 緱氏縣에 轘轅關이 있다."고 하였다.

班志 "平陰縣屬河南郡." 直渡曰絶. 轘, 音環. 後漢志 "河南緱氏縣有轘轅關."

【目】6월에 南陽을 경략하였는데, 南陽郡守인 齮(의)가 싸움에 패하고서 달아나 宛城을 지키고 있었다. 이에 沛公이 군사를 이끌고 그곳을 그대로 지나쳐갔는데, 張良이 이르기를, "지금 완성을 함락시키지 않으면 완성에서 우리를 뒤따라와서 칠 것이고, 강력한 秦나라가 앞에 있게 될 것이니, 이것은 위태로운 방도입니다."라고 하였다. 그러자 패공이 이에 밤중에 다른 길을 통하여 되돌아가서 완성을 포위하였다.

　　六月에 略南陽한대 郡守齮戰敗走保宛①이어늘 沛公이 引兵過之②러니 張良曰 今不下宛이면 宛이 從後擊하고 彊秦이 在前하니 此危道也니라 公이 乃夜從他道하야 還圍宛하니

---

114) 韋昭 : 삼국시대 吳나라 雲陽 사람으로, 《國語》에 주를 달았다.

① 齮는 음이 蟻이니, 군수의 이름인데, 史書에 그 姓이 전하지 않는다. 宛은 南陽郡의 治所
　이다.

　齮, 音蟻, 郡守之名, 史失其姓. 宛, 南陽郡治所.
② 宛城을 함락시키지 않고 군대가 완성을 지나서 서쪽으로 간 것이다.

　未拔宛城, 而兵過宛城西出.

【目】7월에 군수 齮가 항복하자, 齮를 殷侯에 봉한 다음에 군사를 이끌고 서쪽으로 가
니, 항복하지 않은 자가 없었다. 沛公이 지나가는 곳마다 함부로 노략질을 하지 못하게
하니, 秦나라 백성들이 모두 기뻐하였다.

　七月에 齮降이어늘 封殷侯①하고 引兵而西하니 無不下者러라 所過에 亡(무)得鹵掠하니 秦民이
皆喜②하더라

① 韋昭가 말하기를, "殷은 河內에 있다."라고 하였다.

　韋昭曰 "殷在河內."
② 亡은 옛날에는 毋와 無 두 글자와 통용하였다. 鹵(사로잡다)는 虜자와 같다. 掠은 약탈하는
　것을 이른다.

　亡, 古毋・無二字通. 鹵, 與虜同. 掠, 謂略奪也.

【綱】章邯이 군사를 거느리고 와서 楚나라에 항복하였다.

　章邯이 以軍降楚하다

【目】章邯은 棘原에 주둔해 있고 項羽는 漳水 남쪽에 주둔해 있으면서 서로 버티고만 있
고 싸우지는 않았는데, 秦나라 군사들이 자주 퇴각을 하였다. 二世皇帝가 사람을 보내
어 장함을 꾸짖자, 장함이 두려워하여 장사 司馬欣을 시켜서 咸陽에 가서 일을 청하게
하였는데, 司馬門[115]에 3일 동안 머물러 있었으나, 趙高가 만나주지 않았다.

　이에 사마흔이 두려워하여 도망쳐 돌아와 장함에게 보고하기를, "조고가 안에서 用事
하고 있어서 아래에서는 아무런 조처도 취할 수가 없었습니다. 이제 전쟁에서 이긴다고
하더라도 조고가 반드시 우리의 공을 시기할 것이며, 이기지 못할 경우에는 죽음을 면
치 못할 것입니다. 그러니 심사숙고하여 계획을 세우십시오."라고 하였다.

---

115) 司馬門 : 궁성의 외문을 말한다. 항상 司馬로 하여금 위병들의 파수를 지휘하게 하였으므로,
　사마문이라고 하였다.

진여 역시 장함에게 편지를 보내어 이르기를, "장군께서 외방에 나와 있은 지가 오래 되어서 조정 안 사람들과 틈이 많이 벌어져 있으니, 공이 있어도 죽임을 당할 것이요, 공이 없어도 죽임을 당할 것입니다. 그리고 하늘이 秦나라를 망하게 할 것임은 어리석 은 자나 지혜로운 자나 다들 알고 있습니다. 그런데 장군께서는 어찌하여 제후들과 더 불어 합종하는 맹약을 맺고서, 그 지역을 나누어 받아 왕 노릇을 하지 않으십니까? 그 렇게 하는 것이 자신은 형벌을 받아 죽고 처자식은 도륙되는 것과 비교해볼 때 어떻겠 습니까?"라고 하였다.

그런데도 장함이 여우처럼 의심하여, 몰래 항우에게 사신을 보내어 약속을 맺으려 하 였다. 그런데 약속이 채 이루어지기도 전에 항우가 군사를 거느리고 가서 잇달아 싸워 秦나라 군사를 크게 패배시키니, 장함이 다시 항복하기를 청하였다. 이에 항우와 더불 어 洹水 가에서 맹약을 맺고는, 장함을 세워 雍王으로 삼아 楚나라의 군중에 있게 하고, 사마흔으로 하여금 장함의 군사를 거느리고 선봉이 되게 하였다.

章邯은 軍棘原하고 項羽는 軍漳南하야 相持未戰에 秦軍이 數却[1]이라 二世使人讓邯한대 邯이 恐하야 使長史欣으로 請事할새 留司馬門三日호대 趙高不見[2]이어늘 欣이 恐하야 走還報曰 趙高用事 於中하니 下無可爲者[3]라 今戰勝이라도 高疾吾功이요 不勝이면 不免於死하리니 願熟計之하라 陳餘 亦遺邯書曰 將軍이 居外久하야 多內郤[4]하니 有功亦誅요 無功亦誅리라 且天之亡秦은 無愚智皆 知之하나니 將軍이 何不與諸侯爲從約하야 分王其地[5]오 孰與身伏鈇質하고 妻子爲戮乎[6]아 邯이 狐疑하야 陰使羽約未成[7]이러니 羽引兵連戰大敗之한대 邯이 復請降이어늘 乃與盟於洹水上하고 立 以爲雍王하야 置楚軍中而使欣으로 將其軍하야 爲前行[8]하다

① 棘原은 지명으로, 鉅鹿郡 남쪽에 있다. 漳南은 漳水의 남쪽 지역이다. ≪括地志≫에 "濁漳 水는 일명 漳水이다."라고도 하는데, 지금 세속에서는 柳河라고 이름하며, 邢州 平鄕縣의 남쪽에 있다.
棘原, 地名, 在鉅鹿郡南. 漳南, 漳水之南也. 括地志 "濁漳水, 一名漳水." 今俗名柳河, 在邢 州平鄕縣南.

② 궁궐 담장 안에는 군사들의 衛所가 사면에 있는데, 모두 司馬가 있으면서 군사에 관한 일 을 주관한다. 그러므로 궁궐 문의 外門을 통틀어서 司馬門이라고 한다.
宮垣之內, 兵衛所在四面, 皆有司馬, 主武事. 故總謂宮門之外門爲司馬門.

③ 下는 아래에 있는 사람이다.
下, 在下之人.

④ 郤은 隙으로 읽으니, 원망하는 것이다.
郤, 讀曰隙, 怨也.

⑤ 諸侯는 關東에 있는 제후들을 이른다. "爲從"은 六國 시대와 같이 합종하려는 것을 이른다.
　　諸侯, 謂關東諸侯. 爲從, 謂欲如六國時合從.

⑥ 鈇는 斧와 같다.
　　鈇, 與斧同.

⑦ 여우는 의심이 많고 소리를 잘 듣는다. 이에 매번 시내를 건널 때마다 얼음이 깨지는 소리
　　가 나는가 들어본 다음 건너며, 건너가다가는 또다시 소리를 들어보고 건너간다. 그러므로
　　이것을 가지고 사람이 의심이 많아서 결단을 내리지 못하는 것에 비유한다.
　　狐, 多疑而善聽, 每度河, 聽氷, 且聽且度, 故以喩人之懷疑不決者.

⑧ 行(행렬)은 胡郞의 切이다.
　　行, 胡郞切.

【綱】8월에 沛公이 武關에 들어갔다. 趙高가 二世皇帝를 望夷宮에서 시해하고,
子嬰116)을 세워 왕으로 삼았다.

　　八月에 沛公이 入武關한대 趙高弑帝于望夷宮하고 立子嬰爲王①하다

① 황제의 수명은 23세였다.
　　帝壽, 二十三.

【綱】9월에 子嬰이 趙高를 토벌하여 죽이고, 삼족을 멸하였다.

　　九月에 子嬰이 討殺高하고 夷三族하다

【目】처음에 중승상 趙高가 秦나라의 정권을 자기 마음대로 주무르고자 하였는데, 신하
들이 따르지 않을 것을 걱정하여, 사슴을 가지고 가 바치면서 二世皇帝에게 말하기를,
"이것은 말입니다."라고 하였다. 이세황제가 웃으면서 말하기를, "승상이 잘못 보았소.
사슴을 가지고 말이라고 하다니."라고 하고는, 좌우 사람들에게 물어보았는데, 어떤 사
람은 아무 말도 하지 않았고, 어떤 사람은 혹 사슴이라고 하였다. 조고가 이로 인하여
사슴이라고 말한 사람들을 은밀하게 모략하여 법으로 처단하자 그 뒤로는 여러 신하들
이 모두 조고를 두려워하여 감히 그의 잘못에 대해 말하지 못하였다.

　　初에 中丞相趙高 欲專秦權호대 恐群臣이 不聽하야 乃持鹿獻於二世曰 馬也니이다 二世笑曰 丞

---

116) 子嬰 : 秦 始皇의 큰아들인 扶蘇의 아들이라는 설, 진 시황의 형의 아들이라는 설, 진 시황의
　　동생이라는 설, 진 시황의 동생의 아들이라는 설 등이 있다.

相이 誤邪아 謂鹿爲馬온여 問左右한대 或默或言鹿이어늘 高因陰中諸言鹿者以法①하니 後에 群臣이 皆畏之하야 莫敢言其過하더라

① 中은 去聲이니, 몰래 해치는 것이다.
  中, 去聲. 陰中害之也.

【目】8월에 沛公이 武關을 공격하여 도륙하였다. 趙高가 전에 자주 '함곡관 동쪽에 있는 도적들은 아무 것도 할 수 없을 것이다.'라고 말하였는데, 이때에 이르러 二世皇帝가 사신을 보내어 조고를 힐책하였다. 그러자 조고가 두려워하여 그의 사위인 咸陽令 閻樂과 더불어 모의하여, 거짓으로 큰 도적이 있다고 하면서 아전과 군졸들을 소집한 다음, 염락으로 하여금 거느리게 하였다.

八月에 沛公이 攻屠武關하니 高前數言關東盜無能爲러니 至是하야 二世使責讓高한대 高懼하야 乃與其壻咸陽令閻樂謀하야 詐爲有大賊하고 召吏發卒하야 使樂將之하야

【目】閻樂이 望夷宮의 궁전 문에 이르러서 衛令과 僕射(복야)를 묶고는 말하기를, "도적들이 이곳으로 들어왔는데, 어찌하여 막지 못하였는가?"라고 하고는, 드디어 그들을 죽였다. 그리고 나서 낭관과 환관들에게 활을 쏘자, 어떤 자는 달아나기도 하고 어떤 자는 맞서 싸우기도 하였는데, 맞서 싸우는 자는 바로 죽였다.

至望夷宮殿門①하야 縛衛令僕射曰 賊入此호대 何不止오 遂殺之②하고 射(석)郎宦者한대 或走或格하니 格者는 輒死③러라

① 張晏117)이 말하기를, "望夷宮은 長陵의 서북쪽에 있는데, 涇水 가에 임하여 궁을 지어서 北夷를 바라보게 한 것이다."라고 하였다. 당시에 二世皇帝가 경수에 제사 지내고자 하여 망이궁에서 재계하고 있었다.
  張晏曰 "望夷宮在長陵西北, 臨涇水作之, 以望北夷." 時二世欲祠涇水, 齋於望夷宮.
② 衛尉는 秦나라의 관직으로, 궁문을 호위하는 둔병을 관장하며, 그 속관에 令이 있다. 閻樂이 묶은 자는 衛令과 僕射이다.
  衛尉, 秦官, 掌宮門衛屯兵, 屬官有令. 閻樂所縛者, 衛令及僕射也.
③ 射(맞히다)은 食亦의 切이다. 郎은 낭관을 이른다. 宦者는 황문이나 혼시 따위이다. 格은 맞서서 막는 것이다.
  射, 食亦切. 郎, 謂郎官. 宦者, 黃門·閽寺之屬. 格, 敵也.

---

117) 張晏 : 자가 子傳이며 삼국시대 魏나라 中山 사람이다. 저서에 ≪西漢書音釋≫ 40권이 있다.

【目】 궁궐 안으로 들어가서 皇上의 幄坐[118]에 쳐진 휘장을 활로 쏘자, 二世皇帝가 노하여 좌우에 있는 자들을 불렀다. 그러나 모두들 두려워하면서 맞서 싸우지를 못하였다. 곁에 있던 환관 한 사람이 이세황제를 모시면서 도망치지 않았는데, 이세황제가 그에게 일러 말하기를, "그대는 어찌하여 일찌감치 나에게 고하지 아니하여 이 지경에 이르게 하였는가?"라고 하자, 그 환관이 대답하기를, "가령 저희들이 일찌감치 말을 하였더라면, 모두가 이미 주살되었을 것이니, 어찌 오늘날에 이를 수 있었겠습니까."라고 하였다.

閻樂이 앞으로 나아가서 이세황제의 죄를 조목조목 나열하면서 말하기를, "족하가 교만하고 방자하여 무도하게 사람들을 주살하였으므로, 천하 사람들이 모두 배반한 것이오. 그러니 스스로 어떻게 하는 것이 좋을지 생각해보시오."라고 하자, 이세황제가 말하기를, "나는 하나의 郡을 얻어서 왕이 되고자 한다."라고 하니, 염락이 허락하지 않았다. 이세황제가 다시 만호후가 되고 싶다고 하였으나, 또다시 허락하지 않았다. 이세황제가 다시 처자식들과 함께 일반 백성이 되어 살고 싶다고 하자, 염락이 말하기를, "신은 승상에게 명을 받아서 천하 사람들을 위하여 족하를 주벌하는 것이오. 그러니 족하가 비록 많은 말을 늘어놓더라도 신은 감히 그것을 보고할 수가 없소."라고 하였다. 그러고는 휘하의 군사들을 앞으로 나오게 하자, 이세황제가 스스로 자살하였다.

조고가 말하기를, "秦나라는 예전부터 있었던 왕국이다. 秦 始皇이 천하에 군림하였으므로 帝라고 칭하였다. 그러나 지금은 六國이 다시 섰으니, 예전처럼 王이라 칭하는 것이 편할 것이다."라고 하였다. 그러고는 子嬰을 세워서 秦나라 왕으로 삼았으며, 일반 백성을 장사 지내는 예로 이세황제를 宜春苑[119] 안에 장사 지냈다.

入射上幄坐幃①한대 二世怒하야 召左右하니 皆惶擾不鬪하더라 旁有宦者一人이 侍不去어늘 二世謂曰 公이 何不早告我하야 乃至於此오 對曰 使臣早言이면 皆已誅니 安得至今이리오 樂이 前數二世曰 足下驕恣하야 誅殺無道하니 天下皆畔이라 其自爲計하라 二世曰 吾願得一郡爲王하노라 弗許한대 願爲萬戶侯하노라 又弗許한대 願與妻子爲黔首하노라 樂曰 臣이 受命丞相하야 爲天下誅足下하니 足下雖多言이나 臣이 不敢報라하고 麾其兵進하니 二世自殺하다 趙高曰 秦은 故王國이러니 始皇이 君天下 故稱帝하나 今六國이 復立하니 宜爲王如故便이라하고 乃立子嬰爲秦王하고 以黔首로 葬二世苑中②하다

---

118) 幄坐 : 사방이 휘장으로 둘러쳐진 황제가 있는 자리를 말한다.
119) 宜春苑 : 秦나라 때 離宮의 하나였던 宜春宮의 동쪽에 있었던 동산이다.

① 상하와 사방을 모두 둘러친 장막을 幄(악)이라고 한다. 幃(위)는 홑겹으로 된 장막이다.

　上下四方悉周曰幄. 幃, 單帳也.

② "苑中"은 宜春苑 안을 말한다.

　苑中, 謂宜春苑中.

【目】9월에 趙高가 子嬰으로 하여금 종묘에 조알하고 옥새를 받게 하였는데, 자영이 병을 핑계 대고는 가지 않았다. 이에 조고가 스스로 가서 청하였는데, 자영이 드디어 조고를 칼로 찔러서 죽이고, 그의 집안 삼족을 멸족시킨 다음 조리를 돌렸다.

　九月에 高令子嬰으로 廟見受璽①어늘 子嬰이 稱疾不行한대 高自往請이어늘 子嬰이 遂刺殺高하고 三族其家以徇하다

① 璽는 玉璽를 이른다. 秦 始皇이 藍田의 和氏璧을 얻어서 李斯로 하여금 篆字를 쓰게 하고, 孫壽로 하여금 새기게 하였다. 사방의 길이가 4촌이며, 거기에 "하늘에서 천명을 받았으니, 壽를 다하고 길이 창성하리라.〔受命于天 旣壽永昌〕"라는 글자를 새겼는데, 글자의 모양새가 마치 용과 봉의 모습과 같았다. 漢나라 高祖 이후로 이것이 드디어 나라를 전하는 보물이 되었다.

　璽, 謂玉璽. 始皇得藍田和氏璧, 命李斯篆之, 孫壽刻之. 方四寸, 其文曰 "受命于天, 旣壽永昌." 字形如魚龍鳳鳥之狀. 自漢高以來, 遂爲傳國寶.

【綱】沛公이 嶢關을 공격하여 격파하였다.

　沛公이 擊嶢關破之하다

【目】秦나라에서 군사를 보내어 嶢關을 막았는데, 沛公이 이를 공격하려고 하였다. 그러자 張良이 말하기를, "공격해서는 안 됩니다. 바라건대 旗幟를 더욱 늘어놓아서 군사의 숫자가 많아 보이게 하고, 酈食其와 陸賈를 사신으로 보내어 秦나라 장수들에게 가서 유세하되, 이익을 가지고 꾀게 하소서."라고 하였다. 그리하여 秦나라 장수들이 과연 연합하여 화친하려고 하자, 패공이 이를 허락하려고 하였다.

　그런데 장량이 다시 또 아뢰기를, "그들이 해이해진 틈을 타서 치느니만 못합니다."라고 하자, 패공이 드디어 군사를 거느리고 나가 秦나라 군대를 쳐서 크게 격파하였다.

　秦이 遣兵拒嶢關①이어늘 沛公이 欲擊之러니 張良曰 未可하니 願益張旗幟爲疑兵하고 而使酈生陸賈로 往說秦將하야 啗以利②라한대 秦將이 果欲連和어늘 沛公이 欲許之러니 良이 又曰 不如因其

怠而擊之니라 **沛公**이 **遂引兵**하야 **擊秦軍大破之**하다

① 嶢는 음이 堯이며, 嶢關은 嶢山에 있는 관문이다. 李奇가 말하기를, "上洛의 북쪽, 藍田의 남쪽, 武關의 서쪽에 있다."라고 하였다.

嶢, 音堯, 嶢山之關. 李奇曰 "在上洛北, 藍田南, 武關之西."

② "疑兵"은 기치를 많이 벌여놓아 인원수를 부풀려서 적들로 하여금 많은 군사가 있는 것처럼 착각하게 하는 것이다. 啗은 徒濫의 切이며, 이익으로 상대를 꾀는 것이니, 음식을 주어 상대로 하여금 받아먹게 하는 것과 같이 하는 것을 이른다.

疑兵, 言多張旗幟, 過其人數, 令敵多有兵. 啗, 徒濫切, 謂以利誘之. 如食餧之, 令其啗食.

思政殿訓義 資治通鑑綱目 제2권 하

楚 義帝 원년~西楚霸王 4년·漢王 4년

乙未年(B.C. 206)

楚 義帝 心[1] 원년, 西楚霸王 項籍 원년, 漢王 劉邦 원년, 韓王 韓成 3년이다. 雍王 章邯, 塞王(새왕) 司馬欣, 翟王 董翳, 西魏王 魏豹, 河南王 申陽, 殷王 司馬卬, 代王 趙歇, 常山王 張耳, 九江王 英布, 衡山王 吳芮, 臨江王 共敖, 遼東王 韓廣, 燕王 臧荼(장도), 膠東王 田市(전불), 齊王 田都, 濟北王 田安 원년이다[2]. 이해에 秦나라가 망하니 새로 생긴 나라와 옛 나라 중에서 大國이 셋이고, 小國이 열일곱이니 모두 스무 나라이다. 韓, 塞, 翟, 遼東, 膠東, 齊, 濟北 등 일곱 나라가 모두 망하였고, 또 韓王 鄭昌과 齊王 田榮 원년이니 열다섯 나라가 정해졌다.

楚義帝心元과 西楚霸王項籍元과 漢王劉邦元과 韓三年이라 ◗ 雍王章邯과 塞王司馬欣과 翟王董翳와 西魏王豹와 河南王申陽과 殷王司馬卬과 代王趙歇과 常山王張耳와 九江王英布와 衡山王吳芮와 臨江王共敖[1]와 遼東王韓廣과 燕王臧荼[2]와 膠東王田市과 齊王田都와 濟北王田安元年[3]이라 ◗ 是歲에 秦亡하니 新舊大國이 三이요 小國이 十七이니 爲二十國이러니 而韓塞翟遼東膠東齊濟北七國이 皆亡하고 又韓王鄭昌과 齊王田榮元年이니 定十五國[4]이라

① 共은 음이 龔이니 성이다.
　　共, 音龔, 姓也.
② 荼는 음이 徒이다.
　　荼, 音徒.
③ 田安은 옛 齊王 建의 손자이다.
　　安, 故齊王建孫.
④ 鄭昌은 옛 吳縣의 현령이었다.
　　昌, 故吳令.

---

1) 義帝 心：心은 義帝의 이름이다. 楚나라 懷王의 손자로 項梁이 懷王으로 옹립하였는데, 항우가 義帝로 높였다가 나중에 암살하였다.
2) 楚……원년이다：秦나라가 王國으로 돌아갔기 때문에 無統으로 처리하여 작은 글자로 표기한 것이다. 雍王부터 濟北王까지는 項籍이 임명한 제후왕이다.

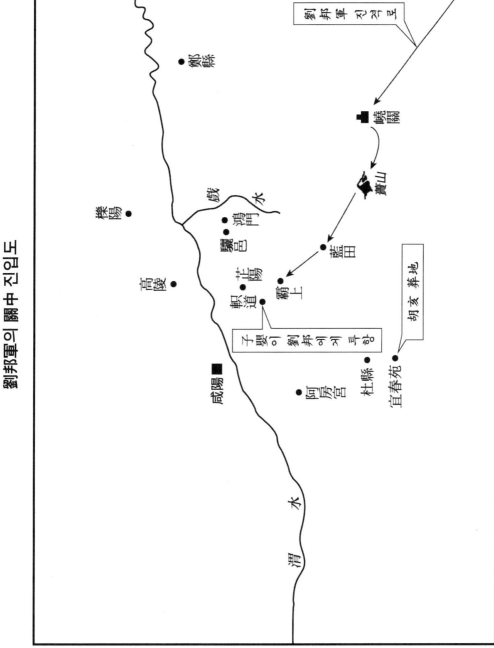

劉邦軍의 關中 진입도

【綱】 겨울 10월에 沛公이 霸上³⁾에 이르니 秦나라 王 子嬰⁴⁾이 옥새와 부절을 받들고 항복하다.

　冬十月에 沛公이 至霸上하니 秦王子嬰이 奉璽符節하야 以降하다

【目】 沛公이 霸上에 도달하니 秦나라 王 子嬰이 흰말이 끄는 흰 수레를 타고 인끈을 목에 감고서 황제의 옥새와 부절을 봉하여 軹道(지도)⁵⁾의 옆에서 항복하였다. 여러 장수들이 죽이기를 청하자, 패공이 말하기를, "처음에 懷王께서 나를 보낸 것은 진실로 내가 너끈히 관용을 베풀 수 있기 때문이었다. 또 이 사람이 이미 항복을 했으니 죽이는 것은 상서롭지 못하다."라고 하고 바로 옥리에게 넘겼다.

　沛公이 至霸上하니 秦王子嬰이 素車白馬로 係頸以組①하고 封皇帝璽符節하야 降軹道旁②이어늘 諸將이 請誅之한대 沛公이 曰 始懷王이 遣我는 固以能寬容이요 且人이 已降이어든 殺之不祥이라하고 乃以屬吏하다

　① 흰 수레와 흰말은 喪을 당한 사람이 타는 것이다. 組는 음이 祖이니, 인끈이다. 오색의 실을 사이사이 섞어 짜서 옥새를 묶어서 허리에 띠는 것이다. "係頸(목에 묶다.)"은 항복을 하여 자살하고 싶다는 것을 보인 것이다.
　　素車・白馬, 喪人之服. 組, 音祖, 綬也. 間次五采爲之, 所以帶璽也. 係頸者, 以示降服, 欲自殺也.

　② ≪史記正義≫에는 "천자는 6개의 옥새가 있는데, 皇帝行璽, 皇帝之璽, 皇帝信璽, 天子行璽, 天子之璽, 天子信璽이다."라고 하였고, ≪虞喜志林≫⁶⁾에는 "傳國璽⁷⁾는 본래 6개의 옥새 외에 따로 있다."라고 하였다. 符에 대한 주석은 周 赧王 2년조에 나오고, 節에 대한 주석은 秦 始皇 26년조에 나온다⁸⁾. ≪括地志≫에 "軹道는 雍州 萬年縣 동북쪽 16리의 苑 안에 있

---

3) 霸上 : 霸水 서쪽의 높은 언덕이 자리하여 패상이라고 하였다.

4) 子嬰 : 秦 始皇의 손자이다. 환관 趙高가 二世를 죽이고 扶蘇의 아들인 그를 왕으로 세웠다. 자영은 즉위한 뒤에 趙高를 죽이고, 漢高祖 劉邦의 군대가 霸上으로 쳐들어오자 옥새를 바치고 항복하였으나 한 달쯤 뒤에 항우에게 죽임을 당하였다.

5) 軹道(지도) : 亭의 이름이다.

6) 虞喜志林 : 虞喜(281~356)의 ≪志林新書≫를 말한다. 우희의 자는 仲寧이고 晉代의 학자이다. 조정에서 세 차례 불러서 박사 등의 관직에 임명하였으나 모두 나아가지 않았다. 저작으로는 ≪安天論≫, ≪志林新書≫ 등이 있다.

7) 傳國璽 : 秦나라 이후에 황제가 서로 전해주던 印章이다. 秦璽라고도 칭했다. 唐나라에서 傳國寶라고 호칭을 고쳤다. 전하기를 秦 始皇이 藍田玉을 얻어서 인장을 새겼는데, 위에 다섯 마리 용을 얽히게 새겨서 고리를 만들고 정면에는 李斯의 글씨로 "受命於天 旣壽永昌" 8자를 篆字로 새겼는데, 秦나라가 망하자 漢나라로 돌아갔다고 한다.

다."고 하였다.

正義 "天子有六璽, 皇帝行璽 · 皇帝之璽 · 皇帝信璽 · 天子行璽 · 天子之璽 · 天子信璽." 虞喜志林 "傳國璽, 自在六璽之外." 符註, 見周赧王二年. 節註, 見秦始皇二十六年. 括地志 "軹道在雍州萬年縣東北十六里苑中."

황제 印章의 예(대한제국 고종황제 勅命之寶, 국립중앙박물관 소장)

【目】 賈誼[9]가 다음과 같이 평하였다.

"秦나라가 보잘것없는 雍州 땅을 가지고 천자의 권력을 이룩하여 8州[10]를 점령하고 지위가 같은 제후로부터 조회 받은 지가 백여 년이 되었다. 그런 후에 六合(天下)을 집으로 삼고 殽山과 函谷關을 宮闕로 만들었다. 그러다가 한 필부가 난을 일으키니, 七廟가 무너지고 황제의 몸이 남의 손에 죽어서 천하의 웃음거리가 된 것은 무슨 까닭인가? 仁義를 베풀지 않아서였고, 攻守의 형세가 달랐기 때문이다."[11]

---

8) 符에……나온다 : "楚屈匄伐秦"의 目 가운데 "借宋之符(宋나라의 符節을 빌리다.)"라 하였는데, 그 訓義에 "符는 대나무로 만들고 나누어 서로 합하는 것이다. 다니는 자가 그것을 가지고 증명서로 삼는데, 부절이 없으면 통행할 수 없다. 당시에 楚나라가 齊나라에 대하여 合從의 약속을 끊었으므로 齊나라가 사신을 통행시키지 않았다. 宋나라가 齊나라와 楚나라의 사이에 있었으므로 宋나라의 부절을 빌려 齊나라에 갔다."라고 하였다. 節은 72쪽 訓義 ④에 보인다.

9) 賈誼 : 漢나라 洛陽 사람이다. 어려서부터 諸家書에 능통하였고 글을 잘 지었는데, 文帝 때 博士가 되어 正朔을 고치고, 服色을 바꾸었으며, 法度를 제정하고, 禮樂을 일으켰다. 그 뒤에 長沙王의 太傅가 되어 나가면서 湘水를 건너다가 〈弔屈原賦〉를 지었는데, 그 내용은 대개 자신의 처지를 비유한 것이다. 다시 梁 懷王의 태부로 옮겨졌는데, 양 회왕이 落馬하여 죽자 가의 역시 상심하여 죽었는데, 그때 나이가 겨우 33세였다. 賈生, 賈太傅라고도 칭한다.

10) 8州 : 중국은 모두 9주인데 秦나라 위치한 雍州를 제외한 8주를 말한 것이다.

11) 賈誼가……때문이다 : 이 부분은 賈誼의 〈過秦論〉 결론 부분을 轉載한 것이다.

賈誼曰^① 秦이 以區區之地로 致萬乘之權하야 招八州而朝同列百有餘年이라 然後以六合爲家하고 殽函爲宮^②이라가 一夫作難而七廟墮(휴)하고 身死人手하야 爲天下笑者는 何也오 仁義不施而攻守之勢가 異也^③일새니라

① 賈誼는 前漢시대 洛陽 사람이다.

　　誼, 前漢雒陽¹²⁾人.

② 招는 음이 超이니 점령하다라는 뜻이다. 9주 중에 秦나라는 雍州를 가졌고, 나머지 8주는 모두 제후의 땅이다. "朝同列(지위가 같은 제후로부터 조회를 받았다.)"은, 일찍이 여섯 나라의 제후는 秦나라와 함께 같은 제후국이었는데 秦나라가 모두 조회하고 복종하게 한 것을 말한다. 상하사방이 六合이다. 殽는 음이 爻이다. 殽는 효산을 말하고 函은 함곡관을 말한다.

　　招, 音超, 擧也. 九州之數, 秦有雍州, 餘八州, 皆諸侯之地. 朝同列, 謂六國諸侯嘗與秦爲列國, 皆使朝服也. 四方上下爲六合. 殽, 音爻. 殽, 謂殽山, 函, 謂函谷.

③ ≪禮記≫ 〈王制〉에 "天子는 七廟인데 3개의 昭와 3개의 穆 그리고 太祖의 묘를 합하여 일곱이다."라고 하였다. 墮는 隳로 읽는데 무너지다라는 뜻이다.

　　記 "天子七廟, 三昭三穆與太祖之廟而七." 墮, 讀曰隳, 廢也.

【目】胡氏가 다음과 같이 평하였다.

"攻守의 형세는 다를 것이 없다. 秦나라가 거짓과 무력으로 천하를 얻었으니 어찌 능히 仁義를 베풀 이치가 있겠는가?"

　　胡氏曰 攻守無異勢라 秦이 以詐力得之하니 豈有能施仁義之理邪아

【綱】沛公이 咸陽으로 들어가서 霸上으로 군사를 돌리고, 秦나라의 가혹한 법을 없애버렸다.

　　沛公이 入咸陽하야 還軍霸上하고 除秦苛法하다

【目】沛公이 서쪽으로 咸陽에 들어가니 여러 장수들은 모두 다투어 금은보화와 재물을 취했는데, 오직 蕭何만은 먼저 들어가서 승상부의 地圖와 文籍을 거두어서 잘 보관하였다. 이 때문에 천하의 요새와 호구의 많고 적음과 강하고 약한 곳을 모두 알게

---

12) 雒陽 : 雒은 본래 洛으로 썼으니, 成周의 洛陽이다. 魚豢의 ≪魏略≫에 이르기를 "光武帝가 漢나라는 火行(火德)이어서 水를 꺼리므로 洛字에 水를 버리고 隹를 가했다." 하였다. 광무제 이후로 雒자로 고쳤으니, 그 지역이 成皐의 서쪽, 宛縣의 북쪽에 있다.

되었다.

沛公이 西入咸陽하니 諸將이 皆爭取金帛財物호되 蕭何는 獨先入 收丞相府圖籍藏之하니 以此로 得具知天下阨塞(애새)와 戶口多少彊弱之處하니라

【目】沛公이 秦나라 궁실의 화려한 휘장과 금은보화와, 여자를 보고는 머물러 있고 싶어 하였다. 그러자 樊噲가 "무릇 이 사치스러운 물건들은 모두 秦나라를 망하게 한 것입니다. 패공께서 이것을 무엇에 쓰시겠습니까? 바라건대 빨리 霸上으로 돌아가시고 더 이상 이 궁중에 머물지 마십시오."라고 간언하였으나 듣지 않았다.

張良이 말하기를 "秦나라가 무도하여 패공께서 여기까지 올 수 있었습니다. 무릇 천하를 위하여 殘賊을 제거하려 한다면 마땅히 검소함을 바탕으로 삼아야 하거늘, 이제 秦나라에 들어오자마자 안락에 빠지시니 이것이 이른바 桀의 학정을 돕는다는 것입니다. 또 충성스러운 말은 귀에 거슬리지만 행실을 바로잡는 데는 좋고, 독한 약은 입에 쓰지만 병이 낫는 데는 이로우니, 원컨대 번쾌의 말을 들으소서."라고 하였다.

沛公이 見秦宮室帷帳寶貨婦女하고 欲留居之어늘 樊噲諫曰 凡此奢麗之物은 皆秦所以亡也니 公何用焉고 願急還霸上하고 無留宮中하라 不聽한대 張良이 曰 秦爲無道라 故公이 得至此하니 夫爲天下除殘賊에 宜縞素爲資[1]어늘 今에 始入秦하야 卽安其樂하니 此所謂助桀爲虐이라 且忠言이 逆耳나 利於行하고 毒藥이 苦口나 利於病하나니 願聽噲言[2]하소서

① 資는 바탕이다. 沛公으로 하여금 秦나라의 사치와 반대로 하고 검소함을 실천하여 바탕으로 삼게 하고자 한 것이다.
　資, 藉也. 欲令沛公反秦奢泰, 服儉素以爲藉也.
② 行(행실)은 去聲이다. 아래 "行鄕"의 行도 같다.
　行, 去聲. 下行鄕同.

【目】沛公이 즉시 霸上으로 군사를 돌리면서 父老와 豪傑들을 모두 불러 모아 말하기를, "父老들이 秦나라의 학정과 악법에 시달린 지가 오래되었다. 제후들이 약속하기를 關中에 먼저 들어간 사람을 왕으로 삼는다고 하였으니, 이제 내가 당연히 關中의 왕을 할 것이다. 부로와 함께 法 三章을 약속하니 사람을 죽인 자는 죽이고, 사람을 상하게 하거나 도둑질한 자는 죄에 해당시킨다. 이 나머지는 모두 없애버린다. 무릇 내가 온 이유는 부로를 위하여 해악을 제거하기 위한 것이니 조금도 침학하지 않을 것이다. 두려

워하지 말도록 하라."라고 하였다.

公이 乃還軍霸上하고 悉召父老豪傑하야 謂曰 父老苦秦苛法이 久矣라 諸侯約先入關者 王之라하니 吾當王關中일새 與父老 約法三章耳로니 殺人者는 死하고 傷人及盜는 抵罪하고 餘悉除去^①하노라 凡吾所以來는 爲父老除害요 非有所侵暴이니 毋恐하라

> ① 抵는 이른다는 뜻이고, 해당한다는 뜻이다. 사람을 상해하는 것에는 是非가 있고, 도적질에는 많고 적음이 있으니, 죄명을 미리 정할 수가 없다. 죄에 해당시킨다고 포괄적으로 말한 것은 어떤 죄에 해당하는지 모르기 때문이다.
> 抵, 至也, 當也. 傷人有曲直, 盜贓有多少, 罪名不可預定. 凡言抵罪, 未知抵何罪也.

劉邦이 函谷關에 들어와 法 三章을 선포하다

【目】그리고 사람을 시켜서 秦나라 관리와 함께 鄕, 縣, 邑으로 가게 하여 이런 사실을 알려주니, 秦나라 백성들이 크게 기뻐하여 서로 다투어 소와 양을 잡고 술과 밥을 가지고 군사들을 대접하였다. 공이 사양하여 받지 않고 말하기를 "창고에 곡식이 많으니 백

성들의 재물을 허비하고 싶지 않다.”라고 하니, 백성들이 더욱 기뻐하여 오직 沛公이 秦나라의 왕이 되지 않을까 두려워하였다.

乃使人與秦吏로 行鄕縣邑하야 告喩之^①하니 秦民이 大喜하야 爭持牛羊酒食하야 獻饗軍士어늘 公이 讓不受曰 倉粟多하니 不欲費民이라하니 民이 又益喜하야 唯恐沛公이 不爲秦王이러라

① “鄕縣邑”은 ≪資治通鑑≫에는 “縣鄕邑”으로 되어 있다. 秦나라 제도에 縣은 대략 사방이 100리이고, 10리가 1亭이고 10亭이 1鄕이니 봉해진 식읍이다.
鄕縣邑, 通鑑作縣鄕邑. 秦制, 縣大率方百里, 十里一亭, 十亭一鄕, 所封食邑.

【綱】項籍이 秦나라의 항복한 군사 20여만 명을 속여서 新安에서 생매장하였다.

項籍이 詐阬秦降卒二十餘萬於新安하다

【目】項羽가 제후들의 군사를 거느리고 서쪽으로 함곡관에 들어가려고 하였다. 그런데 이전에 제후의 관리와 군사들이 徭役과 屯戍를 위해 관중을 거쳐갈 때에 秦나라 사람들이 몹시 형편없게 대접하였다. 그래서 秦나라 군사들이 楚나라에 항복하자 제후의 관리와 군사들이 기세등등하여 모욕을 주며 노예처럼 부려먹으니, 秦나라의 관리와 군사들이 많은 원망을 품고는 몰래 서로 수군거렸다. 항우가 ‘이 무리들이 마음으로 복종하지 않으니 關中에 이르면 반드시 위태롭게 될 것이다.’라고 생각하고, 밤에 습격하여 20여만 명을 新安의 성 남쪽에 생매장하였다. 그리고 章邯 및 長史 司馬欣, 都尉 董翳만 데리고 秦나라로 들어갔다.

項羽率諸侯兵하야 欲西入關이러니 先是에 諸侯吏卒이 繇戍過秦中^①에 秦人이 遇之多無狀^②이라 及秦軍이 降楚에 諸侯吏卒이 乘勝折辱奴虜使之하니 秦吏卒이 多怨竊言이어늘 羽計衆心이 不服하니 至關必危하고 於是에 夜擊阬二十餘萬人新安城南하고 而獨與章邯及長史欣都尉翳로 入秦^③하다

① 山東 사람들은 關中을 秦中이라고 불렀다.
山東人, 呼關中爲秦中.
② 遇는 대접한다는 뜻이다. “無狀”은 예로써 대접하지 않아서 그 정상이 말할 수 없이 형편없었다는 것이다.
遇, 待也. 無狀, 謂待之多不以禮, 其狀無可寄言也.
③ ≪漢書≫ 〈藝文志〉에 “新安縣은 弘農郡에 속한다.”고 하였다.

班志 "新安縣屬弘農郡."

【綱】沛公이 군사를 보내어 함곡관을 지키게 하였는데 項籍이 공격하여 쳐부수고, 마침내 咸陽을 도륙하고 子嬰을 죽이고 始皇帝의 무덤을 파헤쳤으며 크게 약탈하고는 동쪽으로 갔다.

　沛公이 遣兵守函谷關이러니 項籍이 攻破之하고 遂屠咸陽殺子嬰하고 掘始皇帝冢하고 大掠而東하다

【目】어떤 사람이 沛公에게 "급히 군사를 보내어 函谷關을 지켜서 제후의 군사들이 들어오지 못하도록 하라."라고 설득하니, 패공이 따랐다. 項羽가 이르러 크게 노하여 함곡관을 공격하여 쳐부수고 戲水까지 진출하였다. 그러고는 사졸들을 배불리 먹이고 패공을 공격하려고 하였다. 당시에 항우의 병사는 40만으로 鴻門에 주둔하였고, 패공의 병사는 10만으로 霸上에 있었다.

　或이 說沛公호되 急遣兵守函谷關하야 無內(납)諸侯軍①하라 沛公이 從之러니 項羽가 至大怒하야 攻破之하고 進至戲하야 饗士卒欲擊沛公할새 時에 羽兵四十萬은 在鴻門하고 沛公兵十萬은 在霸上②이러라

　① 內(들어오다)는 納으로 읽는다.
　　 內, 讀曰納.
　② 鴻門은 지명으로서 戲水의 서쪽에 있다.
　　 鴻門, 地名, 在戲西.

【目】范增이 項羽에게 말하기를, "沛公이 山東에 있을 때는 재물을 탐하고 여색을 좋아했었습니다. 그런데 지금 함곡관에 들어가서는 재물을 취하지 않고 여자를 총애하지 않으니 이는 그 뜻이 작은 것에 있지 않습니다. 급히 공격해서 기회를 놓치지 마십시오."라고 하였다.

　范增이 曰 沛公이 居山東時에 貪財好色이러니 今入關에 財物을 無所取하며 婦女를 無所幸하니 此其志不在小라 急擊勿失하라

【目】項羽의 작은아버지 項伯은 평소에 張良과
사이가 좋았다[13]. 밤에 달려가서 상황을 알려
주고는 데려오려고 하였는데, 장량이 말하기를,
"저는 韓王(韓成)을 위하여 沛公에게 보내진 사
람입니다[14]. 지금 패공이 위급한데 도망가면
의롭지 않은 일입니다."라고 하고 이어서 항백
에게 들어가 패공을 만나보기를 굳이 청하였다.

項伯

羽季父項伯이 素善張良이라 夜馳告之하고 欲與俱
去[①]어늘 良이 曰良이 爲韓王送沛公[②]하니 今有急이어든
亡去不義라하고 因固要伯入見沛公[③]한대

① 項伯은 伯이 字이고 이름은 纏(전)이다.
　伯, 字, 名, 纏.
② 爲(위하다)는 去聲이다.
　爲, 去聲.
③ 要(구하다)는 平聲이다.
　要, 平聲.

【目】沛公이 술잔을 받들어 헌수하고 서로 사돈을 맺자고 약속하며 말하기를, "내가 關
中에 들어와서 감히 추호도 건드리지 않았으며, 백성과 관리들을 모두 장부에 기록하였
으며, 창고를 봉인하고서 장군(항우)을 기다렸습니다. 내가 함곡관을 지킨 이유는 다른
도적들을 막기 위한 것입니다. 밤낮으로 장군이 오시기만을 기다리고 있었거늘 어찌 감
히 배반하겠습니까? 원컨대 項伯께서는 신이 감히 배은망덕하지 않았다는 것을 갖추어
말씀드려주시기 바랍니다."라고 하였다. 항백이 승낙하며 말하기를, "내일 아침 일찍 직
접 와서 사죄하지 않으면 안 됩니다."라고 하였다.

公이 奉卮酒爲壽[①]하고 約爲婚姻曰 吾入關에 秋毫를 不敢有所近하고 籍吏民封府庫하야 而待
將軍[②]호니 所以守關者는 備他盜耳라 日夜望將軍至어든 豈敢反乎리오 願伯은 具言臣之不敢倍
德하라 項伯이 許諾하고 曰 旦日에 不可不蚤自來謝니라

---

13) 項伯은……좋았다 : 秦나라가 통치했을 때 項伯이 사람을 죽였는데, 張良이 그의 목숨을 구해주
　고 함께 숨어 지낸 적이 있었다. ≪史記 留侯列傳≫
14) 저는……사람입니다 : 張良은 선조들이 대대로 벼슬한 韓나라가 秦나라에 멸망한 것을 복수하기
　위하여 패공을 따르고 있다는 말이다.

① 卮(술잔)는 章移의 切이고 古字는 觝(저)로 썼으니, 酒禮를 행할 때 쓰는 술잔이다. 옛날에 角으로 만든 4되들이 술잔이다.

卮, 章移切, 古字作觝, 酒禮器也. 古以角爲之受四升.

② "秋毫"는 털이 가을이 되면 끝이 가늘어지는 것이니 작은 것을 비유한다. 籍은 在昔의 切이니, 장부에 기록하는 것이다.

秋毫, 毛至秋而末銳, 喩小. 籍, 在昔切, 籍記於薄.

【目】 項伯이 돌아가서 전후의 사정을 갖추어 項羽에게 알리고 이어서 "어떤 사람이 큰 공을 세웠는데 도리어 그를 치는 것은 불의한 일이니 잘 대우해주는 것만 같지 못합니다."라고 하였다. 그러자 항우가 "좋습니다."라고 하였다.

沛公이 다음 날 아침에 기병 백여 명을 데리고 와서 項羽를 보고 사죄하자, 항우가 그대로 머물러서 술을 마시게 하였다. 范增이 여러 번 항우에게 눈짓을 하고 차고 있던 玉玦[15]을 들어 보인 것이 세 차례였으나 항우가 응하지 않았다. 그러자 범증이 밖으로 나와서는 項莊으로 하여금 장막 안에 들어가서 항우의 앞에 나가서 헌수를 하고 칼춤을 추겠다고 청하여 그 틈을 타서 패공을 격살하라고 지시하였다. 항장이 들어가서 헌수를 마치고는 칼을 뽑아들고 춤을 추기 시작하자, 항백도 역시 칼을 뽑아 춤을 추면서 항상 자신의 몸으로 패공을 가려서 보호하니 항장이 내리칠 수가 없었다.

去하야 具以告羽①하고 且曰 人有大功而擊之不義니 不如因善遇之니라 羽曰諾다 沛公이 旦日에 從百餘騎하야 來見羽謝한대 羽因留飮이러니 范增이 數目(삭목)羽하고 擧所佩玉玦하야 示之者三②이로되 羽不應이어늘 增이 出하야 使項莊入前爲壽하고 請以劍舞하야 因擊沛公殺之③어늘 莊이 入爲壽畢에 拔劍起舞한대 項伯이 亦拔劍起舞하야 常以身翼蔽沛公하니 莊이 不得擊하다

① 去는 項伯이 돌아간 것을 말한다.

去, 謂項伯迴去也.

② "數目"은 자주 눈길을 주어서 알린 것이다. 玦은 음이 決이니 패옥이다. 고리의 모양인데 한쪽이 터진 것이다. 范增이 이것을 들어서 項羽에게 보여준 것은 항우에게 패공을 죽이도록 결심하게 하고자 하는 것이다.

數目, 頻數動目以喩之. 玦, 音決, 玉佩也. 如環而有缺. 增擧以示羽, 蓋欲其決意, 殺沛公也.

③ 項莊은 항우의 사촌동생이다.

莊, 羽之從弟也.

---

15) 玉玦 : 결단한다는 의미를 가진 옥이다. 결은 터지다라는 뜻으로 고리의 한쪽이 터졌다는 뜻도 되고, 결단의 뜻도 된다. 이 옥을 보여서 항우의 결단을 촉구한 것이다.

【目】이때 張良이 나가서 樊噲를 보고 상황이 화급하다고 알렸다. 번쾌가 칼을 차고 방패를 든 채 그대로 들어가 눈을 부릅뜨고 項羽를 쳐다보니 머리털은 모조리 위로 치솟고 눈꼬리가 찢어질 듯하였다. 항우가 "장사로다."라고 말하고, 술 1말과 생돼지의 어깻죽지 하나를 떼어주었다. 번쾌가 그 즉시 술과 고기를 모두 먹어버리자, 항우가 "능히 더 마실 수가 있겠는가?"라고 물었다. 번쾌가 말하기를, "신이 죽음도 피하지 않는데 말술쯤이야 어찌 마다하겠습니까? 秦나라가 이리 같은 마음을 가지니 천하가 모두 반기를 들었습니다. 懷王이 여러 장수들과 약속하기를 '제일 먼저 咸陽에 들어가는 자를 왕

樊噲

으로 삼겠다.'라고 하였습니다. 이제 沛公이 먼저 秦나라를 깨고 함양에 들어갔으니 고생도 많았고 공도 높습니다. 그런데 封爵하는 상은 내리지 않고 장군께서 소인들의 말을 듣고는 공이 있는 사람을 죽이고자 하시니, 이는 망한 秦나라의 연속일 뿐입니다. 삼가 장군을 위하여 그런 계책은 따르지 않겠습니다."라고 하였다. 항우가 아무 대답도 하지 않고 앉으라고 명하였다.

　於是에 張良이 出見樊噲하고 告以事急한대 噲帶劍擁盾直入①하야 瞋目視羽하니 頭髮이 上指하고 目眥가 盡裂②하더라 羽曰 壯士로다 賜斗卮酒一生彘肩③한대 噲立飲啗之④어늘 羽曰 能復飲乎아 噲曰 臣이 死且不避어든 卮酒를 安足辭리오 夫秦有虎狼之心하니 天下皆叛이어늘 懷王이 與諸將約曰 先入咸陽者王之라하니 今沛公이 先破秦入咸陽하야 勞苦功高어늘 未有封爵之賞이요 而將軍이 聽細人之說하야 欲誅有功之人⑤하니 此亡秦之續耳라 竊爲將軍不取也하노라 羽無以應하고 命之坐러니

　① 盾(방패)은 食尹의 切이며, 楯과 통용하여 쓰이니 몸을 막고 눈을 가리는 것이다.
　　盾, 食尹切, 通作楯, 所以扞身蔽目.
　② 瞋은 稱人의 切이니, 화가 나서 눈을 부리리는 것이다. 眥는 음이 恋이니 눈꼬리이다.
　　瞋, 稱人切, 怒而張目也. 眥, 音恋, 目際也.

③ 斗巵酒는 1말 4되의 술을 말한다. 彘는 음이 滯이니 돼지이다.

　　斗巵酒, 謂一斗四升也. 彘, 音滯, 豕也.

④ 음식을 먹으라고 주는 것을 啗(담)이라 하니, 徒濫의 切이다. 음식을 스스로 먹는 것도 啗
　　이라고 하니, 徒覽의 切이다.

　　以食與人曰啗, 徒濫切. 自食亦曰啗, 徒覽切.

⑤ 細는 가늘다는 뜻이고 잗달다는 뜻이고 작다는 뜻이다. 細人은 잗단 소인이라는 말이다.
　　沛公의 左司馬 曹無傷이 사람을 시켜 項羽에게 말하기를, "패공이 관중의 왕이 되고 싶어
　　합니다."라고 하자 항우가 크게 노하였다.

　　細, 微也, 纖也, (止)〔小〕[16]也. 細人, 言纖微小人也. 沛公左司馬曹無傷, 使人言羽曰 "沛公
　　欲王關中." 羽大怒.

【目】 그러자 沛公이 슬그머니 일어나서 측간으로 가다가 몸을 빼내어 홀로 말을 타고 가
고, 樊噲 등은 걸어서 그를 따라 霸上으로 갔다. 그리고 張良을 남겨두어 項羽에게 사례
하도록 하였다. 항우가 패공이 어디에 있냐고 묻자, 장량이 말하기를, "장군이 책임을
물어 벌을 내린다는 말을 듣고는 몸을 빼어 혼자 갔으며, 이미 군중에 도착하였을 것입
니다."라고 하고, 이어서 白璧[17] 1쌍을 항우에게 올리고 玉斗[18] 1쌍을 范增에게 주었
다. 항우는 白璧을 받았지만, 범증은 칼을 빼서 옥두를 쳐서 깨트리고는 "에이, 애송이
와는 일을 도모할 수가 없구나! 장군에게서 천하를 빼앗을 자는 필시 패공일 것이다.
우리들은 이제 포로가 될 것이다."라고 하였다.

　　沛公이 遂起如廁이라가 脫身獨騎하야 噲等이 步從趣(추)霸上①하고 留張良使謝羽한대 羽問沛公이
安在오 良이 曰 聞將軍이 有意督過之하고 脫身獨去하야 已至軍矣라하고 因以白璧一雙으로 獻羽하고
玉斗一雙으로 與增한대 羽는 受璧하고 增은 拔劍撞破玉斗曰 唉②라 豎子는 不足與謀이로다 奪將軍
天下者는 必沛公也니 吾屬이 今爲之虜矣라하더라

① 趣(향하다)는 趨라고 읽는다[19]

　　趣, 讀曰趨.

② 撞(치다)은 丈江의 切이니 때린다는 뜻이다. 唉는 哀와 僖의 두 가지 음이 있으니 한탄하는
　　소리이다.

---

16) (止)〔小〕 : 저본에는 '止'로 되어 있으나, 《資治通鑑》의 註에 의거하여 '小'로 바로잡았다.

17) 白璧 : 璧은 평평하고 동그랗게 생겼으며 가운데 작은 구멍이 있는 옥이다. 고대에 귀족이 조
　　빙, 제사, 상례 때 사용했던 禮器이며, 패용하는 장식품이다.

18) 玉斗 : 옥으로 만든 네모난 술잔이다.

19) 趣(향하다)는……읽는다 : 《資治通鑑》의 註에 趣는 趨嚮의 趣로 읽는다고 하였다.

撞, 丈江切, 擊也. 唉, 哀·僖二音, 嘆恨之聲.

【目】 며칠이 지난 후에 項羽가 병사를 끌고 서쪽으로 가서 咸陽을 도륙하고 秦나라의 항복한 왕 子嬰을 죽이고, 또 秦나라의 궁실을 불사르니 3개월 동안 불이 꺼지지 않았다. 秦 始皇帝의 무덤을 파헤치고 보물과 부녀자를 거두어서 동쪽으로 가니 秦나라 백성이 크게 실망하였다.

居數日에 羽引兵西屠咸陽하고 殺秦降王子嬰하고 燒宮室하니 火三月不滅하더라 掘始皇帝冢하고 收貨寶婦女而東하니 秦民이 大失望이러라

【目】 韓生이 項羽를 설득하여 말하기를, "關中은 산으로 막혀 있고 강으로 둘러 있어서 사방이 천험의 요새이고 거기다 땅이 비옥하니 도읍으로 삼아서 천하를 얻을 만한 곳입니다."라고 하였다. 그러나 항우는 秦나라의 궁실이 모두 타버려 황폐해진 것을 보고 또 동쪽으로 돌아가려는 생각을 가지고 있어서, "부귀해졌는데 고향으로 돌아가지 않으면 마치 비단옷을 입고 밤에 다니는 것과 같다."라고 하였다. 한생이 물러나와서 말하기를 "사람들이 楚나라 사람은 원숭이에게 관을 씌운 꼴이라고 말하더니, 정말 그렇구나."라고 하였다. 항우가 그 말을 듣고는 한생을 烹[20]하였다.

韓生이 說羽曰 關中이 阻山帶河四塞之地요 肥饒하니 可都以霸[①]라 羽見秦殘破하고 又思東歸曰 富貴不歸故鄕이면 如衣繡夜行耳[②]니라 韓生이 退曰 人言楚人은 沐猴而冠이라하더니 果然[③]이로다 羽聞之하고 烹韓生하다

① "四塞(사방의 요새)"는 동쪽의 函谷關, 남쪽의 武關, 서쪽의 散關, 북쪽의 蕭關이다.
　　四塞, 東函谷, 南武關, 西散關, 北蕭關.
② 夜(밤)는 去聲이다. "衣繡夜行(비단옷을 입고 밤에 다닌다.)"은 보는 사람들이 없으니 영화스럽지 않다는 것이다.
　　夜, 去聲. 衣繡夜行, 言無人見之, 不榮顯.
③ "沐猴"[21]는 원숭이이다. 원숭이가 冠帶를 오래 착용하는 것을 견디지 못함을 말하여 楚나라 사람의 성격이 조급하다는 것을 비유한 것이다. "果然"은 정말 사람들의 말과 같다는 것을 이른다.

---

20) 烹 : 고대 형벌의 하나로 사람을 솥에 넣고 삶아서 죽이는 것이다.
21) 沐猴 : 목후는 Macacus Monkey로 몸의 길이가 70~100cm 정도로 훈련시키기가 쉬운 원숭이이다. 중국의 북방에서 원숭이 놀이를 할 때에 대부분 이 원숭이를 사용한다. 《권중달 역, 자치통감2 38쪽》

沐猴, 彌猴也. 言彌猴不任久著冠帶, 以喩楚人性躁暴也. 果然, 謂果如人之言.

【綱】 봄 정월에 項籍이 楚나라 懷王을 높여서 義帝로 삼았다.

春正月에 項籍이 尊楚懷王爲義帝하다

【目】 項羽가 關中으로 들어간 다음에 懷王에게 사람을 보내어 뜻을 전하였다. 그러자 회왕은 약속대로 하라고 하였다. 항우가 노하여 "회왕은 우리 집안에서 세웠을 뿐이다. 공적이 없으니 어찌 맹약을 독단할 수 있겠는가. 천하가 거병했을 초기에 임시로 제후들의 후예를 세워서 秦나라를 정벌하였다. 그러나 갑옷을 입고 무기를 들고 風餐露宿한 지 3년 만에 秦나라를 멸하고 천하를 안정시킨 것은 모두 將相인 여러분과 나 項籍의 힘이다. 회왕은 비록 공이 없지만 진실로 땅을 나누어 왕으로 봉하는 것이 합당하다."라고 말하고 겉으로 회왕을 높이는 척하여 義帝로 삼았다. 또 말하기를 "옛날의 제왕은 땅이 사방 천 리이고 반드시 상류에 살았다."라고 하여 의제를 揚子江의 남쪽으로 옮겨서 郴(침)에 도읍을 정하였다.

項羽旣入關에 使人致命懷王한대 王曰 如約①하라 羽怒曰 懷王者는 吾家所立耳라 非有功伐이니 何以得專主約②이리오 天下初發難時③에 假立諸侯後하야 以伐秦이나 然被堅執銳하야 暴露三年에 滅秦定天下者는 皆將相諸君與籍力也④라 懷王이 雖無功이나 固當分地而王之라하고 乃陽尊懷王爲義帝⑤하고 又曰 古之帝者地方千里요 必居上游⑥라하야 乃徙義帝於江南하야 都郴⑦하다

① 〈"如約(약속대로 하라.)"은〉 沛公으로 하여금 關中의 왕이 되게 하라는 말이다.
　謂令沛公王關中.
② 공을 쌓은 것을 伐이라고 한다.
　積功曰伐.
③ 難(난리)은 去聲이니, 처음 군사를 일으켰을 때를 말한다.
　難, 去聲, 謂兵初起時也.
④ "被堅"은 갑옷을 입은 것이다. 銳는 날카로운 무기이다.
　被堅, 擐甲也. 銳, 利兵也.
⑤ 陽이란 겉으로 드러나는 것이고, 陰이란 속에 숨기고 있는 것이다. 무릇 사람이 일을 함에 있어서 겉으로는 하는 모습이지만 속으로는 실상이 없는 것은 모두 겉으로 하는 것이고, 겉으로는 아무것도 하지 않는 듯하지만 속으로는 몰래 차근차근 해나가는 것은 모두 속으로 하는 것이다.
　陽, 發見於外, 陰, 蔽伏於中. 凡人之作事, 外爲是形而內無其實者, 皆陽爲之. 外若無所營而

內潛經畫, 皆陰爲之.

⑥ 游는 바로 流이니 상류에 거처하는 것을 말한다.

　游, 卽流也, 言居水之上流.

⑦ 郴은 丑林의 切이다. 《漢書》〈地理志〉에 "郴縣은 桂陽郡에 속해 있다."고 하였다.

　郴, 丑林切. 班志 "郴縣屬桂陽郡."

【綱】2월에 項籍이 스스로 서서 西楚霸王이 되었고,

　二月에 項籍이 自立爲西楚霸王①하고

① 江陵은 南楚이고 吳는 東楚이며 彭城은 西楚이다. 義帝가 楚나라라고 칭했기 때문에 項羽가 西楚라고 칭한 것이다.

　江陵爲南楚, 吳爲東楚, 彭城爲西楚. 義帝稱楚, 故羽稱西楚.

【目】梁과 楚 땅의 9郡[22]의 왕이 되어서 彭城에 도읍하였다.

　王梁楚地九郡하야 都彭城하다

【綱】沛公을 세워서 漢王으로 삼았다.

　立沛公爲漢王하다

【目】項羽와 范增이 沛公을 의심하였지만 이미 화해하였고, 또 약속을 저버린다는 말도 싫어하였다. 그래서 모의하기를 巴·蜀은 길이 험하고 또 秦나라에서 쫓겨난 사람들이 거주하였다 하고는 "巴와 蜀도 關中의 땅이다."라고 하며, 패공을 세워서 漢王으로 삼아 파·촉과 한중의 왕이 되게 하고 南鄭에 도읍을 정하게 하였다. 그리고 관중을 셋으로 나누어 秦나라의 항복한 장수들을 왕으로 삼아서 漢나라가 나오는 길을 막도록 하였다.

　項羽與范增이 疑沛公①而業已講解요 又惡負約②하야 以巴蜀이 道險하고 秦之遷人이 居之라 乃曰巴蜀도 亦關中也라하고 立沛公爲漢王하야 王巴蜀漢中하야 都南鄭③하고 而三分關中하야 王秦降將하야 以距塞(색)漢路하다

項羽의 諸侯分封圖

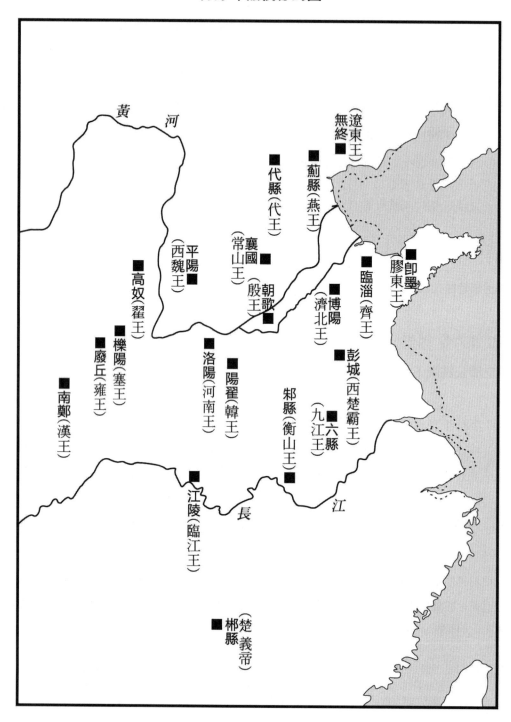

① 沛公이 천하에 마음을 두고 있을까 의심한 것이다.

　　疑沛公之有天下也.

② 이미 그렇게 된 것을 業이라고 하니, 비록 의심은 가지만 일은 이미 화해가 되었음을 말한 것이다.

　　已然曰業, 言雖有疑心, 然事已和解也.

③ 巴·蜀과 漢中은 秦나라가 3郡을 설치한 곳이다.

　　巴·蜀·漢中, 秦所置三郡地也.

【綱】章邯을 雍王으로 삼고,

章邯爲雍王하고

【目】咸陽 서쪽 지역의 왕이 되어 廢丘에 도읍하였다.

王咸陽以西하야 都廢丘①하다

① 廢丘는 周나라 때 太丘인데 懿王[23]이 도읍한 곳이다. 秦나라가 폐지하고자 하여 폐구라고 이름을 고쳤으니 곧 漢나라 扶風 槐里縣(괴리현)이다.

　　廢丘, 周時太丘, 懿王所都. 秦欲廢之, 更名廢丘, 卽漢扶風槐里縣.

【綱】司馬欣을 塞王(새왕)으로 삼고,

司馬欣爲塞王①하고

① 塞(요새)는 先代의 切이다. 黃河와 華山[24]의 험고한 것을 취하여 요새로 삼았기에 塞라고 이름한 것이다.

　　塞, 先代切, 取河華之固爲阨塞(애새).

【目】咸陽 동쪽 지역의 왕이 되어 櫟陽(역양)에 도읍하니, 옛날에 項梁에게 덕을 베푼 일이 있었기 때문이다[25].

---

23) 懿王 : 西周의 제7대 왕이다. 穆王의 손자로서 이름은 囏(간)이다. 이 시기에 왕실이 현저하게 쇠퇴해 獫狁의 공격을 받았다. 서울을 鎬에서 太丘로 옮겼다.

24) 華山 : 중국의 五岳 중 西岳이다. 옛날 長安, 지금의 西安 동쪽으로 약 120km, 西安과 鄭州의 중간에 위치하고 있다. 참고로 五岳은 서쪽의 華山과, 북쪽의 恒山, 동쪽의 泰山, 중앙의 嵩山, 남쪽의 衡山을 말한다.

25) 咸陽……때문이다 : 司馬欣은 일찍이 櫟陽의 獄吏였는데, 당시에 項梁이 역양에서 체포되었는데 사마흔의 덕으로 일이 잘 해결된 적이 있었다. ≪史記 項羽本紀≫

王咸陽以東하야 都櫟陽하니 以故嘗有德於項梁也러라

【綱】董翳를 翟王으로 삼고,

董翳爲翟王[①]하고

① 翟[26)]은 본래 上郡인데 북쪽으로 戎翟과 가까웠기 때문에 인하여 나라 이름으로 삼았다.
翟, 本上郡, 以北近戎翟, 因以名國.

【目】上郡의 왕이 되어 高奴에 도읍하니, 章邯에게 楚나라에 항복할 것을 권했기 때문이다.

王上郡하야 都高奴하니 以勸章邯降楚也[①]러라

① ≪漢書≫〈地理志〉에 "高奴縣은 上郡에 속한다."고 하였다.
班志 "高奴縣屬上郡."

【綱】魏王 豹[27)]를 옮겨서 西魏王으로 삼고,

徙魏王豹爲西魏王하고

【目】河東의 왕이 되어 平陽에 도읍하니, 項籍이 본래 大梁 땅을 가지고 싶었기 때문이다.

王河東하야 都平陽하니 項籍이 自欲取梁地也러라

【綱】申陽을 세워서 河南王으로 삼고,

---

26) 翟 : 狄과 같다. 북쪽 지방의 오랑캐를 狄이라고 불렀다.
27) 魏王 豹 : 魏豹(?~B.C. 204)는 魏나라 왕실의 일족으로 후에 西魏王이 된다. 魏咎의 사촌동생으
로 陳勝의 반란 이후 周市과 함께 형 위구를 魏王으로 옹립하였다. 이후 章邯의 공격을 받아 형
위구가 죽자 楚나라로 도망갔다. 鉅鹿에서 장함이 項羽에게 대패하자 楚 懷王에게 군사를 빌려
魏나라 영토를 회복하고 스스로 왕위에 올랐다. 항우가 大梁의 땅을 탐내어 서위왕에 봉해졌으나
항우를 배반하고 劉邦에게로 귀순했다. B.C. 205년 유방에 의해 대원수로 임명되어 60만 대군
을 이끌고 항우와 彭城 대전을 치렀으나 漢나라 군대는 항우에게 크게 패하고 위표 역시 중상을
입었다. 그 후에 본국 魏나라로 돌아가 유방을 배신하고 유방이 보낸 사신 酈食其의 설득도 받아
들이지 않다가, 韓信이 이끄는 군대에게 패하여 滎陽으로 끌려갔다. 형양에서 유방의 명령으로
楚나라 군대를 방어하고 있었는데 같이 있던 漢나라 장수들이 그가 자주 배신하여 믿을 수 없다
여기니, 御史大夫 周苛가 그를 죽였다.

立申陽爲河南王^①하고

> ① 申陽은 張耳의 총애하는 家臣이다.
> 申陽, 張耳之嬖臣.

【目】 洛陽에 도읍하니, 먼저 河南을 평정하고 楚나라[28]를 맞아들였기 때문이다.

都洛陽하니 以先下河南迎楚也^①러라

> ① 先(앞서다)과 下(함락하다)는 모두 去聲이다.
> 先下, 竝去聲.

【綱】 司馬卬을 殷王으로 삼고,

司馬卬爲殷王하고

【目】 河內의 왕이 되어 朝歌에 도읍하니, 하내를 평정한 공이 있었기 때문이다.

王河內하야 都朝歌하니 以定河內有功也러라

【綱】 趙王 歇[29]을 옮겨서 代王으로 삼고,

徙趙王歇爲代王하고

【目】 代에 머물렀다.

居代하다

【綱】 張耳를 세워서 常山王으로 삼고,

立張耳爲常山王하고

---

28) 楚나라 : 項羽를 가리킨 것이다. 아래도 같다.

29) 趙王 歇 : 趙歇은 趙나라 종실의 후예이다. 秦나라 二世皇帝 2년(B.C. 208) 張耳와 陳餘에게 추대되어 趙王에 세워지고 信都에 도읍하였다. 漢나라 원년(B.C. 206)에 項羽는 그를 옮겨 代王에 봉하였고, 趙나라에는 장이를 常山王으로 봉하여 다스리게 하였다.

【目】趙나라 지역의 왕이 되어 襄國에 도읍하니, 項羽를 따라서 함곡관에 들어갔기 때문이었다.

王趙地하야 治襄國하니 以從入關也러라

【綱】英布를 九江王으로 삼고,

英布爲九江王①하고

① 秦나라가 楚나라를 멸망시키고 九江郡을 두었다. 揚子江이 潯陽(심양)에 이르러서 나뉘어 9개의 강이 되는데 첫 번째는 烏江이고, 두 번째는 蚌江(방강)이고, 세 번째는 烏白江이고, 네 번째는 嘉靡江이고, 다섯 번째는 畎江(견강)이고 여섯 번째는 源江이고 일곱 번째는 稟江(품강)이고 여덟 번째는 提江(제강)이고 아홉 번째는 菌江(균강)이다. 이로 인하여 郡의 이름을 삼은 것이다.
秦滅楚, 置九江郡. 江水至潯陽, 分爲九江. 一曰烏江, 二曰蚌江, 三曰烏白江, 四曰嘉靡江, 五曰畎江, 六曰源江, 七曰稟江, 八曰提江, 九曰菌江, 因以名郡.

【目】六에 도읍하니, 楚나라 장수가 되어서 항상 모든 군대의 으뜸이었기 때문이다.

都六하니 以爲楚將하야 常冠軍也①러라

① 冠(으뜸)은 去聲이다. 그 용맹이 모든 군사 중에서 으뜸이라는 말이다.
冠, 去聲. 言其驍勇爲衆軍之最冠.

【綱】吳芮를 衡山王으로 삼고,

吳芮爲衡山王①하고

① ≪地理志≫에 "安國의 六縣으로서 漢나라 衡山國이다."고 하였다.
地理志 "安國六縣, 漢衡山國也."

【目】邾에 도읍하니, 百粤을 이끌고 項羽를 따라서 함곡관에 들어갔기 때문이다.

都邾하니 以率百粤從入關也①러라

① ≪漢書≫〈地理志〉에 "邾縣은 江夏郡에 속한다."고 하였다.
班志 "邾縣屬江夏郡."

【綱】共敖를 臨江王으로 삼고,

　共敖爲臨江王하고

【目】江陵에 도읍하니, 南郡을 공격하여 공이 많았기 때문이다.

　都江陵하니 以擊南郡功多也^①러라

　① 臨江은 본래 南郡인데 漢나라 때 臨江國으로 고쳤다. 江陵縣에 속한다.
　　臨江, 本南郡, 漢改爲臨江國. 江陵縣屬焉.

【綱】燕王 韓廣을 옮겨서 遼東王으로 삼고,

　徙燕王廣爲遼東王하고

【目】無終에 도읍하였다.

　都無終^①하다

　① ≪漢書≫〈地理志〉에 "無終縣은 北平郡에 속한다."고 하였으니, 遼東郡의 管內가 아니다. 대개 項羽가 韓廣으로 하여금 무종에 도읍을 정하게 하여 요동의 땅을 함께 다스리도록 하였기 때문이다.
　　班志 "無終縣屬北平郡." 非遼東郡界. 蓋羽令韓廣都於無終, 而令併王遼東之地故也.

【綱】燕나라 장수 臧荼(장도)를 燕王으로 삼고,

　燕將臧荼爲燕王하고

【目】薊(계)에 도읍하니, 楚나라를 따라서 趙나라를 구원하고 함곡관에 들어갔기 때문이다.

　都薊하니 以從楚하야 救趙入關也러라

【綱】齊王 田市(전불)³⁰⁾을 옮겨서 膠東王으로 삼고,

---

30) 田市(전불) : 市는 사람 이름일 경우 불로 읽는다. 齊나라 장군 田都가 項羽를 따라 趙나라를 구하고 入關한 것으로 항우가 齊王에 봉하고 臨菑를 도읍으로 정했다. 이에 따라 원래의 齊王 전불

徙齊王市爲膠東王하고

【目】卽墨에 도읍하였다.

都卽墨하다

【綱】齊나라 장수 田都를 齊王으로 삼고,

齊將田都爲齊王하고

【目】臨菑에 도읍하니, 楚나라를 따라서 趙나라를 구원하고 함곡관에 들어갔기 때문이다.

都臨菑하니 以從楚하야 救趙入關也러라

【綱】田安을 濟北王으로 삼고,

田安爲濟北王하고

【目】博陽에 도읍하니, 濟北을 평정하고 군대를 이끌어 楚나라에 항복하였기 때문이다.

都博陽하니 以下濟北하고 引兵降楚也①러라

① 濟北에 博關이 있으니 博陽은 대개 박관의 남쪽이다. 濟北은 濟水 이북의 땅으로 聊城, 博陽 등 여러 성이 바로 이곳이다.

濟北有博關, 博陽, 蓋在博關之南也. 濟北, 濟水以北之地, 聊城·博陽諸城是也.

【綱】여름 4월에 제후들이 군대를 철수하여 각자의 封國으로 갔다.

夏四月에 諸侯罷兵就國하다

【綱】漢나라가 蕭何를 승상으로 삼고 張良을 韓나라로 돌려보냈다.

❶漢이 以蕭何爲丞相하고 遣張良歸韓하다

을 膠東王으로 옮긴 것이다.

【目】처음에 漢王이, 項羽가 약속을 어겼다고 하여 화를 내며 공격하려고 하였다. 그러자 蕭何가 "비록 惡地인 한중의 왕이 되었지만 오히려 죽는 것보다는 낫지 않습니까."라고 하였다. "왕이 무슨 말인가."라고 물으니, 소하가 말하기를 "지금 무리들이 예전과 같지 않으니 백 번 싸우면 백 번 패하게 될 것입니다. 죽지 않고 어떻게 하겠습니까. 무릇 한 사람에게 허리를 굽혀서 萬乘의 높은 자리에서 뜻을 펴는 것은 湯임금과 武王이 바로 그렇습니다. 신은 원컨대 대왕께서 한중의 왕이 되어 백성을 잘 돌보아 어진 사람들이 오게 하며 그것으로써 巴와 蜀을 거두고 다시 三秦을 평정하면 천하를 도모할 수 있을 것입니다."라고 하였다. 그러자 한왕이 참으로 옳은 말이라고 하며 즉시 한중으로 들어가서 왕이 되었고, 소하를 승상으로 삼았다.

丞相 蕭何

初에 漢王이 以項羽負約이라하야 怒欲攻之어늘 蕭何曰 雖王漢中之惡이나 不猶愈於死乎아 王曰 何也오 何曰 今衆不如하니 百戰百敗라 不死何爲리오 夫能紲於一人之下而信於萬乘之上者는 湯武是也①라 臣願大王은 王漢中하야 養其民以致賢人하며 收用巴蜀하야 還定三秦하면 天下를 可圖也②리이다 王曰 善타 乃就國하야 以何爲丞相하다

① 紲은 《資治通鑑》에 詘로 되어 있다. 信은 伸의 古字이다.
   紲, 通鑑作詘. 信, 古伸字.
② 三秦은 곧 雍나라, 塞나라, 翟나라이다.
   三秦, 卽雍·塞·翟.

【目】項王이 사졸 3만 명으로 하여금 漢王을 따라서 漢中으로 가게 하니, 楚나라와 제후의 군사들 가운데 흠모하여 따라가는 자가 수만 명에 달하였다. 張良이 한왕을 전송하여 褒中에 이르렀다. 왕이 장량을 보내어 韓나라로 돌아가게 하였는데, 장량이 한왕을 설득하여 지나온 棧道를 모두 불살라 끊어버려서 도적과 군사가 침입하지 못하도록 대비하고, 또 項羽에게 동쪽으로 진출할 뜻이 없다는 것을 보이라고 하

였다.

項王이 使卒三萬人으로 從漢王之國하니 楚
與諸侯之慕從者數萬人①이러라 張良이 送至
褒中②이어늘 王이 遣良歸韓한대 良이 因說王하야
燒絶所過棧道하야 以備盜兵하고 且示羽無
東意③하다

張良이 棧道를 불태우다

① 《漢書》〈高帝紀〉에는 '侯' 아래에 '人'자
　가 있다.
　本紀, 侯下有人字.
② 褒中이란 褒谷 가운데 산다는 뜻이다.
　《地理志》에 "褒中縣은 漢中郡에 속한
　다."고 하였다.
　褒中, 言居褒谷之中. 地理志 "褒中縣屬
　漢中郡."
③ 項羽로 하여금 漢王이 더 이상 동쪽으로
　진출할 뜻이 없다는 것을 알게 하라는
　말이다.
　言令羽知漢王更無東出之意.

【目】胡氏가 다음과 같이 평하였다.

"모든 사람들이 늘 하는 말이 있는데, '어진 이를 등용하는 것은 백성들을 잘 돌보기
위해서이다.'라는 것이다. 그런데 蕭相國이 '백성을 잘 돌보아서 현인을 오게 하라.'라고
말한 것은 무슨 까닭인가. 이는 남들이 하는 말을 따라서 한 것이 아니라 자신만의 견
해를 밝힌 것이다.

무릇 하늘이 임금을 세운 것은 백성을 위해서이고, 임금이 신하를 구하는 것은 백성
을 보호하는 정책을 펴려는 것이며, 신하가 임금을 섬기는 것은 백성을 편안하게 하는
방법을 시행하려는 것이다. 따라서 임금이 백성을 양육하려는 마음이 없다면, 천하의
현인군자가 쓰이지 않아 임금이 얻는 인재는 하나같이 백성과 만물에 해악을 끼치지 않
는 사람이 없을 것이다. 이 때문에 백성의 마음은 날로 떠나고 임금의 형세는 날로 고
단해지니, 망한 秦나라의 자취에서 교훈을 얻을 수 있다.

蕭何는 이 점을 보았고, 漢 高祖는 그 말을 듣는 순간 깨달았으니, 漢나라 王業이

흥기한 것이 또한 마땅하지 아니한가."

胡氏曰 人有常言하되 皆曰 用賢은 所以養民也라하나니 蕭相國이 乃謂養民以致賢人은 何也오
曰 此無所因襲이요 獨見之言也라 夫天之立君은 以爲民也요 君之求臣은 以行保民之政也요 臣
之事君은 以行安民之術也라 故世主無養民之心이면 則天下之賢人君子不爲之用而上之所得
者 莫非殘民害物之人이라 是以로 民心이 日離하며 君勢日孤하나니 亡秦之轍을 可以鑑矣라 蕭何
有見乎此而高祖聞言卽悟하니 漢業之興이 不亦宜哉아

【綱】5월에 齊나라 田榮이 齊王 田都를 공격하여 쫓아내고 드디어 膠東王 田市
(전불)을 시해한 후에 스스로 서서 齊王이 되었고, 가을 7월에 彭越을 시켜서
濟北王 田安을 공격하여 죽이고 또 西楚의 군사를 쳐서 깨뜨렸다.

五月에 齊田榮이 擊走齊王都하고 遂弑膠東王市하고 自立爲齊王하야 秋七月에 使彭
越로 擊殺濟北王安하고 又擊破西楚軍하다

【目】田榮이 項羽가 田市을 옮기고 田都를 세워서 齊王으로 삼았다는 소식을 듣고는 대
노하여 항우를 거역하고 전도를 공격하여 패배시켰다. 이어서 전불을 억류하여 膠東으
로 가지 못하게 하였는데, 전불이 항우를 두려워해서 몰래 도망하여 교동으로 가버렸
다. 전영이 노하여 따라가서 공격하여 죽여버렸다. 이때에 彭越이 鉅野에 있었는데 무
리가 만여 명이었지만 속한 곳이 없었다. 전영이 팽월에게 장군의 印綬를 주어서 田安
을 공격하여 죽이도록 하고 드디어 三齊를 병합하여 왕이 되고, 또 팽월로 楚나라(西楚)
를 공격하게 하여 楚나라 군대를 크게 격파하였다.

田榮이 聞項羽徙田市而立田都爲齊王이라하고 大怒하야 距擊都走之하고 因留市하야 不令之膠
東한대 市이 畏羽하야 竊亡之國이어늘 榮이 怒하야 追擊殺之하다 是時에 彭越이 在鉅野하야 有衆萬餘
人호대 無所屬이라 榮이 與越將軍印하야 使擊田安殺之하고 遂幷王三齊①하고 又使越로 擊楚하야 大
破其軍하다

① 三齊는 齊나라와 濟北 그리고 膠東을 말한다.
　三齊, 謂齊及濟北膠東也.

【綱】西楚가 韓王 韓成을 죽이니 張良이 다시 漢나라로 돌아갔다.

西楚殺韓王成하니 **張良**이 **復歸漢**하다

【目】張良이 漢王을 따랐다고 하여 項王이 韓王 韓成을 폐위시키고 죽이자, 張良이 샛 길로 가서 漢나라로 돌아갔다. 장량은 병이 많아서 독립적으로 군대를 통솔하지는 못하고 책략을 세우는 신하가 되어서 항상 漢王을 따라 다녔다.

項王이 以張良이 從漢王이라하야 廢韓王成而殺之한대 良이 遂間行歸漢하다 良이 多病하야 未嘗 特將이요 嘗爲畫策臣하야 時時從漢王①하더라

　① "特將"이란 독립적으로 병사를 거느리는 것이다.
　　特將, 獨將兵也.

【綱】漢王이 韓信으로 大將을 삼고 蕭何를 남겨두어 군량을 보급하게 하였다. 8월에 돌아가 三秦을 평정하니 雍王 章邯은 맞아 싸우다 패하여 廢丘로 도망갔고, 塞王 司馬欣과 翟王 董翳는 항복하였다.

漢王이 以韓信爲大將하고 留蕭何給軍食하고 八月에 還定三秦하니 雍王邯은 迎戰하야 敗走廢丘하고 塞王欣翟王翳는 降하다

【目】처음에 淮陰 사람 韓信이 집이 가난하고 뛰어난 행실이 없어서 천거를 받아서 관리에 뽑히지 못하였다. 또 장사를 하여 생계를 꾸릴 능력도 없어 성의 아래에서 낚시를 하였는데, 빨래를 하던 아낙이 한신이 굶주리는 것을 보고는 밥을 주었다. 한신이 기뻐서 아낙에게 말하기를 "내가 반드시 크게 보답을 하리다."라고 하였다. 그러자 아낙이 화를 내며 "대장부가 스스로 벌어먹지 못하기에 내가 王孫으로 그러는 것이 불쌍하여 밥을 준 것이니 어찌 보답을 바랬겠소?"라고 하였다.

淮陰에 사는 한 젊은이가 여러 사람들이 있는 가운데서 한신에게 모욕을 주며 "네가 비록 키는 크고 칼은 잘 차고 다닌다만 속으로는 겁쟁이일 뿐이지. 능히 죽음을 두려워하지 않을 수 있다면 나를 칼로 찌르고, 죽음이 두렵거든 내 바짓가랑이 밑으로 지나가라."라고 하였다. 이에 한신이 한참을 쳐다보더니 몸을 굽혀서 가랑이 밑으로 기어 나오니 저자에 있는 모든 사람이 비웃었다.

初에 淮陰人韓信이 家貧無行하야 不得推擇爲吏①하고 又不能治生商賈하야 釣於城下러니 有漂

母見其飢而飯之[2]어늘 信이 喜曰 吾必有以重報母하리라 母怒曰 大丈夫不能自食[3]일새 吾哀王孫而進食호니 豈望報乎[4]아 淮陰少年이 或衆辱之曰[5] 若이 雖長大好帶刀劍이나 中情은 怯耳[6]라 能死어든 刺我하고 不能死어든 出我袴下하라 於是에 信이 熟視之하고 俛出袴下하니 一市皆笑[7]하더라

① ≪漢書≫〈地理志〉에 "武帝 元狩 6년(B.C. 117)
臨淮郡을 설치하고 陰縣을 귀속시켰다."고 하였
다. "無行"은 뛰어난 행실이 없다는 것이다. "推
擇"은 천거를 받아서 뽑히는 것이다.
班志 "武帝元狩六年置臨淮郡, 陰縣屬焉." 無行,
謂無善行也. 推擇, 推擧選擇也.

② 漂는 匹妙의 切이다. 물에 솜을 치대어 빠는 것
을 漂라고 한다. 飯은 扶晚의 切이니, 먹인다는
뜻이다.
漂, 匹妙切. 以水擊絮曰漂. 飯, 扶晚切, 飼之也.

③ 食(먹다)은 본음대로 읽는다.
食, 如字.

④ 王孫은 公子라는 말과 같다. 대개 존칭한 것이
다. 一說에는 "韓信이 성의 아래에서 낚시를 하
였으므로 빨래하는 아낙이 분명히 평소부터 안
면이 있었을 것이다. 한신이 크게 보답하려고
하였으니 대개 여러 차례 밥을 준 것이다. 王孫
이라고 칭하였으니 어찌 한신이 韓나라의 후예
가 아닌 줄을 알겠는가."라고 하였다.
王孫, 如言公子也. 蓋尊稱之耳. 一說 "韓信釣於城下, 漂母必素識之. 信欲重報, 蓋非一飯.
其稱王孫, 安知非韓國之後耶."

⑤ "衆辱"은 사람들 보는 가운데서 욕을 보인다는 말이다.
衆辱, 於衆中辱之.

⑥ 若은 너라는 뜻이다. 아래 "若亡"[31]의 若도 같다.
若, 汝也. 下若亡同.

⑦ 俛(구부리다)은 바로 俯자인데, 혹 음이 免이니 또한 같은 의미이다.
俛, 卽俯字, 或音免, 亦通.

淮陰侯 韓信

【目】項梁이 淮水를 건널 적에 韓信이 칼 한 자루를 차고서 그를 따랐다. 후에 또 한신은

───

31) 若亡 : 229쪽 "王 罵曰 若亡何也"의 若亡을 가리킨다.

여러 번 項羽에게 계책을 써줄 것을 요구하였으나 써주지 않았다. 그러자 도망하여 漢나라에 歸附했으나 이름이 알려지지 않았다. 어느 날 법에 걸려서 목을 베이게 되었는데 그 무리들이 모두 목이 베이고 다음 차례는 한신이었다. 한신이 고개를 드니 때마침 滕公이 앞에 있었다. 한신이 말하기를, "主上께서는 천하를 통일할 마음이 없으신 모양입니다. 어찌하여 壯士를 참수한단 말입니까?"라고 하였다. 등공이 그 말이 기특하고 그 모습이 장하여 풀어주고 참수하지 않았다. 그리고 더불어 이야기를 나누고는 왕에게 말하였지만 왕은 한신을 특별하게 여기지 않았다. 그러나 한신이 여러 번 蕭何와 이야기를 하니 소하는 한신을 뛰어난 인물로 여겼다.

及項梁이 渡淮에 信이 杖劍從之①러니 後又數以策干羽호대 不用이어늘 亡歸漢하야 未知名이러니 坐法當斬하야 其輩皆已斬하고 次至信이어늘 信이 仰視適見滕公曰② 上이 不欲就天下乎아 何爲斬壯士③오 滕公이 奇其言壯其貌하야 釋不斬④하고 與語說之하야 言於王호대 王亦未之奇也러니 信이 數與蕭何語하니 何는 奇之러라

① "杖劍"은 다만 칼 한 자루만을 차고 있고 더 이상 가진 것이 없다는 말이다.
　　杖劍, 言直帶一劍, 更無餘資.
② 滕公은 곧 夏侯嬰이다. 처음에 高祖를 따라서 滕令이 되었던 까닭에 등공이라고 부른 것이다.
　　滕公, 卽夏侯嬰. 初從高祖爲滕令, 故號滕公.
③ 上은 漢王을 말한다.
　　上, 謂漢王.
④ 釋은 풀어주는 뜻이고 놓아두는 뜻이다.
　　釋, 放也, 置也.

【目】왕이 南鄭에 이르자 장수와 사졸들이 모두 노래를 함께 부르며 고향을 그리워하여 중도에 도망하는 자들이 많았다. 韓信은, 蕭何 등이 이미 여러 번 언급하였지만 왕이 자신을 쓰지 않는다고 생각하고는 바로 달아났다. 소하가 미처 그 소식을 왕에게 알리지도 못하고 직접 한신을 뒤쫓았다. 그러자 사람들이 왕에게 승상 소하가 달아났다고 하였다. 왕이 노하여 마치 두 손을 잃은 듯하였다.

王이 至南鄭하야 將士皆歌謳思歸하야 多道亡者①러니 信이 度(탁)何等이 已數言호대 王不我用하고 卽亡去어늘 何不及以聞하야 自追之한대 人이 言於王曰 丞相何亡이라하야늘 王이 怒하야 如失左右手러니

① 謳는 많은 사람〔齊〕이 소리 내어 노래하는 것이니 齊는 많은 사람이다.
謳, 謂齊聲而歌也. 齊, 衆也.

【目】 하루 이틀이 지나서 蕭何가 돌아와 왕을 뵙자, 왕이 꾸짖으며 "네가 무슨 까닭으로 도망하였는가?"라고 하니, "제가 감히 도망을 치겠습니까? 도망한 자를 따라간 것일 뿐입니다."라고 대답하였다. 왕이 "따라간 자가 누구냐?"라고 묻자, 소하가 "韓信입니다."라고 대답하였다.

왕이 다시 꾸짖으며 "도망한 여러 장수들이 수십 명이로되 공이 따라간 경우가 없거늘 한신을 쫓아갔다고 하니 거짓말이로다."라고 하였다. 소하는 "여러 장수들은 얻기가 쉽지만 한신 같은 國士는 둘도 없습니다. 왕께서 계속하여 漢中에서 왕 노릇을 하고자 하신다면 한신을 쓸 일이 없겠지만 반드시 천하를 다투려 하신다면 한신이 아니고서

蕭何가 달밤에 韓信을 쫓다

는 족히 일을 꾸밀 만한 사람이 없습니다. 이제는 왕께서 어느 쪽으로 계책을 결정하시겠습니까."라고 하였다.

왕이 "나도 역시 동쪽으로 가고 싶을 뿐이오. 어찌 답답하게 이곳에 오래도록 있을 수 있겠소?"라고 하자, 소하는 "반드시 동쪽으로 진출할 계획이라면 한신을 등용해야 하니, 그를 제대로 등용한다면 그가 남아 있겠지만 그렇지 않으면 끝내 도망할 것입니다."라고 하였다.

"내가 공을 위하여 장수로 삼겠소."라고 하자, 소하는 "한신이 남아 있지 않을 것입니다."라고 하였다. 왕이 말하기를 "그러면 대장으로 삼겠소."라고 하자 "매우 다행입니다."라고 하였다.

居一二日에 何來謁이어늘 王이 罵曰 若亡은 何也오 曰 臣不敢亡이라 追亡者耳러이다 王曰 所追者

誰오 曰 韓信也니이다 王이 復罵曰 諸將亡者以十數로대 公無所追러니 追信은 詐也로다 何曰 諸將은 易得이어니와 如信은 國士無雙①이니 王이 必欲長王漢中인댄 無所事信②이어니와 必欲爭天下인댄 非信이면 無足與計事者니 顧王은 策安決耳③시니잇고 王曰 吾亦欲東耳니 安能鬱鬱久居此乎이리오 何曰 計必東인댄 能用信이면 信卽留어니와 不然이면 信終亡耳리이다 王曰 吾爲公하야 以爲將④호리라 何曰 信이 不留也리이다 王曰 以爲大將호리라 何曰 幸甚하이다

① 漢나라에서 國士는 겨우 韓信 한 사람이니 비교할 만한 사람이 없다는 것이다. 일설에 "국사는 나라의 뛰어난 선비이다."라고 하였다.
言漢國之士, 僅有信一人, 他無與比. 一云 "國土, 國家之奇土."
② 〈無所事信은〉 韓信을 쓸 일이 없다는 말이다.
言無事用信.
③ 顧는 생각하는 것이다.
顧, 念也.
④ 위에 "吾爲公"의 爲(위하다)는 去聲이다.
上爲, 去聲.

【目】이때 왕이 韓信을 불러서 벼슬을 내리려고 하자, 蕭何가 말했다. "왕께서 평소에 오만하여 예를 차리지 않습니다. 지금 대장에 제수하면서도 마치 아이들 부르듯 하니 이 것이 바로 한신이 떠난 이유입니다. 반드시 벼슬을 주고자 한다면 날을 잡아 재계하고 壇을 설치하여 禮를 갖추셔야만 그나마 괜찮을 것입니다." 그러자 왕이 허락하였다. 여러 장수들이 모두 기뻐하여 모두들 자기가 大將이 될 줄로 생각했는데, 막상 대장이 된 이는 한신이었다. 그러자 군대가 모두 놀랐다.

　於是에 王이 欲召信拜之어늘 何曰 王이 素慢無禮하사 今拜大將을 如呼小兒하시니 此信之所以去也니 必欲拜之인댄 擇日齋戒하고 設壇具禮라야 乃可耳①니이다 王이 許之하니 諸將이 皆喜하야 人人自以爲得大將이러니 至拜하얀 乃韓信也라 一軍이 皆驚하더라

① 흙을 쌓아서 높이 올린 것을 壇이라고 한다.
築土而高曰壇.

【目】예를 마치고 자리에 오르자 왕이 말했다. "승상이 자주 장군에 대하여 이야기하였소. 장군은 무엇을 가지고 과인을 가르쳐주시겠소." 한신이 사례를 한 후 이어서 말하였다. "대왕께서는 스스로 생각해보실 때 용맹함, 사나움, 인자함, 강대함이 項王과 비

교하여 누가 낫다고 생각하십니까?" 왕이 묵묵히 한참을 있다가 "그만 못하오."라고 하였다.

禮畢上坐①어늘 王曰 丞相이 數言將軍하니 將軍이 何以敎寡人乎아 信이 辭謝하고 因曰 大王이 自料勇悍仁彊이 孰與項王②이니잇고 王이 默然良久曰 不如也로라

① 上(오르다)은 時掌의 切이고, 坐(자리)는 徂臥의 切이다.
  上, 時掌切. 坐, 徂臥切.
② 料는 헤아려보는 것이다.
  料, 量也.

【目】韓信이 두 번 절하여 경하를 드리고 말하기를 "저도 대왕께서 項王(項羽)만 못하다고 생각합니다. 그러나 제가 일찍이 항왕을 섬겨보았으니 청컨대 항왕의 사람됨에 대하여 말씀드리겠습니다. 항왕이 큰소리로 호통을 치면 천 사람이 모두 기가 꺾여 엎어지지만 현명한 장수에게 책임을 맡기지 못하니 이는 匹夫의 용맹입니다. 사람에게 자애롭고 말씨는 따뜻하지만 功을 세워 封爵해야 할 사람이 있게 되면 印章이 닳도록 만지작거리며 차마 선뜻 내어주지 못하니 이는 아녀자의 인자함입니다. 비록 천하를 제패하였으나 關中에 머물지 않고 彭城에 도읍하였으며, 약속을 어기고서 가깝고 사랑하는 정도에 따라 제후를 왕으로 봉하여 공평하지 않았고, 義帝를 江南으로 내쫓았으며, 지나가는 곳마다 죽이고 파괴하여 백성이 친히 여겨 따르지 않습니다. 비록 이름은 霸主이지만 실상은 천하의 인심을 잃었으니, 따라서 그 강대함은 약해지기 쉬운 것입니다.

信이 再拜賀曰 惟信도 亦以爲大王이 不如也라하노이다 然臣이 嘗事項王하니 請言項王之爲人也호리이다 項王이 暗噁叱咤에 千人이 皆廢하나 然不能任屬賢將하니 此는 匹夫之勇耳①요 見人慈愛하야 言語嘔嘔하나 至人有功當封爵者하야는 印刓敝호대 忍不能予하니 此는 婦人之仁也②요 雖霸天下나 不居關中하고 而都彭城하며 背約而以親愛로 王諸侯不平③하고 逐義帝置江南하고 所過殘滅하야 民不親附하니 名雖爲霸나 實失天下心이라 故其彊이 易弱이니

① 暗(머금다)은 於金의 切과 於鶴의 切이다. 噁(미워하다)는 烏故의 切이다. "暗噁(음오)"는 마음속에 화가 가득한 것이다. 咤(꾸짖다)는 竹駕의 切이니 혹은 吒라고 쓰인다. "叱咤"는 겉으로 화내는 소리이다. 廢는 엎어진다는 뜻이다.
  暗, 於金·於鶴二切. 噁, 烏故切. 暗噁, 懷怒氣也. 咤, 竹駕切. 或作吒. 叱咤, 發怒聲也. 廢, 偃也.
② 嘔는 음이 吁이니 기껍게 하는 말이다. 刓은 烏丸의 切이니 닳아서 깨진다는 뜻이다. 敝는

닳아서 해진다는 뜻이다. 봉작해주는 인장을 이미 새겨두었으나 모서리가 닳도록 만지작
거리며 차마 주지 못하는 것이다.

嘔, 音吁, 悅言也. 刓, 烏丸切, 訛缺也. 敝, 刓敝也. 言封爵之印, 雖已刻而手弄角訛, 不忍
授也.

③ "以親愛王諸侯(친애함으로써 제후를 왕으로 삼았다.)"는 자기와 가깝고 자기가 사랑하는 사람
을 모두 왕에 봉했다는 말이다.

以親愛王諸侯, 言以所親所愛者, 皆封王.

【目】이제 대왕께서 진실로 능히 그가 한 방법과 반대로 하시어, 천하에 용맹한 자들에
게 맡긴다면 누구라도 주벌할 수 있고, 천하의 城邑을 가지고 功臣을 봉해주면 누구라
도 굴복시킬 수 있으며, 의로운 병사로서 고향으로 돌아가려는 군사를 따른다면 누구라
도 흩어버릴 수 있을 것입니다[32]. 또 三秦의 왕[33]이 秦나라의 자제들을 거느린 지 수
년 만에 죽거나 도망한 자가 이루 다 헤아릴 수 없고, 또 그 무리를 속여서 제후에게 항
복하였으며, 급기야는 項王이 秦나라 사졸을 생매장하여 죽일 때 오직 이 세 사람만 벗
어날 수 있었으니, 秦나라의 부형들이 원망해서 원통함이 골수에 사무쳤습니다. 그런데
도 楚나라(항우)는 억지로 위세에 의지하여 세 사람을 왕으로 삼았고, 대왕께서는 關中
에 들어가시어 털끝만큼도 해악을 끼치지 않고 秦나라의 가혹한 법률을 없애버렸습니
다. 제후들과의 약속에 있어서도 또 마땅히 關中의 왕이 되어야 하는데 직책을 잃고 漢
中으로 들어가셨으니 秦나라 백성이 한탄하지 않는 사람이 없습니다. 이제 거병하여 동
쪽으로 향하시면 三秦은 檄文만 전해도 평정될 것입니다."라고 하였다. 왕이 크게 기뻐
하여 스스로 韓信을 얻은 것이 너무 늦었다고 생각하였다.

今大王이 誠能反其道하사 任天下武勇하시면 何所不誅며 以天下城邑으로 封功臣하시면 何所不
服이며 以義兵으로 從思東歸之士하시면 何所不散①이리오 且三秦王이 將秦子弟數歲에 所殺亡이 不

---

32) 의로운……것입니다 : 의로운 병사라는 것은 백성에게 잔학하게 하는 楚나라 項羽의 병사에 대
하여 백성을 위무하는 漢나라 劉邦의 병사를 말한다. 유방의 병사는 모두 동쪽에서 서쪽인 巴蜀
지방으로 온 병사들이므로 고향이 있는 동쪽으로 돌아가고 싶어 하니, 만약 유방이 동쪽으로 진
출한다면 의로운 병사들이 고향을 수복하는 것이니, 어떤 적이 이들을 당하겠느냐는 말이다.

33) 三秦의 왕 : 三秦이란, 곧 秦나라의 수도인 咸陽의 외곽 지역으로서 雍, 塞, 翟을 말한다. 雍王은
章邯으로서 함양의 서쪽 지방을 다스렸다. 塞王은 司馬欣으로서 함양의 동쪽 지방을 다스렸다.
翟王은 董翳로서 함양의 북쪽 지방을 다스렸다. 본래 장함은 秦나라 장수였고, 사마흔은 長史,
동예는 都尉였는데 이들은 秦나라 병사들을 속여서 項羽에게 항복하였다. 그런데 이들이 거느리
고 있던 秦나라 병사들이 혹시 배반할지도 모른다는 생각에 항우는 新安에 秦나라 병사 20여 만
명을 생매장하여 죽이고, 장함을 비롯한 세 명만 살려서 함께 函谷關으로 공격해 들어갔다.

可勝計요 又欺其衆降諸侯라가 及項王이 阬秦卒에 唯此三人이 得脫하니 秦父兄이 怨之하야 痛入骨髓어늘 而楚彊以威王之②하고 大王은 入關하사 秋毫無所害하며 除秦苛法하시고 於諸侯之約에 又當王關中이어늘 而失職入漢中하시니 秦民이 無不恨者니 今擧而東하시면 三秦을 可傳檄而定也③리이다 王이 大喜하야 自以爲得信晩이라하야

① 동쪽으로 돌아가려는 병사를 사용하여 동쪽의 적을 공격하니, 이는 적이 흩어져 패배하지 않음이 없는 것이다. 一說에 "흩어진다는 것은 사방으로 흩어져서 각각 공을 세운다는 뜻이다."고 하였다.

用東歸之兵, 擊東方之敵, 此敵無不散敗也. 一說 "散, 謂四散而立功也."

② 彊(강요하다)은 其兩의 切이다.

彊, 其兩切.

③ 檄은 胡歷의 切이니, 木簡에 글을 쓴 것인데 길이는 한 자 두 치이다. 이것으로 사람들을 불러 모으는 것이다. 화급하면 새의 깃털을 꽂으니 상황이 급박하다는 것을 표시하는 것이다. "可傳檄而定(檄文만 전해도 평정이 된다.)"은 족히 군사를 쓸 것도 없다는 말이다.

檄, 胡歷切. 以木簡爲書, 長尺二寸, 用徵召也. 有急則加以鳥羽揷之, 所以示急疾也. 可傳檄而定, 言不足用兵也.

【目】 드디어 장군들의 부대를 나누고 부서를 배정하고는, 소하를 남겨두어 巴蜀의 조세를 걷어서 군량을 보급하게 하였다. 8월에 故道를 통하여 동쪽으로 나왔는데 章邯이 맞아 싸우다 廢丘로 패퇴하고 왕이 咸陽에 이르니 司馬欣과 董翳가 모두 항복하였다.

張良이 項王에게 편지를 보내어 "漢王이 〈마땅히 얻어야 할〉 직책을 잃어서 약속대로 關中을 얻고자 합니다. 얻으면 즉시 그쳐서 감히 동쪽으로 나가지 않을 것입니다."라고 하였다. 또 齊와 梁 지역이 배반했다는 내용[34]의 편지를 보내니 項羽가 이 때문에 서쪽으로 진출할 뜻을 버리고 북쪽으로 齊나라를 공격하였다.

遂部署諸將①하고 留蕭何하야 收巴蜀租하야 給軍糧食하고 八月에 從故道出②한대 章邯은 迎戰하야 敗走廢丘하고 王이 至咸陽하니 欣翳는 皆降하다 張良이 遺項王書曰 漢王이 失職하야 欲得關中如約이요 卽止不敢東이라하고 又以齊梁反書로 遺之하니 羽以故로 無西意而北擊齊하니라

① "部署"는 부대를 편성하고 관서를 설치한 것이다.

部署, 部分而署置之.

② 행군할 때 먹는 식량을 糧이라 하니 말린 밥이다. 주둔할 때 먹는 식량을 食이라 하니 쌀을

---

34) 齊와……내용 : 齊는 齊나라를 말하는데 田榮이 왕이고, 梁은 大梁으로 당시 彭越이 齊나라의 지원을 받아 이 지역을 공략하였다.

말한다. ≪漢書≫〈地理志〉에 "故道縣은 武都郡에 속한다."고 하였다.

行道曰糧, 謂糒也. 止(月)〔居〕35)日食, 謂米也. 班志 "故道縣屬武都郡."

【綱】西楚가 鄭昌을 세워서 韓王으로 삼았다.

西楚立鄭昌爲韓王하다

【綱】燕王 臧荼(장도)가 遼東王 韓廣을 시해하였다.

❶燕王荼弑遼東王廣하다

【綱】王陵이 군사를 이끌고 漢나라에 귀속하였다.

❶王陵이 以兵屬漢하다

【目】王陵은 沛縣 사람이니 패거리를 모아서 南陽에 머물고 있었는데, 이때에 이르러 비로소 漢나라에 귀속하니 楚나라가 그 어미를 잡고서 불러들이려고 하였다. 그 어미가 사자를 통하여 왕릉에게 이야기하기를 "漢王은 長者이다. 마침내 천하를 얻을 것이니 나 때문에 두 마음을 갖지 말도록 하라."라고 하고 마침내 칼에 엎어져서 스스로 죽었다.

陵은 沛人이니 聚黨居南陽이러니 至是하야 始以屬漢하니 楚執其母하야 欲以招之어늘 其母因使者語陵曰 漢王은 長者라 終得天下니 無以我故로 持二心하라하고 遂伏劍而死하다

丙申年(B.C. 205)

西楚霸王 2년, 漢王 2년이다. 이해에 楚36), 常山, 河南, 韓, 殷, 雍, 魏 등 일곱 나라가 모두 망하니, 무릇 두 대국과 代, 九江, 衡山, 臨江, 燕, 齊 등 여섯 小國을 합하여 여덟 나라이다. 또 趙王 趙歇은 後元年37)이고, 代王 陳餘, 韓王 韓信은 모두 원년이며,

---

35) (月)〔居〕: 저본에는 '月'로 되어 있으나, ≪周禮注疏≫에 근거하여 '居'로 바로잡았다.

36) 楚 : 楚 懷王의 楚나라이다.

37) 後元年 : 張耳를 세워서 常山王으로 삼고 趙나라 지역을 다스리게 하였는데, 이때 陳餘가 상산왕 장이를 습격하자 장이가 도망갔기 때문에 다시 代王 趙歇을 趙王으로 삼았다. 그래서 後元年이라

齊王 田假과 齊王 田廣이 연이어 서니 열두 나라가 정해졌다.

西楚二年은 漢二年이라 ◑是歲에 楚常山河南韓殷雍魏七國皆亡하니 凡二大國及代九江衡山臨江燕齊六小國爲八國이라 又趙王歇後元이요 代王陳餘와 韓王信皆元年이요 而齊王假王廣代立하니 定十二國이라

【綱】 겨울 10월에 西楚霸王 項籍이 揚子江에서 義帝를 시해하였다.

冬十月에 西楚霸王項籍이 弑義帝於江中하다

【目】 項籍이 사람을 시켜서 義帝의 행차를 재촉하니 의제의 대신들이 하나둘씩 배반하였다. 그러자 항적이 몰래 吳芮, 黥布(英布), 共敖를 시켜서 揚子江 가운데에서 의제를 쳐서 죽이게 하였다.

項籍이 使人趣(촉)義帝行①하니 其大臣이 稍稍叛之어늘 籍이 乃密使吳芮黥布共敖로 擊殺之江中하다

① 趣(재촉하다)은 促으로 읽는다.
　趣, 讀曰促.

【綱】 陳餘가 齊나라 병사를 가지고 常山을 습격하니 상산왕 張耳가 漢나라로 도망갔다. 代王 趙歇이 다시 趙王이 되자, 진여를 세워서 代王으로 삼았다.

陳餘以齊兵으로 襲常山하니 王耳走漢이어늘 代王歇이 復爲趙王하야 立餘爲代王하다

【目】 처음에 田榮이 자주 項梁을 배반하고 또 楚나라가 秦나라를 칠 때에 따라가지 않았기 때문에 왕에 봉하지 않았고, 陳餘는 項羽를 따라서 함곡관으로 들어가지 않았으므로 역시 왕에 봉하지 않았다. 항우의 빈객 중에 어떤 이가 항우를 설득하기를 "張耳와 陳餘는 한 몸입니다. 지금 장이가 왕이니 진여를 봉하지 않아서는 안 됩니다."라고 하였다.

그러자 項羽가 부득이하여 3개의 縣을 봉해주니, 진여가 노하여 사람을 시켜서 齊王 田榮을 설득하기를 "항우가 천하를 다스리는 것이 공정하지 않습니다. 자신의 여러 장수들은 모조리 좋은 땅에 왕 노릇 하게 해주고, 옛날 왕들은 나쁜 땅으로 옮겼습니다.

고 한 것이다.

원컨대 대왕께서는 남은 병사를 제게 내어주십시오. 常山을 공격하여 趙王을 복위시켜 놓겠습니다."라고 하였다. 齊王이 허락하여 함께 상산을 공격하니, 장이가 漢나라로 도망갔다.

　진여가 代王 趙歇을 맞아서 다시 趙王이 되게 하자, 조헐이 진여를 세워서 代王으로 삼으니, 진여는 남아서 趙王의 師傅가 되었으며 夏說(하열)을 시켜서 代를 지키도록 하였다.

　初에 田榮이 數(삭)負項梁하고 又不從楚擊秦이라 以故不封하고 陳餘不從入關이라 亦不封이러니 客이 或說羽曰 張耳陳餘는 一體라 今耳王하니 餘不可不封이니라 羽不得已하야 封之三縣하니 餘怒하야 使人說齊王榮曰 項羽爲天下宰不平하야 盡王諸將善地하고 徙故王於醜地하니 願大王은 資餘兵하라 擊常山復趙王호리라 齊王이 許之하야 共襲常山하니 耳亡走漢이어늘 餘迎代王歇하야 復王趙한대 歇이 立餘爲代王하니 餘는 留傅趙王而使夏說로 守代하다

【綱】 漢王이 陝縣으로 가서 함곡관 밖의 부로들이 편안히 살도록 어루만지고 위로하였다.

　漢王이 如陝하야 鎭撫關外父老하다

【綱】 河南王 申陽과 韓王 鄭昌이 漢나라에 항복하였다.

　◑河南王陽 韓王昌이 降漢하다

【綱】 11월에 漢나라가 韓王의 손자인 韓信을 세워서 韓王으로 삼았다.

　◑十一月에 漢이 立韓王孫信하야 爲韓王①하다

　① "韓王孫"은 《資治通鑑》에 '韓襄王孫(韓나라 襄王의 손자)'로 되어 있다.
　　韓王孫, 通鑑作韓襄王孫.

【綱】 漢王이 돌아와서 櫟陽(역양)에 도읍을 정하였다.

　◑漢王이 還都櫟陽①하다

　① 대개 陝縣에서 돌아온 것이다.
　　蓋自陝而還

【綱】봄 정월에 楚나라가 齊나라를 치니 齊王 田榮이 패하여 도망가다 죽거늘, 楚나라가 다시 田假를 세워서 齊王으로 삼았다.

❶春正月에 楚擊齊하니 王榮이 敗走死어늘 楚復立田假爲齊王하다

【目】項羽가 지나가는 곳마다 성곽과 가옥을 불태워 평지로 만들고, 항복한 병졸을 생매장하였으며 늙은이와 어린이 그리고 부녀자들은 포로로 잡아들여서 잔학한 짓을 많이 하니 齊나라 백성들이 떼를 지어 반기를 들었다.

項羽所過에 燒夷城郭室屋하고 阬其降卒하고 係虜老弱婦女하야 多所殘滅하니 齊民이 相聚叛之하더라

【綱】3월에 漢王이 黃河를 건넜는데 魏王 魏豹가 항복하거늘 殷王 司馬卬을 포로로 잡고 陳平을 護軍中尉[38]로 삼았다.

三月에 漢王이 渡河한대 魏王豹降이어늘 虜殷王卬하고 以陳平爲護軍中尉하다

陳平

【目】陽武 사람 陳平은 집이 가난한데도 책 읽기를 좋아하였다. 마을의 社[39]에서 진평이 宰[40]가 되어서 고기를 나누는데 매우 균등하게 하였다. 그러자 마을의 부로들이 감탄하여 "참으로 잘하네. 陳氏네 젊은이 宰 노릇이여!"라고 하였다. 그러자 진평이 말하기를 "아아, 만약 내가 천하의 宰가 된다면 또한 이 고기를 나누는 것처럼 공평하게 할 것이다."라고 하였다.

---

38) 護軍中尉 : 秦漢代 임시로 설치한 관직으로서 護軍中尉, 혹은 護軍徒尉라고 하였다. 각 장령 사이의 관계를 감찰하고 조절하는 역할을 맡았다.

39) 社 : 토지신에 제사를 지내는 사당을 말한다.

40) 宰 : 제사를 지낸 후에 고기를 분배하는 것을 말한다. 가장 중요한 일 중에 하나였으므로 후에 총재 재상과 같이 가장 중요한 관직을 일컫게 되었다.

陽武人陳平이 家貧好讀書러니 里中社에 平이 爲宰하야 分肉食을 甚均①하니 父老曰 善타 陳孺子之爲宰여 平이 曰 嗟乎라 使平得宰天下인댄 亦如是肉矣로리라

① 동네의 이름은 庫上이다. 周나라 제도에 大夫가 자기 겨레와 함께 사는데 100가구 이상이면 한 개의 社를 설립하도록 되어 있었다. 秦漢 이래로 大夫가 아니더라도 백성이 25가구 이상이면 社를 설립할 수 있었다. 宰는 고기 자르는 것을 주관하는 것이다.
其里名庫上. 周制, 大夫與民族居, 百家以上, 則其立一社. 秦漢以來, 雖非大夫, 民二十五家以上, 則得立社. 宰, 主切割肉.

【目】 陳平이 魏王 魏咎를 섬겨서 太僕이 되었는데 그의 말을 듣지 않자 魏나라를 떠나 項羽를 섬겼다. 殷王이 배반하자 항우가 진평을 시켜 쳐서 항복하도록 하였는데, 진평이 돌아오자 都尉에 제수하고 金 20鎰을 하사하였다. 그런데 얼마 안 있어 漢나라가 殷나라를 함락시키자 항우가 노하여 殷나라를 평정하였던 군관들을 주살하려고 하였다. 진평이 두려워하여 곧바로 하사받은 금과 인장을 봉인하여 사자를 시켜서 항우에게 돌려보내고, 자신은 몸을 빼어 칼 한 자루에 의지하여 사잇길로 가서 漢나라에 귀순하고 魏無知를 통하여 왕을 뵙기를 구하였다.

事魏王咎하야 爲太僕①이러니 不用이어늘 去事項羽어니 殷王이 反에 羽使平擊降之하니 還拜都尉하고 賜金二十鎰이러니 及漢下殷에 羽怒하야 將誅定殷將吏한대 平이 懼하야 乃封其金與印하야 使使歸羽하고 乃挺身仗劍하야 間行歸漢②하야 因魏無知求見王한대

① ≪漢書≫ 〈百官表〉에 "太僕은 秦나라의 관직으로서 輿馬를 관장한다."고 하였다.
班表 "太僕, 秦官, 掌輿馬."
② 挺은 待鼎의 切이니 빼어낸다는 뜻이다.
挺, 待鼎切, 拔也.

【目】 漢王이 陳平과 더불어 이야기해보고 기뻐하여, "楚나라에서 무슨 관직에 있었는가?"라고 물으니, 진평이 "都尉였습니다."라고 하니, 즉시 도위에 제수하여 參乘[41]을 시키고 軍을 監護하는 일을 관장하게 하였다. 그러자 여러 장수들이 모두들 시끄럽게 떠들며 불평하자, 왕이 그것을 듣고는 더욱 진평을 후대하였다.

與語說之하야 問居楚何官고 曰爲都尉러니이다 卽拜都尉하야 使參乘典護軍하니 諸將이 盡讙①이어늘 王이 聞之하고 益厚平하더라

---

41) 參乘 : 임금의 수레에 함께 타서 임금을 모시는 직책이다.

① 典은 맡는다는 뜻이며, 護는 감독하고 거느린다는 뜻이다. 譁은 음이 喧인데 시끄럽게 떠들며 승복하지 않는 소리이다.

典, 掌也. 護, 監領也. 譁, 音喧, 譁然不服之聲.

【目】周勃 등이 왕에게 말하기를 "陳平이 비록 잘생겼지만 관에 붙이는 옥처럼 겉만 번지르르하니 속은 분명히 비었을 것입니다. 집에 있을 때 형수와 사통한 일이 있으며 지금 護軍이 되어서는 여러 장수들로부터 금을 많이 받으니 진평은 반복무상한 난신입니다. 원컨대 왕께서는 살펴보시기 바랍니다."라고 하였다.

周勃等이 言於王曰 陳平이 雖美①나 如冠玉하니 其中은 未必有也②라 居家時에 嘗盜其嫂③하고 今爲護軍하야 多受諸將金하나니 平은 反覆亂臣也라 願王은 察之하소서

① 여기서 句를 뗀다.
句.
② "冠玉"은 관을 꾸미는 옥인데 광채의 아름다움이 겉으로 드러나지만 속에 아무 것도 없다는 것이다.
冠玉, 飾冠以玉, 光好外見, 中無所有也.
③ 盜는 사통과 같은 뜻이다.
盜, 猶私也.

【目】왕이 魏無知를 불러서 나무라니, 위무지가 말하기를 "신이 말씀드린 바는 그의 능력이었고, 왕께서 말씀하시는 바는 그의 행실입니다. 지금 尾生이나 孝己 같은 훌륭한 행실이 있더라도 승부를 겨루는 데 보탬이 없다면, 왕께서는 어느 겨를에 그들을 쓰겠습니까?"라고 하였다.

왕이 陳平을 불러 나무라기를 "선생이 魏나라를 섬겼으나 맞지 않았고, 楚나라를 섬겼으나 도망하여 지금 또 나에게 와서 벼슬하니 신의가 있는 사람도 진실로 여러 마음을 가집니까[42]?"라고 하였다.

陳平이 말하기를 "魏王은 저를 쓸 만한 능력이 없었던 까닭에 떠났고, 項王은 능히 사람을

---

42) 신의가……가집니까 : 춘추시대 齊나라 晏嬰이 靈公과 莊公과 景公을 각각 섬긴 것을 두고, 梁丘據가 "어진 사람은 원래 이렇게 마음이 많은 것인가.[仁人固多心乎]"라고 묻자, 안영이 "하나의 마음으로는 100명의 군주를 섬길 수 있고, 100개의 마음으로는 한 명의 군주도 섬길 수가 없다.〔一心可以事百君 百心不可以事一君〕"라고 대답한 내용이 漢나라 孔鮒가 지은 ≪孔叢子≫〈詰墨〉에 나온다. 漢 高祖(劉邦)의 말은, 신의가 있는 사람이라면 의당 한 명의 군주만을 섬겼어야 하는데 여러 군주를 바꾼 것은 신의가 없는 것이며, 따라서 진평에게 신의가 없다고 힐문한 것이다.

믿지 못하여 맡기고 사랑하는 바가 여러 項氏가 아니면 바로 처의 형제들입니다. 저는 漢王
께서 능히 사람을 쓸 줄 안다는 말을 들었기에 와서 귀순한 것입니다. 그러나 맨몸으로 왔
으니 금을 받지 않으면 살아갈 수가 없었습니다. 진실로 저의 계책이 채용할 만하면 원컨
대 대왕께서는 저를 쓰시고, 쓸 만하지 않다면 금이 모두 그대로 있습니다. 청컨대 봉인하
여 관으로 돌려보내고, 해골이나마 거두어갈 수 있도록 해주시기 바랍니다.”라고 하였다.

　왕이 곧바로 진평에게 사과하고 후하게 물자를 내렸으며, 護軍中尉에 제수하여 여러
장수들을 모두 감독하게 하니, 여러 장수들이 감히 더 이상 말을 하지 못하였다.

　王이 召讓魏無知한대 無知曰 臣所言者는 能也요 王所問者는 行也니 今有尾生孝己之行이라도
而無益勝負之數면 王이 何暇用之乎①잇가 王이 召讓平曰 先生이 事魏不中하고 事楚而去②하야 今
又從吾游하니 信者도 固多心乎아 平이 曰 魏王은 不能用臣이라 故去하고 項王은 不能信人하야 所
任愛非諸項이면 卽妻之兄弟③라 臣이 聞漢王이 能用人하고 故來歸나 然躶身來하니 不受金이면 無
以爲資④라 誠臣畫計有可采者인댄 願大王은 用之하시고 使無可用者인댄 金具在하니 請封輸官하고
得乞骸骨⑤하야지이다 王이 乃謝平厚賜之하고 拜護軍中尉하야 盡護諸將하니 諸將乃不敢復言하더라

① 尾生이 여자와 다리 아래서 만나기로 약속했으나 여자가 오지 않고 물이 부는데도 떠나지
　 않고 다리의 기둥을 껴안고 있다고 죽었다. 孝己는 殷나라 高宗의 아들인데 孝行으로 유명
　 한 사람이다.
　 尾生, 與女子期於梁下, 女子不來, 水至不去, 抱梁柱而死. 孝己, 殷高宗之子, 以孝行著.
② 中(맞다)은 去聲이다.
　 中, 去聲.
③ “所任愛(맡기고 사랑하는 바)”는 관직을 맡기고 친애하는 대상을 말한다.
　 所任愛, 謂所任用親愛者.
④ 躶는 郞果의 切이니 벌거숭이란 뜻이다. 陳平이 도망하여 黃河를 건너는데, 사공이 미끈
　 하게 생긴 남자가 혼자서 가는 것을 보고는, 도망가는 장군이니 허리춤에 당연히 금은보
　 화가 있을 것이라고 의심하여 진평을 注視하다가 죽이려고 하였다. 진평이 두려워서 즉시
　 옷을 벗어버리고 노 젓는 것을 도왔다. 그러자 사공이 가진 것이 없다는 것을 알고는 그
　 만두었다.
　 躶, 郞果切, 赤體也. 平亡渡河, 船人見美丈夫獨行, 疑其亡將, 腰下當有寶器金玉, 目之, 欲
　 殺平. 平恐, 乃解衣羸而佐刺船. 船人知其無有, 乃止.
⑤ 신하는 자신의 몸을 맡겨서 임금을 섬기니 내 몸이 내 것이 아니다. 따라서 벼슬에서 물러
　 나는 것을 해골을 구걸한다고 말하는 것이다.
　 人臣委身以事君, 身非我有, 故於其乞退也, 謂之乞骸骨.

【綱】漢王이 洛陽에 이르러 義帝를 위하여 發喪하고 제후에게 고하여 項籍을 토벌하였다.

　　漢王이 至洛陽하야 爲義帝發喪하고 告諸侯討項籍하다

【目】漢王이 洛陽의 新城에 이르니, 三老인 董公이 길을 막고 유세하기를 "덕을 따르는 자는 흥하고 덕을 거스르는 자는 망하나니, 군사를 출정시키는 데 명분이 없다면 그것 때문에 일이 성공하지 못합니다. 그러므로 '그가 역적이 된 이유를 명확하게 해야만 적들을 승복시킬 수 있다.'라고 한 것입니다. 項羽가 무도해서 그 군주를 내쫓아 시해하였으니 천하의 역적입니다. 무릇 어진 사람은 武勇을 쓰지 않고 의로운 사람은 武力을 쓰지 않으니, 대왕이 마땅히 三軍을 인솔하여 義帝를 위하여 素服을 입고 제후에게 알려서 정벌하면 온 세상에 대왕의 덕을 우러르지 않을 사람이 없을 것입니다. 이것은 바로 三王의 義擧입니다."라고 하였다.

　　漢王이 至洛陽新城하니 三老董公이 遮說(세)曰① 順德者는 昌하고 逆德者는 亡하나니 兵出無名이면 事故不成②이라 故로 曰 明其爲賊이라야 敵乃可服이라하니 項羽無道하야 放殺其主하니 天下之賊也③라 夫仁不以勇이요 義不以力④하나니 大王이 宜率三軍하야 爲之素服하고 以告諸侯而伐之면 則 四海之內에 莫不仰德하리니 此는 三王之擧也니라

> ① 秦나라 제도에 10亭이 1鄕이며 향에는 三老가 있어서 교화를 담당하였다. 董公은 秦나라 때의 은자인데 그 이름은 알 수 없다. 說는 음이 稅이니, 길을 막고 스스로 말하는 것을 遮說라고 한다.
> 　秦制, 十亭一鄕, 鄕有三老, 掌敎化. 董公, 秦世隱士, 其名未詳. 說, 音稅. 橫道自言曰遮說.
> ② 명분이라는 것은 죄 있는 자를 정벌하는 것이다.
> 　名者, 伐有罪.
> ③ 放이란 義帝를 郴縣으로 옮긴 것이고, 殺이란 義帝를 揚子江 가운데서 죽인 것이다.
> 　放, 謂遷義帝於郴. 殺, 謂殺之江中.
> ④ 以는 쓴다는 뜻이다. 내게 仁愛가 있으면 천하가 나에게 돌아오니 武勇을 쓰지 않아도 천하가 스스로 복종하고, 내게 의리가 있으면 천하가 나를 받드니 무력을 쓰지 않아도 천하가 저절로 평정이 된다.
> 　以, 用也. 己有仁, 天下歸之, 可不用勇而天下自服. 己有義, 天下奉之, 可不用力而天下自定.

【目】이에 漢王이 發喪하여 모두 3일 동안 애통하게 곡을 한 후에 제후들에게 고하기를

"천하가 함께 義帝를 옹립하여 北面하여 섬겼는데 이제 項羽가 시해하였으니 대역무도한 일이다. 이에 과인이 關中의 병사를 모두 일으키고 三河의 사졸을 전부 거두어서 제후들과 왕들을 따라 楚나라에서 의제를 시해한 자를 치고자 하노라."라고 하였다.

於是에 漢王이 發喪하야 哀臨三日①하고 告諸侯曰 天下共立義帝하야 北面事之러니 今項羽弒之하니 大逆無道라 寡人이 悉發關中兵하며 收三河士②하야 願從諸侯王하야 擊楚之殺義帝者③하노라

① 臨은 去聲이다. 여럿이 모여서 곡하는 것을 臨이라고 한다.
　臨, 去聲. 衆哭曰臨.
② 三河는 河南, 河東, 河內를 말한다.
　三河, 謂河南·河東·河內也.
③ 諸侯王이란 제후와 왕을 말한다.
　諸侯王, 謂諸侯及王也.

【目】胡氏가 다음과 같이 평하였다.

"천하가 秦나라에게 고통을 당하다가 제후가 함께 일어났으니 그 군사를 일으킨 명분으로 무도한 秦나라를 주멸한다고 한 것은 문제가 없다. 그러나 지금 秦나라가 이미 멸망하였고 제후들은 각각 나누어진 땅을 가졌는데, 漢나라가 또 병사를 일으켰으니 비록 項羽가 정사를 공평하게 하지 않았다고는 하지만, 돌아보건대 또한 자신의 사사로운 분노를 풀려고 한 것일 뿐이요 의로운 군대는 아니었다. 그런데 董公이 진언하여 漢王이 크게 發喪하고 애도한 뒤에야, 임금을 시해한 항우의 죄가 천지간에 용납될 곳이 없어서 천하가 한왕에게 돌아온 것임을 앉아서도 미루어 알 수 있게 되었다. 따라서 隨何가 이 의리를 가지고 설득하여 九江(英布)을 항복시켰고, 酈生이 이 의리를 가지고 설득하여 齊나라 전체를 항복시켰다. 이에 楚나라 사람들이 배후에는 의지할 곳이 없고 자신의 오른팔이 잘렸으니, 아무리 망하지 않으려고 한들 망하지 않을 수가 있겠는가."

胡氏曰 天下苦秦하야 諸侯竝起하니 名其師者曰 誅無道秦이 可矣러니 今秦이 已滅에 諸侯各有分地어늘 而漢이 又起兵하니 雖曰 項羽爲政不平이나 顧亦伸己私忿耳요 非義兵也①러니 及董公이 獻言하야 漢王이 大臨然後에 項羽弒君之罪 無所容於天地之間 而天下歸於漢王을 可坐而策矣라 故隨何陳此義而下九江하고 酈生이 陳此義而下全齊하니 於是에 楚人이 背無所倚하고 右斷其臂하니 雖欲不亡이나 不可得矣니라

① 分(부분)은 扶問의 切이다.
　分, 扶問切.

【綱】여름 4월에 齊王 田榮의 동생 田橫이 전영의 아들 田廣을 세워서 왕으로 삼고 왕 田假를 공격하여 패주시켰다.

　夏四月에 齊王榮弟橫이 立榮子廣爲王하고 擊王假走之하다

【綱】漢王이 다섯 제후의 군사를 거느리고 楚나라를 정벌하여 彭城으로 들어 갔는데, 項籍이 도리어 漢나라의 군사를 격파하고 漢나라의 太公과 呂后를 잡아서 돌아왔다.

　◖漢王이 率五諸侯兵하야 伐楚入彭城이러니 項籍이 還破漢軍하고 以漢太公呂后歸하다

【目】項羽가 비록 漢나라가 동쪽으로 진출한다는 소식을 들었지만, 齊나라를 깨뜨리고 나서 漢나라를 치려고 하였다. 이 때문에 漢王이 다섯 제후의 군사 모두 56만 명을 거느리고 楚나라를 정벌할 수 있었다. 彭越은 魏나라 땅을 수복하여 10여 성을 얻었는데 이때에 이르러 그 병사 3만 명을 데리고 漢나라에 귀부하여 魏나라에 후손을 세워줄 것을 청하자, 한왕이 말하기를, "西魏王 魏豹가 진정한 魏나라의 후손이다."라고 하고, 팽월을 魏나라 相國으로 삼아서 그 병사를 거느리고 大梁의 땅을 빼앗도록 하였다. 한왕이 드디어 彭城으로 들어가서 보화와 미녀를 거두어들이고 날마다 성대한 주연을 베풀 었다.

　項羽雖聞漢東이나 欲遂破齊而後擊漢이라 以故漢王이 得率五諸侯兵凡五十六萬人하야 伐楚①하고 彭越은 收魏地得十餘城②이러니 至是將其兵三萬人歸漢하야 請立魏後어늘 漢王曰 西魏王豹는 眞魏後라하고 乃以彭越로 爲魏相國하야 將其兵略梁地하고 遂入彭城하야 收其貨寶美人하야 日置酒高會러니

　① 다섯 제후는 常山王 張耳, 河南王 申陽, 韓王 鄭昌, 魏王 魏豹, 殷王 司馬卬인데, 一說에 "張 耳는 쥐새끼처럼 도망쳐왔는데 어찌 군사를 가질 수 있었겠는가? 대개 陳餘가 다섯 제후 중의 하나이다."라고 하였다.
　　五諸侯, 謂常山王張耳, 河南王申陽, 韓王鄭昌, 魏王豹, 殷王卬. 一說 "張耳奉頭鼠竄, 安得 有兵. 蓋陳餘其一也."
　② 項羽는 梁나라와 楚나라를 아울러 왕이 되고, 魏王 魏豹를 河東으로 옮겨서 西魏王이라고 호칭하였다. 지금 彭越이 복속시킨 10여 개의 성은 모두 大梁의 땅에 있었다.
　　項羽併王梁·楚, 徙魏王豹於河東, 號西魏王. 今越所下十餘城, 皆梁地也.

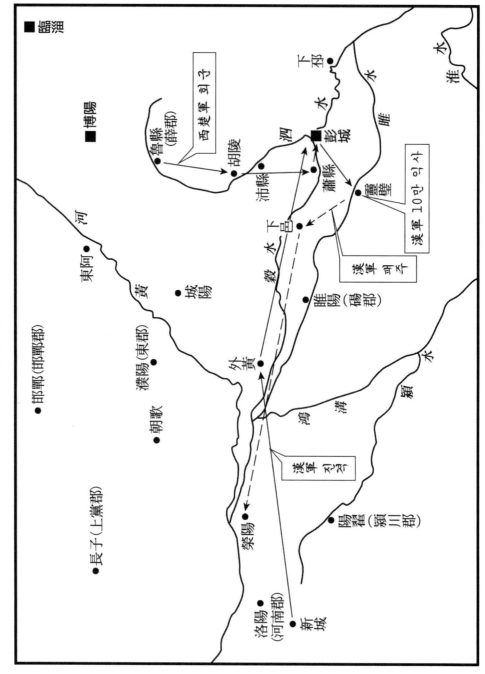

彭城 전투

【目】 項羽가 이런 소식을 듣고는 스스로 精兵 3만 명을 데리고 돌아와 漢나라 군사를 격파하니, 漢나라 군사가 〈楚나라 군사에게 밀려서〉 穀水, 泗水 및 睢水(수수)로 들어갔는데 죽은 자가 20여만 명이나 되어 물이 막혀 흐르지 않았다. 漢王을 삼중으로 포위하였는데 마침 큰바람이 불어 대낮이 그믐처럼 캄캄하였다. 한왕이 그제야 수십 명의 기병과 함께 도망갈 수 있었다. 沛縣을 지나면서 가족을 수습하려고 하다가 길에서 아들 盈과 딸을 만나 그들을 싣고 갔으며, 太公과 呂后는 楚나라 군사에게 붙잡히니 제후들이 다시 漢나라를 배반하고 楚나라에 붙었다. 왕이 샛길로 여후의 오빠 周呂侯가 있는 下邑으로 쫓아가서 그 병사를 거두었다.

項羽가 彭城을 공격하다

羽聞之하고 自以精兵三萬으로 還擊破漢軍하니 漢軍이 入穀泗及睢水[1]하야 死者二十餘萬人이라 水爲不流러라 圍漢王三匝이러니 會大風晝晦어늘 王이 乃得與數十騎로 遁去하야 欲過沛收家室이라가 道逢子盈及女하야 載以行[2]하고 而太公呂后는 爲楚軍所獲하니 諸侯復背漢與楚하다 王이 間往從呂后兄周呂侯於下邑하야 收其兵[3]하다

① 穀水와 泗水 두 강은 모두 沛郡의 彭城에 있다. 睢는 음이 雖인데 ≪水經注≫에 "睢水는 陳留縣의 서쪽 蒗蕩渠(낭탕거)에서 나와서 동쪽으로 沛郡의 相縣을 지난다."고 하였고, 또 彭城郡 靈壁 동쪽을 지나서 동남쪽으로 흘러간다고 하였다.
穀·泗二水, 皆在沛郡彭城. 睢, 音雖. 水經注 "睢水出陳留縣西蒗蕩渠, 東過沛郡相縣." 又逕彭城郡之靈壁東而東南流.
② 딸은 즉 魯元公主이다.
女, 卽魯元公主.
③ 周呂侯의 이름은 澤이고 周呂는 책봉된 읍의 이름이다. ≪漢書≫ 〈地理志〉에 "下邑縣은 梁國에 속하는데 梁國은 秦나라 碭郡이고 漢나라 때 고쳤다."고 하였다.
周呂侯, 名澤. 周呂, 封邑名. 班志 "下邑縣屬梁國. 梁國, 秦碭郡, 漢改焉."

【目】胡氏가 다음과 같이 평하였다.

"쟁반에 가득한 물은 받들 수 있지만 지조는 지키기 어렵고, 여섯 마리 말은 길들일 수 있으나 기분은 제어하기 어려우니, 만약 漢王이 이 당시에 진중하고 조심하여 처음 關中에 들어갔을 때와 鴻門에서 項羽를 만났던 때와 같이 했다면 어찌 패배하는 데 이르렀겠는가? 이제 지조를 지키지 못하고 기분을 장수로 삼아서 작은 승리에 만족하여 안일한 마음과 욕심이 생겼으니, 이 때문에 이 지경에 이른 것이다. 또 이번에 출정할 때에 곧장 항우의 國都를 격파하려고 하였다면, 마땅히 빨리 滎陽으로 돌아와서 主兵을 거느리고 客兵을 기다리는 것이 옳았을 것이고, 만약 항우를 불러들여 한번 싸우고자 하였다면, 마땅히 여러 장수들을 나누어 배치하여 험준한 지형에 의지하여 맞받아치는 것이 옳았을 것이다. 그런데 지금 그대로 머물러 시일을 끌면서 마음껏 향락을 즐겼으나 여러 신하도 또한 조용히 있고 아무도 간하는 자가 없었으니, 어찌 張良과 陳平 등 諸公이 이번 출정에 있지 않았는가. 아아 위태로웠도다."

胡氏曰 盤水는 可奉而志難持요 六馬는 可調而氣難御①니 使漢王이 於是時에 兢兢業業하야 如初入關中見羽鴻門則亦何至於敗哉리오 今志不持而氣爲帥하야 狃於小勝而逸欲이 生焉하니 是以至於此耳라 且是行也에 直欲破羽之國都歟인댄 則宜亟還滎陽하야 以主待客이 可也요 若欲致羽而與戰歟인댄 則宜分部諸將하야 據險邀擊이 可也어늘 今乃淹留引日하야 肆志寵樂而群臣이 亦寂無諫者하니 豈良平諸公이 不在行歟아 嗚呼危哉로다

① 奉(받들다)은 捧으로 읽는다. 천자의 다섯 종류 수레는 6마리 말로 끈다.
奉, 讀曰捧. 天子五路駕六馬.

【綱】漢王이 隨何를 보내어 九江에 사신을 가게 하였다.

漢王이 遣隨何使九江하다

【目】처음에 項羽가 齊나라를 칠 때에 九江에서 병사를 징발하였는데, 黥布(英布)가 병을 핑계 대고 장수를 시켜서 군사 수천 명을 거느리고 가게 하였다. 漢나라가 彭城에 들어왔으나 경포가 또 楚나라를 돕지 않았으므로 항우가 이 때문에 경포를 원망하였다.

이때에 이르러 漢王이 서쪽으로 大梁 땅을 지나가면서 여러 신하들에게 묻기를, "내가 함곡관 동쪽의 땅을 떼어서 버리는 것과 같이 하고자 하니, 누가 나와 함께 功을 세울 수 있겠는가?"라고 하자, 張良이 말하기를 "九江이 楚나라와 틈이 있고 彭越이 齊나

라와 함께 대량 땅에서 항우에 반기를 들고 있으니 이 두 사람을 급히 쓸 수가 있고, 漢나라 장수 중에는 유독 韓信만이 대사를 맡겨서 한쪽의 방면을 담당할 수 있습니다. 이 세 사람에게 떼어준다면 楚나라를 격파할 수 있습니다."라고 하였다.

왕이 좌우의 신하들에게 말하기를 "누가 능히 나를 위하여 구강에 사신을 가서 楚나라를 배신하여 項王을 몇 달간 묶어두게 할 수 있겠는가? 그렇게 한다면 내가 천하를 취하는 일이 완전하게 될 것이다."라고 하자, 謁者 隨何가 사신 가기를 청하니 왕이 그를 보냈다.

初에 項羽擊齊에 徵兵九江한대 黥布稱疾하고 遣將將數千人往하고 及漢이 入彭城에 布又不佐楚라 羽由是怨之러니 至是하여 漢王이 西過梁地할새 問群臣曰 吾欲捐關以東하여 等棄之하노니 誰可與共功者①오 張良이 曰 九江이 與楚有隙하고 彭越이 與齊反梁地하니 此兩人을 可急使而漢將에 獨韓信이 可屬大事當一面이니 捐之此三人이면 則楚를 可破也리이다 王이 謂左右曰 孰能爲我使九江하여 令倍楚留項王數月고 我取天下可以百全이리라 謁者隨何請使어늘 王이 遣之②하다

①　"捐關以東(함곡관의 동쪽을 떼어서 버린다.)"은 그 땅을 자신이 갖지 않고 장차 남에게 주어서 그로 하여금 공을 세워 함께 楚나라를 격파한다는 것이다. "等棄之(버리는 것과 같다.)"란 떼어서 남에게 주는 것이 마치 버리는 것과 같이 한다는 말이다.
　　捐關以東, 謂不自有其地, 將以與人, 令其立功共破楚也. 等棄之者, 言捐以與人, 與棄等也.
②　隨는 성이다.
　　隨, 姓也.

【綱】 5월에 漢王이 滎陽에 이르렀다.

　　五月에 漢王이 至滎陽하다

【目】 왕이 滎陽에 이르니 여러 패배한 군사들이 모두 모였고, 蕭何가 관중에 사는 사람으로 연령상 兵籍에 기록이 안 된 사람들을 동원하여[43] 모두 형양으로 보내니 漢나라의 군사가 다시 크게 일어났다. 楚나라가 이 때문에 형양을 거쳐서 서쪽으로 진군하지 못하니 漢나라가 드디어 甬道를 세워서 黃河에 연결하여 敖倉의 곡식을 가져왔다.

　　王이 至滎陽하니 諸敗軍이 皆會하고 蕭何發關中老弱未傳者하여 悉詣滎陽하니 漢軍이 復大振①이라 楚以故로 不能過滎陽而西하니 漢이 遂築甬道屬之河하여 以取敖倉粟②하다

---

43)　蕭何가……동원하여 : 병적에 등기가 안 된 사람은 아직 徭役 즉 군대에 동원되는 대상이 아니라는 뜻이다. 즉 소하는 군대에 동원되는 23세~56세 이외의 23세 미만과 56세 이상의 인원에 대해서도 모두 동원하여 漢 高祖가 있는 滎陽으로 보냈다는 뜻이다.

① 傅는 기록한다는 뜻이다. 말하자면 병적에 이름을 기록하여 公家의 徭役에 공급하는 것이다. 옛날에 20세가 되면 병적에 이름을 기록하고 3년을 경작하여야 1년 비축할 수 있으므로 23살 이후에 요역을 하고, 56세가 되면 면제되어 田里로 돌아간다. 20세가 안 된 사람을 弱이라 하고, 56세가 넘은 사람을 老라고 한다.

傅, 著也. 言著名籍給公家徭役也. 古者, 二十而傅, 三年耕有一年儲, 故二十三而後役之. 五十六免, 就田里. 未二十爲弱. 過五十六爲老.

② "築甬道(甬道를 쌓는다.)"는 운송하는 군량을 적이 빼앗는 것을 두려워하여 길의 양쪽 가에 담장을 쌓아서 군량 보급로를 통하게 하는 것이다. ≪括地志≫에 "敖山은 鄭州 滎陽 서쪽 15리에 있는데 秦나라가 이곳에 큰 창고를 두었던 까닭에 敖倉으로 이름했다."고 하였다.

築甬道, 恐敵抄其糧運, 故夾築垣墻, 以通餉道. 括地志 "敖山在鄭州滎陽西十五里, 秦置大倉於此, 故名敖倉."

【綱】魏王 魏豹가 漢나라를 배반하였다.

魏王豹叛漢하다

【綱】漢王이 櫟陽으로 돌아와서 아들 盈을 세워서 태자로 삼았다.

❶ 漢王이 還櫟陽하야 立子盈爲太子하다

【綱】漢나라 병사가 廢丘를 포위하니 雍王 章邯이 자살하거늘 雍나라 땅을 모조리 평정하였다[44].

❶ 漢兵이 圍廢丘하니 雍王邯이 自殺이어늘 盡定雍地하다

【綱】關中에 기근이 들어서 사람들이 서로 잡아먹었다.

❶ 關中이 饑하야 人相食하다

【綱】가을 8월에 漢王이 滎陽으로 가고 蕭何에게 명하여 關中을 지켜서 종묘

---

44) 漢나라……평정하였다 : 漢王이 漢中에서 나와 三秦이 다스리던 關中을 평정했을 때 雍王 章邯만이 廢丘에 의지하여 저항하고 있었다. 漢나라는 폐구에 포위망을 구축하고 나머지 군대는 동쪽으로 출진하였다. 한왕이 彭城에서 크게 패한 뒤 다시 내실을 다지면서 후방에서 계속 저항하던 장함을 공격하여 폐구를 함락시키고 雍 땅을 평정한 것이다.

와 사직을 세우게 하였다.

◑秋八月에 漢王이 如滎陽하고 命蕭何守關中하야 立宗廟社稷하다

【目】왕이 滎陽으로 가고, 蕭何에게 명하여 태자를 모시고 關中을 지키며 법률과 규정을 만들고 종묘와 사직을 세우게 하였다. 미처 상주하여 결정하지 못한 일이 있거든 즉시 상황에 따라 편의대로 시행하고 주상이 왔을 때 보고하게 하니, 소하는 관중의 호구 수를 계산하여 수레와 뱃길로 군량을 운송하고 병사를 조련하여 군대에 조달해서 부족하지 않게 하였다.

王이 如滎陽하고 命蕭何하야 侍太子守關中하야 爲法令約束하고 立宗廟社稷하고 事有不及奏決者어든 輒以便宜施行하고 上來以聞①하니 計關中戶口하야 轉漕調兵하야 以給軍하야 未嘗乏絶②이러라

　① 주상이 돌아올 때를 기다려 곧 시행한 일을 보고하는 것이다.
　　俟主上來還, 乃以施行之事聞奏.
　② 調(조련하다)는 徒弔의 切이다.
　　調, 徒弔切.

【綱】漢나라 韓信이 魏나라를 공격하여 왕 魏豹를 포로로 잡고 드디어 북쪽으로 趙나라와 代나라를 공격하였다.

漢韓信이 擊魏하야 虜王豹하고 遂北擊趙代하다

【目】漢나라가 酈生으로 하여금 魏王 魏豹를 설득하고 또 불렀는데, 위표가 따르지 않고 말하기를 "漢王이 거만하여 사람을 업신여겨서 제후와 신하들을 마치 종놈처럼 꾸짖으니 내가 차마 다시 만나지 못하겠노라."라고 하였다. 이때에 漢王이 韓信을 좌승상으로 삼고 灌嬰 및 曹參과 함께 魏나라를 치게 하였다. 왕이 酈食其에게 묻기를 "魏나라의 대장이 누구냐?"라고 하니, "柏直입니다."라고 대답하였다. 왕이 말하기를 "그는 입에 젖비린내도 가시지 않았으니 어찌 능히 한신을 당하겠는가. 기병의 대장은 누구인가?"라고 하니, "馮敬입니다."라고 하였다. "그가 비록 현명하기는 하지만 관영은 당해낼 수 없을 것이다. 보졸의 대장은 누구인가?"라고 하니, "項它입니다."라고 하였다. 왕이 "조참을 당해낼 수 없을 것이니, 내가 근심이 없도다."라고 하였다.

漢이 使酈生으로 說魏王豹하고 且召之한대 豹不聽曰 漢王이 慢而侮人하야 罵諸侯群臣을 如罵奴耳라 吾不忍復見也하노라 於是에 漢王이 以韓信爲左丞相하야 與灌嬰曹參으로 俱擊魏하다 王이

問食其호대 魏大將이 誰也오 對曰 柏直①이러이다 王曰 是口尙乳臭라 安能當韓信②이리오 騎將이
誰也오 曰 馮敬이러이다 曰 雖賢이나 不能當灌嬰호리라 步卒將이 誰也오 曰 項它이러이다 曰 不能當
曹參이니 吾無患矣로다

① 柏은 성이다.
　　柏, 姓也.
② "乳臭(젖비린내)"란 어려서 경험이 없고, 약해서 일을 감당하지 못하니, 유모의 품에서 아직
　　떠나지 못한 것과 같다는 말이다.
　　乳臭, 言其少不經事, 弱不任事, 若未離乳保之懷者.

【目】 韓信이 또 "魏나라가 周叔을 등용하여 대장으로 삼지 않겠는가?"라고 물으니, 酈食
其가 "柏直입니다."라고 하였다. 한신이 "어린애일 뿐이다."라고 하면서 魏나라를 쳐서
魏豹를 포로로 잡고 魏나라 땅을 평정하였다. 한신이 "군사 3만 명을 주면 북쪽으로
燕나라와 趙나라를 함락하고 동쪽으로 齊나라를 공격하며 남쪽으로 楚나라의 군량미
운송로를 끊어버리겠습니다."라고 하니, 왕이 張耳를 보내어 함께 가게 하였다. 9월에
代나라 병사를 깨고 夏說(하열)을 사로잡았다.

信이 亦問魏得無用周叔爲大將乎아 曰 柏直也러라 信이 曰 豎子耳라하고 遂擊虜豹定魏地하다
信이 請兵三萬人하야 願以北擧燕趙하고 東擊齊하고 南絶楚糧道라한대 王이 遣張耳與俱하니 九月에
破代兵하고 禽夏說하다

丁酉年(B.C. 204)

西楚霸王 3년, 漢王 3년이다. 이해에 趙, 代, 九江 세 나라가 망하니, 두 大國과 衡山,
臨江, 燕, 齊, 韓 다섯 小國을 합하여 모두 일곱 나라이다.

西楚三年 漢三年이라 ◑是歲에 趙代九江三國亡하니 二大國幷衡山臨江燕齊韓五小國 凡
七國이라

【綱】 겨울 10월에 韓信이 趙나라 군대를 크게 격파하고 왕 趙歇을 사로잡았으
며, 代王 陳餘를 목 베고 사신을 보내어 燕나라를 항복시켰다.

冬十月에 韓信이 大破趙軍하고 禽王歇하고 斬代王餘하고 遣使下燕하다

井陘口 전투

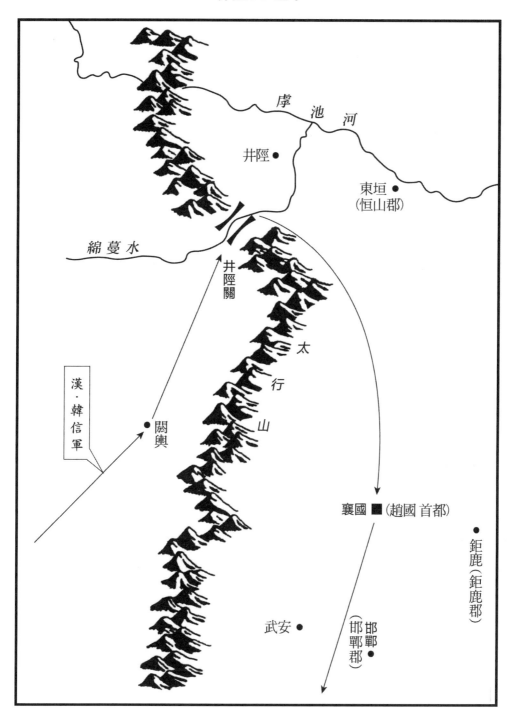

【目】 韓信과 張耳가 趙나라를 쳤는데 趙나라가 병사를 井陘口에 모아놓고 호언하기를
20만 대군이라 하였다. 廣武君 李左車가 陳餘에게 말하기를 "한신과 장이가 승기를 타
고 멀리 와서 싸우니 그 예봉에 맞서서는 안 됩니다. 지금 정형구의 길이 좁아서 수레
두 대가 함께 지나갈 수 없고, 기병이 대오를 이룰 수가 없으니, 형세로 보아 식량을 보
급하는 부대는 반드시 후미에 있을 것입니다. 원컨대 저에게 奇兵 3만 명을 빌려주시어
사잇길을 따라가서 보급로를 끊어버리겠습니다. 족하는 해자를 깊이 파고 성채를 높이
쌓아 저들과 싸우지 마십시오. 그러면 저들은 앞으로 나아가 싸우지도 못하고 뒤로 물
러나 돌아가지도 못하며 들에는 노략질할 것이 없으니, 열흘이 되기도 전에 두 장수의
목을 족하의 깃발 아래에 가져다 놓게 될 것입니다. 그렇지 않으면 반드시 두 놈에게
사로잡힐 것입니다."라고 하였다.

韓信張耳擊趙한대 趙聚兵井陘口하야 號를 二十萬①이러라 廣武君李左車謂陳餘曰 信耳乘勝
遠鬪하니 其鋒을 不可當이라 今井陘之道 車不得方軌하며 騎不得成列하니 其勢糧食이 必在後라
願假臣奇兵三萬하야 從間道絶其輜重하고 足下深溝高壘하야 勿與戰하면 彼前不得鬪하고 退不得
還하고 野無所掠이라 不十日而兩將之頭를 可致麾下니 否則必爲二子所禽矣리라

① 宋白의 《續通典》[45]에 "鎭州 石邑縣에 井陘口가 있는데 매우 험고하다."고 하였다. "號二
十萬(20만 대군이라고 호언했다.)"은 병법에서는 실제의 숫자를 말하지 않고 모두 늘려서 말
한 것이다.
宋白續通典 "鎭州石邑縣有井陘口, 甚險固." 號二十萬, 兵家之法, 不言實數, 皆增之.

【目】 陳餘는 일찍이 스스로 義兵이라고 칭하며 속임수나 기이한 계책을 쓰지 않았다. 그리
하여 李左車의 계책을 채용하지 않으니, 韓信이 정탐을 통해서 그 사실을 알고는 크게 기뻐
하여 그대로 과감하게 井陘口로 진군하였다. 정형구에 못 미쳐서 군대를 주둔시키고는 한
밤중에 명령을 내려서 공격을 하게 하되 날랜 기병 2,000명을 뽑아서 사람마다 붉은 깃발
한 개씩을 가지게 하고 사잇길을 따라가서 산그늘에 몸을 숨기고 趙나라 군사를 멀리서 살
펴보도록 하였다. 한신이 군사들에게 주의를 주면서 말하였다. "趙나라의 군사가 성벽을 비
우고 우리를 쫓거든 즉시 趙나라의 성으로 빨리 들어가서 趙나라의 깃발을 뽑아버리고 가
지고 간 깃발로 바꾸라." 그리고 裨將들에게 명하여 간단한 식사를 날라다 군사들을 먹이면

---

45) 宋白의 續通典 : 北宋 大名 사람으로 자는 太素이다. 集賢殿直學士, 翰林學士, 刑部尙書, 工部尙書
등을 지냈으며, 《續通典》 200권을 편찬하였다.

서 "오늘 趙나라를 격파하고 모여서 회식하자."라고 하고는 1만 명의 군사로 하여금 먼저 행군하여 나가서 背水陣을 치게 하니, 趙나라가 멀리서 바라보고는 모두 크게 웃었다.

餘嘗自稱義兵하고 不用詐謀奇計라 不用左車策①이어늘 信이 間視知之하고 大喜하야 乃敢遂下하야 未至井陘口止舍하고 夜半傳發②하야 選輕騎二千人호대 人持一赤幟하야 從間道하야 萆(폐)山而望趙軍③하고 戒曰 趙空壁逐我어든 卽疾入趙壁하야 拔其幟而易之하라 令神將傳餐曰 今日에 破趙會食④이라하고 乃使萬人으로 先行出背水陳⑤하니 趙望見하고 皆大笑하더라

① 《史記》와 《漢書》의 〈韓信傳〉에는 嘗이 常으로 되어 있다.
   史漢韓信傳, 嘗, 作常.
② "間視知之"는 간첩이 몰래 엿보아서 안 것이다. "止舍"는 군대를 멈추고 머물러 쉬는 것이다. "傳發"은 군중에 명령을 전달하여 공격하게 하는 것이다.
   間視知之, 間諜窺視而得知也. 止舍, 止軍而舍息也. 傳發, 傳令軍中使發兵.
③ 사람과 말이 갑옷을 착용하지 않은 것을 輕騎라고 한다. 萆는 음이 蔽이니, 산에 의지하여 스스로 엄폐하는 것이다.
   人馬不帶甲曰輕騎. 萆, 音蔽, 依山以自覆蔽也.
④ 餐은 千安의 切이니, 간단한 식사를 餐이라고 한다. 출전하기에 앞서 거마를 세워둔 채로 음식을 보낸 것이니, 趙나라를 깨뜨리기를 기다린 뒤에 마땅히 함께 포식하자는 것을 이른다.
   餐, 千安切. 小飯曰餐. 謂立駐傳餐, 待破趙後, 當共飽食.
⑤ 《史記正義》에 "綿蔓水는 幷州에서 북쪽으로 흘러서 井陘縣의 경계로 들어간다."고 하였으니, 즉 韓信이 背水陣을 친 곳이다. 陳은 陣으로 읽는다.
   正義 "綿蔓水, 自幷州北流入井陘縣界." 卽信背水陳處. 陳, 讀曰陣.

【目】날이 샐 무렵에 韓信이 大將의 깃발과 북을 세우고 북을 치면서 井陘口로 진출하였는데 趙나라 군사가 성문을 열고 공격하였다. 큰 싸움이 오래 이어졌는데 이때에 韓信과 張耳가 거짓으로 북과 깃발을 버리고 강가에 背水陣을 친 곳으로 달아나니, 趙나라가 과연 성벽을 비우고 따라왔다. 이때 한신이 보낸 기병들이 재빨리 趙나라의 성으로 들어가서 趙나라의 깃발을 뽑고 漢나라의 깃발을 꽂았다. 강가에 배수진을 친 부대는 더 이상 물러날 곳도 없으므로 죽을 각오로 싸웠다. 趙나라 군사는 이미 한신 등을 놓치고, 성으로 돌아가려고 하다가 漢나라 깃발이 꽂힌 것을 보고는 대경실색하여 어지럽게 도망가니, 漢나라 군사가 좌우에서 협공하여 크게 깨뜨렸으며 陳餘를 참수하고 趙王 趙歇을 사로잡았다.

여러 장수들이 모두 경하하고 이어서 물었다. "병법에 오른쪽과 뒤쪽에는 산이나 구릉을 두고 앞쪽과 왼쪽에는 강이나 호수를 두라고 하였는데46), 오늘 강을 등지고 진을

치고도 이긴 것은 무슨 이유입니까?" 한신이 말하였다. "병법에서 말하지 않던가. 죽을 곳에 빠뜨린 뒤에야 살고 망할 곳에 둔 뒤에야 보존하게 된다고. 또 내가 평소에 훈련시킨 군사들을 얻은 것이 아니라, 이른바 저잣거리의 사람들을 몰아다가 싸운다는 것이다. 죽을 곳에 두어 스스로 싸우게 하지 않았다면 저들이 장차 모두 도망하였을 것이니, 그러고도 내가 그들을 쓸 수가 있었겠는가?" 여러 장수들이 모두 탄복하였다.

平旦에 信이 建大將旗鼓하고 鼓行出井陘口한대 趙開壁擊之하야 大戰良久러니 於是에 信耳佯棄鼓旗하고 走水上軍하니 趙果空壁逐之어늘 信所遣騎馳入趙壁하야 拔趙幟立漢幟하고 水上軍이 皆殊死戰[①]하니 趙軍이 已失信等하고 欲歸壁이라가 見幟大驚하야 遂亂遁走어늘 漢兵이 夾擊大破之하야 斬陳餘하고 禽趙王歇하다 諸將이 畢賀하고 因問曰 兵法에 右倍山陵이요 前左水澤이어늘 今背水而勝은 何也오 信曰 兵法에 不曰 陷之死地而後生하고 置之亡地而後存乎[②]아 且信이 非得素拊循士大夫也[③]라 所謂驅市人而戰之[④]니 非置死地하야 使人自爲戰이면 彼將皆走하리니 尙可得而用之乎아 諸將이 皆服하더라

① 殊는 절대라는 뜻이다. 殊死는 반드시 죽기를 각오함을 이른다.
殊, 絶也. 殊死, 謂決意必死.
② ≪孫子≫ 〈九地〉에 "급히 싸우면 살아남고 싸우지 않으면 죽어서 그 자리가 死地가 된다."라고 하였다. 그 주석에 "앞에는 높은 산이 있고 뒤에는 큰 물이 있어서 앞으로 나갈 수 없고 물러남에 장애가 있는 경우이다."라고 하였다.
孫子九地 "疾戰則存, 不戰則亡爲死地." 註曰 "前有高山, 後有大水, 進不得, 退有礙者."
③ 拊(어루만지다)는 撫와 통용하여 쓰인다. 士大夫란 여러 군사들을 말하는 것이다.
拊, 通作撫. 士大夫, 謂諸軍也.
④ 갑자기 저잣거리에 들어가서 거기 있는 사람들을 몰아다가 전쟁에 내보낸 것이니 평소에 훈련시킨 사람이 아니라는 말이다.
言如忽入市廛, 驅其人以赴戰, 非素所習練者也.

【目】韓信이 천금을 걸고 李左車를 사로잡게 하였는데, 그를 잡아오자 포박을 풀어주고 동쪽으로 향한 자리에 앉게 하여 스승으로 모셨다. 한신이 묻기를 "제가 북쪽으로 燕나라를 공격하고 동쪽으로 齊나라를 정벌하고자 하니, 어떻게 하면 공을 세우겠습니까?"

---

46) 병법에……하였는데 : ≪六韜≫ 〈虎韜 三陳〉에 "구릉과 수택은 앞뒤와 左右의 편리함이 있으니, 이것을 일러 '地陳'이라 합니다.〔丘陵水泉 亦有前後左右之利 此謂地陳〕"라고 하였는데, 그 註에 "오른쪽과 등 뒤에는 산과 구릉이 있게 하고 앞과 왼쪽에는 수택이 있게 함은 그 편리함을 취하는 것이니, 이것을 '地陳'이라 한다.〔右背山陵 前左水澤 取其便利 此謂之地陳〕"라 하였다. ≪司馬法≫ 〈用衆〉에도 이와 비슷한 내용이 있다.

라고 하니, 이좌거가 사양하면서 말하기를 "저는 싸움에 진 포로입니다. 어떻게 큰일을 가늠할 만하겠습니까?"라고 하였다. 한신은 "가령 成安君(陳餘)이 足下의 계책을 따랐더라면 제가 또한 이미 사로잡혔을 것입니다. 지금 제가 마음을 기울여 그 계책을 따르려고 하니 족하게서는 사양하지 마십시오."라고 하였다.

信이 以千金으로 募生得李左車者하야 解其縛하고 東鄕坐師事之①하고 問曰 僕이 欲北攻燕하고 東伐齊하노니 何若而有功②고 左車謝曰 臣은 敗亡之虜라 何足以權大事③리오 信曰 誠令成安君으로 聽足下計면 信이 亦已禽矣④라 今願委心歸計하노니 足下는 勿辭어다

　① 옛날에 동쪽으로 향한 자리를 높은 자리로 삼았다.
　　古者以東鄕之位爲尊.
　② "何若(어찌)"은 何如와 같은 말이다.
　　何若, 猶言何如也.
　③ 저울이라는 것은 물건을 달아서 무게를 보는 것이다.
　　權, 所以稱物見其輕重也.
　④ 成安君은 바로 陳餘이다. ≪地理志≫에 "成安縣은 穎川郡에 있으며 豫州에 속한다."고 하였다.
　　成安君, 卽陳餘也. 地理志 "成安縣在穎川郡, 屬豫州."

【目】李左車가 말하기를 "장군은 魏王을 포로로 삼고 夏說(하열)을 사로잡고 점심도 되기 전에 趙나라 20만 대군을 격파하였습니다. 그 위세가 천하를 진동하니 이는 장군의 강점입니다. 그러나 백성들은 수고롭고 사졸들은 피곤하니 실제로는 쓰기 어렵습니다. 만약 燕나라가 항복하지 않으면 齊나라는 반드시 스스로 강고하게 할 것이니, 이는 장군의 약점입니다. 용병을 잘하는 사람은 자신의 약점을 가지고 적의 강점을 치지 않으며, 자신의 강점을 가지고 적의 약점을 칩니다. 이제 장군의 위하여 계책을 내자면, 갑옷을 벗고 무기를 내려놓아 북쪽으로 燕나라로 가는 길에 머리를 두시고[47], 말 잘하는 사람을 보내어 國書를 받들고 燕나라로 가서 장군의 강점을 드러내는 것이 가장 좋습니다. 그러면 반드시 燕나라는 감히 따르지 않을 수 없을 것입니다. 燕나라가 이미 따르거든 그때 동쪽으로 齊나라를 압박하면 비록 지혜로운 사람이라도 齊나라를 위한 계책을 알지 못할 것입니다. 무릇 싸움이란 먼저 아군의 聲勢를 과시하고 뒤에 실력으로 제압한다고 한 것은 바로 이것을 두고 말한 것입니다."라고 하였다. 한신이 그 계책을 따르니

---

47) 북쪽으로……두시고 : 언제든지 燕나라를 정벌할 수 있다는 것을 보이라는 말이다.

燕나라가 풍문을 듣고서 따르거늘, 사신을 파견하여 漢나라에 보고하고 張耳를 趙王으로 삼기를 청하니 한왕이 허락하였다.

左車曰 將軍이 虜魏王禽夏說하고 不終朝而破趙二十萬衆하야 威震天下하니 此는 將軍之所長也나 然衆勞卒罷(피)하니 其實은 難用이라 燕若不服이면 齊必自彊하리니 此는 將軍之所短也니 善用兵者는 不以短擊長이요 而以長擊短하나니 爲將軍計컨대 莫若按甲休兵하야 北首燕路①하고 而遣辯士하야 奉書於燕하야 暴其所長하면 燕必不敢不聽從이니 燕已從而東臨齊하면 雖有智者라도 不知爲齊計矣리라 兵固有先聲而後實者하니 此之謂也니라 信이 從其策하니 燕이 從風而靡②어늘 遣使報漢하고 請以張耳로 王趙한대 漢王이 許之하다

① 首는 式救의 切이니, 머리가 향하는 곳을 首라고 한다.
　首, 式救切. 頭之所向曰首.
② 靡는 음이 美이니, 눕는다는 뜻이다. 동풍이 불면 풀이 서쪽으로 눕고, 서풍이 불면 풀이 동쪽으로 누우니 바람이 불어오는 곳에 따라 풀이 눕는 것이다.
　靡, 音美, 偃也. 東風則草靡而西, 西風則草靡而東, 在風所由而草爲之靡.

【綱】이달 그믐에 일식이 있었다.

是月晦에 日食하다

【綱】11월 그믐에 일식이 있었다.

❶十一月晦에 日食하다

【綱】12월에 隨何가 九江王 黥布를 漢나라에 귀부시켰다.

❶十二月에 隨何以九江王布로 歸漢하다

【目】隨何가 九江에 이르러서 黥布를 설득하기를 "漢王께서 저를 시켜서 공경히 대왕(黥布)의 御者에게 서찰을 올리게 한 것은 아마도 대왕이 어떻게 楚나라와 친한지 괴이하게 생각했기 때문입니다."라고 하니, 경포가

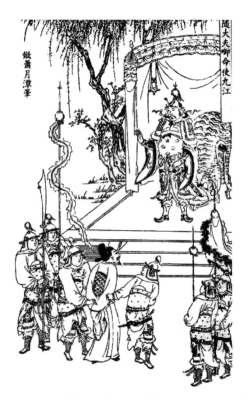

隨何가 英布를 설득하다

말하기를, "과인이 북향하여 신하로써 楚나라를 섬기고 있습니다."라고 하였다.

隨何至九江하야 說黥布曰 漢王이 使臣으로 敬進書大王御者①하나니 竊怪大王이 與楚何親也오 布曰 寡人이 北鄉而臣事之하노라

① 御者는 옆에서 모시는 사람이니 執事라고 말하는 것과 같다.
　御者, 侍御之人, 猶言執事者.

【目】隨何가 말하기를, "大王께서 楚나라와 함께 제후가 되었으면서도 북향하여 신하로서 섬기는 것은, 분명 楚나라가 강하여 나라를 의탁할 수 있다고 여겼기 때문입니다. 그러나 項王이 齊나라를 정벌하였을 때 몸소 版과 築48)을 짊어지고 사졸에 앞장섰으니, 대왕께서 마땅히 모든 사람을 다 동원해서 스스로 장수가 되어 楚나라의 선봉이 되셨어야 하는데 단지 4,000명을 동원하여 楚나라를 도왔습니다. 그리고 漢나라가 彭城에 들어가고 항왕이 미처 齊나라에서 나오지 못하였을 때, 대왕께서 마땅히 모든 병사를 동원하여 淮水를 건너가 밤낮으로 팽성의 아래에서 싸우셨어야 하는데 도리어 한 사람도 회수를 건너지 않고 팔짱을 끼고서 누가 이기는지를 관망하고 있었으니, 무릇 나라를 남에게 의탁한 사람도 정말로 이와 같이 하는 것입니까? 대왕께서 신하라는 헛된 이름을 걸고 楚나라를 섬기며 스스로 두터이 의탁하고자 하시니, 저는 삼가 대왕을 위하여 그런 계책은 따르지 않겠습니다.

　그러나 대왕께서 楚나라를 배신하지 않는 것은 漢나라가 약하다고 생각해서입니다. 저 楚나라가 비록 강하지만 천하가 楚나라에게 不義하다는 이름을 붙인 것은 맹약을 저버리고 義帝를 죽였기 때문입니다. 이제 漢王께서 제후들을 거두고 滎陽을 지켜서, 蜀과 漢中의 곡식을 내려보내어 굳게 지키며 움직이지 않고 있습니다. 그러나 楚나라 사람은 깊이 적국으로 들어가 늙은이와 어린애까지 양식을 운반하고 있어서 앞으로 나아가도 공격할 수 없고 뒤로 물러나도 벗어날 수 없으니, 楚나라가 漢나라만 같지 못한 것을 그 형세상 쉽게 알 수 있습니다. 대왕께서 매우 안전한 漢나라와 함께하지 않고 위급하여 망할 楚나라에 스스로 의탁하니, 저는 삼가 대왕을 위하여 그런 계책은 따르지 않겠습니다."라고 하였다.

何曰 大王이 與楚로 俱爲諸侯而北鄉臣事之者는 必以楚爲彊하야 可託國也나 項王이 伐齊에

48) 版과 築 : 版은 나무판자로 土城을 쌓을 때 대는 것이고, 築은 절구로 토성의 흙을 다지는 것이다. 판축을 짊어졌다는 것은 項羽가 사졸들과 수고로움을 똑같이 나누어 솔선수범하였다는 것이다.

身負版築하야 爲士卒先①하니 大王이 宜悉衆自將하야 爲楚前鋒이어늘 乃發四千人하야 以助楚하고 漢入彭城하고 項王이 未出齊也에 大王이 宜悉兵渡淮하야 日夜會戰彭城下어늘 乃無一人渡淮者하고 垂拱而觀其孰勝하니 夫託國於人者도 固若是乎아 大王이 提空名以鄕楚而欲厚自託하니 臣이 竊爲大王不取也하노라 然大王이 不倍楚者는 以漢爲弱也어니와 夫楚雖彊이나 天下負之以不義之名하니 以其背盟約而殺義帝也②라 今漢王이 收諸侯守滎陽하니 下蜀漢之粟하야 堅守而不動하고 楚人은 深入敵國하야 老弱이 轉糧하야 進不得攻하고 退不得解하니 楚不如漢을 其勢亦易見矣③라 大王이 不與萬全之漢而自託於危亡之楚하니 臣이 竊爲大王不取也하노라

① 築은 절굿공이이다.
　　築, 杵也.
② 負(씌우다)는 被와 같다.
　　負, 猶被也.
③ 楚나라 지역은 彭城으로부터 滎陽과 成皐에 이르렀는데, 그 사이에 梁 땅이 끼어 있었다. 彭越이 항시 梁 땅에서 楚나라에게 반란을 일으켰으니[49] 이는 楚나라의 적국인 것이다.
　　自彭城至滎陽成皐, 中間有梁地間之. 彭越時反梁地, 是楚之敵國也.

【目】黥布가 속으로 허락하고 감히 겉으로 드러내지 못하였다. 그때 楚나라 사자가 객사에 머물고 있으면서 바야흐로 경포에게 군사를 출동하기를 급하게 독촉하였는데, 隨何가 그대로 들어가서 말하기를, "九江王이 이미 漢나라에 귀부하였으니 楚나라가 어떻게 九江의 군사를 출동시킬 수 있다는 말인가?"라고 하고, 이어 경포를 설득하여 楚나라 사신을 죽이고 楚나라를 공격하게 하였다. 그런데 楚나라가 경포를 격파하니, 경포가 이내 사잇길로 가서 수하와 함께 漢나라에 귀부하였다[50].

　12월에 漢나라에 도착하니 漢王이 한창 침상에 걸터앉아서 발을 씻다가 경포를 불러서 들어와 보게 하니, 경포가 온 것을 후회하여 분을 참지 못하고 자살하려고 하였다. 그런데 나와서 객사로 가니 거처, 거마, 음식, 시종이 모두 한왕의 거처와 동일하였다. 경포는 또 자기가 기대했던 것보다 훨씬 좋은 것을 크게 기뻐하였다. 漢나라가 경포에

───────────────

49) 彭越이……일으켰으니 : 漢王이 彭城에서 項羽에게 크게 패한 뒤에 팽월도 자신이 차지하고 있던 梁 땅의 성들을 모두 잃었다. 이후 梁 땅에서 유격병을 이끌고 楚나라의 군량 보급로를 차단하였다.
50) 경포가……귀부하였다 : 黥布가 군대를 일으켜 楚나라를 치자, 楚나라 장수 龍且(용저)가 군대를 거느리고 경포의 군대를 격파하였다. 경포가 漢나라로 도망갔는데 楚나라 項伯이 구강의 군사를 다 거두어들이고 경포의 처자도 죽이자 마침내 경포가 자신의 무리를 수습하여 漢나라에 귀부하였다.

게 병사를 더해주어 함께 成皐에 주둔하였다.

布陰許之하고 未敢泄이러니 楚使者在傳舍하야 方急責布發兵이어늘 何直入曰 九江王이 已歸漢하니 楚何以得發兵이리오 因說布하야 殺楚使而攻楚한대 楚擊破之하니 布乃間行하야 與何歸漢하야 十二月에 至漢이어늘 漢王이 方踞牀洗足하고 召布入見한대 布悔怒欲自殺이러니 及出就舍에 帳御食飮從官이 皆如漢王居하니 布又大喜過望①하더라 漢이 益其兵하야 與俱屯成皐하다

漢王이 침상에 걸터앉아 발을 씻다

① "帳御"는 휘장 및 모든 입고 쓰는 것들을 말한다. 漢王은 黥布가 일찍부터 오랫동안 왕으로 있었기 때문에 그가 스스로 높은 체하고 큰 체할까 봐 염려하였으므로 예를 엄격히 하여 경포로 하여금 기세를 꺾고 굴복하도록 하였으며, 잠시 뒤에 거처를 화려하게 해주고 음식을 후하게 하며 따르는 관리를 많이 주어서 그 마음을 기껍게 해주었으니 이것은 權道이다.

帳御, 謂帷帳及凡服御之具也. 漢王以布先久爲王, 恐其意自尊大, 故峻其禮, 令布折服. 已而美其帷帳, 厚其飮食, 多其從官, 以悅其心, 此權道也.

【綱】漢나라가 酈食其(역이기)를 보내 六國의 후예를 세우려 하다 시행하기 전에 폐기하였다.

漢이 遣酈食其하야 立六國後러니 未行而罷하다

【目】楚나라가 자주 漢나라의 甬道(용도)를 침탈하니 漢나라 군사가 식량이 모자랐다. 酈食其가 말하기를 "옛날에 湯임금은 桀을 내쫓고 武王은 紂를 정벌하여 모두 그 후예를 봉해주었습니다. 그런데 秦나라가 제후를 정벌하고 사직을 없애버렸으니, 이제 진실로 능히 六國의 후예를 세우시면 그 나라의 군신과 백성들이 반드시 덕 있는 대왕을 받들고 의로운 대왕을 흠모하여 모두 폐하의 신첩이 되기를 원할 것입니다. 대왕께서는

남면을 하고 霸者를 칭하시면 楚나라가 반드시 옷깃을 여미고 조회를 할 것입니다."라고 하였다. 왕이 말하기를 "훌륭한 말이다. 조속히 인장을 새기고 선생이 인하여 가서 六國의 후예에게 주어 차게 하도록 하라."라고 하였다.

楚數(삭)侵奪漢甬道하니 漢軍이 乏食이라 酈食其曰 昔에 湯이 放桀하시고 武王伐紂하사 皆封其後러시니 秦伐諸侯에 滅其社稷하니 今에 誠能立六國後하시면 其君臣百姓이 必皆戴德慕義하야 願爲臣妾하리니 大王이 南鄕稱霸하시면 楚必斂衽而朝①하리이다 王曰 善타 趣(촉)刻印하야 先生이 因行佩之矣②라

① 衽은 옷깃이다.
   衽, 衣襟也.
② "佩之"는 六國의 후예에게 주어서 인장을 차게 하는 것이다.
   佩之, 謂授與六國, 使帶也.

【目】 아직 출발하지 않았는데 張良이 와서 알현하거늘, 왕이 한창 밥을 먹다가 전후의 내용을 장량한테 말하였다.

장량이 말하기를 "제가 청컨대 앞의 젓가락을 빌려서 대왕을 위하여 설명을 드리겠습니다. 옛날에 湯임금과 武王이 桀과 紂의 후예를 봉한 것은 능히 그들의 生死를 제어할 수 있다는 것을 헤아렸기 때문입니다. 지금 대왕이 능히 項籍의 생사를 제어할 수 있습니까?

무왕이 殷나라에 들어가서 곡식을 내고 돈을 풀었으며, 전차를 세우고 수레를 탔습니다. 그리고 전쟁에 동원하는 소와 말들을 방목하여 다시는 사용하지 않겠다는 뜻을 보였는데 지금 대왕께서 능히 그렇게 하실 수 있습니까?

천하의 유세하는 선비들이 자신의 친척을 떠나고 조상의 분묘를 버리면서 대왕을 따르는 것은 한갓 한 뼘의 땅이라도 받으려는 기대 때문인데, 지금 다시 六國의 후예를 세우시면 유세하는 선비들이 각각 돌아가 자기 나라 임금을 섬길 것이니, 대왕께서는 누구와 더불어 천하를 취하시겠습니까?

저 楚나라를 오직 강성하지 않도록 해야 하는데, 楚나라가 강성해지면 六國이 다시 약해져서 楚나라를 따르게 될 것이니, 그러면 대왕께서 어떻게 그들을 신하로 삼을 수 있겠습니까? 진실로 說客(세객)[51]의 계책을 채용하신다면 대사가 틀어질 것입니다."라고 하였다.

---

51) 說客(세객) : 遊說하는 사람이란 뜻으로 酈食其를 지칭한 것이다.

漢王이 식사를 하다가 말고 입속에 든 음식을 뱉고 말하기를 "못난 선비가 하마터면 너의 어른의 일(내 일)을 망쳐먹을 뻔했구나."라고 하며, 빨리 인장을 녹여버리라고 명하였다.

未行에 張良이 來謁이어늘 王이 方食이라가 具以告良한대 良曰 臣이 請借前箸하야 爲大王籌之①호리이다 昔에 湯武封桀紂之後者는 度(탁)能制其死生之命也라 今大王이 能制項籍之死命乎아 武王이 入殷에 發粟散錢하고 偃革爲軒하고 休馬放牛하야 示不復用하시니 今大王이 能之乎②아 且天下游士離親戚棄墳墓하고 從大王遊者는 徒欲望咫尺之地③어늘 今復立六國後하시면 游士各歸事其主하리니 大王이 誰與取天下乎시리잇고 且夫楚惟無彊이니 六國이 復橈而從之④면 大王이 焉得而臣之시리잇고 誠用客謀면 大事去矣리이다 漢王이 輟食吐哺罵曰 豎儒幾敗而公事랏다 令趣(촉)銷印⑤하다

① 식사에 쓰고 있는 젓가락을 빌려서 손가락으로 가리켜 뜻을 설명할 때 쓸 것을 요청한 것이다.
　求借所食之箸, 就用指畫也.
② 革은 전차이고, 軒은 朱軒이나 皮軒이다. 〈"偃革爲軒(전차를 세우고 수레를 탔다.)"은〉 전쟁에 쓰는 수레를 폐지하고 평시에 타는 수레를 사용하며 무장을 해제하고 예악으로 다스리는 것을 말한다.
　革者, 兵車也. 軒者, 朱軒·皮軒也. 謂廢兵車而用乘車, 偃武備而治禮樂也.
③ 咫는 음이 紙인데 8치를 咫라고 한다.
　咫, 音紙. 八寸曰咫.
④ 橈는 약하다는 뜻이다. 오직 마땅히 楚나라로 하여금 강성하지 못하게 해야 하니, 楚나라가 강성해지면 六國이 약해져서 楚나라를 따르게 된다. 일설에는 "현재 오직 楚나라가 강대하고 강한 나라가 없으니, 만약 六國을 다시 세운다면 六國이 모두 약해져서 초나라를 따르게 될 것이다."라고 하였다.
　橈, 弱也. 唯當使楚無彊, 彊則六國弱而從之. 一說 "當今唯楚大, 無有彊之者, 若復立六國, 六國皆橈而從之."
⑤ 輟은 그친다는 뜻이다. 哺는 음이 步이니 입속에 머금고 있는 음식이다. 而는 너이다. "而公(너의 어른)"은 漢王이 스스로를 높여서 한 말이다.
　輟, 止也. 哺, 音步, 口中所含食也. 而, 汝也. 而公, 蓋漢王自尊辭.

【目】荀悅[52]이 다음과 같이 평하였다.

"책략을 세우고 승리를 결정하는 방법이 세 가지 있으니, 첫 번째는 形이고 두 번째는 勢이며 세 번째는 情이다. 형이라는 것은 형세가 어느 정도 유리한지를 말하는 것이고, 세라는 것은 상황에 따른 진퇴의 적정함을 말하는 것이며, 정이라는 것은 마음과 뜻이 옳은지 그른지의 실상을 말하는 것이다. 책략이 동일하고 상황이 같은데도 공이 다른 것은 이 세 가지 방법이 다르기 때문일 뿐이다.

따라서 陳涉에게 있어서 六國을 세우는 것은 이른바 나의 黨與을 불려서 秦나라의 적을 보태는 것이니, 내 것이 아닌 것을 가져다가 남에게 주어서 명목뿐인 은혜를 베풀어서 실질적인 복록을 얻는 것이고, 漢王에게 있어서 六國을 세우는 것은 이른바 내 것을 잘라다가 적에게 도움을 주는 것이니 헛된 이름을 세워서 실질적인 재앙을 받는 것이다. 따라서 張耳와 陳餘, 酈食其의 주장이 내용은 동일하지만 得失은 다르니, 이것은 상황이 동일한데도 형세가 다른 것이다.

전쟁 중인 나라들이 서로 대치하고 있을 때에는 시각을 다투는 급함은 없으니, 한 번의 싸움에서 승패가 존망에 연결되는 것은 아니다. 그러므로 힘을 비축하고 때를 기다려서 적이 무너지는 것을 받아서 취하니 이것이 바로 卞莊子[53]가 호랑이 잡듯이 해야 한다는 주장이다.

楚나라와 趙나라가 秦나라와 더불어 세력이 병립할 수 없어서 평안함과 위태로움의 기틀이 호흡하는 사이에 변화가 생기므로 宋義가 秦나라와 趙나라의 무너짐을 기다리고자 하였으니, 이것은 상황이 동일한데도 세력이 다른 것이다.

趙나라를 정벌하는 싸움에서 泜水를 등지고 있던 韓信의 고단한 군대는 죽을 각오로 싸웠으나 趙나라는 뒤돌아보며 주저하는 군사로 공격하였으며, 彭城의 어려움에 처하였을 때 항우는 자신의 國都를 잃고 士卒은 憤激하였으나 漢나라는 나태해진 군사로 대응하였다. 그러므로 두 경우 모두 물가에 있었지만 승패가 같지 않았으니, 이것은 상황이 동일한데도 情이 다른 것이다.

그러므로 '權道는 미리 의논할 수 없고 變化는 먼저 도모할 수 없으니, 때에 따라 바뀌어서 사물에 대응하여 변하는 것이 계책을 만드는 기틀이다.'라고 한 것이다."

성장해서는 병약하여 세상에 나가기를 싫어하였으며, 저술하기를 좋아했다. 曹操의 부름을 받고 黃門侍郎이 되어 獻帝에게 강의를 했고, 侍中에 올랐다. 헌제가 班固의 《漢書》는 문장이 번잡하고 살피기 어렵다고 하여, 순열에게 《춘추》와 같은 편년체로 고치라고 지시하자, 《漢紀》 30권을 편찬하였는데 "문장은 간략하지만 사건은 상세하고 논변이 좋았다."는 평을 들었다. 이외에 《申鑒》, 《崇德》, 《正論》 등을 저술하였다. 아래의 평론은 순열의 《前漢紀》 권2에 보인다.

53) 卞莊子 : 용맹하기로 이름난 춘추시대 魯나라 대부이다.

荀悅이 日^① 夫立策決勝之術이 有三하니 一曰形이요 二曰勢요 三曰情이니 形者는 言其大體得失之數也요 勢者는 言其臨時進退之宜也요 情者는 言其心志可否之實也니 策同事等而功殊者는 三術이 不同而已矣라 故立六國於陳涉은 所謂多己之黨而益秦之敵이니 取非其有而予人하야 行虛惠而獲實福也^②요 立六國於漢王은 所謂割己之有하야 以資敵이니 設虛名而受實禍也라 故耳餘食其所說同而得失異하니 此는 同事而異形者也요 戰國이 相持에 無臨時之急하니 一戰勝敗未必存亡故로 累力待時하야 承敵之斃하니 此卞莊刺虎之說也^③라 楚趙與秦이 勢不竝立하야 安危之機呼吸成變而宋義欲待秦趙之斃하니 此는 同事而異勢者也요 伐趙之役에 韓信泜上孤軍이 必死無二而趙以內顧之士로 攻之^④하고 彭城之難에 項羽喪其國都하고 士卒이 憤激而漢이 以怠惰之卒로 應之故로 俱在水上而勝敗不同하니 此는 同事而異情者也라 故曰 權不可預議요 變不可先圖이니 與時遷移하야 應物變化 此設策之機也니라

① 荀悅은 後漢의 潁川 潁陰 사람으로 ≪漢紀≫를 저술하였다.
　　悅, 後漢潁川潁陰人, 作漢紀.

② 애초에 張耳와 陳餘가 陳涉을 설득하기를, 六國을 회복하여 스스로 당여를 심으라고 하였다⁵⁴⁾.
　　初張耳·陳餘說陳涉, 以復六國, 自爲樹黨.

③ ≪史記≫〈陳軫傳〉에 "卞莊子가 호랑이를 창으로 찌르려고 하니, 그때 머물던 여관의 심부름하던 아이가 말리면서 말하기를 '호랑이 두 마리가 소를 잡아먹으려고 하는데, 그 맛을 보면반드시 혼자서 먹으려고 다툴 것입니다. 다투면 반드시 싸울 것이고, 싸우면 큰 놈은 다치고, 작은 놈은 죽을 것입니다. 이때 다친 놈을 찌르면 한 번에 호랑이 두 마리를 잡았다는 이름을 반드시 얻게 될 것입니다.'라고 하였다. 변장자가 그럴듯하게 여기고는 서서 잠시 기다리니 정말로 호랑이 두 마리가 싸워서 큰 놈은 다치고 작은 놈은 죽었다. 이때 변장자가 다친 놈을 찔러서 죽이니, 과연 한 번에 호랑이 두 마리를 잡게 되었다."라고 하였다.
　　史記陳軫傳 "卞莊子欲刺虎, 館豎子止之曰 '兩虎方且食牛, 食甘必爭, 爭則必鬪, 鬪則大者傷, 小者死, 從傷而刺之, 一擧必有雙虎之名.' 卞莊子以爲然, 立須之有頃, 兩虎果鬪, 大者傷, 小者死. 莊子從傷者而刺之, 一擧果有雙虎之功."

④ 泜는 음이 祗이고 또 丁計의 切과 丁禮의 切이다. ≪水經註≫에 "泜水는 바로 井陘山의 강이니, 세상에서 鹿泉水라고 부르는 것이다. 동북쪽으로 흘러 陳餘壘를 휘감아 돌아서 다시동쪽의 綿蔓水로 흘러 들어간다."라고 하였다.
　　泜, 音祗, 又丁計·丁禮二切. 水經註 "泜水卽井陘山水, 世謂之鹿泉水. 東北流, 屈逕陳餘壘, 又東注綿蔓水."

---

54) 애초에……하였다 : 본서 秦 二世皇帝 원년조에 보인다.

【綱】여름 4월에 楚나라가 漢王을 滎陽에서 포위하였는데, 亞父 范增이 죽었다.

　　夏四月에 楚圍漢王於滎陽이러니 亞父范增이 死하다

【目】漢王이 陳平에게 말하기를, "천하가 어지러운데 어느 때나 안정이 되겠는가?"라고
하니, 진평이 말하기를, "項王의 강직한 신하는 亞父와 鍾離眛(종리말) 정도로 몇 명에
지나지 않습니다. 항왕은 사람됨이 의심이 많고 남의 참소를 잘 믿으니 진실로 황금을
내어 反間을 써서 그 마음에 의심이 들게 하면 틀림없이 楚나라를 격파할 수 있을 것입
니다."라고 하였다.

이에 왕이 陳平에게 황금 4만 근을 주고 그 돈의 용처에 대해서 묻지 않았다. 진평이
반간을 많이 풀어서 '종리말 등이 공은 많은데 땅을 갈라 가지지 못해서 漢나라와 더불
어 楚나라를 없애버리고 그 땅을 나누려고 한다.'는 소문을 내게 하였다. 그러자 項羽가
과연 종리말 등을 의심하였다.

　　漢王이 謂陳平曰 天下紛紛하니 何時定乎아 平曰 項王骨鯁之臣은 亞父鍾離(眜)〔眛〕[55]之屬
不過數人耳①라 項王爲人이 意忌信讒하니 誠能捐金行間하야 以疑其心하면 破楚必矣리이다 王이
乃與平黃金四萬斤하고 不問其出入한대 平이 多縱反間하야 言(眜)〔眛〕等이 功多로대 不得裂地하니
欲與漢滅楚而分其地라한대 羽果疑(眜)〔眛〕等이러니

　　① 鯁은 古杏의 切이니, 생선 가시이다. 또는 생선 가시가 목에 걸려서 넘어가지 않는 것을 鯁
　　이라고 하는데, 곧고 강직하여 받아들이기 어려운 것이 마치 생선 가시를 목으로 넘기는
　　것과 같기 때문이다. 亞는 버금이다. 항우가 아버지 다음으로 존중한다는 것이니, 관중을
　　仲父라 한 것과 같다. 鍾離는 複姓이고 眛은 음이 秣이니 이름이다.
　　　鯁, 古否切, 魚骨也. 又骨不下咽爲鯁, 以其謇諤難受, 如魚骨之哽咽也. 亞, 次也. 羽尊之次
　　　於父, 猶管仲爲仲父. 鍾離, 複姓, (眜)〔眛〕, 音秣, 名也.

【目】楚나라가 급박하게 滎陽을 포위하자 漢王이 화해를 청하였다. 이때 項羽의 사자들
이 漢나라에 왔는데, 陳平이 太牢의 음식을 갖추어서 들고 들어오다가 거짓으로 놀라며
말하기를 "나는 亞父의 사자라고 생각하였다."라고 하고 그대로 가지고 가버렸다. 그리
고 다시 나쁜 음식을 대강 차려서 올렸다. 사자가 돌아가 보고하자 항우가 아부를 크게

────────────────

55) (眜)〔眛〕: 저본에는 '眜'로 되어 있으나, 《資治通鑑》에 근거하여 '眛'로 바로잡았다. 아래도 같
　　다. 보통 鍾離眛(종리매)라고 하는데, 《자치통감》 胡三省 音註에 眛은 莫曷의 翻이라 하고 그 글
　　자는 本末의 末을 따랐다고 하였다.

의심하였다. 아부가 형양을 급히 공격하여 함락하려고 하였지만 항우가 따르지 않자, 아부가 화가 나서 말하기를 "천하의 일이 크게 결정되었으니 왕께서는 스스로 하소서. 원컨대 骸骨을 청하여 돌아가고자 합니다."라고 하였다. 아부가 돌아가다가 彭城에 이르기도 전에 등창이 나서 죽었다.

及楚圍滎陽急에 漢王이 請和하니 羽使至漢이어늘 陳平이 爲太牢具하야 擧進이라가 而佯驚曰 吾以爲亞父使也라하고 乃持去而更以惡草具로 進①한대 使歸以報하니 羽大疑亞父러라 亞父欲急攻下滎陽호대 羽不聽이어늘 亞父怒曰 天下事大定矣니 君王은 自爲之하라 願請骸骨歸하노라 未至彭城에 疽發背死하다

① 소, 양, 돼지를 모두 갖춘 것이 太牢이다. "擧進"이란 솥과 도마를 들고서 왔다는 말이다. 更(다시)은 平聲이다. 惡은 매우 나쁜 것이고, 草는 엉성하여 볼품이 없는 것이다.
牛·羊·豕具爲太牢. 擧進, 謂擧鼎俎而來也. 更, 平聲. 惡, 麤惡. 草, 草率也.

【綱】5월에 漢王이 武關으로 도망쳐 들어갔다. 彭越이 楚나라를 공격하자 楚나라가 군사를 돌려서 공격하거늘 한왕이 다시 成皐에 군사를 주둔하였다.

五月에 漢王이 走入關이러니 彭越이 擊楚한대 楚還兵擊之어늘 漢王이 復軍成皐하다

【目】楚나라가 滎陽을 더욱 급박하게 포위하자, 漢나라 장군 紀信이 말하기를 "사세가 급박합니다. 청컨대 제가 楚나라를 속이겠습니다."라고 하고, 그대로 왕의 수레를 타고 東門으로 나가서 말하기를 "식량이 떨어져서 漢王이 楚나라에 항복한다."라고 하니, 楚나라 군사가 모두 성의 동쪽으로 가서 구경하였다. 왕이 周苛를 시켜서 형양을 지키게 하고는 수십의 기병과 함께 西門으로 나가 달아나니 項羽가 기신을 불태워 죽여버렸다.

왕이 關中에 들어가서 병사를 수습하여 다시 동쪽으로 나가려 하자, 轅生이 "원컨대 왕은 武關으로 나가소서. 항우가 반드시 남쪽으로 달려갈 것이니, 이때 왕은 성벽을 높이 쌓고 싸우지 말아서, 형양과 성고의 사이에서 군사들로 하여금 우선 휴식을 하게 하십시오. 韓信 등이 또한 趙나라 땅을 안정시켜서 燕나라와 齊나라를 연합하거든, 왕이 곧바로 형양을 회복하시면, 楚나라는 대비할 대상이 많아서 힘이 분산될 것입니다. 그때 다시 항우와 싸운다면 반드시 격파할 수 있을 것입니다."라고 하였다. 왕이 그대로 따르니 항우가 과연 남쪽으로 내려가자 왕이 더불어 싸우지 않았다.

그때 마침 彭越이 楚나라 군사를 깨트리고 薛公을 죽였는데, 항우가 동쪽으로 팽월을

공격하였으므로 한왕이 다시 成皐에 군사를 주둔하였다.

楚圍滎陽益急이어늘 漢將軍紀信이 曰 事急矣라 臣請誑楚호리라 乃乘王車하고 出東門曰 食盡하니 漢王이 降楚라한대 楚皆之城東觀①이어늘 王이 乃令周苛로 守滎陽而與數十騎로 出西門去하니 羽燒殺信하다 王이 入關收兵하야 欲復東이어늘 轅生이 曰② 願君王은 出武關하라 羽必南走하리니 王이 深壁勿戰하야 令滎陽成皐間으로 且得休息하고 而韓信等이 亦得安輯趙地하야 連燕齊어든 王이 乃復還滎陽하면 則楚備多而力分하리니 復與之戰이면 破之必矣리이다 王이 從之하니 羽果南이어늘 王이 不與戰이러니 會彭越이 破楚軍殺薛公한대 羽東擊越이어늘 漢王이 復軍成皐하다

① 之는 간다는 것이다.
　之, 往也.
② 轅은 성이다.
　轅, 姓也.

紀信이 楚나라 군대를 속이다

【綱】6월에 楚나라가 彭越을 격파하고 돌아와서 滎陽과 成皐를 함락시키니, 漢王이 도망가서 河水를 건너 韓信의 군사를 빼앗고 한신을 보내 齊나라를 공격하게 하였다.

六月에 楚가 破彭越하고 還拔滎陽及成皐하니 漢王이 走渡河하야 奪韓信軍하고 遣信擊齊하다

【目】項羽가 이미 彭越을 격파하고 돌아와서 滎陽을 함락시켜 周苛를 팽하고 마침내 成皐를 포위하자, 漢王이 도망가서 북쪽으로 黃河를 건너 小脩武에 묵었다. 새벽에 스스로 漢나라의 사신이라고 칭하고 趙나라의 성루로 달려 들어가니, 張耳와 韓信이 아직 일어나지 않았거늘 곧바로 침실로 가서 印信과 兵符를 빼앗고 여러 장수를 불러 모아서 교체하여 배치하였다. 그리고 장이는 趙나라를 지키게 하고, 한신은 趙나라의 병사 중

成皐 전투

에서 징발하지 않는 자들을 거두어서 齊나라를 공격하게 하였다.

項羽旣破彭越하고 還拔滎陽하야 烹周苛하고 遂圍成皐어늘 漢王이 逃去하야 北渡河하야 宿小脩武^①하고 晨에 自稱漢使하야 馳入趙壁하니 張耳韓信이 未起어늘 卽臥內하야 奪其印符하고 以麾召諸將하야 易置之하고 令耳로 守趙하고 信으로 收趙兵未發者하야 擊齊하다

> ① 逃는 달아난다는 말이다. 백성이 그들의 임금으로부터 달아나는 것을 潰라고 하고, 임금이 달아나는 것을 逃라고 한다. 晉灼⁵⁶⁾이 말하기를, "小脩武는 大脩武城의 동쪽에 있다."라고 하였다.
> 逃, 走也. 民逃其上曰潰. 在上曰逃. 晉灼曰 "小脩武在大脩武城東."

【目】楚나라가 드디어 成皐를 함락하고 서쪽으로 가려고 하였는데, 왕이 성고의 동쪽을 포기하고 鞏洛에 주둔하여 楚나라에 대항하려고 하였다. 그러자 酈食其가 말하기를 "왕은 백성을 하늘로 삼고, 백성은 식량을 하늘로 삼습니다. 저 敖倉은 천하의 식량이 모이는 곳이 된 지가 오래되었습니다. 들으니 그곳에 보관된 곡식이 매우 많다고 합니다. 그런데 楚나라가 滎陽을 함락했으면서도 오창을 굳게 지키지 않고 그대로 병사를 데리고 동쪽으로 향하니, 이는 하늘이 漢나라에게 주신 것입니다. 원컨대 급히 병사를 진격시켜 형양을 거두어 오창의 곡식을 움켜쥐고 험난한 성고를 요새로 삼으며, 太行의 길을 막고 蜚狐(비호)의 입구에 걸터앉아 白馬의 나루를 지켜서, 지리적인 형세로써 천하를 제압할 수 있는 형세를 제후들에게 보여준다면 천하가 돌아갈 곳을 알게 될 것입니다."라고 하였다. 이에 왕이 다시 오창을 취할 계책을 논의하였다.

楚遂拔成皐하고 欲西어늘 王이 欲捐成皐以東而屯鞏洛하야 以距楚^①러니 酈生이 曰 王者는 以民爲天이니 而民以食爲天하나니 夫敖倉은 天下轉輸久矣라 聞其下藏粟이 甚多어늘 楚拔滎陽에 不堅守敖倉하고 乃引而東하니 此는 天所以資漢也라 願急進兵하야 收取滎陽하야 據敖倉之粟하고 塞成皐之險하며 杜太行之道하고 距蜚狐之口하며 守白馬之津하야 以示諸侯形制之勢하면 則天下知所歸矣리이다 王이 乃復謀取敖倉^②하다

> ① 《漢書》〈地理志〉에 "鞏縣은 河南郡에 속해 있으니 곧 東周君이 머물던 곳이다."고 하였다. 班志 "鞏縣屬河南郡, 卽東周君所居."
> ② 蜚는 飛의 古字이다. 如淳⁵⁷⁾이 말하기를, "蜚狐는 代郡의 서남쪽에 있다."고 하였다. "形制"는 지형을 따라서 점거하여 적을 제압한다는 말이다.

---

56) 晉灼 : 西晉 河南 사람이다. 尙書郞을 지냈으며, 《漢書》에 주석을 달았다.
57) 如淳 : 삼국시대 魏나라 馮翊 사람이다. 《漢書》에 주석을 달았다.

蜚, 古飛字. 如淳曰 "蜚狐在代郡西南." 形制, 謂因地形而據之以制敵.

【目】楊氏가 다음과 같이 평하였다.

"韓信의 군대가 이처럼 방비를 소홀히 하니, 적으로 하여금 기회를 엿보아 습격하게 하면 한신을 포로로 잡을 수 있었을 것이다. 아마도 옛날에 이른바 절도가 있는 군사는 한신도 미치지 못하는 점이 있다는 것인가."

楊氏曰 韓信之軍이 禁防疏闊이 如此하니 使敵人으로 投間竊發이면 則信을 可得而虜矣리니 豈 古所謂有制之兵은 信亦有所未逮與인저

【綱】가을 7월에 孛星이 大角[58]에 있었다.

秋七月에 **有星孛于大角**①하다

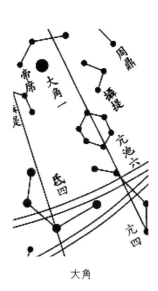
大角

① 孛는 步內의 切과 蒲沒의 切이니, 혜성의 종류이다. 불꼬리가 한쪽을 가리키면 彗星이라고 하고, 사방으로 뻗치면 孛라고 한다. 패라는 것은 비상한 나쁜 기운이 왕성하게 나오는 것을 말한다. 국내에 큰 난리가 없으면 반드시 큰 병란이 있을 것이고, 천하가 함께 모의하니 임금이 어리석어 해를 입을 것이다. 大角이란 천자의 조정을 상징한다.
孛, 步內·蒲沒二切, 彗類. 偏指曰彗. 芒氣四出曰孛. 孛者, 孛孛然, 非常惡氣之所生也. 內不有大亂, 必有大兵. 天下合謀, 暗蔽不明, 有所傷害. 大角, 天王帝坐廷.

【綱】8월에 漢王이 小脩武에 군대를 주둔시키고 사람을 보내어 楚나라의 군량을 불태웠다.

◗八月에 **漢王**이 **軍小脩武**하고 **遣人燒楚積聚**하다

【目】漢王이 韓信의 군대를 얻어서 그 위세를 다시 크게 떨쳤다. 병사를 이끌고 黃河까지 갔다가, 남쪽으로 가서 다시 楚나라와 싸우고자 하거늘, 鄭忠이 유세하여 중지하게 하였다. 그러자 왕이 劉賈와 盧綰으로 하여금 白馬津을 건너 楚나라 땅으로 들어가도록

하고 彭越을 도와서 楚나라에서 비축한 군량과 말꼴을 소각하여 楚나라의 기업을 파괴하도록 하였다.

漢王이 得韓信軍하니 復大振이라 引兵臨河라가 南鄕①하야 欲復與楚戰이어늘 鄭忠이 說止하니 王이 乃使劉賈盧綰으로 度59)白馬津入楚地하야 佐彭越燒楚積聚하야 以破其業②하다

① 鄕(나아가다)은 嚮이라고 읽는다.
  鄕, 讀曰嚮.
② 劉賈는 漢王의 사촌 형이다. 積(쌓다)은 子賜의 切이고, 聚(모으다)는 才喩의 切이다. "積聚"는 비축해놓은 군량과 말꼴 따위이다.
  賈, 漢王從父兄也. 積, 子賜切. 聚, 才喩切. 積聚, 所畜軍糧芻藁之屬也.

【綱】彭越이 梁 땅의 17개 성을 함락시켰는데, 楚나라가 다시 공격하여 빼앗았다.

彭越이 下梁十七城이러니 楚復擊取之하다

【目】彭越이 梁 땅의 17개 성을 함락하니, 項羽가 그 소식을 듣고서 曹咎에게 成皐를 지키게 하고 당부하기를, "漢나라가 싸우려고 해도 절대 그들과 싸우지 말라."라고 하고, 스스로 병사를 이끌고 동쪽으로 가서 팽월이 함락시켰던 성을 공격하였다. 外黃縣을 포위한 지 며칠 만에야 비로소 항복하니, 항우가 모조리 묻어 죽이려고 하였다.

외황현 守令 舍人의 아들이 나이가 13세60)였는데 항우를 설득하기를, "팽월이 외황 사람들을 겁박하니 두려운 까닭에 우선 항복하고서 대왕을 기다렸는데, 이제 또 모두 산 채로 묻어버린다면 백성의 마음이 어디로 돌아가겠습니까? 그렇게 하신다면 외황의 동쪽 10여 성을 모두 함락시킬 수 없을 것입니다."라고 하였다. 항우가 그 말을 따르니 梁 지방이 다시 楚나라에 붙었다.

彭越이 下梁地十七城하니 項羽聞之하고 使曹咎守成皐하고 戒曰 卽漢이 欲戰이라도 愼勿與戰하라하고 而自引兵東하야 擊越所下城할새 圍外黃數日에 乃降①하니 羽欲盡阬之어늘 外黃令舍人兒年十三이라 說羽曰② 彭越이 彊劫外黃하니 外黃이 恐故且降하야 以待大王이어늘 今又阬之면 百姓이 安所歸心哉리오 且如此則從此以東十餘城을 皆莫可下矣리라 羽從之하니 梁이 復爲楚하다

---

59) 度 : 度는 渡와 통용하여 쓴다.

60) 13세 : ≪史記≫ 〈項羽本紀〉에 보면 項羽가 외황현의 사람 중 15살 이상의 모든 남자를 죽이려고 하였다. 따라서 이 아이는 그 아버지를 살리고자 아래와 같이 말한 것이다.

① ≪漢書≫〈地理志〉에 "外黃縣은 陳留郡에 속한다."고 하였다. 張晏이 이르기를, "魏郡에 內
黃縣이 있는 까닭에 외황현을 더 설치하였다." 하고 하였다.
班志 "外黃縣屬陳留郡." 張晏曰 "魏郡有內黃, 故加外."
② 舍人은 사적으로 속해 있는 관리의 호칭이다. 兒라고 호칭한 것은 어리고 약하기 때문에
그 아버지의 官號에 붙인 것이다.
舍人, 私屬官號. 稱兒者, 以其幼弱, 故系其父.

【綱】漢王이 酈食其를 보내어 齊나라를 설득하여 항복하게 하였다.

漢王이 遣酈食其하야 說齊下之하다

【目】酈食其가 漢王을 설득하여 말하기를, "지금 燕나라와 趙나라는 이미 평정되었지만,
오직 齊나라만 함락시키지 못했습니다. 여러 田氏들은 종족이 강성하고 楚나라에 가까
우며 속임수가 많으니, 비록 수만의 군사를 보낸다 하더라도 한두 달이나 1년 이내에
격파하지 못할 것입니다. 청컨대, 신이 밝으신 임금의 조서를 받들어 齊王을 설득하여
우리의 동쪽 울타리가 되도록 하겠습니다."라고 하니, 왕이 좋다고 허락하였다.

酈食其說漢王曰 今燕趙已定호대 唯齊未下라 諸田이 宗强하고 近楚多詐하니 雖遣數萬之師나
未可以歲月破也니 臣이 請得奉明詔하야 說齊王하야 使爲東藩호리이다 王曰 善타

【目】酈食其가 齊王에게 가서 유세하기를, "왕께서는 천하가 어디로 돌아갈지 아십니
까?"라고 하자, 왕이 말하기를 "모르겠습니다. 청컨대 어디로 돌아갈지를 묻고자 합니
다."라고 하였다. 역이기가 말하기를 "漢나라로 돌아갈 것입니다."라고 하니, 왕이 말하
기를 "무슨 까닭입니까?"라고 하였다. 역이기가 말하기를 "漢王은 먼저 咸陽에 들어가서
천하의 병사를 거두어들였으며, 義帝가 어디에 있는지 項王에게 책망하였습니다. 그리
하여 제후의 후사를 세우고 천하와 그 이익을 함께하니, 천하의 어진 인재들이 한왕에
게 쓰이는 것을 즐거워하였습니다. 그러나 항왕은 약속을 배신했다는 이름과 의제를 죽
였다는 배은망덕함을 얻게 되었으며, 남의 죄는 기억해도 남의 공은 잊어버리니 어진
인재들이 그를 원망하여 그에게 쓰이지 않습니다. 이러니 천하의 일이 한왕에게 돌아가
리라는 것은 앉아서도 따져볼 수 있습니다. 지금 또 이미 敖倉을 점거하고 成皐를 요새
로 삼아서 白馬를 지키고 蜚狐(비호)를 장악하니, 천하에서 가장 나중에 복속하는 자는
가장 먼저 망할 것입니다."라고 하였다. 제왕이 그 말을 받아들여 드디어 漢나라와 화

평을 하고 수비하던 병사를 철수시켰다. 그리고 날마다 역이기와 함께 마음껏 술을 마시며 즐겼다.

酈生이 乃說齊王曰 王이 知天下之所歸乎아 王曰 不知也로니 請問之하노라 生曰 歸漢이니라 王曰 何也오 生曰 漢王은 先入咸陽하고 收天下兵하야 以責義帝之處①하고 立諸侯之後하야 與天下同其利하니 天下賢才樂爲之用하고 項王은 有倍約之名하고 有殺義帝之負②하며 記人之罪하고 忘人之功하니 賢才怨之하야 莫爲之用하나니 故로 天下之事歸於漢王을 可坐而策也요 今又已據敖倉하고 塞成皐守白馬距蜚狐하니 天下後服者先亡矣리라 齊王이 納之하야 遂與漢平而罷守備하고 日與生으로 縱酒爲樂③하더라

① 項羽가 강 가운데에서 義帝를 시해하였는데, 그 시신이 있는 곳을 알지 못하므로 漢王이 힐문한 것이다.
羽弑義帝於江中, 不知處所, 故漢王責之.
② 배은망덕을 負라고 한다.
背恩忘德曰負.
③ 이에 앞서서 齊나라는 韓信이 또 동쪽으로 병력을 움직인다는 소식을 듣고, 장수로 하여금 歷下에 주력부대를 주둔하게 하여 漢나라를 막았다.
先是, 齊聞韓信且東兵, 使將重兵屯歷下 以距漢.

【目】韓信이 동쪽으로 진군하려다가 그 소식을 듣고는 멈추니, 蒯徹이 설득하기를 "장군이 漢王의 조서를 받고 齊나라를 공격하는데, 漢나라가 단독으로 間使(密使)를 보내어 齊나라를 항복시켰으니 어찌 조서를 내려 장군의 공격을 중지시킨 일이 있었습니까? 또 역이기는 일개 선비로되 수레에 기대어 세 치 혀를 놀려서 齊나라 70여 성을 항복시켰는데, 장군은 수만 명의 무리를 가지고 1년여 동안에 趙나라의 50여 성을 함락시켰을 뿐입니다. 장군이 된 지 몇 년이 되었건만 도리어 일개 풋내기 儒者의 공만도 못하단 말입니까?"라고 하였다. 韓信이 드디어 黃河를 건넜다.

韓信이 欲東兵이라가 聞之而止어늘 蒯徹이 說曰 將軍이 受詔擊齊而漢이 獨發間使下之하니 寧有詔止將軍乎①아 且酈生은 一士로되 伏軾掉三寸舌하야 下齊七十餘城②이어늘 將軍은 以數萬衆으로 歲餘에 乃下趙五十城耳라 爲將數歲에 反不(一如)〔如一〕61)豎儒之功乎아 信이 遂渡河하다

① "間使"는 사람을 시켜서 남의 틈을 엿보게 하여 혼자 보내는 것을 말한다.

---

61) (一如)〔如一〕: 저본에는 '一如'로 되어 있으나, 《朱子全書》의 《資治通鑑綱目》과 思政殿訓義 《資治通鑑》에 근거하여 '如一'로 바로잡았다.

間使, 謂使人伺間隙而單行.

② 伏은 기대는 것이고, 軾(수레의 횡목)은 式과 통용하여 쓰인다. 掉는 徒釣의 切인데 흔든다는 뜻이다. 혀는 길이가 3치인데 북두칠성의 자루를 상징한 것이다.

伏, 憑也. 軾, 通作式. 掉, 徒釣切, 搖也. 舌, 長三寸, 象斗玉衡.

戊戌年(B.C. 203)

西楚霸王 4년, 漢王 4년이다.

西楚四年 漢四年이라

【綱】 겨울 10월에 漢나라 韓信이 齊나라를 습격하여 깨트리니, 齊王이 酈食其를 烹하여 죽이고 高密로 도망하였다.

冬十月에 漢韓信이 襲破齊하니 齊王이 烹酈食其하고 走高密①하다

① 酈食其가 자기를 팔아넘겼다고 하여 팽한 것이다. 高密縣은 膠西에 있다. 漢나라 宣帝 本始 원년(B.C. 73)에 高密國이 되었다.

以酈生爲賣己烹之. 高密縣在膠西. 宣帝本始元年, 爲高密國.

【綱】 漢王이 다시 成皐를 취하고 楚나라와 함께 모두 廣武에 군사를 주둔하였다.

◗漢王이 復取成皐하고 與楚皆軍廣武하다

【目】 漢나라가 자주 楚나라와 싸우려고 도발을 하였지만 曹咎가 나와 응대하지 않으니 사람을 시켜 욕을 하였다. 조구가 화가 나서 군사들로 汜水(사수)를 건너게 하였는데 반쯤 건너갔을 때 漢나라가 격파하니 조구가 스스로 목을 찔러 죽었다. 그러자 漢王이 병사를 이끌고 河水를 건너 다시 成皐를 빼앗고 廣武에 군대를 주둔시켜서 敖倉의 곡식을 차지하였다. 항우가 그 소식을 듣고 또한 군사를 이끌고 광무로 돌아와 서로 대치하였다.

漢이 數(삭)挑楚戰호대 曹咎不出이어늘 使人辱之①한대 咎怒하야 渡兵汜水러니 半渡에 漢이 擊破之하니 咎自剄②이어늘 漢王이 乃引兵渡河하야 復取成皐하고 軍廣武하야 就敖倉食③한대 羽聞之하고 亦還軍廣武하야 相守하다

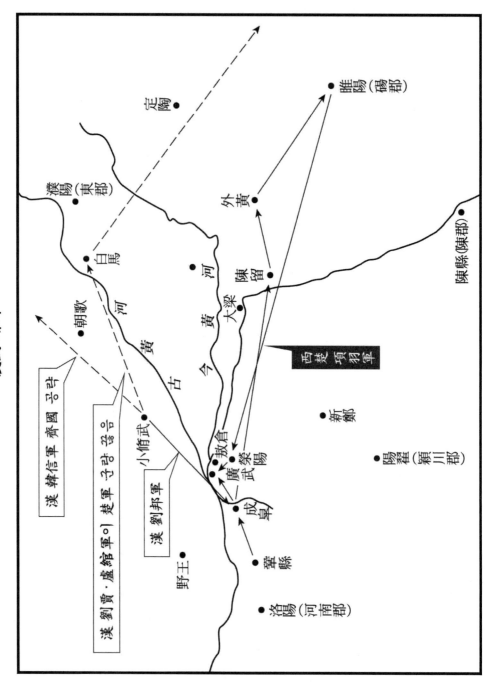

廣武 대치

① 挑(도전하다)는 徒了의 切이다. "挑戰"은 적을 도발하여 싸우기를 구하는 것이다. 옛날에는 이것을 致師라고 하였다.

挑, 徒了切. 挑戰, 擿嬈敵以求戰也. 古謂之致師.

② 氾는 凡과 祀의 두 가지 음이 있다. 臣瓚이 말하기를, "지금의 成皋城 동쪽 氾水가 바로 이것이다."라고 하였다.

氾, 凡·祀二音. 臣瓚曰 "今成皋城東氾水是也."

③ 戴延之[62]의 《西征記》에 이르기를, "三皇山에는 두 개의 성이 있는데, 동쪽은 東廣武城이고 서쪽은 西廣武城이며, 각각 산의 정상이 있고 서로 간의 거리가 100보이다. 汴水는 廣武의 사이를 지나서 동남쪽으로 흘러가는데 지금은 물이 말라서 물이 없다. 성에는 각각 3면이 있으며, 敖倉의 서쪽에 있다."라고 하였다.

戴延之西征記曰 "三皇山上有二城, 東曰東廣武, 西曰西廣武, 各在一山頭, 相去百步. 汴水從廣澗中東南流, 今涸無水. 城各有三面, 在敖倉西."

【目】楚나라가 식량이 부족하였다. 그래서 도마를 높이 만들고, 그 위에 太公[63]을 앉혀 놓고는 漢王에게 통고하기를 "지금 빨리 항복하지 않으면 내가 태공을 삶아 죽이겠다."라고 하니, 왕이 말하기를, "내가 너와 함께 懷王을 섬겨서 명을 받아 형제가 되기로 약속을 하였으니, 내 아버지가 곧 네 아버지이다. 꼭 네 아버지를 삶아 죽이려거든 내게도 국 한 그릇 나누어주면 다행이겠다."라고 하였다. 그러자 項羽가 화가 나서 죽이려고 하였는데, 項伯이 말하기를 "천하를 도모하는 자는 가정을 돌보지 않으니, 죽인들 무슨 소용이 있겠는가. 단지 재앙만 더할 뿐이다."라고 하였다.

항우가 한왕에게 말하기를 "천하가 몇 년 동안 흉흉한 것은 한갓 우리 두 사람 때문이니, 원컨대 왕과 한번 싸워서 자웅을 결판내서 천하의 父子된 사람에게 부질없는 고통을 주지 않고자 한다."라고 하자, 왕이 웃으며 사절하기를 "내가 차라리 지혜를 다툴지언정 힘으로 싸우지는 않겠다."라고 거절하였다.

楚食少라 乃爲高俎하야 置太公其上①하고 告漢王曰 今不急下하면 吾烹太公호리라 王曰 吾與若으로 俱北面受命懷王하야 約爲兄弟②하니 吾翁은 卽若翁이라 必欲烹而翁인대 幸分我一桮羹③하라 羽怒欲殺之어늘 項伯이 曰 爲天下者는 不顧家하나니 殺之無益이요 秖益禍耳④니라 羽謂漢王曰 天下匈匈數歲는 徒以吾兩人⑤이니 願與王挑戰決雌雄하야 毋徒苦天下父子爲也하노라 王이 笑謝曰

---

62) 戴延之：戴祚로 字가 延之이고, 東晉 江東 사람이다. 南朝 宋나라 武帝 劉裕가 後秦을 공격할 때 따라가서 《西征記》를 지었다. 나중에 西戎主簿를 지냈다. 《隋書》〈經籍志〉에 《甄異傳》과 《西征記》를 저술하였다고 하였다.

63) 太公：漢王의 아버지이다. 太公과 呂后가 項羽에게 사로잡힌 것은 본서 漢王 2년조에 보인다.

吾寧鬪智언정 不能鬪力이라하고

① 俎는 음이 阻인데, 고기를 담는 것이다.

俎, 音阻, 所以盛肉.

② 若은 너라는 말이다.

若, 汝也.

③ 而도 너라는 말이다. 柘는 杯와 같은 자이니, 옛날에 국을 杯에 담았다.

而, 亦汝也. 柘, 與杯同. 古者以杯盛羹.

④ 柢는 다만이라는 뜻이다.

柢, 適也.

⑤ 匈은 許容의 切이고 또 上聲이다. "匈匈"은 분잡하고 어지럽다는 뜻이다.

匈, 許容切, 又上聲. 匈匈, 誼擾之義.

【目】 그리고 項羽의 잘못을 하나하나 따지기를, "항우가 약속을 어기고 나를 漢나라의 왕으로 삼은 것이 첫 번째 죄이고, 천자의 명령이라 속이고 卿子冠軍(宋義)을 죽인 것이 두 번째 죄이고, 趙나라를 구하고도 보고하지 않고 멋대로 제후를 겁박하여 函谷關으로 들어가게 한 것이 세 번째 죄이고, 秦나라 궁실을 태우고 始皇帝의 무덤을 파헤쳐서 그 재물을 제 것으로 한 것이 네 번째 죄이고, 항복한 秦나라 王子嬰을 죽인 것이 다섯 번째 죄이고, 秦나라 자제 20만 명을 속여서 新安에 생매장한 것이 여섯 번째 죄이고, 여러 장수들은 좋은 땅의 왕을 시키고 옛 군주를 몰아낸 것이 일곱 번째 죄이고, 義帝를 몰아내고 스스로 彭城에 도읍하여 韓王의 땅과 梁 지방을 빼앗은 것이 여덟 번째 죄이고, 사람을 시켜 江南에서 몰래 義帝를 죽인 것이 아홉 번째 죄이고, 정치를 하되 공평히 하지 않고 약속을 주관하고도 지키지 않아 천하에 용납되지 않는 대역무도한 것이 열 번째 죄이다. 나는 義兵으로 제후를 따라서 殘賊을 죽이는 것이니, 그대에게 형벌을 받은 죄인을 시켜서 공을 공격하면 되는데 무엇 때문에 힘들게 내가 그대와 싸운다는 말인가."라고 하였다.

因數之曰 羽負約하고 王我於漢하니 罪一이요 矯殺卿子冠軍하니 罪二요 救趙不報而擅劫諸侯入關하니 罪三이요 燒秦宮室하고 掘始皇帝冢하고 私其財하니 罪四요 殺秦降王子嬰하니 罪五요 詐阬秦子弟新安二十萬하니 罪六이요 王諸將善地而徙逐故主하니 罪七이요 出逐義帝하고 自都彭城하고 奪韓梁地하니 罪八이요 使人陰殺義帝江南하니 罪九요 爲政不平하며 主約不信하니 天下所不容大逆無道이 罪十也라 吾以義兵으로 從諸侯誅殘賊하니 使刑餘罪人으로 擊公이라 何苦乃與公挑戰[1]이리오

① "刑餘罪人"은 경시하고 천대한 것을 말한다.

刑餘罪人, 言輕賤也.

【目】項羽가 크게 노하여 쇠뇌를 매복시켰다가 漢王을 쏘아서 가슴에 맞추었다. 그러자 왕이 발을 문지르며 말하기를 "저 종놈이 내 발가락을 맞추는구나."라고 하였다. 왕이 상처로 인하여 앓아누웠는데, 張良이 억지로 일어나 순행하며 군사들을 위로하고 사졸들을 안심시키라고 청하니, 왕이 따랐다. 그러다 병이 심해져서 그 때문에 급히 成皐로 달려 들어갔다.

羽大怒하야 伏弩射漢王傷胸한대 王이 乃捫足曰 虜中吾指로다 因病創臥①어늘 張良이 彊請起行勞軍하야 以安士卒②하니 王이 從之러니 疾甚하야 因馳入成皐하다

① 捫은 음이 門인데 문지르는 것이다. 가슴을 다쳤는데 발을 문지른 것은 사람들의 마음을 안심시키기 위해서이다. 創은 初莊의 切이니 다쳤다는 뜻이다.
　捫, 音門, 摸也. 傷胸而捫足者, 以安衆心. 創, 初莊切, 傷也.
② 行(순행하다)과 勞(위로하다)는 모두 去聲이다.
　行·勞, 竝去聲.

【綱】楚나라가 齊나라를 구원하였는데, 11월에 漢나라 韓信이 격파하여 그 장수인 龍且(용저)를 죽이고 齊王 田廣을 포로로 잡았다. 田橫이 스스로 서서 齊王이 되었다가 싸움에 패하여 도망하자 한신이 드디어 齊나라 땅을 평정하였다.

楚救齊어늘 十一月에 漢韓信이 擊破之하고 殺其將龍且하고 虜齊王廣하니 田橫이 自立爲齊王이라가 戰敗走어늘 信이 遂定齊地하다

【目】楚나라가 龍且로 하여금 군사 20만을 거느리고 가서 齊나라를 구원하게 하였는데, 어떤 이가 용저에게 말하기를, "漢나라 병사들은 먼 곳에서 달려와 사력을 다해 싸우고 있으니 그 예봉을 당할 수가 없습니다. 齊나라와 楚나라는 그대로 자기가 살던 땅에 있어서 싸울 마음이 없으니 군사가 쉽게 패하여 흩어질 것입니다. 따라서 성벽을 굳게 하여 웅거하고 齊王으로 하여금 항복한 성에 심복을 보내어 끌어들이게 하십시오. 그러면 항복한 성에서는 왕이 있다는 소식을 듣고 楚나라가 와서 구해주면 반드시 漢나라를 배반할 것입니다. 그렇게 되면 漢나라 병사는 객지에 머물게 되어 그 형세상 식량을 얻을 곳이 없으니 싸우지 않고도 항복시킬 수 있을 것입니다."라고 하였다.

楚使龍且(저)로 將兵二十萬救齊①어늘 或曰 漢兵은 遠鬪窮戰하니 其鋒을 不可當이요 齊楚는 自居其地하니 兵易敗散②이라 不如深壁하고 令齊王으로 使其信臣으로 招所亡城③하면 亡城이 聞王在하고 楚來救하면 必反漢하리니 漢兵이 客居하야 其勢無所得食이니 可不戰而降也리라

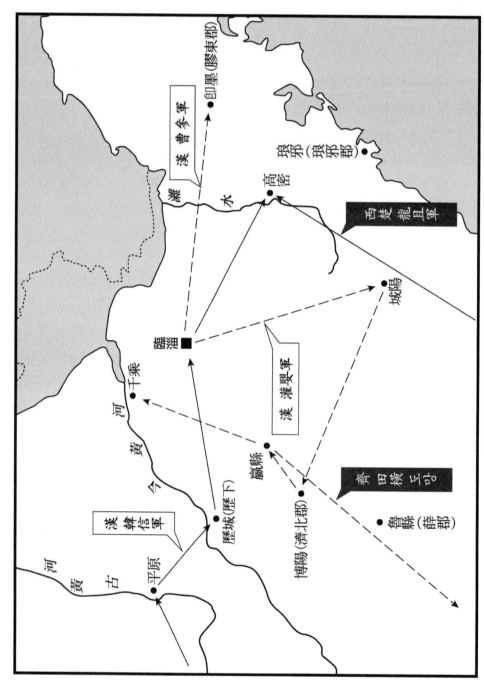

韓信이 齊나라 침공도

① 且는 子余의 切이다.

　　且, 子余切.

② 사졸은 집이 가까우면 진격할 적에 죽기를 각오하고 싸울 마음이 없고, 후퇴할 적에 돌아
　　가서 의탁할 곳이 있으면 쉽게 싸움에 패하여 흩어진다.

　　士卒, 近家, 進無必死之心, 退有歸投之處, 易以敗散也.

③ "信臣"은 항상 가까이 두고 신임하는 신하이다.

　　信臣, 常所親信之臣.

【目】 그러자 龍且가 말하기를, "내가 韓信의 사람됨을 아는데 상대하기가 쉽다. 빨래하
는 아낙에게 밥을 얻어먹었으니 스스로 벌어먹을 대책이 없으며, 남의 바짓가랑이로 사
이로 기어가 모욕을 당하였으니 다른 사람보다 뛰어난 용기는 없는 사람이다. 두려워할
것도 못 된다. 또 齊나라를 구원하는데 싸우지도 않고 한신을 항복시킨다면 내가 무슨
공이 있겠는가? 지금 싸워서 그를 이기게 되면 齊나라의 반을 얻을 수 있을 것이다."라
고 하고, 진군하여 漢나라 군사와 濰水(유수)를 끼고서 진을 쳤다.

　　且曰吾知韓信爲人이로니 易與耳라 寄食於漂母하니 無資身之策이요 受辱於袴下하니 無兼人之
勇이니 不足畏也요 且救齊不戰而降之면 吾何功①이리오 今戰而勝이면 齊半을 可得也②라하고 進與
漢軍으로 夾濰水而陳③하다

① ≪資治通鑑≫에는 且의 아래에 夫자가 있다.

　　通鑑, 且下有夫字.

② 齊나라 땅의 반을 마땅히 봉지로 받아야 한다고 스스로 말한 것이다.

　　自謂當得封齊之半地.

③ 濰는 음이 維이다. ≪地理志≫에 "濰水는 琅邪郡 箕屋山 동북쪽에서 나와 臺昌을 지나 바다
　　로 들어간다."고 하였다.

　　濰, 音維. 地理志 "濰水出琅邪箕屋山東北, 經臺昌入海."

【目】 韓信이 밤에 사람을 시켜 모래주머니를 만들어서 상류를 막아놓고, 아침에 강을 건
너가 龍且를 공격하다가 거짓으로 패한 체하며 돌아서서 도주하였다. 용저가 기뻐하며
말하기를 "내가 진실로 한신이 겁쟁이인 줄을 알겠다."라고 하며 추격하였는데, 한신이
강을 막았던 모래주머니를 터놓게 하니, 물이 크게 닥쳐와서 용저의 군사 태반이 건너
지 못하였다. 그러자 한신이 급히 공격하여 용저를 죽이고 城陽까지 추격하여 齊王 田
廣을 포로로 잡았다. 그러자 田橫이 스스로 올라서 齊王이 되었는데, 灌嬰이 공격하여

패주시키고 齊나라 땅을 모두 평정하였다.

信이 夜令人으로 囊沙하야 壅水上流①하고 且渡擊且라가 佯敗還走한대 且喜曰 吾固知信怯也라하고 遂追之어늘 信이 使決壅囊하니 水大至라 且軍이 大(태)半不得渡②어늘 信이 急擊殺且하고 追至城陽하야 虜齊王廣③하니 田橫이 遂自立爲齊王이어늘 灌嬰이 擊走之하고 盡定齊地하다

① "囊沙"는 주머니에 모래를 채운 것이다.
　囊沙, 爲囊盛沙.
② 大는 음이 泰이다. 대개 수를 셀 때 있어 3분의 2는 太半이라 하고, 3분의 1은 少半이라 한다.
　大, 音泰. 凡數, 三分有二爲太半. 有一分爲少半.
③ 여기서 말하는 城陽은 곧 漢나라 城陽國의 땅이다.
　此城陽, 卽漢城陽國之地.

【綱】漢나라가 張耳를 세워서 趙王으로 삼았다.

　漢이 立張耳爲趙王하다

【綱】漢王이 櫟陽으로 돌아와 4일을 머물고 다시 廣武로 갔다.

　❶漢王이 還櫟陽留四日하야 復如廣武하다

【綱】봄 2월에 漢나라가 韓信을 세워 齊王으로 삼고 그 병사를 징발하여 楚나라를 공격하였다.

　❶春二月에 漢이 立韓信爲齊王하고 徵其兵擊楚하다

【目】韓信이 사람을 보내어 漢王에게 말하기를 "齊나라는 거짓말을 잘하고 변화가 많아 자주 번복하는 나라입니다. 청컨대 제가 임시 왕이 되어 진압하겠습니다."라고 하였다. 한왕이 크게 노하여 꾸짖기를 "내가 이곳에서 곤궁하게 지내며 아침저녁으로 네가 오길 바라고 있는데, 스스로 왕이 된단 말이냐."라고 하니, 張良과 陳平이 한왕의 발을 꾹 밟아 제지하고 귀에 대고 말하기를 "漢나라가 지금 불리하니 어찌 한신이 스스로 왕이 되는 것을 금할 수 있겠습니까? 이것을 계기로 왕으로 세워서 스스로 지키게 하는 것만 못합니다. 그렇지 않으면 변고가 일어날 것입니다."라고 하였다. 한왕이 즉시 깨닫고는 다시 꾸짖기를 "대장부가 제후를 평정하고 곧바로 진짜 왕이 되는 것이니 무엇 때문에

임시로 한단 말인가?"라고 하였다.

韓信이 使人言於漢王曰 齊는 僞詐多變反覆之國也라 請爲假王以鎭之하노이다 漢王이 大怒罵曰 吾困於此하야 旦暮望若來어늘 乃自立邪아 張良陳平이 躡王足附耳語曰① 漢方不利하니 寧能禁信之自王乎아 不如因而立之하야 使自爲守니 不然이면 變生하리이다 王이 悟하야 復罵曰 大丈夫定諸侯하고 卽爲眞王이니 何以假爲리오

① 躡은 밟는다는 뜻이다.
　躡, 蹈也.

【目】 2월에 張良을 보내어 인수를 가지고 가서 韓信을 齊王으로 세우고는 그 병사를 징발하여 楚나라를 공격하였다.

項羽는 龍且가 죽었다는 소식을 듣고는 크게 두려워하여, 武涉을 한신에게 보내어 자신과 講和하여 천하를 三分하는 형세를 이루자고 설득하였다. 그러나 한신이 거절하며 말하기를 "신이 項王을 섬길 때에는 벼슬이 郞中에 지나지 않고 지위는 창잡이를 넘지 못하였습니다. 말을 해도 듣지 않았고 계책을 내어도 쓰이지 않았습니다. 그래서 楚나라를 배반하고 漢나라로 돌아갔는데, 漢王은 저에게 上將軍의 인수와 수만 명의 군사를 주었으며, 옷을 벗어 나에게 입히고 자신의 음식을 밀어 나에게 먹였으며, 말을 하면 들어주었고 계책을 내면 사용하였습니다. 그래서 제가 여기까지 올 수 있었던 것입니다. 무릇 남이 나를 깊이 신임하고 가까이하는데 내가 그를 배신하는 것은 상서롭지 못한 것이니, 비록 죽더라도 마음을 바꾸지 않을 것입니다. 저를 대신하여 항왕에게 말씀해주시면 다행이겠습니다."라고 하였다.

二月에 遣良操印하야 立信爲齊王하고 徵其兵擊楚하다 項羽聞龍且死하고 大懼하야 使武涉說信하야 欲與連和하야 三分天下어늘 信이 謝之曰 臣이 事項王에 官不過郞中이요 位不過執戟①하며 言不聽畫不用이라 故倍楚而歸漢하니 漢王은 授我上將軍印하고 予我數萬衆하며 解衣衣我하고 推食食我(퇴식사아)하며 言聽計用이라 故吾得至於此②하니 夫人이 深親信我어늘 我倍之不祥이니 雖死나 不易호리라 幸爲信謝項王하라

① 郞中은 숙위하며 창을 잡고 있는 사람이다.
　郞中, 宿衛執戟之人也.
② 〈"解衣衣我" 중에〉 아래 衣(입히다)는 於旣의 切이고, 〈"推食食我" 중에〉 아래 食(먹이다)는 飼로 읽는다.
　下衣, 於旣切. 下食, 讀曰飼.

【目】武涉이 떠나간 후에 蒯徹(괴철)이 천하의 저울대(권력)가 韓信에게 있다는 것을 간파하고, 한신을 설득하기를 "천하가 처음 봉기하였을 때는 오직 秦나라를 망하게 하는 것에만 생각이 있었습니다. 그러나 지금 楚나라와 漢나라가 다투어서 천하의 사람들로 하여금 肝臟과 쓸개가 땅에 널려 있게 하고 들판에 널려진 해골은 그 수를 셀 수가 없습니다. 楚나라 사람들은 승승장구하여 그 위세가 천하에 진동하지만 西山에 가로막혀서 앞으로 나가지 못한 지가 3년이 되었습니다. 漢王은 鞏과 洛을 점거하고 험준한 산세와 황하를 끼고 하루에 몇 번을 싸우는데도 한 치의 땅도 넓히지 못하니, 이것이 이른바 지혜와 용기가 모두 곤궁해진 경우입니다. 지금 두 임금의 명운이 족하에게 달려 있으니, 둘 다 이롭게 하여 모두 사는 것이 가장 좋은 방법입니다. 천하를 삼분하여 솥의 다리처럼 버티면 그 형세가 누구도 감히 먼저 움직이지 못할 것입니다. 족하는 강한 齊나라에 웅거하여 燕나라와 趙나라를 따르게 하십시오. 그리하여 백성의 소원에 따라서 서쪽으로 향하여 〈楚나라와 漢나라의 싸움을 그치게 하여〉 백성들을 살리자고 두 임금에게 청한다면 천하가 바람에 쓸리듯 따를 것입니다. 듣건대 하늘이 주는데도 갖지 않으면 오히려 벌을 받게 되고, 때가 이르렀는데 거사하지 않으면 도리어 화를 받는다고 하였습니다. 원컨대 족하는 깊이 생각해보시기 바랍니다."라고 하였다.

武涉이 已去어늘 蒯徹이 知天下權이 在信하고 乃說之曰 天下初發難也에 憂在亡秦而已①러니 今楚漢이 分爭하야 使天下之人으로 肝膽이 塗地하며 暴骸中野를 不可勝數라 楚人은 乘利席卷하야 威震天下하나 然迫西山而不得進者三年矣요 漢王은 距鞏洛阻山河하야 一日數戰호대 無尺寸之功하니 此所謂智勇俱困者也라 今兩主之命이 縣於足下하니 莫若兩利而俱存之니 三分天下하야 鼎足而居하면 其勢莫敢先動하리니 足下據强齊從燕趙②하야 因民之欲하야 西向爲百姓請命하면 則天下風走而響應矣③리라 蓋聞天與不取면 反受其咎요 時至不行이면 反受其殃이라하니 願足下는 熟慮之어다

① 〈"憂在亡秦而已"는〉 뜻이 秦나라를 멸망시키는 데 있으니, 근심하는 바는 오직 이것뿐이라는 말이다.
　志在滅秦, 所憂者唯此.

② 從(따르다)은 본음대로 읽는다. 燕나라와 趙나라로 하여금 자기에게 복종하게 한다는 말이다.
　從, 如字. 使燕趙服從己也.

③ 爲(위하다)는 去聲이다. 齊나라가 동쪽에 있었던 까닭에 서쪽으로 향한다고 말한 것이니, 楚나라와 漢나라의 싸움을 그치게 하는 것이다. 사졸들이 죽지 않는 까닭에 목숨을 청한다고 하였다. "風走"는 따르는 것이 마치 바람처럼 빠르다는 말이다.
　爲, 去聲. 齊國在東, 故曰西向, 止楚漢之戰鬪. 士卒不死亡, 故曰請命. 風走, 言疾趨如風也.

【目】 그러자 韓信이 말하기를 "漢王이 나를 매우 후대하니, 내가 어떻게 이익을 따라서 의리를 배신하겠습니까?"라고 하였다. 蒯徹이 말하기를 "처음에 張耳와 陳餘가 서로 목숨을 내놓을 정도의 친한 사이였습니다. 그러나 張黶(장염)과 陳澤(진석)의 일로 다투고 나서는 장이가 마침내 泜水(지수)의 남쪽에서 진여를 죽이니, 머리와 다리가 잘려서 따로 뒹굴었습니다. 이제 족하가 한왕과의 관계를 반드시 위 두 사람이 친밀했던 것보다 더 굳게 하지는 못할 텐데, 일은 장염과 진석의 경우보다 더 크고 많습니다. 그래서 제가 삼가 족하가 한왕이 반드시 족하를 위태롭게 하지 않을 것이라고 믿는 것이 역시 잘못되었다고 생각하는 것입니다. 들짐승이 사라지면 사냥개는 솥으로 들어가는 법입니다. 원컨대 족하는 깊이 생각해보시기 바랍니다. 또 용기와 지략이 주인을 두렵게 하는 자는 그 몸이 위태롭고, 공이 천하를 덮는 자는 상을 줄 수 없습니다. 이제 족하가 주인을 두렵게 하는 위엄을 머리에 이고, 상을 줄 수 없는 공을 옆에 끼고 있으니, 이것을 가지고 어디로 돌아가시려 합니까?"라고 하자, 한신이 사양하며 말하기를 "선생은 쉬도록 하십시오. 내가 생각해보겠습니다."라고 하였다.

信曰 漢王이 遇我甚厚하니 吾豈可以鄕利而倍義乎아 徹曰 始張耳陳餘相與爲刎頸之交라가 及爭張黶陳澤(석)之事에 耳遂殺餘泜水之南하야 頭足異處하니 今足下交於漢王이 必不能固於二君之相與也①요 而事多大於張黶陳澤者하니 故臣이 竊以爲足下必漢王之不危已亦誤矣②라하노라 野獸已盡而獵狗烹하나니 願足下는 深慮之하라 且勇略이 震主者는 身危하고 功蓋天下者는 不賞하나니 今足下戴震主之威하고 挾不賞之功하니 欲持是安歸乎③아 信謝曰 先生은 休矣어다 吾方念之호리라

① "相與"는 서로 더불어 좋은 관계라는 뜻이다.
  相與, 言相與交善也.
② 必은 반드시 믿는다는 것이다.
  必, 謂必信之也.
③ 安은 어디로이다.
  安, 焉也.

【目】 며칠 후에 蒯徹이 다시 설득하기를 "무릇 말을 듣는 것은 성공할 조짐이고, 깊이 생각하는 것은 성공의 관건이니, 틀린 말을 듣고 잘못된 생각을 하고도 능히 오래도록 편안한 경우는 없습니다. 따라서 지혜로운 자는 결단을 속히 하고, 의심하는 자는 일에 해가 되니, 털끝처럼 자잘한 계교를 살피고 천하의 큰 운수를 잃어버려서, 머리로는 진실로 알지만 결단하여 감행하지 못하는 것은 모든 일의 재앙입니다. 무릇 공은 이루기

는 어렵고 실패하기는 쉬우며, 때는 얻기는 어렵고 잃기는 쉬우니, 때여! 때여! 두 번
다시 오지 않을 것입니다.”라고 하였다. 韓信이 머뭇거리며 차마 漢나라를 배신하지 못
하고, 또 스스로 자신의 공로가 많으니, 漢나라가 끝내 자신의 齊나라를 빼앗지 않을
것이라고 생각하여 마침내 蒯徹의 제안을 거절하였다. 그러자 괴철이 떠나서 거짓으로
미친 체하여 무당이 되었다.

　數日에 徹이 復說曰 夫聽者는 事之候也요 計者는 事之機也①니 聽過計失이요 而能久安者鮮矣라
故智者는 決之斷也요 疑者는 事之害也니 審毫釐之小計하고 遺天下之大數하야 智誠知之호대 決弗
敢行者는 百事之禍也라 夫功者는 難成而易敗요 時者는 難得而易失이니 時乎時乎不再來②니라 信이
猶豫不忍倍漢하고 又自以功多하니 漢이 終不奪我齊라하야 遂謝徹하니 徹이 因去하야 佯狂爲巫하다

　① 聽은 좋은 계책을 너끈히 듣는다는 것이다.
　　聽, 謂能聽善謀也.
　② 때를 잃어서는 안 된다는 것을 탄식한 것이다.
　　嘆時之不可失.

【綱】가을 7월에 漢나라가 黥布를 세워서 淮南王으로 삼았다.

　秋七月에 漢이 立黥布爲淮南王①하다

　① 高帝(漢 高祖)가 九江을 淮南國으로 이름을 바꾸었으니, 廬江, 衡山, 豫章이 모두 이에 속하
　　였다.
　　高帝更名九江爲淮南國, 廬江·衡山·豫章皆屬焉.

【綱】8월에 漢나라가 처음으로 丁稅인 算賦를 징수하였다.

　○八月에 漢이 初爲算賦하다

【目】백성으로 나이 15세 이상으로부터 56세까지 세금을 내되, 한 사람마다 120文을 1算
으로 하여 병기와 거마를 마련하였다.

　民年十五以上至五十六히 出賦錢호대 人百二十爲一算하야 治庫兵車馬하다

【綱】北貉 지방의 燕나라 사람들이 날래고 용감한 기병을 보내어 漢나라를 도
왔다.

北貉燕人이 致梟騎助漢①하다

① 貉은 貊과 같으니 오랑캐의 이름으로 동북방에 산다. 一說에 "貉은 바로 濊이다."라고 하였다. 梟는 음이 澆인데 가장 용감하고 강력한 것을 梟라고 한다.
　貉, 與貊同, 胡名, 在東北方. 一說, 貉, 卽濊也. 梟, 音澆. 最勇健曰梟.

【綱】漢王이 명령을 내려서 관리들로 하여금 군사 중에 죽은 이를 거두어 관에 넣어 그 집에 보내도록 하였다.

　○ 漢王이 **令軍士死者**를 **吏爲棺斂**하야 **送其家**①하다

① 棺(관)은 工喚의 切이고, 斂(주검)은 力瞻의 切이다. 옷과 이불을 만들고 관에 시신을 수습하는 것이다.
　棺, 工喚切. 斂, 力瞻切. 與作衣衾而斂尸於棺也.

【綱】漢나라가 周昌을 御史大夫로 삼았다.

　○ 漢이 **以周昌爲御史大夫**①하다

① 周昌은 周苛64)의 사촌 아우이다.
　昌, 苛從弟也.

【綱】楚나라가 漢나라와 천하를 반으로 나누기로 약속하고는 9월에 太公과 呂后를 漢나라에 돌려보냈다. 그리고 포위를 풀고서 동쪽으로 돌아갔다.

　○ **楚與漢約**하야 **中分天下**하고 **九月**에 **歸太公呂后於漢**하고 **解而東歸**하다

【目】項羽가 스스로 원조는 없고 식량은 떨어진 것을 알았고, 또 韓信이 군사를 전진시켜서 공격하였다. 漢나라가 侯公을 보내어 항우를 설득하여 太公을 보내달라고 하니, 항우가 漢나라와 천하를 반으로 나누어 鴻溝 서쪽은 漢나라로 하고 동쪽은 楚나라로 하기로 약속하고는, 9월에 太公과 呂后를 돌려보내고 포위를 풀고서 동쪽으로 돌아갔다.

---

64) 周苛 : 漢王(劉邦)의 內史가 되었다가 御史大夫로 임명되었다. 楚漢 전쟁 때 魏豹, 樅公과 함께 滎陽을 지켰는데, 項羽가 형양을 포위하자 위표가 일찍이 漢나라에 배반했다 하면서 먼저 그를 살해했다. 나중에 항우가 형양을 함락하자 포로로 잡혔다. 항우가 항복을 권하면서 上將軍으로 임명하겠다고 제안했으나 항복하지 않다가 죽임을 당했다.

漢王이 서쪽으로 돌아가려고 했는데, 張良과 陳平이 말하기를 "漢나라는 천하의 태반을 가지고 있고 楚나라 병사는 굶주리고 피곤하니, 지금 풀어주고 공격하지 않는다면 이는 호랑이를 길러서 스스로 근심을 남기는 것입니다."라고 하자, 왕이 따랐다.

項羽自知少助食盡하고 韓信이 又進兵擊之러니 漢이 遣侯公說羽하야 請太公한대 羽乃與漢約하야 中分天下하야 鴻溝以西는 爲漢하고 以東은 爲楚①하고 九月에 歸太公呂后하고 解而東歸어늘 漢王이 欲西歸러니 張良陳平이 曰 漢은 有天下大(태)半하고 楚兵은 飢疲하니 今釋弗擊하면 此는 養虎自遺 患也라한대 王이 從之하다

① 杜佑가 "鄭州의 滎陽縣 서쪽에 鴻溝가 있다."라고 하였다.
　杜佑曰 "鄭州滎陽縣西有鴻溝."

【目】程子가 다음과 같이 평하였다.

"張良은 재주와 식견이 뛰어나고 높아서 儒者의 기상이 있었는데, 또한 이런 말로 漢王을 설득하였으니 그 불의한 것이 매우 심하다."

程子曰 張良이 才識이 高遠하야 有儒者氣象이로되 而亦以此로 說漢王하니 則其不義甚矣로다

附錄

思政殿訓義 資治通鑑綱目 2 年表

年度	在位年	역문쪽수	주요 사건
B.C. 255 丙午年	秦 昭襄王 52 楚 考烈王 8 燕 孝王 3 魏 安釐王 22 趙 孝成王 11 韓 桓惠王 18 齊王 建 10	13 16 24	• 秦나라 승상 范雎가 사직하고 蔡澤이 승상에 임명. • 楚나라가 荀況을 蘭陵令으로 임명. • 秦나라가 周나라의 寶器를 탈취하고 西周公을 㦅狐聚로 옮김. • 楚나라가 魯나라 頃公을 莒로 옮김.
B.C. 254 丁未年	秦 昭襄王 53 燕王 喜 1	25	• 韓나라가 秦나라에 조회하고 魏나라가 秦나라에 복속함.
B.C. 253 戊申年	秦 昭襄王 54	25	• 楚나라가 陳에서 鉅陽으로 천도.
B.C. 252 己酉年	秦 昭襄王 55	26	• 衛나라 懷君이 魏나라에 조회하자 魏나라 사람들이 그를 죽이고 元君을 衛나라 임금으로 세움.
B.C. 251 庚戌年	秦 昭襄王 56	26 27 28	• 秦나라 昭襄王 사망, 孝文王 즉위. • 廉頗가 趙나라를 침공한 燕나라 군대를 격파한 뒤에 燕나라 수도를 포위하자 燕나라가 將渠를 재상으로 삼아 趙나라와 강화를 맺음. • 趙나라 平原君(趙勝) 사망.
B.C. 250 辛亥年	秦 孝文王 1	28 29	• 秦나라 孝文王이 즉위한 지 3일 만에 사망, 莊襄王이 즉위하자 華陽夫人을 華陽太后로, 夏姬를 夏太后로 삼음. • 齊나라 田單이 魯仲連의 계책으로 燕나라에 빼앗겼던 聊城을 회복함.
B.C. 249 壬子年	秦 莊襄王 1	30 32	• 秦나라 呂不韋를 相國으로 삼아 文信侯에 봉함. • 秦나라 呂不韋가 군대를 거느리고 가서 東周國을 멸망시키고 東周君을 陽人聚로 옮김. • 秦나라 蒙驁가 韓나라를 정벌하여 滎陽과 成皐를 탈취하고 三川郡을 설치함. • 楚나라가 魯나라를 멸망시킴.

年度	在位年	역문쪽수	주요 사건
B.C. 248 癸丑年	秦 莊襄王 2	34	• 秦나라 蒙驁가 趙나라를 정벌하여 太原을 평정함. • 楚나라가 春申君을 吳 땅에 봉함.
B.C. 247 甲寅年	秦 莊襄王 3	35	• 秦나라 王齕이 趙나라 上黨을 정벌하여 太原郡을 설치함. • 秦나라 蒙驁가 魏나라를 정벌하자 趙나라에 망명하고 있던 信陵君을 불러 상장군으로 삼음. 신릉군이 다섯 나라의 군대를 거느리고 몽오의 군대를 격파하고 函谷關까지 추격함.
		39	• 秦나라 莊襄王 사망, 秦王 政(始皇帝) 즉위.
B.C. 246 乙卯年	秦王 政 1	40	• 秦나라가 鄭國渠를 개통함.
B.C. 245 丙辰年	秦王 政 2 趙 悼襄王 1	42	• 趙나라 孝成王이 사망하고 悼襄王이 즉위하자, 廉頗가 魏나라로 망명함.
B.C. 244 丁巳年	秦王 政 3 趙 悼襄王 1	44	• 趙나라 李牧이 燕나라를 정벌하여 武遂와 方城을 탈취함.
		48	• 이 시기를 전후로 匈奴가 강성해짐.
		49	• 魏나라 信陵君(魏無忌) 사망.
B.C. 243 戊午年	秦王 政 4	50	• 秦나라가 재해로 納粟을 시행함.
B.C. 242 己未年	秦王 政 5 魏 景閔王 1	51	• 秦나라 蒙驁가 魏나라를 정벌하여 東郡을 설치함.
B.C. 241 庚申年	秦王 政 6	51	• 楚나라를 중심으로 6국이 합종하여 楚나라 春申君이 6국의 군대를 이끌고 함곡관까지 진격하였으나 패함.
		52	• 楚나라가 壽春으로 천도하고 郢이라 명명함.
		53	• 秦나라가 魏나라의 朝歌와 衛나라의 濮陽을 함락시키자, 衛나라 元君이 종족을 거느리고 野王으로 옮겨감.
B.C. 240 辛酉年	秦王 政 7		

年度	在位年	역문쪽수	주요 사건
B.C. 239 壬戌年	秦王 政8	54	• 魏나라가 鄴을 趙나라에게 줌.
B.C. 238 癸亥年	秦王 政9 韓王 安1	55 58	• 秦王 政이 冠禮를 치름. • 秦나라에서 嫪毐의 난이 일어나자, 秦王이 이를 진압하고 노애와 사통한 태후를 雍으로 옮겼다가 茅焦의 진언으로 태후를 함양으로 돌아오게 함.(嫪毐의 난) • 楚나라 考烈王이 사망하자 春申君(黃歇)이 암살당함.
B.C. 237 甲子年	秦王 政10 楚 幽王1	60	• 秦나라 丞相 呂不韋가 면직되어 자신의 封國인 洛陽으로 감. • 秦나라가 逐客令을 내리자, 客卿인 李斯가 상소를 올림.
B.C. 236 乙丑年	秦王 政11	63	• 趙나라 悼襄王 사망, 幽繆王 즉위.
B.C. 235 丙寅年	秦王 政12 趙 幽繆王1	64	• 秦나라 呂不韋가 蜀으로 옮겨가 자살함.
B.C. 234 丁卯年	秦王 政13	65	• 趙나라 대장군 李牧이 宜安에서 秦나라 군대를 격파함.
B.C. 233 戊辰年	秦王 政14	66	• 韓나라가 秦나라에 藩臣을 칭하고 韓非를 秦나라에 보냈는데, 한비가 李斯의 참소로 옥에 갇히자 자살함.
B.C. 232 己巳年	秦王 政15	68	• 秦나라가 趙나라를 정벌했으나 李牧의 군대와 조우하자 퇴각함. • 秦나라에 인질로 있던 燕나라 태자 丹이 도망쳐 燕나라로 돌아옴.
B.C. 231 庚午年	秦王 政16	69	• 韓나라가 南陽의 땅을 秦나라에 바침.
B.C. 230 辛未年	秦王 政17	70	• 秦나라가 韓나라를 멸망시키고 潁川郡을 설치함.

年度	在位年	역문쪽수	주요 사건
B.C. 229 壬申年	秦王 政 18	70	• 秦나라 王翦이 趙나라를 정벌하여 井陘을 함락시키니, 趙나라가 李牧으로 하여금 방어하게 하자, 秦나라가 趙나라 왕의 총신 郭開에게 뇌물을 주어서 趙나라가 이목을 죽이게 함.
B.C. 228 癸酉年	秦王 政 19	73 74	• 秦나라가 趙나라를 멸망시킴. • 秦나라 王翦이 中山에 주둔하여 燕나라를 압박함. 趙나라 공자 嘉가 스스로 즉위하여 代王이 되고, 燕나라와 군대를 연합하여 上谷에 주둔함. • 楚나라 幽王 사망하자 동생 郝이 즉위하였는데, 郝의 庶兄 負芻가 郝을 죽이고 스스로 즉위함.
B.C. 227 甲戌年	秦王 政 20 楚王 負芻 1 魏王 假 1 代王 嘉 1	74	• 燕나라 태자 丹이 荊軻를 보내 秦나라 왕을 암살하고자 했으나 실패함. 秦나라가 燕나라와 代나라 연합군을 격파하고 燕나라 수도 薊를 포위함.
B.C. 226 乙亥年	秦王 政 21	79	• 秦나라가 薊를 함락하자, 燕나라 왕이 遼東으로 달아나고서 태자 丹을 베어 秦나라에 바침. • 秦나라 李信이 楚나라를 정벌함.
B.C. 225 丙子年	秦王 政 22	80	• 秦나라 王賁이 魏나라를 정벌하여 魏나라 도성 大梁에 水攻을 가하자 魏王 假가 항복하니, 秦나라가 그를 죽이고 魏나라를 멸망시킴. • 楚나라가 秦나라 李信의 군대를 격파하자 秦나라가 王翦을 대신 파견함.(城父 전투)
B.C. 224 丁丑年	秦王 政 23	84	• 秦나라 王翦이 楚나라 군대를 크게 격파하고 楚나라 장수 項燕을 죽임.
B.C. 223 戊寅年	秦王 政 24	86	• 秦나라가 楚나라를 멸망시켜 楚王 負芻를 포로로 잡고 楚郡을 설치함.
B.C. 222 己卯年	秦王 政 25	86	• 秦나라 王賁이 燕나라를 멸망시키고 다시 代나라를 멸망시킴. • 秦나라 王翦이 江南을 평정하여 百越에게 항복을 받고 會稽郡을 둠.
B.C. 221 庚辰年	秦 始皇帝 26	88	• 秦나라 王賁이 齊나라를 습격하여 멸망시킴.(天下統一)

年度	在位年	역문쪽수	주요 사건
B.C. 221 庚辰年	秦 始皇帝 26	91 92 94 95 101	• 秦나라 왕이 皇帝를 칭함. • 諡法을 없앰. • 水德을 정하고 10월을 歲首로 삼음. • 郡縣制를 실시하여 天下를 36郡으로 나누고, 度量衡, 車軌, 文字, 法을 통일함. • 咸陽에 궁궐을 건설.
B.C. 220 辛巳年	秦 始皇帝 27	103	• 始皇帝가 隴西 일대를 순행함.(1차 순행) • 信宮과 甘泉宮을 건설, 천하에 馳道를 닦음.
B.C. 219 壬午年	秦 始皇帝 28	104	• 始皇帝가 동쪽과 남쪽을 순행하면서 泰山과 梁父에 封禪을 행하고 신선술을 구함.(2차 순행)
B.C. 218 癸未年	秦 始皇帝 29	111	• 始皇帝가 동쪽으로 순행하였는데, 張良이 陽武의 博浪沙에서 암살을 시도하였으나 실패함.(3차 순행)
B.C. 217 甲申年	秦 始皇帝 30		
B.C. 216 乙酉年	秦 始皇帝 31	112	• 백성들이 실제로 경작하는 전지를 신고하게 함.
B.C. 215 丙戌年	秦 始皇帝 32	113	• 始皇帝가 동쪽으로 순행함.(4차 순행) • 秦나라가 蒙恬을 파견하여 匈奴를 정벌함.
B.C. 214 丁亥年	秦 始皇帝 33	114 116	• 秦나라가 南越을 정벌하고서 桂林郡, 南海郡, 象郡을 설치함. • 秦나라 蒙恬이 匈奴를 격퇴하고 河南 지역을 거두고 長城을 수축함.
B.C. 213 戊子年	秦 始皇帝 34	116	• 始皇帝가 焚書를 일으킴.
B.C. 212 己丑年	秦 始皇帝 35	119 121 125	• 直道를 닦음. • 阿房宮을 건설함. • 始皇帝가 坑儒를 일으키고, 이를 만류한 태자 扶蘇를 북쪽으로 보내어 蒙恬의 군대를 감독하게 함.
B.C. 211 庚寅年	秦 始皇帝 36	127	• 東郡에 떨어진 운석에 새겨진 문구로 인해 인근의 백성들을 처형함.

年度	在位年	역문쪽수	주요 사건
B.C. 210 辛卯年	秦 始皇帝 37	127	• 始皇帝가 동쪽으로 순행(5차 순행)하다가 沙丘에서 사망하자 승상 李斯와 환관 趙高가 遺詔를 사칭하여 胡亥를 세워 태자로 삼고, 扶蘇와 蒙恬을 죽임. 咸陽으로 돌아와 胡亥가 황제의 위를 이어받고서 始皇帝를 驪山에 장사 지냄.
B.C. 209 壬辰年	秦 二世皇帝 1 楚 隱王 陳勝 1 趙王 武臣 1 齊王 田儋 1 燕王 韓廣 1 魏王 魏咎 1	136 137 138 139 143 145 146 150 152 153 155	• 二世皇帝가 동쪽과 남쪽 지방을 순행함. • 二世皇帝가 공자와 공주들을 살해함. • 다시 阿房宮을 지음. • 陳勝과 吳廣이 반란을 일으키고 진승이 楚王으로 즉위함.(陳勝·吳廣의 난) • 秦나라 章邯이 楚나라 周文의 군대를 격파함. • 楚나라 武臣(武信君)이 趙나라 지역을 경략하고 趙王으로 즉위함. • 劉邦이 沛 땅에서 기병함. • 項梁이 吳 땅에서 기병함. • 田儋이 齊王으로 즉위함. • 趙나라 韓廣이 燕나라 지역을 경략하고 燕王으로 즉위함. • 燕나라 군대가 趙王 周文을 사로잡았다가 놓아줌. • 楚나라 周市이 魏나라 지역을 경략하고 魏나라 公子 咎를 세워 魏王으로 삼고 자신은 재상이 됨. • 秦나라가 衛君 角을 폐함.
B.C. 208 癸巳年	秦 二世皇帝 2 楚 懷王 1 趙王 趙歇 1 齊王 田市 1 魏王 魏豹 1 韓王 韓成 1	156 157 158 160 161	• 秦나라 군대가 豊 지역을 공격하자, 沛公 劉邦이 이를 격퇴함. • 秦나라 章邯이 澠池에서 周文의 楚나라 군대를 격파하고 주문을 죽임. • 楚나라 田臧이 假王인 吳廣을 살해한 다음, 秦나라와 더불어 싸우다가 패하여 죽음. • 趙나라 李良이 趙王 武臣을 시해함. • 秦나라 章邯이 楚나라를 공격하니 楚나라 莊賈가 陳勝을 죽이고 秦나라에 항복하였는데, 呂臣이 장가를 죽이고 陳 지역을 다시 楚나라 영역으로 삼음. • 趙나라 張耳와 陳餘가 趙歇을 趙王으로 세움. • 秦嘉가 景駒를 세워 楚王으로 삼음. • 秦나라가 다시 陳 지역을 함락시키자 呂臣이 黥布의 군대를 만나 陳 지역을 회복함.

年度	在位年	역문쪽수	주요 사건
B.C. 208 癸巳年	秦 二世皇帝 2 楚 懷王 1 趙王 趙歇 1 齊王 田市 1 魏王 魏豹 1 韓王 韓成 1	162 164 168 169 176 178 179	• 劉邦이 張良을 廐將으로 삼음. • 項梁이 楚王 景駒를 공격하여 죽이고 楚나라 公子 心을 세워 楚 懷王으로 삼고, 韓나라 公子 成을 韓王으로 삼음. • 秦나라 章邯이 魏나라를 공격하자 齊나라와 楚나라가 구원하였다가 패함. 이 전투로 인해 齊王 田儋, 魏나라 왕 魏咎와 정승 周市이 죽음. • 田假가 齊王으로 즉위함. • 齊나라 田榮이 田假를 내쫓고 田市을 세워 왕으로 삼고 자신은 재상이 됨. • 秦나라가 우승상 馮去疾과 좌승상 李斯를 죽이고, 趙高를 中丞相으로 삼음. • 秦나라 章邯이 楚나라 군대를 定陶에서 격파하고 項梁을 죽임.(定陶 전투) • 楚나라가 魏豹를 魏王으로 삼음. • 秦나라 章邯이 趙나라를 쳐서 鉅鹿에서 趙王을 포위하자, 楚나라가 宋義를 상장군으로 삼아 趙나라를 구원하게 함. • 楚나라가 劉邦을 보내어 秦나라를 정벌하게 함.
B.C. 207 甲午年	秦 二世皇帝 3	181 187 188 192 193 195 198	• 楚나라 項羽가 宋義를 죽이고 군대를 거느리고 趙나라 鉅鹿으로 진격하여 秦나라 章邯의 군대를 크게 격파함.(鉅鹿 전투) • 楚나라 劉邦이 昌邑을 공격하니 彭越이 군사를 거느리고 와서 따름. • 劉邦이 酈食其로 하여금 陳留의 현령을 설득하게 하여 복속시킴. • 劉邦이 張良과 함께 南陽을 평정함. • 秦나라 章邯이 項羽에게 항복함. • 劉邦이 秦나라의 武關에 들어가자, 趙高가 二世皇帝를 望夷宮에서 시해하고, 子嬰을 세워 秦王으로 삼음. 9월에 자영이 조고를 죽임. • 劉邦이 嶢關을 함락시킴.
B.C. 206 乙未年		202 205 207	• 劉邦이 霸上에 이르자 秦王 子嬰이 항복함. • 劉邦이 法 三章을 선포함. • 項羽가 항복한 秦나라 군사 20만 명을 新安에서 매장함.

年度	在位年	역문쪽수	주요 사건
B.C. 206 乙未年	楚 義帝 1 西楚霸王 項羽 1 漢王 劉邦 1 雍王 章邯 1 塞王 司馬欣 1 翟王 董翳 1 西魏王 魏豹 1 河南王 申陽 1 殷王 司馬卬 1 代王 趙歇 1 常山王 張耳 1 九江王 英布 1 衡山王 吳芮 1 臨江王 共敖 1 遼東王 韓廣 1 燕王 臧荼 1 膠東王 田市 1 齊王 田都 1 濟北王 田安 1	208 214 215 222 225 226 234	• 項羽가 函谷關을 공격하고서 關中에 진입하여 鴻門에서 연회를 개최하여 劉邦과 만난 뒤에 咸陽을 도륙하고 子嬰을 죽이고 始皇帝의 무덤을 약탈하고 돌아감. • 項羽가 楚 懷王을 높여 義帝로 삼고 양자강 남쪽의 郴으로 옮김. • 項羽가 스스로 西楚霸王이 되고 아래 인물들을 諸侯王으로 봉함.(漢王 劉邦, 雍王 章邯, 塞王 司馬欣, 翟王 董翳, 西魏王 魏豹, 河南王 申陽, 殷王 司馬卬, 代王 趙歇, 常山王 張耳, 九江王 黥布, 衡山王 吳芮, 臨江王 共敖, 遼東王 韓廣, 燕王 臧荼, 膠東王 田市, 齊王 田都, 濟北王 田安) • 漢王 劉邦이 封國인 漢中으로 가서 蕭何를 승상으로 삼았으며, 張良이 韓나라로 돌아가면서 棧道를 태움. • 田榮이 齊王 田都를 공격하여 쫓아내고 膠東王 田市을 시해한 후에 스스로 서서 齊王이 되고, 彭越을 시켜서 濟北王 田安을 공격하여 죽이고 齊나라로 온 西楚의 군사를 격파함. • 西楚가 韓王 韓成을 죽이니 張良이 漢나라로 돌아감. • 漢王 劉邦이 韓信을 대장으로 삼아 三秦을 평정함. • 西楚가 鄭昌을 韓王으로 삼음. • 燕王 臧荼가 遼東王 韓廣을 시해함. • 王陵이 漢나라로 귀속함.
B.C. 205 丙申年	西楚霸王 項羽 2 漢王 劉邦 2 趙王 趙歇 後 1 代王 陳餘 1 韓王 韓信 1 齊王 田廣 1	235 236 237	• 項羽가 吳芮, 黥布, 共敖를 시켜 義帝를 시해함. • 陳餘가 齊나라 병사를 거느리고 常山을 습격하니 常山王 張耳가 漢나라로 도망감. 진여가 代王 趙歇을 趙王으로 삼자 조왕이 진여를 대왕으로 삼음. • 漢王 劉邦이 陜縣으로 감. • 河南王 申陽과 韓王 鄭昌이 漢나라에 항복함. • 漢나라가 韓 襄王의 손자 韓信을 韓王으로 세움. • 漢王이 관중으로 돌아와서 櫟陽에 도읍함. • 楚나라가 齊나라를 공격하여 齊王 田榮을 죽이고 田假를 齊王으로 삼음.

年度	在位年	역문쪽수	주요 사건
B.C. 205 丙申年	西楚霸王 項羽 2 漢王 劉邦 2 趙王 趙歇 後 1 代王 陳餘 1 韓王 韓信 1 齊王 田廣 1	237	• 漢王이 황하를 건너서 魏王 魏豹을 항복시키고 殷王 司馬卬을 사로잡고 陳平을 護軍中尉로 삼음.
		241	• 漢王이 洛陽에 이르러 楚 義帝를 위하여 발상하고 제후왕들에게 項羽의 정벌을 고함.
		243	• 齊나라 田橫이 田廣을 齊王으로 삼고 田假를 공격하여 패주시킴.
			• 漢王이 제후군을 이끌고 楚나라를 정벌하여 彭城을 차지하였는데, 項羽가 3만의 군대를 거느리고 齊나라에서 회군하여 팽성에서 제후군을 격파하고 漢王의 太公과 呂后를 사로잡음.(彭城 전투)
		246	• 漢王이 九江王 黥布에게 隨何를 사신으로 보냄.
		247	• 漢王이 滎陽에 이르자 蕭何가 관중의 군대를 보내어 지원하니 漢나라가 甬道를 세워 황하와 연결하고 敖倉의 곡식에 의지하여 지킴.
		248	• 魏王 魏豹가 漢나라를 배반함.
			• 漢王이 櫟陽으로 돌아와 아들 劉盈을 태자로 세움.
			• 漢나라가 雍王 章邯이 항전하고 있던 廢丘를 함락시킴.
			• 漢王이 滎陽으로 가고 蕭何가 관중을 지키며 종묘와 사직을 세움.
		249	• 漢나라 한신이 魏나라를 공격하여 魏王 魏豹를 사로잡고 趙나라와 代나라를 공격함.
B.C. 204 丁酉年	西楚霸王 項羽 3 漢王 劉邦 3	250	• 漢나라 韓信이 井陘口에서 背水陣을 치고 趙나라 군대를 크게 격파하고 趙王 趙歇을 사로잡고 代王 陳餘를 죽이고 사신을 보내어 燕나라를 항복시킴. (井陘口 전투)
		256	• 漢나라 隨何가 九江王 黥布를 귀부시킴.
		259	• 漢나라가 酈食其를 보내 六國의 후예를 제후로 세우려 하다가 중단함.
		264	• 楚나라가 漢王을 滎陽에서 포위하자, 漢나라 陳平이 계략으로 項羽와 范增의 사이를 이간질하니 범증이 항우를 떠나가다가 사망함.
		265	• 楚나라가 滎陽을 함락시키자 漢王이 武關으로 도망함. 彭越이 楚나라 군대 후방 지역에서 유격병으로 활동하면서 그 지역의 楚나라 군대를 격파하자 項羽가 군대를 거느리고 팽월을 공격함. 이를 틈타 한왕이 다시 군대를 내어 成皋에 주둔함.

年度	在位年	역문쪽수	주요 사건
B.C. 204 丁酉年	西楚霸王 項羽 3 漢王 劉邦 3	266	• 楚나라가 彭越의 군대를 격파하고 滎陽과 成皐를 함락시키자 漢王이 河水를 건너 韓信의 진영으로 들어가 한신의 印信을 빼앗고 한신을 보내 齊나라를 공격하게 함.(成皐 전투)
		269	• 漢王이 小脩武에 군대를 주둔하고 劉賈와 盧綰을 파견하여 楚나라의 후방을 교란하고 糧道를 끊게 함.
		270	• 彭越이 梁 땅의 17개 성을 함락시키자 項羽가 군대를 거느리고 팽월을 공격함.
		271	• 漢王이 酈食其를 齊나라에 파견하여 항복시킴.
B.C. 203 戊戌年	西楚霸王 項羽 4 漢王 劉邦 4	273	• 漢나라 韓信이 齊나라를 습격하니, 齊王이 酈食其를 죽이고 도망함. • 漢王이 成皐를 회복하고 廣武에 군대를 주둔하니 項羽도 군대를 거느리고 광무에 주둔함.(廣武 대치)
		277	• 楚나라 龍且가 齊나라를 구원하였는데, 韓信이 이를 격파하고 용저를 죽이고 齊王 田廣을 사로잡음. 田橫이 스스로 齊王이 되었으나 漢나라 灌嬰에게 패하여 도망함.
		280	• 漢나라가 張耳를 趙王으로 삼음. • 漢나라가 韓信을 齊王으로 삼고 楚나라를 공격하게 함.
		284	• 漢나라가 黥布를 淮南王으로 삼음. • 漢나라가 算賦를 징수함.
		285	• 漢나라가 周昌을 御史大夫로 삼음. • 楚나라가 漢나라와 천하를 반으로 나눌 것을 약속하고 太公과 呂后를 漢나라로 돌려보내고 동쪽으로 회군하였는데, 漢王이 張良과 陳平의 계략에 따라 楚나라를 공격함.

譯註者 略歷

辛承云

京畿 楊平 出生
文學博士, 成均館大學校 文科大學 文獻情報學科(書誌學) 및
　한문고전번역 석·박사 통합과정 敎授
成均館大學校 동아시아학술원장 겸 대동문화연구원장

論文 및 譯書

〈成宗朝의 文士養成과 文集編刊〉〈儒敎社會의 出版文化〉등 多數
譯書《國譯弘齋全書18》(〈群書標記〉)《禮記集說大全1》
共譯《國譯眉叟記言2》《國譯惺所覆瓿藁2,3》《國譯靑莊館全書5,8,12》
　《國譯宋子大全11》《國譯五洲衍文長箋散稿16,17,18》
　《退溪全書5》등 多數

徐廷文

서울 出生
文學博士, 國民大學校文科大學國史學科(朝鮮時代黨爭史)
韓國古典飜譯院首席研究委員

論文 및 譯書

〈朝鮮時代文集의 編刊과 門派의 形成〉,〈古典飜譯의 歷史的脈絡에
서 본 非文문제〉등 多數
共譯《仁祖實錄11》《서울金石文大觀2》《高宗承政院日記15》
　《光海君日記3》《明齋遺稿11》등 多數

譯註 思政殿訓義 資治通鑑綱目 2 정가 18,000원

2013년 12월 30일 초판 발행
2015년 8월 30일 초판 2쇄

責任飜譯 辛承云
共同飜譯 徐廷文
編 輯 古典國譯編輯委員會
發行人 李啓晃

發行處 社團法人 傳統文化研究會

　서울시 종로구 삼일대로 428 낙원빌딩 411호
　전화 : (02)762-8401   전송 : (02)747-0083
　전자우편 : juntong@juntong.or.kr
　홈페이지 : juntong.or.kr
　사이버書堂 : cyberseodang.or.kr
　온라인서점 : book.cyberseodang.or.kr
등록 : 1989. 7. 3. 제1-936호

인쇄처 : 한국법령정보주식회사(02-462-3860)
총 판 : 한국출판협동조합(070-7119-1750)

ISBN 979-11-5794-068-4 94910
　　　 979-11-5794-061-5(세트)

※ 이 책은 2013년도 교육과학기술부 고전문헌 국역지원사업으로 초판 간행.

전통문화연구회 도서목록

㊀ : 미완간未完刊 도서

東洋古典國譯叢書

論語集註-개정증보판	成百曉 譯註	22,000원
孟子集註-개정증보판	成百曉 譯註	25,000원
大學·中庸集註-개정증보판	成百曉 譯註	8,000원
詩經集傳 上 / 下	成百曉 譯註	25,000원
書經集傳 上 / 下	成百曉 譯註	25,000원
周易傳義 上 / 下	成百曉 譯註	35,000원
小學集註	成百曉 譯註	25,000원
古文眞寶 後集	成百曉 譯註	25,000원
海東小學	成百曉 譯註	15,000원
孝經大義	鄭太鉉 譯註	10,000원
校勘直譯 黃帝內經靈樞	洪元植 譯	27,000원
校勘直譯 黃帝內經素問	洪元植 譯	27,000원

東洋古典譯註叢書

春秋左氏傳1~8	鄭太鉉 譯註	18,000원/25,000원
莊子1~4	安炳周·田好根 共譯	22,000원
古文眞寶 前集	成百曉 譯註	25,000원
禮記集說大全1㊀	辛承云 譯註	25,000원
心經附註	成百曉 譯註	30,000원
近思錄集解1~3	成百曉 譯註	25,000원
通鑑節要1~9	成百曉 譯註	18,000원/25,000원/30,000원
國語1~2	許鎬九 外 譯註	16,000원/18,000원
唐詩三百首1~3	宋載卲 外 譯註	20,000원/25,000원
東萊博議1~2㊀	책임번역 鄭太鉉 공동번역 金炳愛	25,000원
說苑1~2	許鎬九 譯註	25,000원
顏氏家訓1~2	鄭在書·盧曔熙 譯註	22,000원/25,000원
大學衍義1㊀	辛承云 譯註	20,000원

◆唐宋八大家文抄

韓愈1㊀	鄭太鉉 譯註	22,000원
歐陽脩1~2㊀	李相夏 譯註	25,000원
王安石1~2	申用浩·許鎬九 共譯	20,000원/25,000원
蘇洵	李章佑·魯長時·張世厚 譯註	25,000원
蘇軾1~5	成百曉 譯註	22,000원
蘇轍1~3	金東柱 譯註	20,000원/22,000원
曾鞏	宋基采 譯註	25,000원
柳宗元1~2	宋基采 譯註	22,000원

◆武經七書直解

孫武子直解·吳子直解	成百曉·李蘭洙 譯註	26,000원
六韜直解·三略直解	成百曉·李鍾德 譯註	26,000원

尉繚子直解·李衛公問對直解	成百曉·李蘭洙 譯註	26,000원
司馬法直解	成百曉·李蘭洙 譯註	26,000원

◆十三經注疏

論語注疏1~2㊀	책임번역 鄭太鉉 공동번역 李聖敏	25,000원
尙書正義1㊀	金東柱 譯註	25,000원
周易正義1㊀	책임번역 成百曉 공동번역 申相厚	25,000원
禮記正義 中庸·大學	책임번역 李光虎 공동번역 田炳秀	20,000원

◆思政殿訓義 資治通鑑綱目1~2㊀

辛承云 외 譯註 18,000원/27,000원

基礎漢文教材 - 懸吐完譯

成百曉 譯

四字小學 / 習字教本	6,000원/4,000원
推句·啓蒙篇 / 習字教本	5,000원/4,000원
明心寶鑑	7,000원
童蒙先習(語法:鄭愚相)·擊蒙要訣(語法:安載澈)	12,000원
註解千字文	9,000원
초등학교 한자1~4단계	
정우상 外 공저	3,500원/3,550원/3,750원

漢字漢文敎育叢書

◆教授用 指導書 四字小學

教授用 指導書	四字小學	咸賢贊 저	10,000원
〃	推句·啓蒙篇	咸賢贊 저	10,000원
〃	註解千字文	李忠九 저	15,000원
〃	明心寶鑑	李明洙 저	10,000원
〃	童蒙先習	田好根 저	10,000원
〃	擊蒙要訣	咸賢贊 저	15,000원

◆袖珍本 懸吐 기초한문교재

袖珍本 懸吐 기초한문교재		10,000원
〃	論語·大學·中庸	10,000원
〃	孟子	10,000원
〃	詩經	12,000원
〃	書經	12,000원
〃	周易	12,000원
〃	小學·孝經	13,000원
〃	古文眞寶 前集	10,000원
〃	古文眞寶 後集	13,000원

교양인을 위한 한자·한문

김기창·김창진·배원룡 편저 12,000원

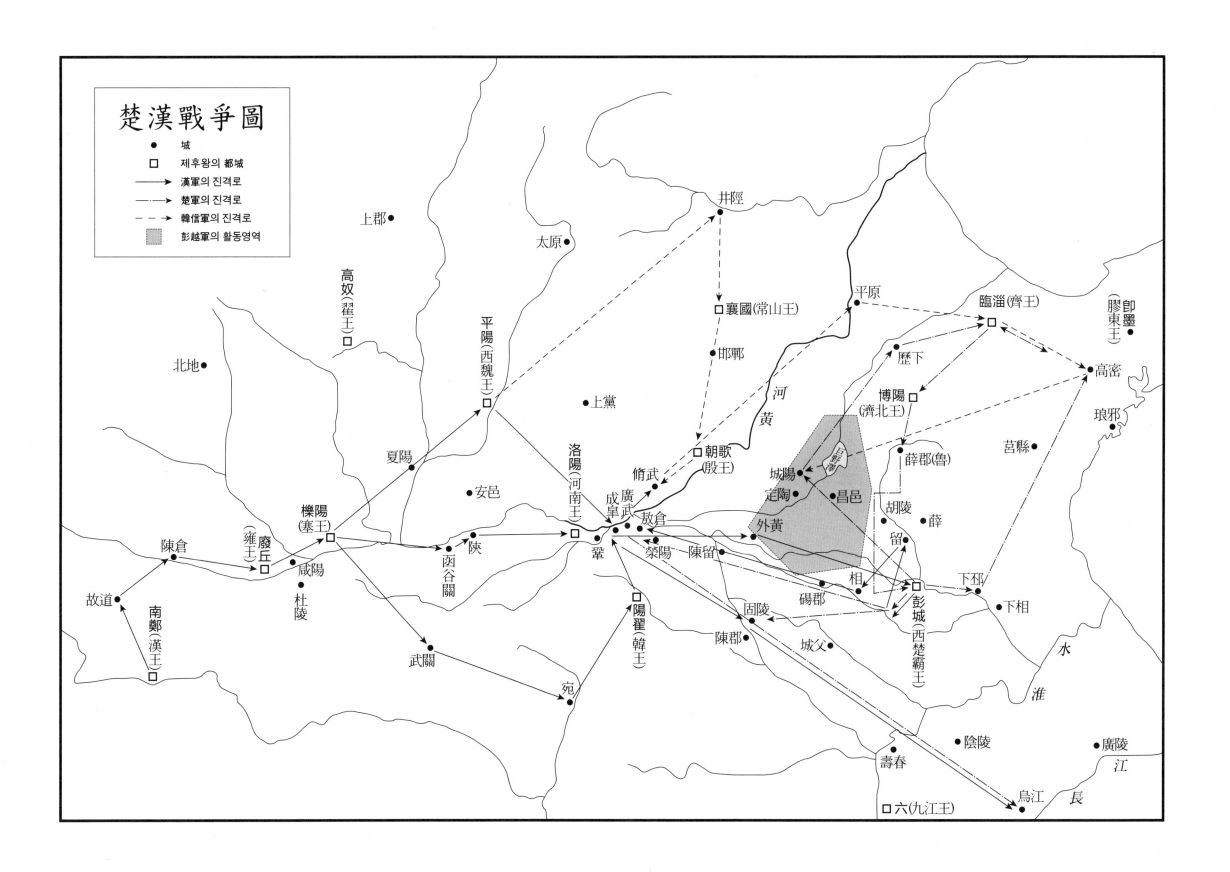

楚漢戰爭圖

- 城
- 제후왕의 都城
- → 漢軍의 진격로
- 楚軍의 진격로
- 韓信軍의 진격로
- 彭越軍의 활동영역

上郡

太原

井陘

高奴(翟王)

平陽(西魏王)

北地

襄國(常山王)

邯鄲

上黨

平原

臨淄(齊王)

即墨(膠東王)

歷下

琅邪

莒縣

博陽(濟北王)

夏陽

河黃

薛郡(魯)

安邑

洛陽(河南王)

朝歌(殷王)

俯武

廣武

成皋

城陽

定陶

昌邑

薛

陳倉

廢丘(雍王)

櫟陽(塞王)

咸陽

鞏

敖倉

榮陽

陳留

外黃

胡陵

留

故道

南鄭(漢王)

杜陵

函谷關

相

下邳

下相

陽翟(韓王)

固陵

碭郡

彭城(西楚霸王)

武關

陳郡

城父

宛

壽春

陰陵

廣陵

六(九江王)

烏江

江長

水淮